아동·청소년 심리평가

하은혜 저

Psychological Assessment of
Children and Adolescents

학지사

머리말

인간을 이해하는 일은 삶의 복잡성과 다양성을 만나는 과정이기에, 임상현장에서 심리검사와 평가과정을 통해 고통과 갈등에 빠진 사람과 만나는 동안 그들의 마음을 제대로 읽고 명료하게 이해하며 평가한 것을 과학적으로 체계화하는 작업은 늘 도전 과제였다.

마음이 아픈 사람의 심리를 평가하고 치료해 왔고, 수련생을 지도하고 대학에서 심리평가에 대해 가르치면서 풍부한 정보와 통합적 자료를 소개하는 다양한 심리평가 책을 접해 왔다. 그러나 성인을 대상으로 한 책들은 다양하였으나, 성인보다 언어능력이 제한된 영유아, 심리평가에 관한 자발성이나 동기는 물론 자신의 문제를 판단하고 이해하며 이를 표현하는 능력이 덜 발달한 아동 그리고 심리평가에 저항적인 태도가 강한 청소년을 대상으로 하는 평가 기법에 대한 자료가 부족하였고, 아동ㆍ청소년 대상의 심도 있는 심리평가 책도 매우 드물었다. 주의해야 할 점이 특별히 많고 접근 방법도 성인과는 다른 영유아 및 아동과 청소년의 심리평가를 가르치면서, 이들을 대상으로 하여 성인과는 차별화된 심리검사 도구와 해석 체계에 대해 자세히 소개하는 책이 있으면 좋겠다고 생각해 왔기에 여기에 초점을 두어 이 책을 집필하였다.

이 책의 가장 큰 특징은 발달지연 클리닉 개설에 참여하고 운영한 경험과 영유아 신경발달장애를 대상으로 한 여러 임상적 연구를 바탕으로, 그동안 거의 소개되지 않았던 영유아 신경발달장애의 진단평가 방법을 체계화하려 시도한 점이다. 또한 임상적 진단에 활용되는 심리검사는 아니지만, 심리평가에 거부감이 크고 동기가 낮은 청소년을 위한 성격평가와 진로상담, 가족상담에 활용할 수 있도록 MBTI 와 MMTIC도 함께 다루었다. 대뇌의 여러 기능을 평가하는 다양한 신경심리검사를 소개하였고, 특히 아동과 청소년에게 널리 활용되는 주의력 검사, 전두엽 기능 검사들을 자세히 설명하면서 국내 규준이 제작되어 있지 않은 객관적 검사들에 대해서는 가능한 한 국내에서 실시된 경험적 연구 결과를 소개하려고 노력하였다. 끝으로 임상가의 적극적이고 주도적인 역할을 훈련하기 위해 심리학적 평가보고서에서의 적극적 제언을 강조하였다.

이 책은 총 4부로 구성되어 있다. 제1부 '심리평가의 이해'는 심리평가에 대한 기본적 이해를 돕기 위한 영역으로 심리검사와 심리평가, 심리검사의 선택, 심리평가를 위한 면담, 관찰 및 행동평가에 대해 설명하였다. 제2부 '인지평가'에서는 발달평가, 지능검사, 신경심리검사의 종류와 목적, 평가 및 절차 등에 대해 다루었다. 제3부 '성격과 정신병리평가'에서는 객관적 성격검사인 MMPI-A와 MBTI, MMTIC, 로르샤흐 검사, 주제통각검사와 아동용 주제통각검사, 그림검사인 집-나무-사람 검사와 운동성 가족화 검사, 문장완성검사를 소개하였다. 제4부 '심리평가 보고서'에서는 심리평가 보고서의 작성 방법과 더불어 심리평가와 관련된 윤리적 책임을 강조하였다.

이 책에서는 영유아 및 아동과 청소년의 개별 심리검사의 실시와 채점, 해석 방법과 더불어 실제 검사 반응 사례를 통해 다양한 심리장애를 진단하기 위한 절차를 자세히 소개하려고 노력하였다. 그러므로 아동과 청소년의 심리평가를 처음 공부하는 학부생과 임상 평가에 대한 심화 학습을 하려는 대학원생 및 임상 수련생과 연구자들에게 많은 도움이 될 것으로 기대한다. 특히 개별 심리검사 도구에 대한 이해에서 한 단계 더 나아가, 심리장애의 구체적인 평가에 필요한 특수한 접근 방법과 특수한 평가도구도 함께 파악함으로써 심리평가 과정의 통합적 훈련에 도움이 되기를 바란다.

이 책에 수록된 수많은 심리검사 도구 명칭의 경우, 그 약어만으로도 전 세계적으로 널리 통용되거나 국내에서 타당화된 척도 그리고 아주 생소한 척도 등으로 다양하므로 독자들의 이해를 돕고 통일성을 갖추기 위해 주로 척도의 원제목과 국내 타당화 검사의 명칭을 사용하였음을 밝힌다.

이 책을 오래전부터 구상해 왔고, 내용을 되짚어 가며 읽고 또 읽어도 부족한 면이 보인다. 하지만 시간과 건강상의 이유로 출간에 조금 늦은 감이 있고, 영유아와 아동 및 청소년의 심리평가에 관한 책이 매우 부족한 상황에서 학생들의 학습과 임상가들의 훈련과 연구에 쓰임새가 될 책을 독자들에게 하루빨리 제공하는 것이 더 시급한 일이라고 위안을 하며 원고를 마무리한다.

이 책이 나오기까지 많은 분의 도움이 있었다. 먼저, 심리학자가 되도록 가르침을 주시고 아동 · 청소년 평가에 매우 중요하게 활용되는 아동 · 청소년 행동평가척도(CBCL) 연구자가 되도록 배려해 주신 오경자 선생님께 깊은 감사를 드린다. 아동심리치료 학문공동체의 구성원으로서 심도 있는 연구를 할 수 있도록 이끌어 주신 유미숙 교수님, 이 책의 특성에 적합한 놀이평가에 대해 자료와 조언을 아끼지 않은 이영애 교수님께도 깊은 감사의 마음을 전한다.

또한 이 책에는 많은 학생의 노력이 담겨 있다. 심리평가에 대한 길고 지루한 세미나를 이어 오며 자료를 준비하고 책의 교정본을 세심하게 검토해 준 석사 · 박사 과정의 대학원생 그리고 초교를 가지고 진행한 첫 번째 강의에서 열정적으로 질문하고 오류를 수정해 준 학부 수강생 여러분께 고마움을 전하며, 이 책이 학생들의 공동 작품이라는 것이 자랑스럽다.

약속한 때를 오랫동안 미루어 왔음에도 저자를 이해해 주신 학지사 김진환 사장님과 세심하게 편집해 주신 편집부 관계자분들께 진심으로 감사드린다.

삶의 고비마다 응원해 준 남편과 늘 바쁜 엄마의 시간을 나눠 가지게 한 것 같아서 미안한 마음이 큰, 이제 어른이 된 두 딸 세원과 세현에게 한없는 사랑의 마음을 전한다.

2021년 6월
하은혜

차례

제2부 인지평가

제6장　지능검사　　　　　　　　　　　　　　　　　　　159

제3부　성격과 정신병리평가

제4부 심리평가 보고서

제1부

심리평가의 이해

제1장
심리검사와
심리평가

Ⅰ. 심리검사와 심리평가의 이해

심리평가는 전통적으로 임상심리학자의 활동 영역으로, 다양한 심리검사를 활용하여 임상적 진단을 내리는 과정이므로 임상적 진단평가라고도 한다.

먼저, 심리검사는 심리적 현상에서의 개인차를 비교하고 개인의 전체적인 심리적·행동적 측면을 이해하기 위한 심리평가 과정 중 일부이다. Cronbach(1960)는 심리검사에 대해 "두 사람 이상의 행동을 비교하는 체계적 과정"이라고 정의하였다. 심리검사는 개인의 행동을 특징짓는 심리적 특성을 수량화하는 것으로, 측정도구인 심리검사를 제작하고, 제작된 심리검사를 통해 개인의 행동을 측정한 뒤, 그 결과를 해석하는 일련의 과정을 의미한다.

심리검사는 인간의 능력 또는 특질이 관련된 다양한 실제적 문제를 해결하는 데 활용되며, 인간의 이해를 위한 이론적 연구에서 가장 기본적이고 보편적인 자료수집 방법으로 사용된다. 특히 임상 장면에서 개인의 역기능과 부적응에 대한 평가과정에서 심리검사는 가장 중요한 자료를 제공한다.

Binet(1904)가 인지적 능력에 대한 과학적인 측정을 시도한 이래 지능, 적성, 성격, 정서, 대인관계, 적응 등 다양한 심리적 변인에서의 개인 간 차이, 개인의 시간에 따른 차이, 개인 내 여러 심리적 변인 간의 관계 등을 평가하기 위한 수많은 심리검사가 개발되었다. 길이, 무게와 같은 물리적 속성이나 혈당 수치와 같은 이화학적 속성과는 달리 지능, 공격성, 성격 등의 심리적 속성은 실제로 존재하는 것이 아니라 인간의 행동을 이해하고 예측하기 위해 만들어 낸 '구성개념(construct)'이다. 심리적 구성개념은 직접 관찰할 수 없을 뿐 아니라 측정의 단위도 정의하기가 어렵다. 행동의 평가를 통해 심리적 구성개념을 간접적으로 추론할 수 있을 뿐이다. 심리적 측정이란 측정하고자 하는 구성개념이 가장 잘 반영될 것으로 생각되는 행동을 관찰한 다음, 이를 토대로 추론적 판단을 하는 과정이다. 이때 추상적인 개념을 경험적으로 관찰 가능하고 측정할 수 있는 속성으로 바꾸기 위해, 구성개념을 측정한다고 가정하는 심리검사나 척도의 점수를 그 행동으로 정의하는 '조작적 정의'를 활용한다. 예를 들면, 지능을 '지능검사를 통해 측정된 지능지수'라고 조작적 정의를 내리는 것이다.

Anastasi와 Urbina(1997)는 심리검사가 "행동의 표본을 표준화된 방식으로 측정하는 기법이며, 규준을 갖추고 있고 이러한 규준을 바탕으로 일상생활에서 개인의 행동을 예측하는 데 사용된다."고 하였다. 이러한 정의는 심리검사가 객관성을 지향하는 표준화된 검사라는 점과 실제 행동을 예측하려는 목적으로 사용된다는 점을 강조하고 있다. 그런데 심리검사에서는 표준화된 검사뿐만 아니라 표준화되지 않은 투사적 검사도 개인의 심리적 특성과 행동을 이해하는 데 유용하게 쓰인다는 점을 기억해야 한다.

어떤 구성개념이 반영될 수 있는 모든 행동을 행동전집이라고 한다면 실제 측정하는 행동은 그러한 전집 중 일부 행동의 표본이다. 예를 들면, 한국 아동용 웩슬러 지능검사 IV판에서 어휘문제 소검사는 36문항이다. 이 문항 중 정답 수를 기준으로 수검자의 어휘 수준을 판단한다. 발달단계별로 다르지만 개인이 알아야 하는 어휘 수는 수십만 개 이상으로, 수검자가 알아야 하는 모든 어휘 수를 반영하여 검사를 제작하고 시행하는 것은 불가능하다. 이 때문에 현실적으로 36문항이라는 제한된 문항으로 전체 어휘 수준을 추론하여 판단하게 된다. 이때 문제가 되는 것이 표집된 소수의 문항이 전집의 대표성을 갖는가 하는 것이다. 전집의 대표성이 완전하지 않기 때문에 검사를 통한 결론이 항상 오류의 가능성을 내포한다는 점을 유의해야 한다.

한편, 심리평가는 심리검사를 비롯해 임상적 면담, 행동관찰, 그리고 다양한 자료수집 결과를 통합하며, 전문적 판단과 의사결정을 하는 과정이다. 이때 전문적 판단이란 수검자가 보이는 심리적 증상과 문제의 정도와 심각도, 성격 구조와 정신병리 양상을 파악하여 임상적 진단을 더욱 명확히 하는 것이고, 의사결정이란 수검자에게 적절한 개입과 치료 유형을 제시하며, 치료적 반응을 예상하고 때로 치료 효과를 평가하는 것이다. 이와 같은 정의에 따르면 심리검사는 특정 평가 영역에서 개인의 행동과 심리적 특성을 이해하기 위해 객관적이거나 심층적인 정보를 제공해 주는 개별 검사도구를 의미한다. 심리검사는 자료를 수집하는 한 가지 방법일 뿐이고, 검사점수는 최종 결과물이 아니라 단지 가설을 설정하는 수단이다.

심리평가 과정에서 다양한 종류의 심리검사를 사용하면 한 가지 검사만 사용하여 판단하는 것에 비해 판단의 타당도를 높일 뿐 아니라 판단의 안정성 또는 신뢰도를 높이는 데 도움이 된다. 흔히 임상 현장에서 몇 개의 심리검사들로 이루어진 종합심리검사를 실시해 왔는데, 각 검사들의 고유한 평가 영역이 있기 때문이기도 하지만 비슷한 영역을 평가하는 검사를 함께 사용함으로써 결과의 타당도를 높일 수 있기 때문이다.

이처럼 심리평가는 문제해결과 의사결정에 초점을 두고 폭넓게 조망하여 자료를 통합하는 포괄적 과정이다. 심리검사와 심리평가의 관계를 나타내면 [그림 1-1]과 같다.

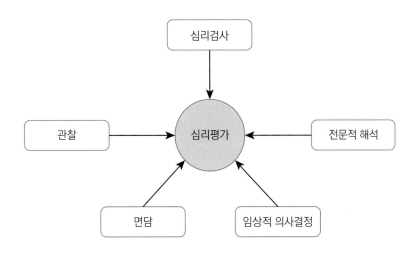

[그림 1-1] 심리검사와 심리평가의 관계

이와 같은 관점에서 이 책에서는 개별 심리검사를 소개하는 것뿐만 아니라 체계적 절차를 통한 통합적 판단과 의사결정 과정, 적극적 제언을 중요시하는 심리평가의 전문성을 강조할 것이다.

Ⅱ. 의뢰 장면의 종류

임상가가 심리평가를 시행하는 상황은 매우 다양하다. 임상가는 평가의 전 과정에서 의뢰 장면의 고유한 특성과 요구를 이해해야 한다. 심리평가 전에 의뢰 사유를 명료화하고 어떤 의사결정을 해야 할지 파악하는 것이 우선이기 때문이다.

1 정신건강의학과 장면

일반적으로 정신건강의학과 의사가 심리평가를 의뢰한다. 평가결과를 통해 입원, 약물치료, 심리치료의 의뢰, 부모 상담 등의 의사결정을 하게 된다. 정신건강의학과 의사는 주로 질병 모델 또는 의학적 모델로 개념화하는 반면, 심리학자는 수검자의 어려움을 주로 개인 내적, 사회적 관점에서 바라본다. 심리평가 결과를 효과적으로 의사소통하려면 임상가는 이와 같은 서로 다른 입장을 연결하는 역할을 해야 한다.

2 심리치료 센터

심리치료자가 내담자 특성을 파악하고, 심리치료 계획을 세우기 위해 실시하는 경우가 많다. 개별 검사를 통해 치료에 대한 반응을 관찰하거나 치료 후 변화를 평가함으로써 치료의 성공 가능성을 높여 줄 수도 있다. 성인 내담자 스스로 심리검사를 받기 위해 방문하는 경우도 많다. 부모가 학교 문제, 행동 문제로 자녀를 의뢰하거나 소송과정 등에서 다른 의사결정자가 의뢰하는 경우도 있다. 심리평가 결과를 통해 심리치료 외에 특수교육의 배정, 가족치료의 필요성, 이혼한 부모 간 양육권 변경, 다른 가족 구성원의 치료 필요성, 전학 등 다양한 의사결정을 하게 된다.

3 법적 장면

법적 장면에서 심리학자의 역할 범위가 넓어지고 중요성이 커졌다. 법적 의사결정의 모든 단계에서 심리학자의 역할이 필요하며, 법정에 제출할 심리평가 보고서를 작성하는 일이 상당히 많아졌다. 예를 들면, 학교폭력 청소년이나 비행 청소년의 보호관찰 판정, 수사 단계에서 증인 정보의 신뢰성과 질을 평가하기 위한 자문, 피고인의 능력 평가 또는 범죄의 특정 사항의 결정 등을 위해 심리평가가 의뢰된다. 변호인의 입장에서 피고인의 정신이상이나 심신미약 등의 항변을 돕거나, 사고 및 산업 재해 후 뇌 손상, 일상생활 기능의 장애 등을 판정하기 위해 의뢰된다. 자녀 양육권 판정에 부모, 자녀 모두의 심리평가 결과가 인용되기도 한다.

4 일반 의료 장면

의학적 장애와 함께 기저의 심리장애를 다루어야 할 경우, 예를 들면 소아당뇨, 비만, 금연, 만성 통증 환자의 재활, 스트레스 관리 등의 영역에서 심리학자의 역할이 요구되고 있다. 재활의학과와 신경과에서의 심리평가도 늘고 있다. 또한 노인 인구가 증가함에 따라 치매와 관련한 기억, 추상적 추론, 실행 기능 등 신경심리학적 평가의 필요성이 증가하였다.

Ⅲ. 심리검사의 종류

임상 현장에는 매우 다양한 심리검사가 개발되어 진단평가에 활용되고 있는데, 심리검사들을 분류하는 기준도 다양하다.

먼저, 검사 내용과 목적의 측면에서는 지능검사, 발달검사, 신경심리검사, 성격검사 등으로 분류할 수 있는데, 이 책의 5장부터 12장까지 구체적 검사도구들에 대해 자세히 다룬다.

1 능력검사와 성향검사

가장 기본적인 차원으로서 능력검사는 최대수행검사라고도 하며, 성향검사 또는 성격검사는 전형적 수행검사라고도 한다. 임상 장면에서 사용되는 모든 성격검사는 전형적 수행검사에 해당한다.

능력검사 또는 최대수행검사는 정답과 오답이 분명하여, 수검자가 정답을 많이 맞출수록 개인의 능력이 우수하거나 기능의 손상이 없다는 것을 보여 준다. 이 유형의 검사에는 주로 인지 기능 또는 발달 수준을 평가하는 것으로, 발달검사, 지능검사, 학습기능검사, 신경심리검사 등이 있다. 최대수행검사는 수검자가 검사에서 자신의 능력을 최대한 발휘하려고 노력한다는 것을 전제로 한다. 따라서 수검자의 최대 능력이 잘 발휘될 수 있도록 검사를 실시하기 전에 검사자와 수검자 간에 충분한 라포가 형성되어야 한다.

성향검사 또는 성격검사는 정답과 오답이 존재하지 않고 몇 가지 반응대안 중에서 선택하거나 반응의 범위가 없이 자유롭게 응답한 반응을 토대로 수검자의 특성을 평가한다. 주로 성격, 태도, 정서, 동기, 요구와 압력, 정신역동, 정신병리 양상 등을 평가할 때 이 유형의 검사가 사용된다.

② 객관적 검사와 투사적 검사

임상적 평가에 사용되는 성격검사는 크게 객관적 검사와 투사적 검사로 구분할 수 있다. 객관적 검사는 대다수가 질문지형 성격검사로서 자기보고식 성격검사라고도 한다. 검사 문항이 제시하는 상황 혹은 문제에 대한 주관적인 경험과 판단을 응답지에 기록하는 방식으로, 여기에 해당하는 아동·청소년 심리검사의 예로는 MMPI-A와 MMTIC 등이 있다. 객관적 검사의 장점으로는 다음과 같이 몇 가지가 있다. 첫째, 검사 실시가 간편하다. 객관적 검사는 시행과 채점, 해석의 간편성으로 인해 임상가들이 선호하는 경향이 있고, 검사에 따라서 차이가 있기는 하지만 일반적으로 시행 시간이 비교적 짧다. 둘째, 검사 제작 과정에서 신뢰도와 타당도가 확보되어 있으며, 표준화된 검사라는 장점이 있다. 셋째, 객관성이 보장된다. 투사적 검사에 비해 검사자 변인이나 검사 상황 변인에 따른 영향을 적게 받고, 준거에 따라 개인 간 비교가 가능하므로 검사자의 주관적인 영향이 배제될 수 있다.

객관적 검사의 단점으로는 다음과 같이 몇 가지가 있다. 첫째, 사회적 바람직성의 문제이다. 수검자가 문항 내용에 대해 사회적으로 바람직한가에 따라 반응하는 경향이 있는데, 이것이 응답 결과에 영향을 준다. 둘째, 반응 경향성이 나타난다. 객관적 검사의 문항은 의미가 명료하므로 수검자는 개인의 의도에 따라 증상을 부인하거나 과장하는 등 자신이 보이고 싶은 방향으로 응답하는 경향이 있는데, 이것이 오염 변인으로 작용할 수 있다. 셋째, 문항 내용이 다소 제한적이다. 객관적 검사는 파악하기 위한 행동을 대표적으로 나타내는 문항을 중심으로 구성되므로 개인에게 의미 있는 독특한 내용이나 심리 내적 특성을 다루기 어렵다.

반면, 투사적 검사는 비구조화되고 불분명하며 모호한 과제를 수검자에게 제시하여 개인의 사고 과정과 내용, 정서와 성격의 다양한 특징, 주요한 갈등과 방어, 부적응과 정신병리를 평가한다. 투사적 검사는 무의식적인 측면을 밝히기 위한 검사로, 개인의 다양한 반응을 허용하기 위해 검사 지시방법이 간단하고 일반적인 방식으로 주어진다. 여기에 해당하는 아동·청소년 심리검사의 예를 들면, 로르샤흐 검사, 아동용 주제통각검사, 집-나무-사람 검사, 운동성 가족화 검사 등이 있다.

투사적 검사에는 몇 가지 장점이 있다. 첫째, 반응의 독특성으로, 객관적 검사 반응과 다르게 매우 독특한 반응이 나타나는데 이러한 반응이 개인을 이해하는 데 매우 유용하다. 둘째, 방어가 어렵다. 투사적 검사에서는 불분명하고 모호한 검사 자극을 제시하므로 수검자가 자극을 검토하여 의도적으로 방어적 반응을 하는 것이 어렵다. 셋째, 반응이 풍부하다. 검사 자극이 모호하고 검사 지시에서부터 일정한 응답 방식을 요구하지 않기 때문에 개인의 반응이 다양하게 표현되며, 개인의 독특한 심리적 특성을 잘 반영해 준다. 넷째, 무의식적 내용이 반영된다. 투사적 검사는 자극이 모호하고 생소하기 때문에 평소에는 의식화되지 않던 사고나 감정이 표현되도록 자극한다.

투사적 검사에는 몇 가지 단점도 있다. 첫째, 신뢰도가 낮고, 일관성이 부족하다. 표준 절차를 준수한다 해도 평가자에 따라 채점과 해석이 달라질 여지가 있고(예: 채점자 간 일치도), 검사의 반응이 개인의 지속적인 특성을 반영하는 것이 아니라, 정서 상태나 변화된 상태를 반영하기 때문에 반응의 일관성이 부족하다(예: 검사-재검사 신뢰도). 또한 검사 전체 또는 일부분이 일관된 내용을 평가하는지 확인하기도 어렵다(예: 내적 일치도). 둘째, 검사의 타당도 문제이다. 대부분의 투사적 검사의 경우 타당도 검증이 매우 빈약하여 이를 통해 내려진 해석의 타당성은 대부분 객관적으로 입증되는 자료가 아닌 임상적인 증거를 근거로 판단한다(신뢰도와 타당도에 관한 자세한 내용은 제2장 참조). 셋째, 임상가의 입장에서 투사적 검사의 채점과 해석을 효과적으로 배우는 데 시간과 경험이 많이 필요하고, 연구목적으로 사용하는 데 어려움이 있다. 실제 임상 장면에서 투사적 검사의 사용과 중요도가 상대적으로 감소하고 있다(Archer, Buffington-Vollum, Stredny, & Handel, 2006). 특히 성인의 심리평가에서 로르샤흐 검사와 주제통각검사는 계속 강력한 기반을 가지고 있지만, 아동의 경우 투사적 검사보다 행동평가척도를 더 신뢰하는 경향이 있다(Miller, & Nickerson, 2007).

3 아동·청소년 심리검사의 종류

아동·청소년은 인지발달 수준과 언어능력, 이해력 및 표현력이 성인과 다르기 때문에 평가 목적과 사용 연령에 맞는 아동·청소년 심리검사를 선택해야 한다. 아동·청소년 심리검사는 구성개념을 평가하기 위해 수검 대상의 연령에 맞게 새로 제작하거나, 동일한 이론적 배경을 가진 성인용 심리검사를 연령에 적합하도록 제작하기도 한다.

임상 현장에서 주로 사용하는 아동·청소년 심리검사를 발달 및 인지평가 영역, 성격 및 정서상태 평가 등 평가 영역에 따라 실시연령과 함께 요약하면 〈표 1-1〉과 같다. 이 책 전반에 걸쳐 〈표 1-1〉에 개관한 심리검사도구들을 소개하고, 이와 함께 평가 면담 방법, 행동평가 방법, 그리고 행동평가척도 및 증상평가척도들도 소개할 것이다.

〈표 1-1〉 아동·청소년 심리검사의 종류

평가 영역	검사 유형	검사도구	실시연령
발달 및 인지평가	발달검사	한국판 베일리 영유아 발달검사 II(K-BSID-II)	1~42개월
		한국형 덴버 II(DDST-II)	0~6세
		한국판 바인랜드 적응행동척도 2판 (K-Vineland-II)	0~90세
	지능검사	한국 유아용 웩슬러 지능검사 IV판 (K-WPPSI-IV)	2세 6개월~ 7세 7개월
		한국 아동용 웩슬러 지능검사 IV판 (K-WISC-IV)	6~16세 11개월
		한국 카우프만 지능검사 2판(K-ABC-II)	3~18세
	신경심리 검사 및 학습기능 검사	BGT(Bender Gestalt Test)	5세 이상
		정밀주의력 검사(ATA)	5세 이상
		같은 그림 찾기 검사(MFFT)	5세 이상
		위스콘신 카드분류 검사(WCST)	6세 6개월 이상
		단어유창성 검사	7세 이상
		선로 잇기 검사	5세 이상
		아동 색 선로 검사(CCTT)	5~15세

		스트룹 검사	5~14세
성격 및 정서상태 평가		기초학습기능 검사	유치원~초등학생
	행동평가 척도	유아 행동평가척도(K-CBCL 1.5-5)	18개월~5세
		아동·청소년 행동평가척도(K-CBCL 6-18)	6~18세
		청소년 자기 행동평가척도(K-YSR)	12~18세
	객관적 성격검사	다면적 인성검사(MMPI-A)	14~18세
		아동 청소년 MBTI(MMTIC)	8~13세
	투사적 검사	로르샤흐 검사(Rorschach Test)	5세 이상
		주제통각검사(TAT, K-CAT)	TAT: 10세 이상 K-CAT: 5세 이상
		집-나무-사람(HTP) 검사	5세 이상
		운동성 가족화(KFD) 검사	5세 이상
		문장완성검사(SCT)	5세 이상

Ⅳ. 심리평가의 단계

임상 장면에서 최초 접수와 치료, 종결 등의 과정 면에서 볼 때 심리평가는 보통 치료 전 초기 단계에 실시하는데, 이를 통해 수검자의 심리적 상태에 대한 포괄적 이해를 도울 수 있다. 또한 수검자가 치료를 받아야 할지, 어떤 종류의 치료가 적합하고 가장 효과적일지를 결정하는 데 도움을 준다. 심리평가는 치료 중반에 시행되기도 하는데, 특히 치료과정에서 특정한 문제가 생겨 자문이 필요할 때 중요한 역할을 한다. 치료의 효과성을 평가하기 위해 치료 중반이나 종결 후, 또는 일정 기간 후에 평가할 수 있다.

개별 사례에 대한 평가과정은 의뢰 사유를 평가하는 것부터 시작하여, 임상 면담을 통해 가설을 설정한다. 가설 검증을 위한 적절한 심리검사를 선택하고 시행하면서 행동관찰 및 행동평가를 하며, 부가적인 정보의 활용 등 자료들을 수집하는 과정을 거친다. 다음으로 자료를 해석하여 명확한 임상적 판단과 구체적이고 합리적인 제언을 하는 단계에 도달한다. Wright(2020)는 이 과정을 [그림 1-2]와 같이 과학적 연구의 가설 검증 모델로 설명한 바 있다.

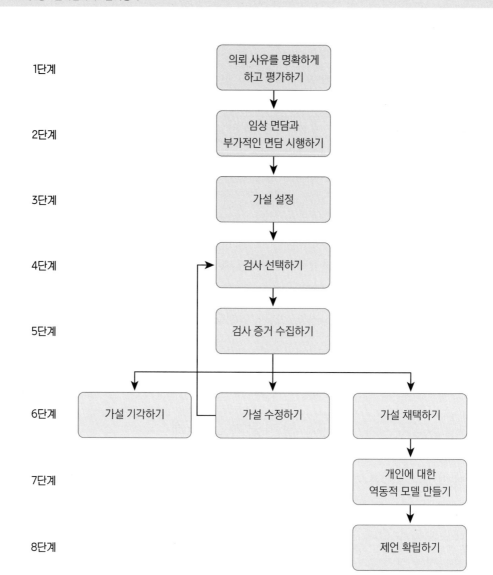

[그림 1-2] 심리평가의 가설 검증 모델

출처: Wright(2020)에서 인용.

1단계

첫 단계에서는 의뢰 사유, 즉 심리평가를 통해 파악하고자 하는 내용을 명확히 한다. 의뢰 사유가 하나의 자료원이기 때문에, 임상가는 수검자의 문제와 이 문제가 현재의 적응, 부적응에 미치는 영향, 현재의 문제가 발생한 상황, 그리고 수검자의 기능과 적응을 증진하기 위한 가능한 제언에 대한 가설을 세우기 시작한다.

2단계

임상 면담과 다른 배경 정보(예: 부모 면담, 교사 면담, 이전 검사 기록)를 수집하고 분석한다. 임상가는 임상 면담을 통해 수집한 자료의 강점과 제한점을 이해해야 한다(제3장 참조). 면담 자료를 통해 내담자의 인지적, 정서적, 성격적, 학업적, 신경심리적, 적응적 그리고 다른 기능 영역에 대한 초기 가설을 더욱더 명확하게 세울 수 있다.

3단계

1단계와 2단계에서 수집된 정보에 근거하여 현재 수검자의 문제를 야기하거나 강화하는 요인(예: 상황적, 내적, 정신역동적)에 대한 가설을 세운다. 이 과정에는 성격 이론, 발달심리학, 이상심리학, 발달신경생물학을 포함한 심리학의 많은 영역에 대한 지식뿐만 아니라 심리학 밖의 영역인 생물학 · 사회학 · 문화인류학 지식에 대한 깊은 이해도 필요하다.

4단계

설정한 가설을 검증하기 위해 사용할 검사들을 선택하는 과정이다. 임상가는 선택한 검사가 3단계에서 확립된 특정 가설을 입증하거나 배제할 수 있는지, 또한 나중에 가설이 수정될 수 있는지도 확신할 수 있어야 한다. 고려하는 검사의 개발, 표준화, 신뢰도와 타당도에 대한 정보를 통해 그 검사가 적합한지 판단해야 한다(제2장 참조).

5단계

3단계에서 확립된 가설을 평가하고 자료를 수집하기 위해 심리검사를 실시하고 채점하는 단계이다. 심리검사와 동시에 명확한 관찰과 행동평가도 해야 한다(제4장 참조).

6단계

가장 어려운 단계 중 하나로, 이전에 생성된 가설의 맥락에서 검사 자료에 대한 실제적인 평가를 하는 과정인데, 4~6단계는 순환되고 반복된다. 검사 자료가 수집

됨에 따라 가설은 기각되거나 변경되거나 혹은 채택될 수 있다. 수정된 가설로 인해 다른 검사를 선택할 필요도 생긴다. 가설을 기각하고 수정하는 것은 비교적 간단하지만 가설을 채택하는 것은 한층 더 어려우며, 가설이 성격이나 정서적 기능과 관련된 것일 때 특히 더 어렵다.

7단계

임상가가 수검자 및 의뢰원과 명확하게 의사소통할 수 있도록 수집한 모든 자료를 이해해야 하는 복잡한 단계이다. 임상가는 내담자의 강점과 약점을 맥락 없이 제시하거나 자료를 검사별로 제시하기보다는 수검자의 문제에 대해 명확히 설명하기 위해 여러 요인이 어떻게 상호작용하는지에 대해 통합적으로 이해해야 한다. 이 과정을 잘 수행하기 위해서는 체계적인 훈련과 지도감독, 그리고 경험이 필요하다(제13장 참조).

8단계

내담자의 삶과 기능을 향상시킬 수 있도록 검사결과에 대해 명확하고 구체적이며 합리적인 제언을 제시한다(제13장 참조). 임상적으로 파악한 역기능과 역동 등 평가에서 드러난 특정 문제에 개입할 방법들을 잘 알고 있어야 하며, 각 치료적 개입에 대한 이론적·실제적 정보와 경험적 근거를 잘 파악하고 있어야 한다. 적극적이고 합리적인 제언이란 모호하거나 광범위해서는 안 되며 명확하고 구체적이어야 하며, 주어진 상황에서 선택 가능한 것이어야 한다.

V. 아동·청소년 심리평가의 특징

아동·청소년 심리평가는 실시 목적이나 결과의 활용 면에서 성인의 심리평가와 맥을 같이한다. 그런데 아동과 청소년은 평가 동기, 의뢰과정, 발달적 특성 등에서 성인과 차이가 크기 때문에 이를 고려해야 한다. 아동·청소년 심리평가의 특징과 유의할 점은 다음과 같다.

1 의뢰과정과 동기

아동 · 청소년은 의뢰과정과 평가 동기가 성인과 다르다. 아동 · 청소년은 주로 주변 성인에 의해 문제가 인식되고 의뢰되는 특성이 있다. 따라서 임상가는 성인보다 더 깊은 수준의 충분한 라포를 형성하고, 검사 목적을 적절히 설명하여 검사 동기를 높일 필요가 있다.

2 심리검사의 선택

첫째, 아동의 인지 기능, 정서 및 사회성 발달 정도, 정서장애 여부 등을 종합적으로 평가하기 위해서는 성인과 마찬가지로 다양한 객관적 검사와 투사적 검사로 이루어진 종합심리검사를 실시하는 것이 유용하다. 그러나 아동은 성인에 비해 언어적 유창성이 부족하고 인지적 · 정서적으로 미성숙하기 때문에 투사적 검사를 실시하지 못하거나 그 유용성이 제한된다. 이 때문에 반드시 종합심리검사를 실시할 필요는 없고, 아동을 이해하고 진단하는 데 반드시 필요한 검사들을 선별하여 실시하는 것이 일반적이다.

둘째, 여러 검사 가운데 지능검사의 비중과 유용성이 크다. 아동 · 청소년 심리평가에서 시간이나 경제적인 이유 등으로 인해 단 한 가지의 심리검사만이 가능하다면, 지능검사를 가장 일차적으로 선택할 수 있다. 지능검사를 통해 아동기 발달 영역 중 가장 핵심적인 인지발달의 제한 여부를 우선 확인할 수 있다. 지능검사 소검사들의 수행 수준과 편차의 분석을 기초로 행동관찰 결과와 통합하여 자폐 증상 여부, 과잉활동성 여부, 정서적 문제의 유무 및 그 내용 등 정신병리에 대한 평가도 상당 부분 가능하기 때문에 잠정적인 진단에 근접할 수 있다.

셋째, 영아기, 아동기, 청소년기 등 검사를 실시하는 연령과 발달 수준에 적합한 검사도구를 선택하고, 연령별 규준을 정확하게 적용해야 한다.

3 실시과정

첫째, 임상가는 아동의 발달 수준별 특성이나 언어발달, 그림 및 표현능력 등의 방대한 발달지표를 명확히 이해하고 있어야 한다. 특히 주 호소 문제의 정상발달 이탈 여부를 판단하거나 검사 수행 시 객관적 관찰을 위해 반드시 필요하다.

둘째, 임상가는 표준화된 실시절차를 따르되, 연령이나 문제유형을 고려하여 융통성을 발휘하는 것이 필요하다. 검사에 따라서 어린 아동에게는 실시 순서를 변형하여 시행하는 경우도 있으므로 이를 준수한다.

4 심리검사 결과의 해석

아동의 심리검사 결과를 해석할 때도 수검 아동의 연령과 지능 수준을 반드시 고려해야 한다.

아동의 경우 심리검사만으로 아동의 문제에 대한 판단을 내리기 어려운 경우가 훨씬 많이 발생한다. 이때 부모나 주 양육자의 면담 내용을 매우 중요하게 활용한다. 아동의 연령이 어릴수록 수검자 본인에 대한 면담의 유용성이 적다. 또한 행동평가 척도 및 체크리스트의 활용도가 높다. 아동·청소년에게 중요한 성인이 관찰 가능한 문제행동의 유무와 행동의 심각성 정도를 평가하고, 규준에 근거하여 판단할 수 있는 행동평가척도를 많이 활용한다.

Siegel(1989)은 아동의 평가에서 발달사(아동이 현재 보이는 문제에 영향을 미쳤을 가능성이 있는 소아정신건강의학과적·심리적·의학적·신경학적·사회적·적응적 문제), 면담(부모 및 주 양육자와의 면담을 통해 얻은 현 상태에 대한 정보와 증상, 집이나 학교에서 보이는 행동 특성 및 부적응적 행동), 행동관찰 및 기타 검사(행동관찰에서 얻은 정보 및 신경학적 검사, 의학적 검사 등의 정보), 그리고 정상발달과 이상발달에 대한 방대한 지식(다양한 원천에서 얻은 정보의 평가 준거) 등 네 가지 영역에 대해 특별한 주의를 기울여야 한다고 제안하였다.

참고문헌

Anastasi, A., & Urbina, S. (1997). *Psychological testing* (7th ed.). Upper Saddle River, NJ: Prentice Hall.

Archer, R. P., Buffington-Vollum, J. K., Stredny, R. V., & Handel, R. W. (2006). A survey of psychological test use patterns among forensic psychologists. *Journal of Personality Assessment, 87*(1), 84-94.

Binet, A. (1904). A propos de la mesure de l'intelligence. *L'année Psychologique, 11*(1), 69-82.

Cronbach, L. J. (1960). *Essentials of psychological testing* (2th ed.). New York: Harper & Row.

Miller, D. N., & Nickerson, A. B. (2007). Projective techniques and the school-based assessment of childhood internalizing disorders: A critical analysis. *SIS Journal of Projective Psychology & Mental Health, 14*(1), 48.

Siegel, L. S. (1989). IQ is irrelevant to the definition of learning disabilities. *Journal of Learning Disabilities, 22,* 469-478.

Wright, A. J. (2020). *Conducting psychological assessment: A guide for practitioners.* John Wiley & Sons.

제2장

심리검사의 선택

임상 현장에서 사용할 수 있는 심리검사들이 다양하게 개발되어 왔으나, 실제 널리 활용되는 심리검사의 수는 제한적이다. 이 장에서는 임상가가 특정 사례를 평가할 때 어떤 심리검사를 선택하는 것이 좋을지 그 선택기준을 설명하고자 한다. 심리검사를 시행하기 전에 임상가는 먼저 실시하고자 하는 심리검사의 내용과 구성을 이해하고 표준집단과 규준의 적절성, 신뢰도, 타당도 등을 확인해야 하며, 심리검사의 양식을 고려하여 심리검사를 선택한다. 이에 관한 설명은 검사 개발자의 입장에서도 매우 중요하다.

Ⅰ. 이론적 지향

임상가는 검사가 적합한지 평가하기 전에 반드시 검사의 이론적 지향을 이해해야 한다. 검사가 측정하는 구성개념을 잘 알아야 하고, 그 검사가 그러한 구성개념에 근접하는지 파악해야 한다. 일반적으로 심리검사 지침서에 이에 관한 정보가 제공되는데, 만약 지침서에 있는 정보가 불충분하다면, 관련 자료도 조사해야 한다.

예를 들면, 지능을 측정하는 검사도구는 다양한데, 지능을 정의한 구성개념과 검사의 구성이 이론가에 따라 다르다. 따라서 임상가는 여러 지능검사도구의 이론적 지향을 검토하여 지능에 대한 개념적·조작적 정의가 잘 반영되어 있는 도구를 사용해야 한다.

각 검사 문항을 주의 깊게 검토하면 측정되는 구성개념과 관련된 유용한 정보를 얻을 수 있다. 지침서에 심리검사 문항에 대한 문항 분석이 제공되는데, 이를 통해 측정하고자 하는 구성개념에 그 검사가 적합한지 평가할 수 있다.

Ⅱ. 실제적인 고려사항

심리검사가 사용되는 맥락 및 방법에 따라 실제적으로 고려할 사항이 있다.

첫째, 심리검사가 수검자에게 요구하는 능력이나 교육 수준을 고려해야 한다. 심리검사의 내용이나 지시를 충분히 이해하는 데 필요한 독해 능력, 언어로 답할 수 있는 언어적 능력이 충분히 적합한지 파악해야 한다. 예를 들면, 웩슬러 지능검사도 성인용, 아동용, 유아용이 각각 개발되어 있으므로 실시 연령을 고려하여 적합한 검사를 선택해야 한다.

둘째, 문항 길이와 시행되는 시간을 고려해야 한다. 일부 검사는 너무 길어서 수검자와의 라포를 저하하거나 수검자에게 큰 좌절감을 줄 수 있다. 영유아, 아동의 경우, 특히 수검자의 주의력과 동기를 유지할 수 있도록 적절한 시간이 소요되는 검사를 선택해야 한다. 동일한 검사라도 연령별로 실시 시간이 다른 경우가 있으므로 이를 잘 파악해야 한다. 예를 들면, 컴퓨터로 실시되는 정밀주의력 검사(ATA)의 경우 5세 아동은 5분, 6세 아동 10분, 7세 이후 15분간 시행된다. 만일 단축형 검사가 개발되어 있고 해석의 신뢰도를 확보할 수 있다면, 단축형 검사를 실시하여 주의력 유지의 문제점을 줄일 수 있다.

셋째, 임상가가 검사도구를 실시하고 해석하기 위해 필요한 훈련과 그 정도를 평가해야 한다. 임상가의 경험 수준에 비해 시행이 어려운 검사에 대해서는 요구되는 훈련을 해야만 한다.

Ⅲ. 표준화

심리검사를 선택할 때 고려할 중요한 요소는 표준화 여부와 규준의 적합성과 관련된 것이다(Ciccheetti, 1994). 표준화는 검사의 실시, 채점과 해석에서의 일관성을 의미한다. 동일한 수검자를 여러 명의 다른 검사자가 검사하거나, 여러 수검자를 한 명의 검사자가 검사해도 동일한 검사절차, 채점과 해석절차를 따른다는 의미이다. 이에 따라 측정된 결과를 개인 간, 개인 내 간 명확히 비교할 수 있게 된다.

또한 표준화 과정에서 규준 설정이 매우 중요하며, 임상가의 입장에서는 표준화 표본의 점수 분포를 반영한 규준이 제공되는 심리검사를 사용하는 것이 중요하다. 규준이란 검사 점수를 표준화 표본과 비교하여 상대적인 의미를 해석할 수 있도록 해 준다. 규준의 예로는 백분위, 표준 점수 등이 있으며, 규준집단의 경우 전국 단위의 무선 표집을 통해 선정해야 하며, 연령규준, 학년규준 등도 적용된다. 심리검

사를 실시하고 검사 점수의 의미를 해석하기 위해서는 먼저 수검자가 표준화 표본
과 유사한지 확인해야 한다. 예를 들면, 한국판 검사의 표준화 표본이 12~18세 청
소년 대상의 검사라면, 동일한 연령대의 우리나라 청소년에게만 실시와 비교가 가
능하다. 세계적으로 널리 사용되는 심리검사의 경우 처음 지침서가 출판된 이후 국
가별, 하위집단별 규준이 제시되었는지 파악해야 한다. 즉, 한국판 표준화 자료가
있어야 국내에서 사용할 수 있다.

규준의 적합성과 관련하여 중요한 문제가 있다. 첫째, 표준화 집단이 그 검사를
사용할 전집을 대표하는가이다. 지침서에 표준화 집단의 대표성을 확인할 수 있는
정보가 자세히 제공되어야 한다. 가장 이상적이고 실제적인 방법은 무선층화 표본
(stratified random sample)을 표집하는 것이다. 그러나 이 방법은 비용이 많이 들고,
시간도 많이 걸리기 때문에 이 기준을 충족하지 못하는 검사도 많다.

둘째, 표준화 집단의 크기가 충분해야 한다. 표준화 집단의 크기가 너무 작으면
무선적인 변동성이 매우 크기 때문에 검사결과에 대한 안정된 추정치를 얻을 수
없다.

셋째, 좋은 검사는 전국 규모의 규준뿐 아니라 특정 하위 집단의 규준도 제시해
야 한다. 하위 집단의 규준이 있으면 임상가가 유연하고 신뢰할 수 있게 검사결과
를 활용할 수 있다(Dana, 2005). 이는 어떤 하위 집단의 점수가 전체 표본과 상당히
다를 경우 특히 중요하다. 하위 집단의 예에는 성별, 지역, 연령, 교육 수준, 사회경
제적 수준, 도시 대 시골의 환경 또는 진단받은 과거력 등이 있다.

넷째, 표준화는 시행 절차에도 적용되어야 한다. 검사자가 달라도 동일한 방식으
로 시행해야 하고, 전체 지시 사항, 소검사별 지시 사항, 검사 시간이 모든 수검자
에게 동일하도록 지시문이 명확해야 한다. 검사 시행 방법이 달라지면 심리검사 결
과도 달라질 수 있기 때문이다. 이와 함께 적절한 조명, 조용하고 방해 자극이 없는
환경, 깊은 라포를 형성하는 것도 표준절차로서 중요하다.

Ⅳ. 신뢰도

검사의 신뢰도는 검사의 안정성, 일관성, 그리고 예측 가능성을 말한다. 한 개인

의 점수 범위에 관한 것, 또는 다른 시기에 같은 검사로 재검사를 받았을 때 동일한 점수를 얻는 정도에 대한 것이다.

신뢰도의 기초가 되는 개념은 단일 점수의 가능한 오차 범위 또는 측정 오차이다. 심리적 구성개념은 직접 측정할 수 없기 때문에 검사 점수는 구성개념에 대한 추정치이며, 항상 오차가 발생할 수밖에 없다. 오차는 검사 문항을 잘못 읽거나 기분 변화와 같은 수검자 개인 요인, 그리고 부적절한 검사 시행 절차와 같은 검사자 요인 등으로 인해 발생한다. 오차 범위가 크면 임상가는 개인의 점수를 신뢰할 수 없다. 검사 개발자의 목표는 가능한 한 측정 오차를 줄이는 것인데, 오차가 적을수록 검사에서 측정된 개인별 점수 간 차이가 우연한 변동 때문이 아니라 그 특질의 실제적인 차이에서 비롯되었다고 확신할 수 있다.

검사의 오차 정도와 관련된 두 가지 주요한 쟁점이 있다. 첫째, 개인이 검사 수행 시 필연적으로 나타내는 자연적인 변화, 즉 변산성(variability)이다. 능력검사보다 성격검사의 변산성이 더 크다. 지능, 적성과 같은 능력 변인은 성장과 발달에 따라 점진적인 변화를 보이는 반면에, 많은 성격적 특질과 상태는 우울증상이나 불안과 같은 정서적 요인에 상당히 좌우되기 때문이다. 특히 불안과 같은 정서적 요인은 검사 수행에 상당한 영향을 미친다. 그러므로 일반적으로 불안과 같은 성격 변인을 측정하는 검사는 지능검사에 비해 신뢰도가 낮다.

둘째, 심리검사 방법이 필연적으로 부정확하다는 전제이다. 직접적 측정이 가능한 물리적 · 이화학적 대상에 비해 심리적 구성개념은 간접적으로 측정된다. 예를 들면, 지능은 직접 평가하기 어렵고, 지적으로 우수하다고 정의한 행동을 측정함으로써 추론해야만 한다. 이와 같이 추론에서의 변산성으로 인해 심리적 구성개념을 정의하고 관찰하는 데 있어 정확성이 부족하므로 어느 정도의 오차가 생기게 된다. 또한 측정에서의 변산성은 검사 오차에 의한 것이 아니라 개인이 첫 번째 검사와 두 번째 검사 수행 중간에 실제로 변동이 있어서 나타날 수도 있다. 개인의 검사 시기 간 자연적인 변산성은 통제하기 어렵지만, 검사를 적절하게 개발하여 검사 자체의 부정확성을 줄이기 위해 노력해야 한다.

이와 같이 검사의 부정확성과 개인의 자연적인 변산성이 측정 오차를 발생시켜 측정 작업을 매우 어렵게 만든다. 검사의 측정 오차는 불가피하지만, 검사를 개발할 때 측정 오차를 비교적 허용된 범위 내로 유지하는 것이 중요하다. 신뢰도 지수는 일반적으로 상관계수로 제시하는데, 이상적으로는 .90이 되어야 하지만, 보통 .80도 받아들일 수 있다. 만일 .70 이상이라면 개인의 행동 이해와 예측의 목적보다는 연구목적을 위해 사용 가능하다.

신뢰도의 목적은 오차에 의한 검사 점수의 변산성을 추정하는 것이다. 신뢰도를 얻는 네 가지 주요 방법은 ① 검사-재검사에서 일관된 결과가 산출되는 정도, ② 주어진 시점에서 검사의 상대적 정확성(동형 검사), ③ 검사 문항의 내적 일치도(반분 신뢰도와 알파 계수), ④ 두 채점자 간의 일치하는 정도를 결정하는 것 등이다. 이것을 요약하는 다른 방식은 시간 대 시간(검사-재검사), 형태 대 형태(동형 검사), 문항 대 문항(반분 신뢰도, 알파 계수), 그리고 채점자 대 채점자(채점자 간)이다.

■1 검사-재검사 신뢰도

심리검사를 실시한 후 같은 사람에게 동일한 검사를 두 번째 시행하여 점수들 간의 상관관계로 계산한다. 상관계수는 검사 점수가 하나의 상황에서 다른 상황에 일반화될 수 있는 정도를 나타낸다. 만약 상관관계가 높다면 수검자의 내적 조건이나 검사 상황이라는 외적 조건에 의한 변동이 적다는 것이다. 이 경우 두 번의 검사 점수 간 차이가 크다면 오차 때문이라기보다는 측정된 특성이 실제 변화된 결과라고 확신할 수 있다.

검사-재검사 신뢰도(test-retest reliability)의 적합성을 평가할 때 고려할 요인은 다음과 같다. 첫째, 검사 실시 간격이 신뢰도에 영향을 줄 수 있다. 두 검사 실시 중간에 삶의 극적 변화나 충격적인 사건을 경험한다면 이 차이를 측정 오차만으로 해석하기 어렵다. 다른 예로, 유아기에 지능검사를 실시하고 몇 개월 이내에 두 번째 검사를 할 경우 매우 높은 상관관계를 보인다. 그러나 후기 아동기 또는 성인기 지능지수와의 상관관계는 그 사이에 있었던 셀 수 없을 만큼 많은, 피할 수 없는 삶의 변화들로 인해 대체적으로 낮다. 검사 개발자는 해당 구성개념의 시간 변화에 대한 안정성 정도를 가정하고, 지침서에 일주일, 두 달 등 검사-재검사 신뢰도를 검증한 간격을 명시한다.

둘째, 연습 효과와 기억 효과가 발생할 가능성이 있다. 예를 들면, 한국 아동용 웩슬러 지능검사 Ⅳ판의 기호 쓰기나 기억력 검사와 같이 빠른 속도와 기억을 측정하는 검사에서 특히 문제가 된다. 검사 간격이 짧을수록 연습 효과와 기억 효과가 발생할 가능성이 크다.

일반적으로 검사-재검사 신뢰도는 상대적으로 안정적인 변인을 측정할 경우에만 선호되고, 불안과 같이 매우 가변적인 변인일 경우 적합하지 않다.

2 동형 검사 신뢰도

동형 검사 방법은 연습 효과와 기억 효과 등 검사-재검사 신뢰도의 문제점을 피하고자 개발되었다. 동형 검사 신뢰도(alternate form reliability)는 특정 검사와 유사한 형태의 검사를 제작해 동일한 수검자에게 측정하여 점수 간 상관관계를 계산한다. 검사-재검사 방법에서와 같이 검사를 받는 기간 중에 일어난 중요한 삶의 경험뿐만 아니라 검사 시행 간 시간 간격도 지침서에 포함되어야 한다. 만약 첫 번째 검사 실시 직후에 동형 검사를 실시한다면, 신뢰도는 시간적 안정성이 아니라 두 검사 간의 상관관계의 측정치가 된다. 두 달 또는 그 이상의 긴 시간 간격으로 실시하면 두 검사 간의 상관관계와 시간적 안정성 정도라는 두 가지 측정치를 제공한다.

동형 검사 방법은 이전의 검사 문항을 기억하거나 수행 방법을 아는 것과 같은 이월 효과(carryover effect)를 제거해 준다. 그러나 두 검사 간 특정 문항 내용이 비슷하지 않을 때조차도 검사의 전반적인 문제해결 방식을 학습할 수 있다는 점에서 일정 부분 이월 효과는 발생한다.

동형 검사 방법의 가장 큰 어려움은 두 검사가 실제로 동등한가를 결정하는 것이다. 예를 들면, 한 검사가 동형 검사보다 더 어렵다면, 두 검사 점수의 차이는 측정치를 신뢰할 수 없기 때문이 아니라 두 검사 자체의 차이를 나타낸다. 동형 검사는 같은 수의 문항, 동일한 내용과 형태 그리고 동일한 실시 방식으로 구성된 서로 독립적인 검사여야 한다.

또한 첫 번째와 두 번째 실시 사이에 발생하는 수검자의 개인적인 차이이다. 간격이 길어지면 이 차이가 더 커질 수 있다. 만약 동형 검사를 다른 날 시행한다면 수검자는 기분, 스트레스의 수준 또는 전날 밤 수면 상태와 같은 단기간의 변동 때문에 다르게 수행할 수 있다. 따라서 수검자의 능력이 한 시행과 다른 시행에서 달라질 수 있으며, 이것이 검사결과에 영향을 주게 된다.

이런 문제점에도 불구하고, 동형 검사 신뢰도는 검사-재검사 방법의 이월 효과와 연습 효과를 완전히 제거해 주지는 못하지만 적어도 감소시킨다는 장점이 있다. 또 다른 장점으로 동형 검사는 치료 프로그램의 효과를 평가하거나, 서로 다른 시기에 다른 형태의 검사를 실시함으로써 시간에 따른 환자의 변화를 관찰할 목적으로도 유용하게 사용된다.

❸ 내적 일치도: 반분 신뢰도와 알파 계수

반분 신뢰도(split-half method)와 알파 계수(coefficient alpha)는 높은 변동성을 가진 특질의 신뢰도를 결정하는 최적의 방법이다. 검사 문항들이 서로 상관관계가 있기 때문에 검사를 한 번 시행하면 되고, 검사-재검사 방법처럼 시간 효과의 영향을 받지 않는다. 이 방법은 시간적 안정성에 대한 측정이 아니며, 검사 문항들의 내적 일치도(internal consistency)에 대한 측정치이다.

반분 신뢰도를 측정하기 위해 검사 문항들을 홀수 및 짝수 문항으로 나누는 방법이 가장 일반적이다. 검사를 전반과 후반으로 나누기도 하는데 일부 검사에서는 효과적일 수 있지만, 종종 워밍업이나 피로, 지루함 등이 누적된 효과로 인해 검사의 전반기 수행과 후반기 수행 수준이 달라질 수 있기 때문에 부적합하다. 또한 이 방법은 난이도 순으로 배열된 검사의 경우 적합하지 않다.

반면에 알파 계수(보통 Cronbach's α)는 문항들의 일관성을 결정하기 위해 모든 문항들 간의 상관관계를 산출한다.

반분 신뢰도와 알파 계수도 제한점이 있다. 검사를 반으로 나누면 각각이 더 적은 문항들로 구성되며, 이로 인해 한 개인이 두 검사의 평균 근처의 안정된 반응을 할 수 없기 때문에 변산성이 커진다. 일반적으로 검사 문항 수가 많아질수록 신뢰도가 더 높고, 다수의 문항을 가진 검사가 소수 문항으로 인해 발생하는 검사 반응의 작은 변동을 보완하기가 더 쉬워진다. 문항 수가 적은 검사에 대해 반분법으로 신뢰도를 구하는 것은 적합하지 않다.

4 채점자 간 신뢰도

일부 검사의 채점은 임상가의 판단에 기초한다. 채점이 임상가별로 달라질 수 있기 때문에 판단의 이질성을 줄이기 위해 채점자 간의 신뢰 정도를 평가한다. 예를 들면, 투사적 검사의 채점자 간 신뢰도가 낮을 수 있다. 심지어 능력검사도 그런 경우가 있는데, 엄격한 채점자와 관대한 채점자는 시행과 채점에서 서로 다른 결과를 나타낼 수 있기 때문이다.

채점자 간 신뢰도(interscorer relialbiliy)를 결정하는 기본 전략은 동일한 수검자에게 검사를 시행한 후 두 명의 채점자가 이 반응을 채점하는 방법이다. 변형된 방법은 두 명의 다른 검사자가 동일한 수검자에게 동일한 검사를 시행한 후 두 점수가 얼마나 비슷한지 결정하는 것이다. 채점자 간 신뢰도 계수는 일치율(percentage agreement), 상관관계 등을 활용한다. 채점할 때 부분적으로라도 주관성이 개입되는 검사라면 채점자 간 신뢰도에 대한 정보를 제공해야 한다.

5 신뢰도 유형 선택하기

여러 신뢰도 측정방법 중 선택할 때 고려할 사항은 다음과 같다.

첫째, 측정되는 특질이나 능력이 매우 안정적이라면 검사-재검사 방법이 선호되고, 변하기 쉬운 특성은 내적 일치도가 더 적합하다.

둘째, 예측을 목적으로 검사할 때는 검사를 한 번 실시한 후 두 번째 실시하여 신뢰도를 계산하므로 검사-재검사 방법이 선호된다. 반면에 개인의 상태(예: 최근 상황에 따른 불안감)를 측정하기 위해서는 검사를 한 번만 실시하므로 반분 신뢰도 또는 알파 계수가 좋은 방법이다.

셋째, 신뢰도 수준을 평가할 때 검사의 형태도 고려해야 한다. 긴 검사가 짧은 검사보다 대체로 신뢰도가 더 높다. 또한 대답의 형식도 신뢰도에 영향을 준다. 예를 들면, 진위형 검사는 우연에 의해 각 문항에 맞게 반응할 가능성이 50%이기 때문에, 선다형 검사보다 신뢰도가 낮다. 오지선다형 검사는 우연에 의해 각 문항에 정답을 할 가능성이 20%밖에 되지 않는다.

넷째, 다양한 하위 검사 또는 하위 척도가 포함된 검사는 전체 검사의 신뢰도뿐만 아니라 각 하위 검사의 신뢰도도 보고해야 한다. 전체 검사 점수는 대개 각 하위 검사보다 신뢰도가 더 높다. 예를 들면, 한국 아동용 웩슬러 지능검사 Ⅳ판의 전체 지능지수는 상식, 어휘 등의 소검사들보다 신뢰도가 더 높다. 이 때문에 실제 검사 점수를 해석할 때 소검사 지수보다 전체지능지수에 대해 더 확신을 가지고 해석할 수 있다.

다섯째, 대부분의 검사 지침서에 검사 점수에서 예측할 수 있는 오차 양에 대한 통계적 지표인 측정의 표준오차(Standard Error of Measurement: SEM)가 제시되어 있다. SEM의 기저 논리는 검사 점수가 진점수와 오차의 두 가지로 구성되어 있다는 것이다. 어떤 검사에도 오차가 발생하므로, SEM은 오차의 범위를 알려 준다. 그 범위는 검사의 신뢰도에 따라 다른데, 신뢰도가 높을수록 표준오차는 적어진다. 예를 들면, [그림 2-1]의 정상분포에서 SEM 5는 개인의 점수가 진점수 추정치로부터 ±5점 이내에 있을 가능성이 68%라는 것을 나타낸다. 개인의 점수가 진점수 추정 치로부터 ±10점 이내에 있을 가능성은 95%이다. 표준오차는 수검자의 점수와 이론적인 진점수, 그리고 검사의 신뢰도 간의 관계에 대한 기술이다. SEM은 점수의 가능한 범위를 경험적으로 산출한 것이므로, 신뢰도에 대한 정보보다 실제 더 유용하다. 또한 이 오차의 범위는 신뢰구간(confidence interval)이라고도 부르는데, 일반적으로 .05, .10 등 유의도 수준이 명시된다.

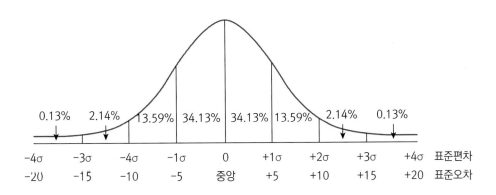

[그림 2-1] 정상분포에서 측정의 표준오차

신뢰도의 허용 가능 범위는 몇 가지 요인에 의해 좌우된다. 첫째, 사용된 신뢰도 방법이다. 동형 검사 방법이 한 검사의 실제 신뢰도 중 가장 낮은 추정치를 보이는 반면, 반분 신뢰도가 가장 높은 추정치를 제공한다. 둘째, 검사의 길이이다. 앞서 설명한 대로 긴 검사가 짧은 검사보다 더 높은 신뢰 계수를 보여 준다. 셋째, 신뢰도의 적합성을 추정하는 한 가지 방법은 같은 구성개념이나 구성이 비슷한 검사에서 도출된 신뢰도와 비교하는 것이다. 이를 통해 예상되는 신뢰도 수준에 대한 감을 잡고 비교를 위한 기준치로 삼을 수 있다.

V. 타당도

검사 개발에서 가장 중요한 문제는 타당도이다. 신뢰도가 일관성과 정확성에 관한 것이라면, 타당도는 검사가 측정하고자 하는 특질을 정말로 측정하는지의 검사 내용에 관한 것이다. 타당한 검사는 측정하려고 의도한 내용을 측정해야 하며, 타당해야만 임상가에게 유용한 정보를 제공할 수 있다. 어떤 심리검사도 추상적이고 절대적인 의미에서 타당하다고 할 수는 없지만, 실제로는 사용하려는 검사가 특정 상황이나 목적, 특정한 집단에서 타당해야 한다(Messick, 1995). 어떤 검사가 타당하지 않아도 신뢰할 수는 있지만, 신뢰한다고 해도 타당하지는 않을 수 있다. 타당도가 일차적이라는 뜻이다. 예를 들어, 개인의 언어유창성을 측정하는 검사를 창의성을 측정하는 검사라고 잘못 소개했다고 하자. 만약 그 검사를 다른 시점에 동일한 개인에게 실시하여 상관관계가 크다면, 검사의 신뢰도는 높다. 그러나 그 검사가 또 다른 타당한 창의성 검사 점수와는 상관관계가 크지 않다는 점에서 그 검사는 타당하지 않다.

심리적 구성개념은 지능, 불안, 성격 등과 같이 추상적인 무형의 개념이기 때문에 검사의 타당도를 확립하는 것이 매우 어렵다. 구성개념은 실재하는 것이 아니므로 이것은 간접적인 방식으로 추론해야 한다. 또한 구성개념에 대한 개념화와 연구 결과가 시간이 지남에 따라 변화되어 왔기 때문에 검사에 대한 타당화도 지속적으로 개선되어야 한다(Smith & McCarthy, 1995).

검사를 구성할 때 검사 개발자는 두 가지 필수적인 초기 단계를 따라야 한다. 첫째, 구성개념을 이론적으로 평가하고 기술한다. 둘째, 그것을 측정하기 위한 특정한 전략(검사 질문)을 개발한다. 검사 개발자가 이러한 단계들을 세밀하고 주의 깊게 따랐을 때조차 그 검사가 진짜로 측정하려는 것을 정의하기가 상당히 어렵다. 예를 들면, 지능검사는 학업성취에 대한 좋은 예언지표이지만, 많은 임상연구자들은 지능검사가 이론적으로 기술된 지능의 개념을 잘 측정하는지에 대해 의문을 품는다.

타당도를 확립하는 3개의 주요 방법으로 다음과 같이 내용 타당도, 준거 타당도, 구성 타당도를 들 수 있다.

1 내용 타당도

어떤 검사의 초기 구성 단계에 검사 개발자는 먼저 내용 타당도(content validity)에 초점을 두어야 한다. 내용 타당도란 측정될 구성개념에 대한 검사도구의 대표성과 적합성을 말한다. 초기 문항 개발 시에 측정하고자 하는 변인에 대한 선행 이론이나 지식을 고려해서 구성개념에 근거하여 문항을 제작한다. 이후 문항 내용이 너무 많거나 너무 적은지, 특정 영역을 배제하는지 판단하여 문항을 수정한다. 일반적으로 해당 분야의 전문가들이 문항을 결정하고 개발하는 과정에 참여하는데, 그 전문가의 수와 자격을 검사 지침서에 제시한다. 전문가들이 받은 지시문과 판단자 간의 의견 일치도도 지침서에 제시한다.

내용 타당도가 높은 검사는 측정하고자 하는 내용 영역의 모든 주요 측면과 추가적 변인도 함께 다루어야 한다. 예를 들면, 지능에서 실제적인 지식을 하나의 기준으로 삼아도, 그 지식의 활용과 자료를 분석하는 능력 역시 중요하다.

내용 타당도와 관련 있는 개념이 안면 타당도(face validity)이다. 내용 타당도는 전문가의 판단과 관련이 있는 반면, 안면 타당도는 수검자에 의한 판단과 관련이 있다. 안면 타당도는 검사가 측정하고자 하는 것을 파악하는 정도로서 수검자의 시각을 반영한다. 예를 들면, 연산 문제로 구성된 산수 검사는 안면 타당도가 높다. 반면에 성격, 적성, 자아개념 등 정답이 없는 구성개념의 측정도구는 안면 타당도가 낮다. 로르샤흐 검사는 정신증적 사고와 같은 구성개념을 측정하는데, 안면 타당도가 낮다. 즉, 수검자는 로르샤흐 검사가 정신증적 사고를 측정한다는 것을 인식하지 못하므로 특정한 방향으로 결과를 조작하기가 어렵다.

안면 타당도에서 한 가지 문제점은 수검자와의 라포이다. 수검자가 고의로 결과를 왜곡할 가능성을 줄이기 위해서 의도적으로 안면 타당도가 낮도록 제작한 검사는 수검자의 비협조적인 태도를 야기할 수 있기 때문이다.

2 준거 타당도

타당도를 결정하는 두 번째 주요 접근은 준거 타당도(criterion validity)인데, 이는 공존 타당도(concurrent validity), 예언 타당도(predictive validity)라고도 한다. 준거 타당도는 검사 점수와 외부의 어떤 수행의 측정치를 비교하여 결정하는데, 이때 외부 측정치는 그 검사가 측정하고자 하는 변인과 이론적인 관련이 있어야 한다. 예를 들면, 지능검사는 학업성적과, 적성검사는 직업성과 평가치와, 그리고 우울증 검사는 우울장애 진단이나 우울장애와 유사한 구성요소를 측정하는 다른 검사와 상관관계가 있다. 두 측정치들 간의 관계는 대개 상관계수로 기술한다.

준거 타당도는 공존 타당도와 예언 타당도로 구분된다. 공존 타당도는 해당 검사가 실시된 시점과 동시에 얻어진 측정치이다. 예를 들면, 지능검사와 동시에 학업성취 수준 평가를 실시하면, 그 일치도가 공존 타당도를 의미한다. 예언 타당도는 해당 검사가 먼저 실시되고 준거는 그 이후에 측정된다. 예를 들면, 지능검사를 실시하고 1년 뒤에 실시한 학업성취 수준 간의 상관관계를 통해 평가한다. 이는 개인의 선발이나 배정에도 사용되는데, 인사선발이나 특정 업무 배제를 위해 특정 능력을 평가하여 배치한 후 직업적 성과와의 상관관계를 판단한다.

공존 타당도가 더 간단하고, 시간과 비용이 더 적게 들며, 연구 대상자 감소의 문제가 발생하지 않기 때문에 예언 타당도 대신에 사용하기도 한다. 그러나 둘 중 선호도를 결정할 때 중요한 것은 검사의 목적에 있다. 예언 타당도는 미래 결과에 대한 예측을 목적으로 한다. 반면에 공존 타당도는 수검자의 현재 상태를 평가하기 위해 실시한다. 이러한 구분은 다음과 같은 질문으로 요약할 수 있다.

"수검자가 현재 부적응 상태인가?" (공존 타당도)
"수검자가 향후 부적응 문제를 보일 것인가?" (예언 타당도)

준거 타당도의 장점은 측정된 변인의 유형에 따라 달라진다. 일반적으로 지능,

적성에 비해 성격에 영향을 미치는 변인이 더 많기 때문에 지능검사와 적성검사가 성격검사에 비해 상대적으로 높은 타당도 계수를 갖는다. 측정되는 특성에 영향을 미치는 변인의 수가 증가함에 따라 이를 파악하는 것이 더욱 어려워진다. 많은 수의 변인이 제대로 파악되지 않는 경우, 특성은 예측할 수 없는 방식으로 영향을 받게 된다. 이러한 경우 검사 점수의 변동이 크기 때문에 타당도 계수가 낮아질 수 있다. 여기서 유용한 지침은 유사한 검사의 타당도를 조사하고 이것을 선택할 검사와 비교하는 것이다.

준거 타당도의 측면에서 중요한 점은 검사가 측정하고 있는 속성이 비교하는 특성을 어느 정도 예측하는가이다. 예를 들면, 지능검사와 학업성취 간의 전형적인 상관계수는 약 .50이다(Neisser et al., 1996). 그러나 학업성적 평균이 전적으로 지능의 결과라고 할 수 없기 때문에, 지능이 성적 평균을 결정하는 상대적인 정도를 추정해야 한다. 이것은 상관계수를 제곱하고 이것을 다시 백분율로 환산한다. 즉, .50의 상관을 제곱하면 25%가 되므로 학업성취에 대해 지능지수가 25%를 설명할 수 있고, 나머지 75%는 동기, 수업의 질, 과거의 교육 경험, 정서 상태 등과 같은 요인의 영향을 받는다. 여기서 임상가가 직면하는 문제는 검사가 측정하고자 의도한 목적에 변산의 25% 정도면 충분히 유용한지를 결정하는 것이다. 이는 궁극적으로 임상가의 개인적인 판단에 달려 있다.

또 다른 문제는 정의할 수 있고 수용 가능하며 실현 가능한 합의된 외부의 준거를 찾는 것이다. 지능검사에는 성적 평균이 수용 가능한 준거가 되는 반면, 대부분의 성격검사에 대해서는 적절한 준거를 찾기가 매우 어렵다.

3 구성 타당도

구성 타당도(construct validity)는 '검사가 측정하고자 하는 심리적 구성개념을 얼마나 잘 측정해 주는가'의 문제이다. 이 방법은 내용 및 준거 타당도 접근법의 문제점을 해결하기 위해 개발되었다. 내용 타당도의 초기 형태는 주관적인 판단에 의존한 반면, 준거 타당도는 측정되는 구성개념의 영역이나 구조에 영향을 많이 받고, 적절한 외적 준거를 결정하는 데 합의가 어렵다는 문제가 있다.

구성 타당도 평가는 일반적으로 세 단계를 포함한다. 처음에 검사 개발자는 특질에 대해 주의 깊게 분석해야 한다. 다음으로 그 특질이 다른 변인과 관련된 방법을 고려해야 한다. 마지막으로는 이러한 가설적 관계가 실제로 존재하는지 검증해야 한다(Foster & Cone, 1995). 예를 들면, 지배성을 측정하는 검사는 지도자 역할과 높은 정적 상관관계가 있고, 복종성 측정과는 강한 부적 상관관계가 있어야 하며, 개방성과 같이 해당 특질과 관련이 없는 측정치와는 상관관계가 낮아야 한다. 마찬가지로 불안을 측정하는 검사는 신체적 고통을 경험하는 실험과 같이 불안을 유발하는 상황에서의 개인의 측정치와 강한 정적 상관관계가 있어야 한다.

구성 타당도를 측정하기 위한 단일한 최선의 방법은 없고, 다양한 방법이 있다.

첫째, 검사 점수가 구성개념의 이론적 특성과 일치되는지 확인한다. 예를 들면, 어떤 능력이 연령에 따라 증가할 것으로 예상되면, 일반 전집의 검사 점수와 연령 간의 상관관계를 확인한다. 그런데 이러한 방법은 지능이나 운동-협응과 같은 능력 변인에는 적절하지만, 대부분의 정서 측정에는 적용할 수 없다. 또한 지능이나 운동-협응 측정도 이 구성개념의 성숙이 완성된 연령 수준을 넘어서면 적합하지 않다.

둘째, 실험 혹은 치료적 개입의 효과를 측정하는 것이다. 사전검사를 실시한 후 치료적 개입이 검사 점수에 영향을 주었는지 비교하기 위해 개입 직후에 사후검사를 실시한다. 예를 들면, 우울증 집단치료 후 우울증상 점수가 감소될 것으로 예상할 수 있다. 또한 비슷한 구성개념을 측정하는 다른 검사를 실시하여 두 점수 간의 상관관계를 확인할 수 있다. 그런데 단축형이거나 시행이 용이하거나 예측 타당도가 더욱 우수하거나 하는 등의 부가적인 장점이 없는 한, 기존의 검사와 지나치게 높은 상관관계가 있다면 새로운 검사의 개발은 불필요해진다.

셋째, 요인분석은 여러 가지 심리적 특질의 상대적인 강점을 확인하고 평가하기 위해 사용되기 때문에 특히 구성 타당도에 적합하다. 또한 요인분석은 검사를 통해 측정된 요인들과 주 요인을 파악하기 위해 사용한다. 요인분석은 전체 문항을 공통 요인이나 특질들로 축소함으로써 심리검사를 단순화하는 데 사용할 수 있다. 검사의 요인 타당도(factorial validity)는 특정 요인에 대한 상대적인 가중치 혹은 부하량이다. 예를 들면, 불안의 인지적·정서적·심리적 측면을 평가한다는 가정 아래 불안 평가척도를 개발한 후 요인분석을 통해 이 척도가 3개의 명확한 요인으로 구성된다고 확인하였다면, 이 검사는 요인 타당도가 높다. 또한 세 요인이 검사가 측정하려는 전체점수에 대해 설명력이 상당히 크다면 요인 타당도가 높다는 점을 확인할 수 있다.

넷째, 특정한 하위 검사와 그 검사의 총점 간의 상관관계를 산출하여 내적 일치도의 정도를 추정하는 것이다. 예를 들면, 만일 개발된 지능검사의 어떤 하위 검사가 전체지능지수와 적절한 상관관계가 없으면, 이 하위 검사를 배제하거나 상관관계를 증진하는 방향으로 수정해야 한다.

다섯째, 수렴 타당도(convergent validity)와 변별 타당도(discriminate validity)를 확인한다. 수렴 타당도는 검사가 이론적으로 유사한 변인들과 수렴(converge)되거나 높은 상관관계가 있다는 것이다. 변별 타당도는 검사와 유사하지 않은 변인들과 상관관계가 낮다는 것이다. 예를 들면, 독해 점수는 문학 수업의 수행과는 높은 정적 상관관계가 있고, 수학 수업의 수행과는 상관관계가 낮을 것이다. 수렴 및 변별 타당도와 관련된 중요한 개념으로 진단 범주를 확인하는데 평가도구가 보여 주는 민감도(sensitivity)와 특이도(specificity)가 있다. 민감도는 장애가 있는 사례를 장애가 있다고 제대로 판단하는 진양성(true positive)의 백분율이다. 특이도는 장애가 없는 사례를 장애가 없다고 제대로 판정하는 진음성(true negative)의 백분율을 말한다. 예를 들면, 어떤 구조화된 임상 면담을 통해 ADHD 아동의 90%를 정확하게 감별할 수 있다면 민감도가 매우 높은 것이다. 그럼에도 동시에 ADHD가 아닌 사례의 30%를 ADHD라고 잘못 분류하였다면 특이도는 충분하지 않다(진음성 비 70%). 민감도와 특이도를 결정하는 것이 어려운 이유는 정신의학적 진단, 지능 또는 성격 특성과 같은 범주들에 대한 객관적으로 정확하고 공인된 외적 준거를 찾는 것이 어렵기 때문이다.

이와 같이 구성 타당도를 결정하는 빠르고 효율적이며 단일한 방법은 존재하지 않는다. 구성 타당도를 확립한다는 것은 강력한 사례를 통해 증거를 축적하는 것이다. 구성 타당도에 대한 자료가 많을수록 그 검사에 대한 확신이 커지고, 여러 가지 구성 나낭노를 통해 검사의 구성에 대해 확신할 수 있다.

참고문헌

Cicchetti, D. V. (1994). Guidelines, criteria, and rules of thumb for evaluating normed and standardized assessment instruments in psychology. *Psychological Assessment, 6*(4), 284.

Dana, R. H. (2005). *Multicultural assessment: Principles, applications, and examples.* New York: Routledge.

Foster, S. L., & Cone, J. D. (1995). Validity issues in clinical assessment. *Psychological Assessment, 7*(3), 248-260.

Messick, S. (1995). Validity of psychological assessment: Validation of inferences from persons' responses and performances as scientific inquiry into score meaning. *American Psychologist, 50*(9), 741-749.

Neisser, U., Boodoo, G., Bouchard Jr, T. J., Boykin, A. W., Brody, N., Ceci, S. J., ··· & Urbina, S. (1996). Intelligence: Knowns and unknowns. *American Psychologist, 51*(2), 77-101.

Smith, G. T., & McCarthy, D. M. (1995). Methodological considerations in the refinement of clinical assessment instruments. *Psychological Assessment, 7*(3), 300-308.

제3장

심리평가를 위한 면담

Ⅰ. 면담의 정의

　면담(interview)이란 서로 마주 본다는 의미의 단어에서 유래되었다. 일반적인 대화와 달리 명확한 목표를 두고 진행되기 때문에 이러한 목표와 관련되어 있는 구체적인 주제를 중심으로 협의하거나 상담하는 과정이라고 할 수 있다. 면담의 목적은 수검자의 정신의학적 진단과 심리사회적 문제의 평가, 이를 개선하기 위한 치료적 목표, 전략 및 개입방법을 제시하거나 치료적 개입을 하는 것 등이다. 이에 따라 면담은 임상적 진단을 내리기 위한 목적의 진단적 면담, 심리검사와 행동관찰을 포함하여 수검자의 포괄적 평가와 치료계획의 수립을 위한 평가 면담, 그리고 내담자의 자기 자신에 대한 이해를 촉진하고 감정과 행동에 바람직한 변화가 일어날 수 있도록 도움을 주는 치료적 면담으로 구분할 수 있다.

　심리평가 과정에서의 평가 면담은 자료를 수집하는 중요한 수단으로, 다른 방법으로는 얻을 수 없는 중요한 정보를 수집함으로써 심리검사 결과를 보완할 수 있을 뿐만 아니라 라포를 형성하고 심리검사 해석의 타당성을 확보하는 데 도움이 된다. 또한 면담은 수검자의 임상적 진단을 가능하게 하고, 발달사와 심리사회적 문제를 평가하며, 이를 개선하기 위한 개입 목표와 전략 및 개입 방식을 제시하기 위해 실시한다.

　평가 면담의 세부적인 목적은 수검자의 현재 주요 문제 및 증상, 발달사와 과거력의 수집, 피면담자 성격 특성의 파악 등이다. 면담을 통해 현재 드러나고 있는 문제를 명료화하고 구체화하면서 문제의 발생 기원과 그동안의 적응과정 및 적응방식, 현재 문제가 발생되고 있는 현실적 상황의 특징을 확인할 수 있고, 개인의 성격 및 대인관계의 특징을 파악할 수 있다. 또한 수검자가 자신의 대인관계 특성과 출생부터 현재까지의 발달과정을 되돌아봄으로써 자신의 문제에 대한 통찰을 갖도록 해 주는 목적도 있다.

　아동·청소년의 평가 면담은 아동·청소년 수검자 자신과 부모 또는 주 양육자 각각을 대상으로 이루어진다. 아동·청소년의 연령과 인지발달 정도, 자신의 문제를 내성하고 언어화할 수 있는 정도에 따라 면담에서 파악할 정보에 대한 주요 출처와 의존도가 달라진다.

Ⅱ. 평가 면담의 고려사항

1 일반적 고려사항

면담 기법은 임상가가 가지고 있는 이론적 지향과 실제적인 고려사항에 영향을 많이 받는다. 내담자 중심 이론 지향의 임상가는 구조화된 면담을 피하고 비지시적인 면담을 선호한다. 내담자 중심 면담의 목표는 변화의 욕구를 자극하고, 자기 변화를 시도할 수 있는 대인관계 유형을 만들어 내는 것이기 때문이다. 이와 대조적으로 행동주의적 면담은 변화가 특정한 외부 영향과 결과 때문에 발생한다는 가정을 기반으로 한다. 외적인 조건을 변화시키는 전략을 세우는 데 도움을 주는 특정 정보를 얻는 방향을 지향하고, 따라서 구조화된 면담을 상대적으로 선호한다. 여기서 중요한 점은 특정 면담 양식과 전략은 어떤 수검자에게는 잘 맞지만 또 다른 수검자에는 잘 맞지 않을 수 있다는 점이다.

많은 임상가는 진단적 면담을 위해 DSM 진단체계에 따라 면담을 진행하고, 정신건강의학적 병력에 기초하여 예후에 대한 예측과 함께 진단을 내리는 다축 체계에 따른 면담을 선호한다. 이러한 면담은 서로 다른 장애들의 포함 기준과 배제 기준을 주의 깊게 고려하며, 지시적이다. 반면에 형식적 진단체계에 가치를 두지 않는 임상가는 일정한 틀에 얽매이지 않고 수검자의 대처 양식, 사회적 지지, 가족 역동, 장애의 특징 등과 같은 특정 영역에 관심을 가지고 집중적으로 탐색한다. 따라서 그들의 면담은 덜 지시적이고 보다 융통성이 있다. 어떤 면담 양식도 반드시 맞거나 틀리다고 할 수 없고, 면담자의 이론적 지향, 수검자의 특성에 따라 융통성 있게 시행하는 것이 중요하다.

실제 검사 상황에서 많은 임상가는 질문 문항의 순서와 양식이 정해진 반구조화된 면담을 선호한다. 특히 수련생과 같은 초심자의 경우 구조화된 접근을 통해 중요한 정보를 누락하지 않고, 체계적으로 면담을 진행할 수 있다. 각 평가 영역별로 포괄적으로 질문한 후 구체적인 질문으로 이어져야 하고, 점차 더 자세하고 특수한 내용으로 이어서 질문하게 된다.

임상가-수검자의 상호작용 측면에서 일정 부분 임상가가 특정 이론적 관점을 배경으로 시행하기 때문에 좋은 면담이 어떤 것인지 정의 내리기는 어렵다. 그럼에도 성공적인 면담은 수검자에게 말하고 표현하는 임상가의 태도에 달려 있다. 지시의 정도, 얻을 수 있는 정보의 유형은 면담의 접근법마다 차이가 있으나, 임상가와 수검자의 라포 형성이 매우 중요하다는 것은 변할 수 없는 사실이다. 이러한 태도에는 임상가가 수검자에게 표현하는 진실성, 수용, 이해하고 있다는 느낌, 진정한 관심, 따뜻함, 인간의 가치에 대한 무조건적 긍정적 존중을 포함한다. 임상가가 좋은 이론과 방법으로 무장하고 있다고 해도 이러한 태도와 특성을 갖지 못하면 면담에서 목표로 하는 것을 얻을 수 없다.

면담 동안에 임상가가 기록하는 것은 수검자로 하여금 불안감과 경계심을 유발할 수 있다. 그러나 기록하지 않고 면담이 끝난 뒤에 기록한다면 임상가의 기억에 왜곡이 일어날 수 있다. 지나치게 경계적이고 과민한 편집증 환자나 불안 수준이 높은 아동과 청소년은 임상가의 기록을 의식하므로 대화를 나누는 것을 꺼릴 수 있다. 이 경우에는 면담이 끝난 즉시 기록하는 것이 좋으며, 수검자가 동의를 한다면 면담 중에 즉시 기록하는 것이 가장 좋다. 면담 과정을 비디오나 오디오로 녹화 또는 녹음할 때는 반드시 비밀 보장을 전제하고 수검자에게 설명을 하고 동의를 구해야 한다.

2 면담 전략

면담에서는 다양한 면담 전략과 기법을 활용할 수 있다. 진술한 말을 명료화하기, 탐색, 직면, 이해, 적극적 경청, 반영, 피드백, 요약진술, 무작위 탐색, 자기 개방, 자기 탐색, 구체적 예시, 치료적 이중 구속 등 다양하다. 일반적인 면담 전략을 설명하면 다음과 같다.

1) 사전 준비
면담 준비 단계에서 다음의 문제를 적절하게 다루어야 한다.

• 면담 환경의 물리적 상황: 면담실 정리정돈하기, 적당한 조명, 의자 배치(예를 들어, 면담자와 수검자 간 적당한 거리와 눈높이 수준이 같은지), 영유아의 경우 어

머니 면담 시 안고 있을지 또는 카펫 바닥에 앉혀 둘 공간이 있는지 등을 고려한다.

- 면담자 자신을 소개하고 선생님, 박사님, 이름 등 자신을 어떻게 부를지 알려 준다.
- 면담의 목적을 설명하고, 면담에 대한 수검자의 이해를 확인하고, 불일치가 있는지 확인한다.
- 면담에서 얻은 정보는 어떻게 활용되는지 설명한다.
- 비밀 보장에 대해 분명히 설명하고, 말하고 싶지 않은 부분은 말하지 않아도 된다고 설명한다.
- 평가에 사용될 도구, 전체 시간 등을 안내하면서 수검자가 할 역할이나 활동을 설명한다.
- 일반적으로 심리평가 전에 전체 비용을 수납하지만, 수납 전인 경우 비용에 대해 설명한다.

2) 구조화 정도와 지시적 면담 대 비지시적 면담

면담의 구조화 정도와 지시적 면담 또는 비지시적 면담을 할지 여부는 이론적인 배경과 실제적인 것을 고려해서 결정한다. 시간이 제한되어 있다면 지시적이고 간단명료한 질문을 하는 것이 좋다. 극단적으로 불안한 수검자의 경우 비구조화된 면담이 수검자를 더 불안하게 만들 수 있으므로, 구조화되고 지시적인 면담이 더 효율적이다. 수동적이고 철수된 수검자에게도 직접적으로 묻고 답하는 방식이 더 유용하다. 반면에 구조화 정도가 낮은 면담은 수검자의 자기 탐색을 촉진해 임상가가 수검자의 전반적인 능력을 관찰하기 쉽고, 라포 형성에도 도움이 되며, 수검자의 독특성에 더 민감하게 반응할 수 있다는 장점이 있다.

행동주의적 면담은 구체적인 행동, 관련된 인지, 태도 및 신념을 포괄적으로 담고 있는 구조화되고 지시적인 면담이다. 반면에 정신역동적 접근의 면담은 수검자가 일반적으로는 자각할 수 없는 정보를 평가하고, 숨어 있는 동기와 정신역동을 탐색하는 비구조화되고 비지시적인 방식으로 진행된다. 행동주의적 면담과 정신역동적 면담은 서로 다른 정보를 제공해 주므로, 서로 보완해서 사용하면 타당도를 높일 수 있고, 통합적 정보를 얻을 수 있다.

3) 면담 기법의 순서

면담은 비지시적인 개방형 질문으로 시작해서 수검자의 반응을 관찰한 뒤, 보다 직접적인 질문을 하는 것이 일반적인 지침이다. 개방형 질문은 수검자가 구조화의 제한 없이 자신을 이해하고 조직화하고 표현할 수 있게 해 준다는 장점이 있다. 대부분의 심리검사도구는 구조화되어 있기 때문에 전체 심리평가 과정에서 면담 초반의 이러한 개방형 질문에 대한 수검자의 반응을 통해 언어적 유창성, 자기 주장성 수준, 목소리 톤, 에너지 수준, 망설임, 불안 영역 등을 파악할 기회를 가질 수 있다. 이러한 관찰을 통해 수검자의 문제에 대한 가설을 세울 수 있고, 이후 보다 직접적인 질문을 통해 가설을 검증할 수 있다.

지시 수준과 개방 수준이 중간 정도인 면담 기법에는 다음과 같은 촉진, 명료화, 공감, 직면이 있다.

- 촉진: 대화의 흐름을 촉진하는 것으로, "더 이야기해 보세요." "계속해 주세요." 등의 말과 눈 맞춤, 끄덕임 등 비언어적 태도가 있다.
- 명료화: 수검자가 미묘한 단서를 제시하면서도 말하려는 주제에 관해 충분히 표현하지 못할 때 명확하게 해 달라고 요청하는 것으로, 압축된 정보의 개방을 촉진할 수 있다. 예를 들어, 그런 일이 있었던 구체적인 날, 구체적인 상황을 설명해 달라고 할 수 있다.
- 공감: "힘들었겠다." "그건 무척 어려웠을 거 같아." 등 공감하는 말과 비언어적 행동은 수검자의 자기 개방을 촉진할 수 있다.
- 직면: 수검자의 말에 불일치가 생기는 경우는 대개 자신의 현재 모습과 되고자 하는 모습의 불일치, 말하고 있는 것과 행동하는 것의 불일치, 수검자의 자기 지각과 면담자가 지각하는 것의 차이, 수검자가 보고하는 내용이 관련 정보나 맥락에 맞지 않을 경우 등이다. 이때 임상가가 불일치를 지적하고 도전할 수 있다. 평가 상황에서 직면의 목적은 수검자에 대한 깊이 있는 정보를 얻기 위한 것이다. 치료 상황에서의 직면은 환자의 자기 탐색을 도와 행동 변화를 유도하기 위해 사용하므로, 적절한 직면이 많은 도움이 될 수 있으나, 이 경우에도 충분한 라포가 형성된 후여야 효과적이다. 치료 상황에 비해 비교적 짧은 시간 동안 일어나는 평가 면담에서 지나친 직면은 라포 형성에 도움이 되지 않

고, 환자의 방어와 평가에 대한 저항을 불러일으킬 수 있다. 직면을 시킬 경우 개방형 질문으로 시작해서 촉진, 명료화, 직면 등 중간 정도로 지시적이고 구조화된 방식으로 접근하는 것이 좋다.

마지막으로 직접적이고 지시적인 질문으로 세부사항, 특이한 점 등을 파악하고 마무리하는데, 이 순서를 너무 엄격하게 사용하기보다 사례별로 유연하게 접근할 필요가 있다.

4) 기타 전략

평가 면담의 초점은 문제행동(문제의 특성, 심각도, 관련된 영역)과 내용(문제를 악화시키거나 완화시키는 조건, 원인, 선행사건, 결과)을 파악하는 것이다. 이때 평가 면담을 위한 기록지나 체크리스트를 활용할 수 있다. 수검자나 부모가 미리 작성한 기록지를 가지고 처음에 "여기에 어떻게 오셨죠? 제일 힘든 문제가 무엇인가요?"라는 일반적인 질문으로 시작한 후, 수검자가 설명을 조직화하는 방법, 말하는 것 등에 대해 관찰하고 기록한다.

어떤 내용이 명확하지 않다고 해서 "왜요?"와 같은 직접적인 질문을 하면 수검자의 방어를 유도할 수 있으므로 삼간다. '왜'라는 질문은 비난으로 들릴 수 있고 수검자에게 자신의 행동에 대해 책임을 지도록 강요할 수 있기 때문이다. 또한 자신의 문제에 대해 주지화하기 쉬워 스스로 자신의 정서를 분리시킬 위험이 있다. 대안으로는 "그 문제에 대해 어떻게 생각하세요?" 또는 "어떻게 해서 그런 일이 생긴 건가요?" 등의 질문을 시작한다. 이렇게 하면 수검자는 자신을 정당화하지 않으면서 자세히 설명하게 되고, 계속해서 자신의 감정에 집중하면서 생각과 감정을 더 편하게 말하게 된다.

또한 임상가는 수검자의 비언어적 행동뿐만 아니라 자신의 비언어적 행동도 알아차려야 한다. 특히 눈 맞춤을 유지하고 표정으로 반응하며, 때때로 앞으로 몸을 기울이는 등 언어적 · 비언어적으로 주의를 기울임으로써 자신의 관심을 표현할 수 있다.

면담을 자연스럽게 끝내는 것도 중요하다. 면담은 시간제한에 얽매이게 되므로, 계획된 면담시간이 5분에서 10분 정도 남았을 때 수검자의 주의를 환기함으로써 제한 준수를 확실히 하도록 도와야 한다. 또한 수검자가 질문을 하거나 논평할 기회도 주어야 한다. 임상가는 마지막에 면담의 주요한 주제를 요약하고 적절한 경우에 권고사항을 이야기할 수 있다.

3 아동·청소년 평가 면담의 고려사항

지금까지 설명한 평가 면담의 일반적 고려사항과 전략은 아동·청소년의 경우에도 동일하게 적용되는 한편, 아동·청소년의 연령과 발달적 특성에 따라 특별히 고려할 사항도 있다.

1) 면담의 순서

사실상 아동·청소년과 부모를 대기실에서 처음 만났을 때부터 평가 면담이 시작된다고 할 수 있는데, 대기실에서 부모와 자녀가 어떻게 상호작용하는지 주목할 필요가 있다. 예를 들면, 부모와 자녀의 대화 양상이나 서로에 대한 태도, 부모와 자녀가 앉아 있을 때의 거리 정도, 표정, 자녀에게 도움이 필요할 때 부모가 도움을 주거나 무시하는지, 자녀가 부모에게 도움을 구하는지, 다른 형제가 있을 경우 부모가 그들에게 주는 관심의 정도에 차이가 있는지 등을 관찰할 수 있다.

평가 면담을 먼저 한 후 종합심리검사를 실시하는 성인의 심리평가 과정과는 달리 아동과 청소년, 그리고 부모 또는 주 양육자와의 면담 순서를 어떻게 할 것인지에 대한 일반적인 지침이 있다. 먼저, 부모와 함께 면담하는 것이 가장 좋다. 그러나 상당수의 아동·청소년이 부모와 함께 자신의 문제를 설명하고 심도 있게 보고하기 어려워하며, 부모 또는 주 양육자 역시 자녀 앞에서 자녀의 문제를 자세히 말하기 힘들어한다. 또한 서로 적대적인 경우에는 함께 면담하는 것 자체가 어렵다. 이에 따라 아동의 경우 아동과 부모를 대상으로 주 문제 중심으로 비교적 간단한 평가 면담을 진행한 후 종합심리검사를 시행한다. 이후 부모 또는 주 양육자를 대상으로 평가 면담을 위한 기록지를 활용하여 검사 상황에서 관찰한 행동, 심리검사 주요 내용을 통합하는 체계적인 평가 면담을 실시한다. 마지막으로 아동 수검자, 부모와 함께 부족한 부분이나 불일치한 내용을 점검하며 마무리할 수 있다. 청소년의 경우 가장 먼저 청소년만을 대상으로 평가 면담을 진행하고 나서 종합심리검사를 진행한다. 이후 부모 또는 주 양육자를 대상으로 체계적인 평가 면담을 실시한다. 마지막으로 청소년 수검자, 부모와 함께 부족한 부분이나 불일치한 내용을 점검하며 마무리한다. 이와 같이 청소년 수검자를 가장 먼저 면담하는 이유는 대부분의 청소년이 심리평가나 심리치료에 대한 동기가 낮고 거부적·저항적인 경우가 많기 때문에 부모 또는 주 양육자부터 먼저 면담하면 임상가가 자신에 대해 편견을 가지거나 부모가 자신을 험담할 수 있다는 의심과 두려움을 가지므로 라포 형성과 솔직한 표현이 어렵기 때문이다. 임상가는 청소년 수검자에게 아무런 사전 정보나 편견이 없고, 청소년 수검자의 이야기를 가장 먼저 경청한다는 표현과 태도를 전달해야 한다.

2) 아동 · 청소년 면담

아동 · 청소년의 발달 수준, 언어와 개념화 능력에 따라 세심한 접근이 필요하다. 아동 · 청소년이 면담을 불안해할 수 있으므로 임상가는 면담의 목적에 대해 간단히 설명하고, 질문에 친절하게 응답해 주며 면담 과정 동안 안전감을 느낄 수 있도록 해야 한다. 그리고 면담을 진행하는 동안 아동 · 청소년의 외양, 행동, 감각과 동작 기능, 언어와 인지 기능, 상호작용 등을 면밀하게 관찰한다.

취학 전 아동의 경우 정서 발달이 미숙하고 자신의 감정과 사고를 언어화하는 데 어려움이 있고, 내성 능력이 부족하므로 대화를 통한 면담에 제한이 있다. 이런 경우 놀이치료실에서 평가 면담을 실시할 수도 있다. 임상가는 아동의 자유놀이 장면을 관찰하면서 놀이에 대한 태도나 놀이 특성, 행동 특성, 놀이의 변화, 언어 표현 수준과 내용, 기분과 정동 등 놀이의 특징을 평가한다. 학령기 아동은 언어능력과 개념형성 능력이 큰 폭으로 발달하지만 낯선 성인에게 자신의 감정이나 관심사 등을 이야기하는 것이 어려울 수 있다. 따라서 초기에 간단한 게임으로 시작하는 것이 라포 형성에 도움이 된다. 학령기 후기, 청소년기는 반구조화 면담을 시행할 수도 있다. 아동과 청소년 면담에 사용할 수 있는 질문의 예는 다음과 같다.

- 오늘 여기 왜 오게 되었는지, 누가 말해 줬는지
- 여기 왜 왔다고 생각하고 있는지
- 몇 살인지, 어디 살고 있는지, 몇 학년인지

- 좋아하거나 싫어하는 과목이 무엇인지
- 학교 친구들과 사이는 어떠한지, 선생님과는 어떻게 지내는지
- 가족들과는 어떻게 지내는지
- 휴일에는 보통 무엇을 하는지
- 그 외 감정, 자아개념, 신체증상, 사고, 기억이나 환상 등에 관한 질문 등

3) 부모 또는 주 양육자 면담

부모 또는 주 양육자의 면담은 아동·청소년 심리평가의 매우 중요한 부분으로, 아동·청소년과 가족에 관한 중요한 정보를 얻을 수 있다. 부모 면담을 통해 아동의 문제나 부모의 대처, 아동의 의학적·발달적·교육적·사회적 과거력, 가족력, 부모의 기대 등을 파악할 수 있다. 특히 부모가 아동의 문제를 어떻게 지각하는지, 부모 자신의 심리적 문제나 어려움에 더 압도된 것은 아닌지 등 부모의 문제에 대한 탐색도 충분히 이루어져야 한다. 청소년의 비행이나 부모 이혼 소송, 양육권 다툼, 가정폭력, 법률적 절차 등 심리평가를 실시하는 특별한 목적이 있는지도 확인해야 한다. 부모 면담에서 사용할 수 있는 질문의 예는 다음과 같다.

- 자녀에 대한 걱정이 무엇인지
- 가정환경이 어떤지, 형제자매, 친구와는 어떻게 지내는지
- 자녀가 부모와 어떻게 지내는지, 함께하는 시간이 즐거운지, 어떤지
- 자녀가 최근에 활동하거나 배우는 것이 있는지, 배우고 있다면 무엇인지, 자녀의 관심과 취미는 무엇인지
- 신체 협응이나 운동능력은 어떠한지
- 인지능력, 언어능력, 학업 기능 등은 어떠한지
- 그 외 감정, 신체 발달, 의학적 문제, 발달사, 가족과 부모의 기대에 관한 질문 등

Ⅲ. 평가 면담의 형식

면담의 형식은 구조화되어 있는 정도에 따라 비구조화 면담, 구조화 면담, 그리고 이 둘이 절충된 형태의 반구조화 면담으로 구분할 수 있다. 면담의 목적, 면담 결과의 활용, 임상가의 경험과 전문성 정도, 수검자의 상태와 특성, 다루어야 할 내용, 심리평가 이후 이루어질 치료의 유형에 따라 다른 형식을 사용하게 된다.

1 비구조화 면담

비구조화 면담 또는 개방적 면담이란 특별한 형식과 절차를 미리 정해 두지 않고 면담 상황과 수검자의 반응에 대한 임상가의 판단에 따라 융통성 있게 진행되는 절차이다. 미리 정해진 일정한 구조와 틀이 없이 수검자가 가지고 온 문제의 특징, 수검자의 상태, 면담 당시의 제반 여건과 상황 등에 따라 속도와 분량, 깊이와 범위를 조절하며, 경우에 따라서는 특정한 부분에 대한 생략과 집중적인 탐색도 가능하다.

비구조화 면담은 임상가에 따라 다른 절차로 진행할 수 있고 다루는 내용 또한 임상가에 따라 차이가 있을 수 있다. 이 때문에 임상가의 기술과 전문적 능력에 따라 자료수집의 효율성과 수집된 자료의 가치에 차이가 발생한다. 따라서 비구조화 면담을 통해 가치 있고 유용한 자료를 얻기 위해서는 임상가로서 상당한 정도의 숙련된 전문성이 필요하다. 또한 다량의 자료를 수집하기 어려울 뿐만 아니라 수집된 자료를 객관적으로 수량화하기도 어려우며, 신뢰도가 낮을 수 있다. 다량의 자료를 수집, 분석해야 하는 연구에서는 사용하기가 어렵다.

2 구조화 면담

1970년대에 정신장애의 진단분류에 관한 관심과 연구가 활발해지면서 구조적 면담도구가 다양하게 개발되었다. 정신병리의 기제, 약물 및 심리치료 기법 개발, 치료 효과 평가 등 연구 영역에서도 신뢰성 있고 정확한 진단체계에 기초한 방법론, 특히 면담자 간 일치도를 높일 수 있는 진단평가 방법이 강조되었다. 이러한 흐름은 DSM 체계를 보다 정교한 형태로 발전시켰으며 구조화 혹은 반구조화 형식의 진단적 면담체계의 개발을 촉진하였다.

국내에서 성인의 경우 SCID-5-CV(Structured Clinical Interview DSM-5 Disorders Clinical Trials Version; First, Williams, Karg, & Spitzer, 2016; 오미영, 박용천, 오상우, 2017)가 타당화되었다. DSM-5를 반영한 아동·청소년기 구조화 면담체계는 국내 타당화 자료가 부족하다.

1) 아동용 진단 면담 스케줄 Ⅳ판(DISC-IV)

아동용 진단 면담 스케줄 Ⅳ판(Diagnostic Interview Schedule for Children: DISC-IV; Shaffer, Fisher, Lucas, Dulcan, & Schwab-Stone, 2000)은 6~17세 아동·청소년의 정신장애 역학 연구에 사용하기 위해 미국 국립정신건강연구소에서 개발한 상당히 구조화된 응답자 중심 면담체계이다. 국내에서는 조수철 등(2007)에 의해 신뢰도와 타당도가 확인되었다.

질문의 순서, 어투, 기록방법까지 명확하게 규정하여 고도로 체계화된 진단 면담체계로서, 2~3일간의 도구 사용 훈련을 거친 면담자나 임상 전문가가 실시할 수 있다. DISC는 부모용(DISC-P: 6~17세)와 아동용(DISC-C: 9~17세)으로 구성되어 있고, 대부분의 문항들은 과거형이며, DISC-P는 대략 60~70분, DISC-C는 대략 40~60분이 소요된다. DISC-IV는 30개 이상의 DSM-IV와 DSM-Ⅲ-R 진단기준뿐만 아니라 거의 모든 ICD-10 진단기준을 포함한다.

2) 아동과 청소년용 진단 면담(DICA)

아동과 청소년용 진단 면담(Diagnostic Interview for Children and Adolescent: DICA)은 6~17세 아동·청소년을 대상으로 또래관계, 학업과 사회적 기능, 증상을 다루며 모든 항목의 실시순서, 사용단어, 기록방법 등이 구체적으로 명시되어 고도로 구조화된 면담이다. DICA는 Herjanic과 Reich(1982)에 의해서 개발되었고, 이후 MAGIC이라 불리는 수정판도 출판되었다. DICA와 MAGIC 모두 아동용(6~12세)과 청소년용(13~17세)이 있는데, MAGIC은 코딩을 위한 보다 명확한 지시문과 핵심 증상을 이끌어 내기 위한 구체적인 지침서를 포함하고 있다.

DICA는 아동이나 부모를 대상으로 체계적인 훈련을 받은 면담 초보자나 임상가가 실시할 수 있으며, 30~40분 정도 소요된다. 또한 185가지 증상의 유무, 증상의 시작, 증상이 나타난 기간, 증상의 정도, 관련 장애에 관한 정보뿐만 아니라 합산 점수를 제공하고, 또래관계 문제, 학교에서의 행동, 학교 수업, 신경증적 증상, 신체증상, 정신병적 증상의 6가지 영역에서 증상의 수를 확인할 수 있다. 또한 증상이 별로 없는 장애에 대해서는 시간을 줄이기 위해서 건너뛸 수 있는 기능이 있다.

DICA는 광범위한 진단 범위를 포괄하고, 매우 구조화되어 있으며, 최소한의 훈련으로 사용될 수 있다는 점 때문에 대규모의 역학 연구에 유용하며 면담자 간의 일치도도 적절하다.

3 반구조화 면담의 예

반구조화 면담은 정해진 내용에 따라 면담을 진행하되, 필요한 경우 면담자가 관련된 내용을 추가로 질문을 할 수 있는 체계이다. 즉, 구조화 면담보다는 좀 더 융통성이 있다. 이에 포함되는 면담도구인 K-SADS(Kiddie-SADS, Kiddie-Schedule for Affective Disorders and Schizophrenia)를 소개하면 다음과 같다.

성인 대상의 '정동장애와 조현병 스케줄(Schedule for Affective Disorders and Schizophrenia)'에 기초해서 6~18세의 아동·청소년의 진단을 목적으로 개발된 반구조화 면담체계로, 가장 널리 사용되는 면담체계이다. K-SADS는 DSM-Ⅲ-R 진단기준에 따라 아동기 정서장애 연구를 위한 연구 대상자를 선별하기 위해 개발되었으나 다른 장애들에 대한 정보도 얻을 수 있어 감별진단 시 매우 유용하다. 아동·청소년 환자의 증상, 증상의 시작, 정도, 지속기간, 부수적 장애를 평가할 때 정확성이 매우 높고 정교하다는 장점이 있다. 그러나 광범위한 임상 경험과 면담에 필요한 훈련을 받은 면담자만 실시할 수 있다는 제한점이 있다.

DSM-Ⅳ 준거를 포함하도록 개정된 K-SADS-PL(K-SADS-Present and Lifetime version; Kaufman et al., 1996)이 발표되었고, 국내에서는 김영신 등(2004)에 의해 타당화되었다.

1) K-SADS-P

K-SADS-P(Present State)는 연구를 위한 진단기준에 초점을 맞추어 개발된

K-SADS 진단체계의 아동·청소년 판이다. 6~17세의 아동을 대상으로 설계되었으나 많은 아동기 진단에 합당한 증상이 포함되지 않았기 때문에 이후 DSM-Ⅲ-R과 DSM-Ⅳ 진단체계를 포함하기 위해 개정되었다.

2) K-SADS-E

K-SADS-E(Epidemiological Version)는 모든 장애의 현재 삽화가 가장 심했던 과거의 삽화에 대한 평가를 수집한다(Orvaschel, Puig-Antich, Chambers, Tabrizi, & Johnson, 1982). 현재 삽화와 함께 일생 동안 심했던 삽화의 시간 기준을 조합한다. K-SADS-P가 증상의 정도를 평가하는 데 비해, 이 면담체계는 단지 증상의 존재 여부에 대해서만 평가한다. 최근 개정판은 DSM-Ⅳ 증상 목록을 다루며, 현재의 삽화를 경도, 중등도, 고도로 평가한다.

3) K-SADS-PL

K-SADS-P와 K-SADS-E 간의 일종의 절충형으로 K-SADS-P를 개정하여 K-SADS-PL(Present and Lifetime Version)을 개발하였다. 개발 과정에서 증상평가를 3점 척도로 줄였고(0: 정보 없음, 1: 없음, 2: 역치하, 3: 역치), 각 점수에 대해 최소한의 분명한 정의를 제공한다. K-SADS-PL은 아동·청소년기 정신건강의학적 장애를 대부분 포함하며, 불안장애의 경우, 분리불안 장애, 회피성 장애/사회공포증, 광장공포증/특정공포증, 과불안/범불안장애, 강박장애, 외상후 스트레스장애를 포함한다. K-SADS-PL은 DSM 체계에 익숙하고 체계적인 면담 훈련을 받은 임상 경험이 많은 면담자가 실시하는데, 부모와 아동을 모두 면담한다. 이때 아동의 경우는 부모 면담을, 청소년의 경우 청소년 면담을 먼저 실시하고, 면담 결과 각각의 정보원 간에 차이가 있는 경우 평가자가 최상의 임상적 판단을 해야 한다.

K-SADS-PL을 시행하기 위해서는 비구조화 초기 면담(Unstructured Introductory Interview), 진단적 선별 면담(Diagnostic Screening Interview), 부록 완성 체크리스트(Supplementary Completion Cheklist), 평생 진단요약 체크리스트(Summary Lifetime Diagnoses Checklist: SLDC), 소아 전반적 평가척도(C-GAS)를 수행하는데, 처음에는 각 정보원에 대해 개별적으로 시행하고, 모든 정보가 종합되고 정보원들 간에 불일치하는 점이 해결되면 SLDC와 C-GAS를 완성한다. 현재나 과거에 정신병리가 없

는 경우에는 진단적 선별 면담 이후의 평가는 불필요하다.

한국판 K-SADS-PL에 대한 신뢰도와 타당도가 확인되었는데(김영신 외, 2004), ADHD가 가장 높은 타당도를 보였고, 다음으로 반항장애, 틱장애, 우울장애, 불안장애 순이었다.

Ⅳ. 평가 면담의 내용

심리평가를 위한 정보수집 과정으로서 면담을 통해 얻어야 할 정보는 일반적으로 ① 부적응 문제 및 의뢰 사유, 주 문제의 구체적인 특징, 발생 경과, 적응 및 부적응에 미친 영향 및 지금까지의 대처 노력, ② 역사적, 사회적, 가족 및 발달사적 정보 등이다. 또 면담이 진행되는 도중에 드러나는 내담자의 말, 표정, 자세와 동작, 태도 등을 관찰할 수 있고, 필요한 경우 별도의 추가 질문을 통해 '정신상태 평가'가 이루어진다.

평가 면담 초반에 평가에 대한 태도와 오해를 탐색하고 평가결과가 어떻게 사용되는지 설명한다. 평가에 대한 동의를 구하는 것이 중요한데, 이는 윤리적·법적 이유 때문일 뿐만 아니라 강요당하거나 통제당하는 느낌이 아닌 자신의 자발적인 의사결정에 따라 평가에 참여한다는 느낌을 갖게 하여 면담에 협조를 이끌어 내는 데도 도움이 되기 때문이다.

가족이나 제삼자의 면담 결과는 그들의 개인적인 지각이나 이해가 개입되기 때문에 문제의 중요성이 과장 또는 축소될 수도 있다. 필요한 경우 이해관계가 없는 제삼자 면담, 학교기록, 직장에서의 업무기록, 이전의 치료기록 등을 활용할 수 있다.

대부분의 정신건강의학과 또는 심리치료센터에서는 영유아, 아동·청소년, 성인 등 연령 범위에 적합한 평가 면담을 위한 기록지를 심리평가 이전에 미리 제공하고 부모 또는 주 양육자, 수검자 자신이 자성하여 이를 토대로 면담을 진행한다. 이를 활용하면 수검자와 부모 또는 주 양육자는 주 문제와 관련 요인에 대해 미리 탐색할 기회를 가질 수 있고, 평가자는 필요한 정보를 누락하지 않고, 체계적이고 효율적으로 면담을 진행할 수 있다. [그림 3-1]에 학령기 아동 대상의 면접 기록지의 예가 제시되어 있다.

초등학교 아동 심리평가를 위한 부모용 설문지
발달사 및 개인사 평가/성격발달

아동이름:

작성자: 아동과의 관계: 작성일: 년   월   일

> 본 설문지는 아동을 정확하게 이해하기 위해 실시되는 설문지입니다.
> 본 설문지의 결과는 아동의 진단 및 치료 계획을 위한 목적으로만 사용될 것입니다.
> 자세하고 구체적으로 적어 주십시오. 모든 나이는 만 나이로 적어 주십시오.

Ⅰ. 아동의 인적사항

생년월일	년 월 일	나이	만 세 개월	성별	
학교					
형제관계	남 녀 중의 째				

Ⅱ. 아동의 문제와 관련된 질문

1. 아동의 주요 증상(또는 아동이 병원에 오게 된 이유)을 구체적으로 적어 주십시오.

2. 각각의 증상은 언제부터 나타났으며 어떻게 알게 되었습니까?

3. 위와 같은 문제로 어떤 곳을 방문하였으며 어떠한 이야기를 들었습니까?

당시 나이	방문한 곳	진단 또는 평가	치료 또는 결과

4. 아동은 위 문제 외에 어떠한 의학적인 문제, 또는 행동 및 정서, 행동, 학습의 문제가 있습니까?

III. 출산과 관련된 질문

1. 출생 시 어머니의 나이: 세

2. 부모님이 임신과 출산을 계획하여 태어난 아동입니까? (예 / 아니요)
   아니라면 그 이유는 무엇입니까?

3. 아동은 부모님이 임신과 출산을 원하여 태어난 아동입니까? (예 / 아니요)
   아니라면 그 이유는 무엇입니까?

4. 아동을 임신하기 전이나 임신 중 어머니의 신체적, 정신적 상태는 어떠하였습니까?

5. 임신 중 약을 복용한 적이 있다면 어떤 약물을 언제, 왜 복용하였습니까?

6. 아동은 어떤 방식으로 태어났습니까? (제왕절개/자연분만)
   제왕절개의 경우 이유:

   자연분만일 경우 순산 혹은 난산 / 분만 시간   시간

7. 출산 과정에서 문제는 없었습니까?

8. 출산 당시 아동의 몸무게는 몇 kg이었습니까?   kg

9. 출생 직후 아기의 건강문제가 있었다면 적어 주십시오.
   (예: 신생아 황달, 태변 먹음, 호흡곤란, 청색증, 울지 않음, 탯줄 감음)

IV. 발달과정 및 학교생활에 대한 질문

1. 유아기까지의 전반적인 건강 상태는 어떠하였습니까?

   1) 수면

   2) 식사

   3) 경기

2. 정서 상태

   1) 유아기에 아동을 주로 돌본 사람은 누구이며 그 이유는 무엇입니까?

   2) 돌보는 사람과 떨어져서도 잘 노는 편이었습니까? (상/중/하)

   3) 낯가림은 어느 정도였습니까? (상/중/하/없음)

3. 발달 지표

1) 기어 다니기 시작한 것은 언제였습니까?		생후	개월
걷기 시작한 것은 언제였습니까?		생후	개월
2) 말을 하기 시작한 것은 언제였습니까?		생후	개월
엄마, 아빠 이외의 분명한 한 단어(맘마, 물, 빵빵 등) 표현		생후	개월
두 단어 표현		생후	개월
말이 확실히 틔었다는 느낌		생후	개월
기타 언어 문제가 있다면 적어 주십시오.			
3) 대소변을 가린 것은 언제였습니까?	소변	생후	개월
	대변	생후	개월
대소변 가리기에 어려움이 있었습니까?			
4) 어른과 눈 맞춤은 적당했습니까? (예/아니요)	시기	생후	개월

4. 유아–아동기에 크게 다친 적이 있다면 구체적으로 적어 주십시오.

5. 어린이집이나 유치원을 다닌 적이 있습니까?

당시 나이	다닌 곳	아동의 적응상태/활동	선생님의 평가

6. 아동은 몇 살에 학교에 입학하였습니까? 만   세   초등학교

   1) 입학이 늦었다면, 그 이유는 무엇입니까?

   2) 처음 학교 갈 때 아동의 태도는 어떠하였습니까?

7. 기초학습능력에 관한 질문(구체적인 내용도 적어 주십시오)

   1) 한글은 언제 터득하였습니까?   만   세

   2) 읽기는 어떠합니까? (상/중/하)

   3) 받아쓰기 점수는 어떠하였습니까?   /100점(만점)

   4) 알림장은 잘 써 왔습니까? (상/중/하)

   5) 계산하기, 산수는 어떠합니까? (상/중/하)

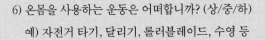

6) 온몸을 사용하는 운동은 어떠합니까? (상/중/하)

    예) 자전거 타기, 달리기, 롤러블레이드, 수영 등

7) 세밀한 손동작이 필요한 활동은 어떠합니까? (상/중/하)

    예) 단추 끼우기, 지퍼 올리기, 퍼즐, 글씨 쓰기, 그림 등

8. 학과목에 대한 태도와 성적 및 선생님의 평가는 어떠하였습니까?

	초등학교 1~3학년	초등학교 4~6학년
성적	상/중/하	상/중/하
잘하거나 좋아하는 과목, 그 이유		
못하거나 싫어하는 과목, 그 이유		
전반적인 적응에 대한 선생님의 평가		

9. 학교에서 학업 문제 이외의 다른 문제들이 있다면 구체적으로 적어 주십시오.

10. 학교에서의 활동 이외에 하고 있는 과외활동은 어떤 것이 있습니까?

    이전에 했던 것도 적어 주십시오.

기간	과외활동	아동의 반응	선생님의 평가

11. 아동의 또래관계는 어떠합니까?

    1) 친한 친구가 있습니까? 약   명

    2) 집에 친구를 데려오거나 친구 집을 방문하여 놉니까? (예/아니요)

    3) 친구들과 잘 지냅니까? (상/중/하)

12. 아동이 좋아하는 놀이나 활동은 무엇입니까?

Ⅴ. 가족에 관한 질문

1. 가족이 어떻게 구성되어 있는지 다음과 같은 그림을 그려 주십시오.

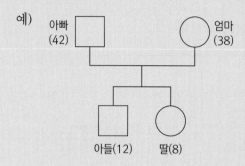

예)

아빠 (42)   엄마 (38)

아들(12)   딸(8)

2. 가족 구성원들의 직업 및 학력, 현재의 직장이나 학년을 적고 성격과 아동에게 어떻게 대하는지 구체적으로 적어 주십시오.

나이	학력	직업	직장/직위	성격	아동과의 관계

3. 부모님의 결혼 상태는 어떻습니까? (해당하는 곳에 체크 표시를 하십시오.)

　　결혼　　　　년째

　　미혼부모 / 별거 중 / 이혼 / 사별 / 재혼

　　미혼, 별거, 이혼, 사별, 재혼일 경우 언제부터, 이유가 무엇입니까?

4. 경제적인 상태는 어떻습니까? (해당하는 곳에 체크 표시를 하십시오.)

　　최상 / 상 / 중간 / 하 / 최하

　　특별한 문제가 있다면 적어 주십시오.

5. 아동이 가정 내에서 가장 가까운 사람은 누구이며, 그 이유는 무엇입니까?

6. 아동이 가정 내에서 가장 어려워하는 사람은 누구이며, 그 이유는 무엇입니까?

7. 유아-아동기에 가족의 커다란 환경 변화가 있었다면 구체적으로 적어 주십시오.

8. 부모님의 양육태도나 교육태도는 어떠십니까?

   1) 아버지:

   2) 어머니:

9. 현재 가정 내의 스트레스는 무엇입니까?

   그 정도는 어느 수준입니까? (상/중/하)

10. 아동의 부모, 형제자매나 친척 중 현재 아동이 보이는 증상과 비슷한 문제나 정신장애를 앓은 사람이 있습니까?

[그림 3-1] 학령기 아동 대상의 부모면접 기록지 예시

평가 면담에서 수집해야 할 정보들을 설명하면 다음과 같다.

1 주 문제, 행동 및 정서 문제

가장 먼저 확인해야 할 내용은 심리평가를 받게 된 직접적인 이유, 즉 '주 문제' 또는 '증상'이다. 연구를 위해서는 앞서 설명한 구조화 면담과 반구조화 면담 도구를 사용할 수 있다. 가능하면 DSM-5(The Diagnostic and Statistical Manual of Mental Disorders; APA, 2013)의 진단 목록을 활용하여 심리평가 의뢰자가 염두에 둔 심리 장애와 함께 배제해야 할 심리장애, 감별할 심리장애 등에 대해 구체적으로 확인할

필요가 있다. 이때 일반인의 관점에서 나열한 주 문제를 DSM-5의 증상 목록으로 전환하고, 이에 대해 실생활의 예를 들어 질문하는 것이 좋다. 예를 들어, "산만해요."라는 호소에 대해 ADHD 증상 목록의 '부주의' 증상으로 평가할 수 있는지 확인하기 위해 "물건을 자주 잃어버리나요?" "공부할 때 오랜 시간 집중하기 어려운가요?"라고 질문한다. 또한 주 문제의 구체적인 양상, 발생 경과, 그러한 문제가 적응 및 부적응에 미친 영향, 대처 노력 등을 파악한다. 주 문제가 처음 발생한 시기, 촉발 요인, 재발과 변화의 양상 등을 파악한다.

주 문제 이외의 행동 문제나 정서 문제를 포괄적으로 확인한다. 수검자의 연령에 따라서는 주 문제의 확인 단계에서 드러나지 않은 인터넷이나 스마트기기의 과다사용 또는 중독, 게임 중독, 학업 중단, 가출, 비행, 흡연, 음주 또는 불법 약물의 사용 여부, 물질에 대해 가지고 있는 긍정적인 기대 여부 등으로 문제 영역을 확대해서 파악해야 한다. 또한 부모와 평가자 모두에게서 행동관찰만으로 파악하기 어려운 우울증상, 불안감 등 내재화 증상도 반드시 확인하고, 섭식 문제, 자살사고 및 행동화 가능성에 대해서도 확인한다. 자기개념, 정체감, 특징적인 감정과 방어, 자아강도 등의 파악도 필요하다.

감별진단이나 공존장애 진단을 위해 주 증상을 공유할 가능성이 있는 심리장애의 증상과 함께 심리검사 도중 관찰된 증상이 있다면 이에 대해서도 확인한다.

주 문제에 대한 대처 방식, 그 문제가 수검자의 정상적인 생활에 미치는 영향, 문제에 연관되어 있는 다른 사람의 역할 등을 파악한다. 그 문제로 이전에 수검자가 받은 심리평가 또는 심리치료의 종류, 기간, 도움이 된 내용 등을 자세히 질문한다.

또한 의학적 문제에 대한 확인도 필요하다. 영유아기의 질병뿐만 아니라 아동기 및 그 이후의 의학적 질병과 기타 신체적 손상은 개인의 신체적 성숙과 발달을 방해할 뿐만 아니라 자기상, 대인관계 방식, 일반적인 태도와 행동 등에 중요한 영향을 미칠 수 있기 때문이다.

2 발달사적 정보

발달사와 함께 수검자의 초기 사회적 환경과 그 변화에 관한 자료를 수집한다. 이와 같은 정보는 심리검사, 행동관찰과 같은 자료를 통해 얻기는 어려우며, 보통 면담에서 직접적인 질문을 통해 얻을 수 있다. 여기에는 임신과 출산에 관한 정보, 어릴 때부터 현재까지의 발달이정표 도달 양상, 학업 수행, 해당하는 경우 아르바이트와 같은 직업력, 가족력, 사회력 등이 포함된다.

먼저, 부모의 계획임신 여부, 원하는 자녀 여부, 산모의 건강상태, 주산기 의학적 문제, 출산 과정의 문제, 출산 후 신생아의 건강상태 등을 확인한다. 이를 통해 출생 전의 심리사회적 환경과 주산기, 출산 과정에서 발생할 수 있는 심리사회적 위험요인, 그리고 신경발달장애 증상과 관련 가능한 위험요인을 파악할 수 있다.

영유아기, 아동기의 전반적 발육과 건강상태, 주 양육자와의 관계, 분리불안, 정서 문제 여부, 운동, 언어, 대소변 가리기 및 사회성 등 발달이정표의 도달 양상을 확인하고 부상 경험도 파악한다.

어린이집이나 유치원에서의 적응, 학교 진학과 학업 수행 양상을 파악한다. 쓰기, 읽기, 계산하기 등의 기초학습능력과 학업 수행 능력, 대근육 및 소근육 운동 발달, 교과목 성취도, 기타 학교 부적응 문제, 학업 외의 과외활동에 대해서 파악한다.

그리고 또래관계와 사회성 발달 수준을 확인한다. 일반적 또래관계, 친밀한 친구관계, 리더십 발휘 정도, 부모와 중요한 성인들과의 관계에 대해 자세히 파악한다. 집단행동, 법적인 문제, 이성 관계 및 성적인 문제 가능성에 대해서도 놓치지 말고 확인한다.

❸ 가족구조와 가족관계

가족구조와 가족관계, 가족구조 내에서 수검자의 역할, 의미 있는 사건, 수검자에게 가해진 강화와 처벌의 유형, 초기 가족구조와 시간에 따른 가족관계에서의 중요한 변화 등에 관한 정보를 수집한다. 부모나 주 양육자의 양육태도, 수검자에 대한 태도, 가족 내에서 심리적 거리가 가깝거나 먼 사람, 부모 및 형제와의 관계를 세심하게 파악하고, 가정의 재정 상태, 스트레스 원, 불화요인, 가정폭력 여부 등 수검자의 부적응에 영향을 줄 수 있는 가족 상황도 확인한다. 이 밖에 수검자나 가족의 음주 문제, 약물 사용, 성적 곤란뿐 아니라 학대나 방임 경험이 있는 경우 이를 끌어 내는 것이 중요하다. 공격성, 성적 표현, 성취 등에 대한 수검자와 가족들의 태도에 관한 정보를 얻는 것도 필요하다.

수검자의 주 문제와 유사한 문제를 보이는 가족, 친인척에 대한 정보도 확인한다.

V. 아동 정신상태 평가

정신상태 평가는 수검자 또는 환자를 관찰하고, 자기진술을 이끌어 내며, 질문을 통해 심리적 및 행동적 기능을 평가하는 과정이다. 원래 정신상태 평가는 신체 상태를 검사하기 위한 의학적 모델에서 출발하였는데, 정신의학적 주요 체계인 용모와 행동, 기분과 정서, 인지 기능, 통찰력 등을 평가할 수 있다(Edgerton & Campbell, 1994). 아동 정신상태 평가(Goodman & Sours, 1994)도 구성과 평가 영역이 유사한 아동 대상의 평가도구이다. 아동 정신상태 평가(Child Mental State Examination)에서 나온 가공되지 않은 자료를 활용하면 전반적인 배경 정보와 통합해서 임상적 진단을 도울 수 있다. 또한 비교적 짧고 체계적인 방식으로 개인의 기능 및 역기능에 대한 포괄적인 영역을 검토할 수 있는 장점이 있다. 연령이 어릴수록 부모 또는 주 양육자의 보고와 면담을 많이 활용하고, 놀이 행동관찰, 양육자-아동의 체계, 사회체계, 가족체계 등의 영역도 포함된다.

노인환자의 경우 치매 진단에 간편 도구로서 인지 영역 손상의 평가를 주 목적으로 제작된 간이 정신선별검사(Korean Mini Mental State Examination: K-MMSE; 강연욱, 나덕렬, 한승혜, 1997)를 이용하기도 한다.

아동 정신상태 평가 내용은 〈표 3-1〉에 요약되어 있으며, 조수철, 신민섭, 김붕년과 김재원(2010)이 개관한 주요 내용을 소개한다.

〈표 3-1〉 아동 정신상태 평가의 주요 항목과 내용

영역	주요 항목	세부 내용
1. 전반적 용모, 행동, 말	일반적 용모	• 영양상태, 활기 왕성함, 이차 성징의 여부 • 복장과 신체 상태
	보행과 자세	• 걸음걸이, 앉아 있는 자세, 긴장증, 활동성
	탐색행동	• 어색함, 위축감, 불안, 행동 억제
	놀이	• 놀이의 질, 내용, 흐름
	관계 맺기	• 억제, 관망, 주저, 친밀감, 경계, 난폭함

	눈 맞춤	• 따뜻한 눈 맞춤, 회피, 투시하는 눈, 빤히 쳐다보는 눈
	행동 조직	• 조직화된 행동, 구조화, 과잉행동
	협조적 행동	• 협조, 순응도, 지시 이행의 어려움
	정신운동 활동	• 과잉행동, 초감각, 지각장애, 초조, 안절부절못함
	비자발적 운동	• 근육경련, 비자발적 운동, 틱, 이상운동
	감정의 행동적 증거	• 감정 표현 변화, 특이적 · 비특이적 공포, 억제, 함구증
	반복 행동	• 손 비비기, 손가락 빨기, 손톱 물어뜯기, 손가락 마디 소리 내기
	주의력 장애	• 선택적 주의력, 지속적 주의력, 주의력의 강도, 억제성 통제력
	언어	• 실어증, 발달성 언어장애, 자발성과 말의 흐름 • 추상적 사고, 문법의 질, 의사소통의 질
	어조의 장애	• 언어 높낮이 이상, 리듬과 음악성의 문제, 목소리
2. 기분과 정동	기분	• 내적으로 경험하는 지속적인 감정
	정동	• 밖으로 드러나는 감정의 표현
3. 감각	지남력	• 시간, 장소, 사람
	기억	• 단기기억, 장기기억, 전향적 기억상실증, 후향적 기억상실증
	집중	• 집중력, 연속 7 빼기
	계산능력	• 연속 7 빼기
4. 지적 기능		• 읽기, 쓰기, 이해력, 전반적 지식 수준
5. 사고	일관성	• 표현의 연결, 이해 정도, 명확성
	논리	• 논리적 규칙, 시간 · 장소의 규칙, 인과관계
	은유적 사고	• 청소년의 은유적 표현
	목표 지향성	• 이야기가 자신의 생각을 잘 포함하는지, 주제와의 일치 • 우원증, 사고이탈
	현실검증력	• 환상과 현실의 구분 • 머릿속의 사고와 외부 목소리의 구분
	연상	• 생각의 연결, 정서적 운율, 관념-정동 불일치 • 중단, 연상 이완, 사고 비약
	지각	• 합의적 확인 내의 정상적 지각, 환각, 착각, 이인증
	망상	• 합의적 확인이 안 된 믿음, 관계 사고, 피해망상
	기타 사고 내용	• 자살 사고, 타살 사고, 강박 사고, 강박행동, 알코올 · 물질 남용
	판단	• 특정 상황에 대한 반응
	추상적 능력	• 형식적 조작 사고, 어휘력, 은유 사용
	통찰	• 자신의 문제 인정, 변화 의지

1 전반적 용모, 행동, 말

수검자에 대한 첫인상이 중요하며, 아동과 가족에 대한 평가를 시행하는 동안 다음과 같은 질문에 대한 해답을 항상 염두에 두고 있어야 한다.

- 아동이나 가족에 대한 첫인상은 어떠한가?
- 아동에게 뭔가 이상한 점이 있지 않은가?
- 아동에게 호감이 가는가?
- 불안 또는 위험스러운 느낌은 없는가?

아동과 가족을 평가하는 동안 그들도 임상가를 평가한다는 사실을 기억해야 한다.

- 호감이 가는 임상가인가?
- 임상가가 위로하고 있는가? 혹은 경멸하고, 비난하고 있는가?
- 편안한 임상가인가?
- 임상가가 과연 우리를 도우려고 하는가?

1) 일반적 용모

실제 연령에 비해 어떻게 보이는지, 영양상태, 활기 왕성함, 이차 성징의 여부 등도 관찰해야 한다. 지나치게 말랐거나 비만하면 쉽게 드러나는데, 이런 경우 현재 주 증상으로 드러나지 않더라도 섭식장애 관련 여부를 탐색해야 한다.

이상한 모습에 대해서도 기록해야 하는데, 얼굴 안색과 모양, 눈의 상태(예: 치켜올라간 눈), 이마의 모양과 넓이, 귀의 모양과 부착상태, 머리카락의 상태와 성질 등을 살펴야 한다.

아동의 복장과 신체 상태에도 관심을 가져야 하는데, 왜곡된 사회적 행동을 보이는 아동은 독특하고 일반적이지 않은 복장을 하고 있는 경우가 많다. 신발과 머리 스타일, 머리 색깔 등을 관찰하며, 손톱과 화장한 상태에 대해서도 관찰해야 한다. 노출이 심하거나 비치는 옷 등은 규범에 반항적이거나 풍습을 어기는 행동을 시사할 수도 있다. 한편으로는 조숙, 성적 유혹, 반사회적 행동 등을 의미할 수도 있다. 일부 청소년에서 링이나 구멍을 흔하게 볼 수 있는데, 코, 눈썹, 혀 등에서 구멍이 보인다면 외부 생식기나 유두 등 다른 신체 부위에도 그런 구멍이 있는지 확인해야 한다. 성 정체성에 혼란이 있는 아동은 양가적인 복장이나 반대 성에 적합한 화장을 한다. 남성적인 여아는 화장을 하지 않고, 복장과 태도 등에서도 남성이 되고 싶은 의도를 보여 준다.

피부에서는 문신, 자해 흔적 그리고 손가락 관절과 손목 등에서의 다발성 상흔 등을 잘 살펴야 한다. 이런 표시는 만성적 자해 행동이나 충동적인 공격성을 시사한다. 자해 행동의 증거가 보인다면 다리, 가슴, 외부 생식기 등도 관찰해야 한다. 보이는 상처에 대해서는 각각에 대한 과거력을 물어봐야 한다. 자해 행동과 연관된 상처가 보이지 않더라도 보이지 않는 상처의 가능성에 대해 염두에 두어야 한다.

주사를 맞은 흔적에 대해서도 주의 깊게 살펴보아야 한다. 주의를 기울이면 머리나 눈썹을 뽑은 흔적이나 손톱을 깨물고 피부를 뜯는 등의 강박적인 행동도 찾아낼 수 있다. 만약 명백한 장애가 있다면 그에 따른 장애를 기술하고, 어떻게 대처하는가에 대해서도 기술해야 한다.

2) 보행과 자세

아동이 들어설 때 자세나 걸음걸이도 기록해야 한다. 흐느적거리는지, 질질 끄는지, 발끝으로 걷는지, 민첩하게 걷는지 등 걸음걸이와 관계된 다른 이상한 점이 없는지 살펴봐야 한다.

똑바로 앉고 서는지, 구부정한지, 의자나 테이블에 기대고 있는지 등도 살펴보는데, 일부 아동은 전반적으로 근 긴장이 저하되고, 둔하게 보이기도 한다. 조기 분리, 방임의 과거력이 있는 아동은 버릇없거나 일반적이지 않은 자세를 보여 주고 활동량이 적으며 무감동하기도 한다. 만성 퇴행 상태인 경우 신경 운동학적 손상은 보이지 않으면서도 의자에 깊숙이 기대거나 소파나 바닥에 눕기도 하는데, 심한 우울 양상을 보이는 아동도 이런 모습을 보일 수 있다. 심한 정신운동 지연의 경우 활동량이 거의 없어 긴장증 상태처럼 보이기도 한다.

긴장증 상태인 경우, 눈 깜박임 감소, 비정상적 자세의 지속, 허공 응시, 또는 메마른 감정 표현 등을 포함한 운동불능증의 정도를 평가해야 한다. 반향행동, 반향

언어(echolalia), 자동적 모방태도, 납굴증 등을 관찰할 수도 있다.

일부 아동은 약하고 기운 없어 보이거나, 기질적으로 저활동성, 저반응성의 인상을 주는데, 이런 아동은 의욕이 저하되어 있고 무언가에 대해서 동기를 유발하는 것이 어렵다.

3) 탐색행동

어떤 아동들은 낯선 면담실에 들어오면서 전혀 어색해하지 않으며 행동이 위축되지도 않는데, 이런 아동은 처음 만나는 임상가에게도 친밀감을 보인다. 일부 아동은 면담실로 들어오는 것을 불안해하며, 부모가 적극적으로 격려해야 한다. 이런 아동은 행동 억제를 보이면서 부모 뒤에 숨거나 부모 옆에 머물고 눈 맞춤을 피하기 위해 얼굴을 숨기기도 한다.

4) 놀이

잘 노는 것은 아동기의 아주 중요한 특징 중 하나다. 적응을 잘하고, 정상이라고 생각되는 아동에게는 잘 노는 모습이 꼭 있어야 한다. 놀이의 질이 부족하다면 다른 발달상의 이탈(예: 조직화된 행동과 탐색행동의 부족)을 발견할 수 있을 것이다. 또한 분리불안, 수동성, 억제 등을 발견할 수도 있다.

일단 놀이에 들어가면 아동 놀이의 내용과 흐름에 유념해야 하며, 아동의 행동화 양상, 감정적인 참여 정도(임상가와의 감정적인 교류나 아동의 열린 감정 표현 등), 임상가를 놀이에 끌어들이는 방법 등을 기록해야 한다. 아동은 종종 자신이 열중하고 있거나 자신을 둘러싼 상황과 심리적으로 연관된 주제를 연출하는 경우가 많다(예: 가정 내의 주요 불안이나 갈등 등).

5) 관계 맺기

아동이 관찰지와 관계하는 양상을 말한다. 정상적인 학령기 전, 사춘기 전 아동은 낯선 사람을 만나면 처음에는 억제적인 태도를 보이지만, 안심이 되면 보다 친숙하게 관계를 맺기 시작한다. 청소년은 관망하거나 주저하는 자세를 취한다. 아동은 일단 편안하게 느껴지면 보다 자발적으로 참여하게 된다. 불안한 아동은 편안하게 느끼고 관계를 형성하기까지 더 많은 시간과 안심이 필요하다. 분열성 아동은 거리감이 느껴지고, 임상가가 아무리 아동을 안심시키면서 면담에 참여시키려고 노력해도 면담 속으로 이끌기가 어렵다. 정신병적인 아동은 관계 형성에서 기괴함과 부적절함을 보이거나, 자신에게 몰입되어 내적 자극에 따른 반응을 보이거나, 부적절한 감정상태를 보인다.

일부 아동은 다른 낯선 사람에게나 마찬가지로 관찰자에게도 곧바로 친밀감을 보이는데, 이런 아동은 자아 경계의 문제를 보이는 것이고, 적절한 행동을 하게 하기 위해 지속적인 규제가 필요할 수 있다. 성적으로 문란한 문제를 보인다면 성적으로 유혹적이거나 명백한 성행위의 증거를 보일 수도 있다. 일부 아동은 난폭하고 공격적이거나 심지어는 편집증적으로 행동하는데, 이런 아동은 과도하게 기민하며 의심이 많다.

6) 눈 맞춤

눈 맞춤은 기본적인 상호작용 행동이며, 애착과 관계 형성을 촉진하는 범세계적인 비언어적 행동이다. 따뜻한 눈 맞춤은 대인관계를 시작하는 데 기본이 되며, 이것이 없다면 심각한 관계 형성 장애를 의미한다. 눈 맞춤이 잘 안 되는 아동은 대인관계적 사회활동에서도 장애를 보일 수 있다. 불안하거나 애착 또는 신경심리적 어려움이 있을 때 눈 맞춤을 피한다.

눈 맞춤의 양상이 왜곡되어 있을수록 사회적, 대인관계 영역에서 더욱 심각한 발달성 정신병이 있을 가능성이 높다. 왜곡된 눈 맞춤의 예로 자폐 장애에서 보이는 '투시하는(see-through)' 눈 맞춤과 정신병적, 편집성 아동에게서 보이는 '빤히 쳐다보는(staring)' 눈 맞춤이 있다. 빤히 쳐다보는 눈 맞춤일 경우, 뇌전증과 해리 상태를 감별해야 한다.

7) 행동 조직

아동의 적응 정도와 행동의 구조화 정도를 기록해야 한다. 일부 아동은 주위에 어떤 일이 벌어지더라도 적응적인 활동을 시작할 수 있거나, 놀이 같은 생산적인 활동에 열중할 수 있다. 아동은 가장 편안한 환경에서도 구조적·생산적 활동을 만들어 낼 수 없고, 자신의 조직화된 행동을 전적으로 제2의 나(alter-ego) 기능을 하는 어른에게 의지한다. 행동의 조직화가 부족한 아동은 다른 영역에서도 결함을 보이는데 초점을 맞출 수 없고, 문제해결에 대한 체계적인 접근이 없으며, 스스로 자신을 달래고 위로하는 기능이 결여되어 있다.

일부 아동은 면담실에 들어서면서 곧바로 행동 문제를 보이기도 한다. 산만하고, 어쩔 줄 몰라 하며, 과잉행동을 보인다. 이런 아동에게는 평가 동안 적극적인 구조화가 필요한데 언어적 재지시, 한계 설정, 심지어는 신체적 재지시나 신체적 제한을 할 수도 있다.

8) 협조적 행동

관찰 동안 아동의 적극적이고 협조적인 면담 참여 여부에 대해서도 기록을 해야 한다. 이는 아동의 주어진 문제에 대한 이해 정도, 증상의 어려움 정도, 변화에 대한 의지와 연관이 있다.

순응도나 지시 이행의 어려움은 소아청소년 정신건강의학과 영역에서 흔한 문제이다. 아동의 반항적인 행동과 부딪히게 될 때 이런 행동이 통제에 대한 반응, 힘겨룸 또는 무능력감 등 어떤 원인에서 생긴 것인지 잘 파악해야 한다. 아동이 자신에 대해 실제이건 아니건 지각적으로 무능력하다고 생각한다면, 주어진 과제를 할 수 없다는 것을 알거나 혹은 그렇게 믿고 있기 때문에 순응하려고 하지 않을 것이다. 많은 반항적인 아동이 언어장애가 있어서 종종 언어 이해의 어려움을 보이며 주어진 기대나 명령을 이해하지 못한다는 사실 역시 주목해야 한다. 또한 신경심리학적 결함 때문에 과제를 이해하거나 해결하는 데 어려움이 있다. 임상가는 청각의 문제는 없는지에 대해서도 조사를 해야 한다.

9) 정신운동 활동

정신운동상의 어려움은 의학적·신경학적·정신건강의학적 상태 등 다양한 상황에서 발생할 수 있다. 주의력 결핍 과잉행동장애(ADHD)는 가장 흔한 정신건강의학과적 진단 중 하나이며, 학교 선생님이 보고하는 가장 흔한 행동 문제 중의 하나로서, 과잉행동, 산만성, 충동적 행동이 일차 증상으로 나타나기도 하지만, 동반 질환의 증상이나 이차적인 증상에 의해서도 나타날 수 있다. ADHD의 증상이 관찰된다면, 이런 상태와 연관된 흔한 동반 질환(예: 반항장애, 품행장애, 우울장애, 불안장애, 발달성 언어장애, 학습장애)을 찾아보아야 한다.

임상가는 과잉행동(목적 없는 행동, 안절부절못함)과 목적 지향적 행동을 구분해야한다. 또한 과잉운동증이 구조화나 한계 설정 등에 반응하는지 혹은 영향을 받지 않는지를 결정하기 위해 지시나 구조화에 대해 어떻게 반응하는지 평가해야 한다. 아동의 장애가 ADHD에 의한 것인지, 흔히 동반되는 다른 질환에 의한 것인지, 아니면 둘 다에 의한 것인지에 관해서도 결정해야 한다.

초감각과 지각장애가 있다면 섬망의 가능성을 시사하고, 이럴 경우 위태로울 수 있기 때문에 과잉활동, 초조, 안절부절못함 등에 대해 잘 감별해야 한다.

초조하고 안절부절못한다면 조증과 정좌불능증의 가능성 또한 감별해야 한다. 조증 상태에서는 과잉운동과 과대사고, 연상 이완, 언어압박(pressured speech)과 같은 조증의 다른 증상이 나타나기 때문에 이에 관해서도 관심을 갖고 살펴야 한다.

10) 비자발적 운동

얼굴이나 사지에서의 틱과 근육경련, 반사운동 등을 살펴봐야 하고, 만약 이런 증상이 있다면 뚜렛 증후군에 대해 의심을 해야 한다. 다른 비자발적 운동(예: 무도병 운동 혹은 이상운동)은 운동장애나 뇌성마비 또는 다른 신경학적 상태[예: 시드넘(Sydenham) 병, 무도병, 헌팅턴(Huntington) 병, 윌슨(Wilson) 병]를 시사할 수 있다. 또한 아동이 음성 틱이나 목구멍에서 나오는 소리(예: 끙끙거리는 소리, 헛기침, 짖는 소리)를 내는지에 대해서도 주의를 기울여야 한다.

항정신병 약물을 복용하는 경우, 급성 이상운동을 포함한 비자발적 운동과 지연 운동 이상증을 포함한 구순 운동, 무도성 운동이 보이는지 관찰해야 한다.

11) 감정의 행동적 증거

사소한 감정의 징후라도 관찰해야 하고 아동의 감정 표현 변화에 주의를 기울여야 하며, 감정의 표현이 지속적인지, 변화가 많고 불안정한지를 기록해야 한다.

불안장애와 우울증은 정신건강의학과 임상 현장에서 흔한 문제이며, 불안의 일반적인 증상이나 양상에는 특이적·비특이적 공포, 손가락 빨기, 손톱 물어뜯기, 머리카락 뽑기, 긁기, 얼굴 붉히기 등이 있다. 손가락 관절이나 등에서 갑자기 뚝소리를 내는 것도 불안한 청소년이 많이 보이는 증상이다. 사춘기 전 아동의 경우 면담 동안 원초적인 불안의 증후(배뇨, 방귀, 배변 등)를 보이기도 한다.

분리불안의 호소도 흔한데, 엄마와 떨어지기를 거부하면서 보호자 옆에만 머물려고 하고 제한된 탐색행동을 보인다. 불안한 아동도 사회적 상황에서 억제, 얼어붙음, 선택적 함구증 등을 보인다.

중증 우울장애도 슬픈 얼굴, 풀이 죽은 태도, 눈물, 한정된 범위의 행동반경 등을 보이며, 흔히 무가치함, 무력함, 절망, 자살 사고 등이 동반되고 피로, 수면과 식욕의 장애, 무기력 등도 중요한 증상이다. 반대로 가만히 있지 못함, 산만, 과대사고, 언어압박 등이 들뜬 기분과 같이 나타난다면 조증이나 경조증을 의심해야 한다. 대개 조증과 우울증은 감염성이 있는 감정으로서 임상가가 수검자의 감정에 영향을 받게 된다. 또한 수검자의 지배적인 감정과 일치하는 역전이 감정이 생길 수 있으므로 주의해야 한다.

12) 반복 행동

반복되는 운동 활동에도 주의를 기울여야 한다. 가장 약한 형태로 손을 비빈다든지, 자주 빗질이나 화장으로 멋을 내는 행동이나 그 외에도 불안이나 긴장과 관련된 행동에 주목해야 한다. 조금 심한 형태로는 손가락 빨기, 손톱 물기, 손가락 마디 우두둑 소리 내기 등이 있으며, 가장 심한 형태로 보이는 것에는 몸 흔들기, 갑자기 휙 움직이는 손동작과 다른 자폐적인 행동이 있다. 주의 깊은 관찰 시 명백한 반복 행동이 보이지 않는다면 심각한 강박행동의 가능성을 배제할 수 있다.

13) 주의력 장애

과잉행동이나 충동성 없이도 주의력 장애를 보이는 경우가 흔하지만, 과잉행동은 종종 주의력 장애, 충동성과 연관되어 있다. 대개 주의력 장애는 산만함을 반영한다. 산만한 아동은 하나의 동작이 제대로 끝나기도 전에 다음 행동으로 넘어간다.

주의력은 선택적 주의력, 지속적 주의력, 주의력의 강도, 억제성 통제력, 주의력 전환 등 많은 기능을 의미하며, 이때 자극을 선택하고 반응을 구성하기 위해서는 고도의 실행 기능이 필요하다. 주의력은 정보처리 과정, 인지와 언어 기능에서 근간이 되는 기능이다. 주의력 장애는 조현병의 원인과도 관련되어 있다.

14) 언어

이 영역의 이상소견은 명백한 실어증에서부터 비특이적 발달성 언어장애까지 걸쳐 있다. 아동이 임상가의 말을 이해하지 못하고 있거나 면담자의 말 중에서 뭔가를 놓치고 있다면 수용성 언어장애를 생각해야 한다. 또한 이런 경우 청각장애가 있는지 조사해야 한다.

임상가는 수검자가 말하고 면담자의 질문에 반응하려고 할 때 특별한 주의를 기울여야 한다. 자발성과 말의 흐름, 어휘 사용의 풍부함, 추상적인 사고 능력, 사용하는 문법의 질, 감정과 의미를 전달하는 능력 등을 살펴보아야 한다.

표현성 언어장애 아동은 다소 혼란스러워 보이는데, 임상가는 아동이 의사소통의 의지가 있는지, 비언어적인 수단을 시도하고 있는지, 임상가와 라포가 형성되는지, 관계를 맺으려고 시도하는지 등에 대해 의문을 가져야 한다. 이 의문에 대한 해답은 자폐장애와 다른 언어장애를 구분하는 데 도움이 된다.

제한된 단어 목록, 문법적인 실수, 부적절한 조사의 사용 그리고 구문론에서의 문제는 표현성 언어 지연이 있는 아동에게서 흔히 나타나며, 그들의 말과 언어는 대개 미성숙하다. 표현성 언어장애는 정신사회적 발달의 미성숙과 연관될 수도 있다.

임상가는 아동의 언어 사용에서 자연스러움과 의사소통의 질적인 면에도 관심을 가져야 한다. 이상한 말과 꾸민 듯한 의사소통(현학적인 이야기 등), 흔하지 않은 의사소통 과정 및 내용은 사고장애를 의심해 보아야 한다.

또한 말의 질적인 면뿐 아니라 속도 및 양적인 면에도 관심을 가져야 하는데, 목소리가 큰지, 빠른지, 느린지, 잘못 발음하는 것은 없는지, 더듬지는 않는지, 다른 비정상적인 말이 존재하는지 살펴보아야 한다.

언어적 표현을 하기까지 걸리는 시간도 기록해야 한다. 일부 아동은 어떤 반응을 보이기까지 시간이 오래 걸리는 반면, 일부 아동은 면담자의 질문이 끝나기도 전에 대답하기도 한다.

15) 어조의 장애

언어 높낮이에서의 이상은 심한 실어증과 발달성 언어장애에서 흔하다. 말하는 데 있어서 리듬과 음악성에 문제가 있다면, 언어와 말하는 능력을 형성하는 초기에 아동의 신경·언어 발달에 심각한 문제가 있다는 것을 의미한다.

부드럽고 듣기 좋은 전형적인 어린아이의 말소리 대신, 무겁고 거친 어른 목소리를 내기도 한다. 보통 아동의 목소리는 다소 고음으로 남아의 경우 여성스럽게 들리기도 한다.

지속적인 성격장애나 다른 신경발달상의 이상이 있다면 어조와 억양에 이상이 있을 수 있다. 예를 들어, 어떤 설명을 하면서도 질문하듯이 말끝을 올리기도 한다.

2 기분과 정동

기분(mood)은 내적으로 경험하는 지속적인 감정이고, 정동(affect)은 밖으로 드러나는 감정의 표현이다. 임상가는 면담 중 두드러지게 관찰되는 감정상태와 수검자가 표현하는 주관적인 감정상태에 대해서 기술해야 한다. 이때 감정 표현의 강도나 질적인 면도 관찰할 수 있을 것이다.

아동이 사랑받고 보살핌을 잘 받았다면 선천적으로 활달하며 개방적이다. 그러므로 이런 상태에서 조금이라도 벗어나 있다면 자세히 기술해야 한다.

기분장애의 유무와 심각도 결정 시 환경에 대한 반응성은 이를 어렵게 만든다. 많은 경우에 우울한 아동이라도 안심시키면 긍정적인 반응을 보이고 심지어는 즐겁게 상호작용하기도 하는데, 이런 모습이 진단을 잘못 내리게 만든다.

임상가는 면담이 진행되는 동안 아동의 자발적인 감정 표현과 변화에 주의를 기울여야 한다. 또한 감정 표현의 범위와 정도에 관해서도 기술해야 하고, 감정이 사고 내용이나 면담의 문맥과 일치하는지의 여부도 중요한 요소이다.

부적절한 감정상태는 미성숙하거나 퇴행한 아동에게서 흔히 보인다. 이런 감정상태는 경조증의 조기 증상일 수도 있다. 감정의 장애는 경계성 장애, 아스퍼거 증후군, 조현병 등에서 흔하게 관찰된다.

정신건강의학적 장애와 연관된 우울증과 신경심리학적 기능 이상과 연관된 우울증은 구분해야 한다.

3 감각

1) 지남력

정상 지능을 가진 아동은 대부분 무슨 요일인지, 몇 월인지, 몇 년인지 알고 있다. 설사 날짜가 정확하지 않다고 하더라도 영리한 아동은 거의 정답에 가까운 대답을 한다. 임상가가 아동에게 지남력(orientation)에 대해 질문을 할 때 아동은 어머니에게 정답을 기대하며 어머니를 바라보기도 한다. 이때 임상가는 지나친 의존성, 인지적 문제, 지남력에 대한 전반적인 어려움 등을 고려해야 한다. 시간에 대한 지남력의 심각한 문제는 지적 장애, 학습장애, 우반구 기능장애가 있는 경우 흔히 볼 수 있다.

2) 기억

기억의 장애는 등록의 문제이거나 인출의 문제로부터 생긴다. 새로운 학습의 장애, 즉 전향성 기억상실증(anterograde amnesisa)은 기질성 기억상실증의 명확한 특징이기도 하다. 후향성 기억상실증(retrograde amnesia)은 뇌 손상 전에 획득한 기억의 손상이다. 임상가는 아동의 회상에 대한 정확성, 일관성, 상세함에 대해 주의를 기울여야 한다. 또한 수검자가 질문에 혼란스러워하거나, 명확하게 대답하지 못하거나, 대답할 때 주변 사람에게 도움을 구할 때 기억의 장애를 의심해야 한다.

정상 지능의 아동은 중요한 최근의 일을 기억할 수 있다. 단기기억에 대한 실제적 검사로서 세 가지 다른 단어를 기억하게 하는 방법이 있다. 임상가는 이 방법을 사용할 때 서로 연관이 없는 세 가지 단어를 사용해야만 한다.

3) 집중

집중력(concentration)은 집중할 수 있는 능력과 인지적 작업에서 주의를 지속할 수 있는 능력을 말한다. 정상 지능과 수학에서 특정 장애가 없는 청소년은 연속 7 빼기를 이용해 집중력 장애가 있는지 파악할 수 있다. 초기의 잠재기 아동에게는 이 작업이 어려울 수 있으므로 연속 3 빼기와 같은 조금은 쉬운 방법을 선택할 수도 있다. 숫자 외우기 검사는 집중력과 단기기억 측정을 위한 전통적인 검사이다.

4) 계산능력

임상가가 아동의 집중력과 계산능력을 검사하기 위해 연속 7 빼기를 이용하는데, 만약 아동이 그 검사를 수행하기 힘들어하면, 연속 3 빼기와 같은 좀 더 쉬운 검사를 하거나 간단한 계산 문제를 시도할 수 있다.

4 지적 기능

경험 있는 임상가도 수검자의 지적 능력을 추정하는 것이 어려울 수 있다. 아동은 실제로 그렇지 않음에도 지적 능력이 더 낮아 보이거나 더 높아 보인다. 공존장애가 있거나 언어 또는 학습 장애가 있을 때, 지적 능력이 더 낮아 보이거나 더 높아 보일 수 있다.

지적 기능을 확인하는 데 있어서 자세한 발달사가 요구된다. 특히 아동이 언어를 시작한 시기와 발달이정표 획득이 중요하다. 학교에서의 학업 능력도 관계가 있다. 하지만 유급된 기록이 지적 능력의 장애를 의미하지는 않으며, 지속적으로 학년이 올라갔다고 해서 인지 문제나 학습 문제가 없다는 것을 의미하지는 않는다.

5 사고

사고장애를 확인하는 데 있어 주의할 점은 심한 언어장애가 있을 때 임상적 판단을 혼란스럽게 만든다는 것이다. 발달사와 학업에 대한 과거력이 이러한 혼란을 줄이는 데 많은 도움이 된다.

조현병을 명확하게 진단할 수 있는 전형적인 증상은 없다. 이전에는 1급 증상이 조현병에만 있다고 생각하였으나, 정신병적 증상이 있는 정동장애 환자도 이러한 증상을 보인다고 알려져 있다.

1) 일관성

임상가는 수검자의 사고에서 주요 맥락에 주의를 기울이고, 다음과 같은 질문을 고려해야 한다. 수검자의 생각이 의도하는 바를 표현하기 위해 잘 연결되고 있는지, 이해가 되는지, 이야기가 명확한지, 주제가 서로 잘 연결되는지 등을 판단해야 한다.

2) 논리

수검자의 논리를 평가하기 위해 임상가는 논리적 규칙을 따르고 있는지, 시간과 장소의 규칙을 따르고 있는지, 확립된 전제로부터 결론이 도출되는지, 인과관계가 유지되는지 등을 따져 봐야 한다. 비논리적 사고는 인지적 과정의 결함으로부터 생기며 이는 아동기 발병 조현병의 징후로 나타날 수 있다. 이러한 결함은 전두엽의 기능장애를 반영하는 것으로 보인다.

3) 은유적 사고

청소년은 그들의 관심과 갈등을 묘사하기 위해 은유를 사용하기도 하며, 임상가는 청소년이 사용하는 은유적 표현에 동참하면서 개입을 하는 것이 유용하다. 이러한 접근은 전치(displacement)를 이용한 면담 과정과 함께 이루어질 수 있다.

4) 목표 지향성

목표 지향성을 관찰하기 위해서 임상가는 수검자의 이야기가 자신이 의사소통하기를 원하는 생각을 포함하고 있는지 관찰해야 하며, 주제와 관계없고 불필요한 내용에도 주의를 기울여야 한다. 또한 임상가는 수검자의 이야기를 듣는 동안에 수검자가 자신이 의사소통하기를 원하는 생각의 실질적인 내용으로 들어가고 있는지, 핵심적인 생각과는 관계없는 사소한 것을 다루고 있지는 않은지 등을 살펴야 한다.

목표 지향성에 있어서 가장 흔한 장애는 우원증(circumstantiality)과 사고이탈(tangentiality)이다. 우원증은 생각의 흐름이 관계없는 것들을 경유하였다가 결국에는 주요 생각으로 돌아오는 것이며, 사고이탈은 주요한 생각의 흐름에서 길을 잃고 관계없는 사고들과 이어져 버리는 것이다.

5) 현실검증력

잠재기의 중반 정도가 되면 아동은 환상과 현실의 구분을 명확하게 할 수 있어야 하며, 그보다 훨씬 일찍 구분할 수 있게 되기도 한다. 이는 몇 세 정도가 되어야 현실과 환상을 구분할 수 있는지, 몇 세 정도부터 환청과 망상이 나타날 수 있는지 등의 논점과 연관된다.

잠재기 중반의 초기(early mid-latency)에는 아동이 자신의 머릿속에서 생긴 사고와 외부에서 들리는 목소리를 명확하게 구분할 수 있다.

6) 연상

연상(association)은 아동의 생각이 서로 연결되는 방식을 말한다. 아동이 이야기할 때, 임상가는 아동의 생각의 연결 고리를 잘 따라갈 수 있어야 한다. 아동의 생각이 부드럽게 흘러가는지, 생각이 어떻게 다른 생각들로 이행되는지, 다른 주제로 벗어난 이후 본래의 생각으로 돌아오는지 등을 주의 깊게 관찰해야 한다. 또한 정서적 운율(affective prosody: 사고 내용의 정서적 일관성)도 관찰해야 한다. 관념-정동 불일치(ideo-affective dissociation)는 표현되는 사고와 연관된 감정이 잘 일치하지 않는 것을 말한다. 연상 과정에서 일어날 수 있는 주요 장애로는 중단(blocking), 연상 이완(loose association), 사고 비약(flight of idea) 등이 있다. 극단적인 경우 생각이 지나치게 서로 단절되면 단어와 단어 사이의 연결이 끊어져서 아무 의미도 통하지 않게 되는데 이러한 상태를 '말 비빔(word salad)'이라 부르기도 한다.

7) 지각

정상적인 지각은 주어진 문화 내에서 합의적 확인이 이루어지는 것이다. 합의적 확인이란 한 사람이 보고 듣고 만져서 느끼는 것을 다른 사람이 그렇게 했을 때도 비슷하게 느낀다는 의미이다. 지각장애는 지각의 대상이 존재하지 않을 때 또는 대상이 있어도 객관적 확인이 일어나지 않을 때 발생한다. 이러한 경험을 환각(hallucination)이라고 한다. 경험의 대상이 존재하나 그 본질이 왜곡될 때 또는 잘못 인식될 때, 그러한 과정을 착각(illusion)이라고 한다.

환각은 모든 감각의 형태로 나타날 수 있다. 복합 부분 발작은 지각장애가 있을 때 반드시 감별진단해야 할 신경정신과적 상태이다.

명령하는 내용의 환청은 특별한 임상적 중요성을 가지고 있다. 임상가는 환각이 얼마나 강한지, 수검자가 환청을 들으면서 어떻게 행동하는지 평가해야 한다. 대부분의 부모는 청소년기 이전의 아동에게서 지각의 이상이 나타날 수 있다는 데 회의적이기 때문에 교육이 필요할 수도 있다.

지각의 문제가 자기 지각, 신체상 지각과 관련하여 나타날 수도 있다. 이인증(depersonalization)은 자기 자신에 대해 낯설게 느끼는 것이다. 이러한 현상은 정동

장애와 해리상태에서 나타날 수 있으며, 정신병적 상태에서 흔히 관찰된다. 신체기형장애는 신체상의 자기 지각에 문제가 나타나는 것이다. 의학적 증거가 없는데도 내적으로 의학적 문제가 있다는 느낌이 들 때는 건강염려증이라고 한다.

자기환영적 환각(autoscopic hallucination)은 소아청소년 정신건강의학과에서 흔치 않은 증상이다. 반면, 죽은 사람이 존재한다는 느낌, 죽은 사람의 목소리를 듣거나 죽은 사람과 이야기를 나누는 경험은 사별을 겪은 아동에게서 흔히 나타나는 증상이다.

8) 망상

망상적 사고는 주어진 문화 내에서 합의적 확인이 되지 않은 믿음을 말한다. 아동에게는 환각이 망상(delusion)보다 흔하게 나타난다. 관계 사고는 수검자가 지각하는 것이 직접적으로 자신과 연관된다고 믿는 것을 말한다. 가장 흔한 예가 사람들이 이야기하고 웃을 때 수검자 자신에 관해 이야기하거나 비웃는다고 믿는 것이다. 어떤 수검자는 다른 사람이 따라오고 있다고 느낄 수도 있다. 피해망상이 있는 경우도 있다. 다른 사람이 자신을 죽이거나 해치기 위해 모의하고 있다고 생각하기도 한다. 극단적 경우에는 자신의 신체 내부가 썩어 가고 있다고 호소하기도 한다.

임상 실제에서는 수검자의 사고 과정을 관찰한 이후, 다음에 관해 체계적인 질문하는 것이 도움이 된다.

- 환청, 환시, 환후, 환촉, 기타 비전형적 지각 이상(이인증 등)이 있는지
- 관계 사고, 피해망상이 있는지
- 사고침입(thought intrusion), 사고탈취(thought wilthdrawal)와 관련된 망상이 있는지

9) 기타 사고 내용

임상가는 다음의 사고 내용이 있는지도 주의 깊게 살펴봐야 한다.

- 자살 사고, 타살 사고
- 강박 사고

- 강박행동
- 알코올 · 물질 남용
- 폭력조직과의 연루

10) 판단

수검자의 판단력은 심리평가를 하는 동안 여러 특정 상황에서 수검자가 보인 반응을 관찰하여 평가한다. 질문에 대한 수검자의 대답뿐만 아니라 수검자의 과거력도 참조해야 한다. 영리하고 임상가를 조종하는 능력이 있는 아동은 실제 행동할 때는 판단력의 문제를 보이지만 임상가가 하는 가설적인 질문에는 정답을 이야기할 수도 있다.

11) 추상적 능력

추상적 사고력에 대한 판단은 아동의 인지발달을 고려할 필요가 있다. 후기 청소년기 또는 성인기 연령이 되었다고 누구나 형식적 조작기에 도달하는 것은 아니다. 누구나 그렇다면 그 연령이 되었을 때 모든 사람이 유사성과 속담풀이 같은 질문을 잘 통과해야 하겠지만 실제로는 그렇지 못하다. 사춘기 이전의 아동과 일부 청소년은 여전히 구체적 조작기에 머물러 있는 경향이 있다.

임상가는 수검자의 어휘력이 풍부한지, 어떻게 문제에 관해 의논하는지에도 주의를 기울여야 하며 풍부하고 복잡하며 은유적인 언어를 사용할 수 있는지 살펴봐야 한다.

12) 통찰

아동의 통찰(insight)을 판단하는 것은 어려운 일이다. 사춘기 이전의 아동은 자신의 문제를 인정하지 않으려 하고, 청소년은 종종 개인적인 문제에 대해 인식하는 것처럼 이야기하지만 변화하려는 의지는 보이지 않는다. 증상의 자아 이질적인 정도와 변화에 대한 의지에 기반하여 통찰을 판단해야 한다.

참고문헌

강연욱, 나덕렬, 한승혜(1997). 치매환자들을 대상으로 한 K-MMSE의 타당도 연구. 대한신경 과학회지, 15(2), 300-308.

김영신, 천근아, 김붕년, 장순아, 유희정, 김재원, … Bennett Leventha (2004). The Reliability and Validity of Kiddie-Schedule for Affective Disorders and Schizophrenia-Present and Lifetime Version-Korean Version (K-SADS-PL-K). *Yonsei Medical Journal, 45*(1), 81-89.

오미영, 박용천, 오상우(2017). SCID-5-CV DSM-5® 장애에 대한 구조화된 임상적 면담. 서울: 인 싸이트.

조성훈, 권정혜(2016). 인터넷 게임장애 구조적 면담검사(Structured Clinical Interview for Internet Gaming Disorder, SCI-IGD) 타당화 및 DSM-5 진단준거의 진단적 유용성 검 증: 성인을 대상으로. *Korean Journal of Clinical Psychology, 35*(4), 831-842.

조수철, 김붕년, 김재원, 김효원, 최현정, 정선우, … 한성희(2007). 한국어판 DISC-IV의 신 뢰도 및 타당도. 소아청소년정신의학, 18(2), 138-144.

조수철, 신민섭, 김붕년, 김재원(2010). 아동 청소년 임상면담. 서울: 학지사.

American Psychiatric Association. (2013). *Diagnostic and Statistical Manual of mental disorders (DSM-5®)*. American Psychiatric Pub.

Edgerton, J. E., & Campbell III, R. J. (1994). *American psychiatric glossary* (7th ed.). American Psychiatric Association.

First, M. B., Williams, J. B. W., Karg, R. L., & Spitzer, R. L. (2015). *Structured Clinical Interview for DSM-5 Disorders Clinical Trials Version*. Washington, DC: American Psychiatric Association.

Goodman, J. D., & Sours, J. A. (1994). *The child mental status examination*. Jason Aronson.

Herjanic, B., & Reich, W. (1982). Diagnostic Interview for Children and Adolescents (DICA). *Department of Psychiatry*. Washington University School of Medicine, St. Louis.

Kaufman, J., Birmaher, B., Brent, D., Rao, U., & Ryan, N, (1996), Kiddie-Sads-Present and Lifetime version (K-SADS-PL). Pittsburgh, University of Pittsburgh, School of Medicine.

Orvaschel, H., Puig-Antich, J., Chambers, W., Tabrizi, M. A., & Johnson, R. (1982). Retrospective assessment of prepubertal major depression with the Kiddie-SADS-E. *Journal of the American Academy of Child Psychiatry, 21*(4), 392-397.

Shaffer, D., Fisher, P., Lucas, C. P., Dulcan, M. K., & Schwab-Stone, M. E. (2000), NIMH

Diagnostic Interview Schedule for Children Version IV (NIMH DISC-IV): Description, differences from previous versions, and reliability of some common diagnoses. *Journal of the American Academy of Child & Adolescent Psychiatry, 39*(1), 28-38.

Sherrill, J. T., & Kovacs, M. (2000). Interview Schedule for Children and Adolescents (ISCA). *Journal of the American Academy of Child & Adolescent Psychiatry, 39*(1), 67-75.

제4장
관찰 및 행동평가

Ⅰ. 관찰과 행동평가

　심리검사와 면담 상황에서 검사자는 수검자의 표정이나 정서, 태도와 행동을 동시에 관찰하여 그 내용을 심리평가 결과와 통합한다. 특히 영유아, 아동 및 청소년의 임상적 평가에서는 수검자들의 자발적 언어 표현이 제한되고 표현 내용이나 범위도 제한되므로 수검자가 검사 상황에서 보이는 태도, 표정 및 정서, 검사에 대한 동기, 언어 표현 등 관찰 가능한 행동을 검사결과의 통합 및 해석에 중요하게 활용한다. '관찰'이라는 용어는 비형식적인 측면이 강하지만, '행동평가'는 이와 같은 비형식적 관찰을 구체화·구조화한 결과물로서 다양한 방법이 개발되었다. 관찰은 심리평가 과정의 첫 순간부터 마지막 순간까지 지속적으로 이루어지며, 관찰자(임상가, 검사자, 부모, 교사, 또래 등)가 관찰 대상의 행동을 보고하고 기술하는 일련의 모든 행위를 관찰에 의한 행동평가라고 할 수 있다. 특별히 행동주의 이론에 기반을 둔 문제행동의 객관적 평가과정이라는 협의의 의미로도 행동평가라는 용어를 사용한다.

〈표 4-1〉 관찰에 의한 행동평가의 기본적 요소

　1. 외양: 신체 조건, 위생 상태, 옷차림 등
　2. 검사 상황에 대한 적응도
　3. 주의집중 정도
　4. 검사 및 검사자에 대한 태도: 검사자의 지시에 대한 순응 및 반응
　5. 언어 구사력: 어휘 수준, 유창성 정도, 명료한 발음 및 다양한 어휘 사용
　6. 사고 패턴
　7. 자발성 및 적극성
　8. 정서 표현과 정동
　9. 응답(반응) 유형
　10. 실패와 성공 시 반응
　11. 불안 수준
　12. 활력 수준
　13. 다른 작업으로 전환 시 유연성
　14. 문제해결에 대한 접근 방식
　15. 충동 통제력
　16. 소근육 운동과 대근육 운동 능력, 활동 수준
　17. 과잉행동

임상가가 수검자의 행동을 관찰할 때 행동평가의 기본적 요소들이 〈표 4-1〉에 제시되어 있다.

Ⅱ. 행동평가

1 행동평가의 특징

행동평가는 투사적 검사, 신경심리평가, 객관적 검사 등과 함께 핵심적 평가 방법 중 하나이다. 행동평가의 독특한 점은 행동장애와 치료에 대한 행동주의적 가정에 근거하는 것으로 행동은 선행사건과 결과를 평가함으로써 효과적으로 이해할 수 있다는 것이다. 이 가정에서 출발하여 수많은 평가 방법들이 나왔는데, 행동주의적 면담, 행동관찰 전략들, 관련 인지의 측정, 정신생리학적 평가, 그리고 다양한 자기보고 질문지 등이 있다.

다른 전통적 평가 방법과 행동평가를 비교할 때 중요한 차이점이 있다. 첫째, 행동평가는 상황 결정요인과 행동의 맥락에 중점을 둔다는 것이다. 행동평가는 관련 선행사건과 행동의 결과를 완전히 이해하는 데 기여한다. 이와 달리 전통적 평가 방법은 지속적이고 근원적인 특성의 결과로 나타나는 행동의 부분에 중점을 두며 원인을 파악하려 애쓴다.

둘째, 행동평가는 행동의 맥락적 또는 상황적 특징을 이해하려는 노력을 넘어서서 행동을 변화시키려는 방법 자체로서 활용된다는 점이다. 행동평가 자체와 치료적 의미의 행동치료는 서로 밀접한 관계가 있다. 그러므로 행동평가는 전통적 평가 방법보다 더 직접적, 실용적, 기능적이라고 할 수 있다. 전통적 평가 방법을 비판하는 입장에서는 전통적 평가 방법들이 추상적이고 관찰 불가능한 현상을 다룬다는 비판과 함께 내담자의 현실과 동떨어진 것들을 다룬다고 주장한다. 또한 개입이 충분히 강력하지 않고 언어적 상담을 과도하게 강조하기 때문에 정체기에 있다고 주장한다.

셋째, 행동평가는 개인이 주변 환경과 상호작용하는 방식 중 관찰 가능한 측면에만 관심을 두며, 구체적인 행동(내재적, 외현적), 선행사건(내적, 외적), 행동 조건과 결과를 다룬다. 임상가는 행동 또는 치료와 직접 연관이 있는 특성들만 선정하여 관련 행동을 변화시킬 방법을 밝혀내는 데 이 평가 정보를 사용하는데, 이를 '경험적 기능분석'이라고 한다.

넷째, 행동주의적 접근은 다양한 상태에 따라 행동장애가 다르게 발생한다는 점을 강조한다. 이 상태에 속하는 것은 외현적 행동, 인지, 생리적 상태의 변화 또는 언어 표현의 양상 등이다. 행동주의적 접근에 따르면, 상태에 따라 다른 평가 기술을 사용해야 하며(Haynes & O'Brien, 2000), 한 상태에서 나온 추론이 반드시 다른 상태에도 일반화되는 것은 아니다. 예를 들어, 어떤 아동의 불안은 파국화와 같은 부정적 인지에서 기인하고 유지된다. 또 다른 아동은 인지보다는 부족한 사회적 기술 때문에 심한 불안에 빠질 수 있다. 부정적 인지가 문제이면 인지 재구조화가 필요하고, 부족한 사회적 기술이 문제이면 사회기술 훈련을 통해 효과적으로 치료할 수 있다(Groth-Marnat & Wright, 2015).

이와 같이 전통적인 평가와 행동평가 간의 차이가 명확하지만 실제 대부분의 임상가나 심지어 자칭 행동치료자들도 두 방법의 기술을 통합하고 적용하는 편이다(Haynes & Heiby, 2004; Hersen, 2005).

2 행동평가 기법

행동평가 기법들은 심리평가에서 활용될 뿐만 아니라 행동치료 과정의 일부이기도 하고, 정신병리 및 치료 효과성 연구에서도 활용된다. 행동평가 기법에는 행동주의적 면담, 행동관찰, 인지행동평가, 정신생리학적 평가, 자기보고 질문지 등이 있다. 각 접근은 한 개인에 대한 평가가 직접적인지 간접적인지를 강조하는 정도와 추론 정도에 따라 달라진다. 예를 들어, 인지평가는 행동관찰보다 더 간접적이고, 인지능력이 외현 행동에 영향을 미치고 상호작용하는 정도에 따라 추론에 훨씬 더 많이 의존한다.

1) 행동주의적 면담

아동 · 청소년의 평가에서 행동주의적 면담을 통해 완전한 기능적 분석을 하려면 수검자 본인뿐 아니라 주 양육자의 면담도 체계적으로 활용해야 한다.

행동주의적 면담은 일반적으로 선행사건, 행동, 결과 간의 관계를 설명하고 이해하는 데 초점을 둔다. 적절한 행동의 빈도, 강도, 기간을 체계적으로 고려하여 행동의 기저선 또는 치료 전 측정이 이루어진다. 또한 행동은 특정 행동의 과잉과 부족이라는 차원으로 함께 평가되는데(Kanfer, Saslow, & Franks, 1969), 어떤 방향이든지 객관적이고 신뢰성 있는 방법으로 측정할 수 있어야 하고, 수검자는 그 타당성에 동의해야 한다.

행동적 접근이 치료 효율성에 중점을 둔다고 해도 행동주의적 면담에서 얻은 정보의 각 측면을 반드시 넓은 맥락에 적용할 필요가 있다. 예를 들면, 아동의 특정 공포증은 또래관계를 어렵게 하고 자기효능감을 떨어뜨릴 수 있으며, 최소한의 관계만 맺으려 하고 무력감을 심하게 만든다. 그러면 대처능력이 떨어지고 공포증과 상호작용하여 상태가 더 악화된다. 이 때문에 행동주의적 면담에서도 공포증의 유무와 함께, 기질뿐 아니라 공포증이 또래관계, 학업 수행, 자기개념에 미치는 영향까지 평가한다.

행동주의적 면담의 목적은 매우 다양하다. 관련 목표행동을 파악하는 데 도움이 되거나 추가적인 행동평가 절차를 선택할 수도 있고, 동의 받기, 과거 병력, 현재 문제에 관한 잠재적 원인을 밝히는 것, 문제행동의 기능적 분석, 수검자의 동기를 증가시키는 것, 개입 프로그램을 고안하는 것, 이전에 시도했던 개입의 효과를 평가하는 것 등을 목적으로 한다.

행동주의적 면담의 초기 단계에는 관계가 충분히 형성되어야 하고, 면담의 일반적·구체적 목적에 대해 자세히 설명해야 하며 수검자의 관련 병력을 재검토해야 한다. 일반 임상 접근법으로는 반영적 언어, 탐색, 전달식 이해, 공감 표현 등이 있다. 개방형 질문을 한 다음에는 더 직접적인 질문을 할 수 있다. 세심한 행동 분석에는 문제행동에 대한 완벽한 기술이 있어야 하므로, 수검자와 검사자는 어려움의 정도, 어려움이 일어난 장소와 시간 그리고 대인관계에 미치는 영향을 추상적 언어가 아닌 구체적 행동 용어로 파악해야 한다(예: '우울해요'가 아닌 '꾸물거림' '잠을 많이 잔다' 등의 구체적 행동, '완전히 실패했어' 등의 인지, '절망감' '우울감' 등의 정서).

넓은 범위에서 행동평가는 구체적으로 드러난 문제뿐만 아니라 그 문제가 다른 영역으로 일반화되는 방식도 설명해야 한다. 수검자의 행동이 학교, 직장, 또는 가족관계에 미치는 영향에 대해 평가하여 단기적·장기적 성공을 목표로 하는 치료 프로그램으로 이어질 수 있으며, 궁극적으로 새롭게 변화된 행동의 일반화 가능성을 높여 줄 수 있다.

면담은 지금까지의 내용에 대해 요약하고, 필요한 정보를 추가 설명하며 성공 가능한 치료법을 제안하면서 종결해야 한다(Sayers & Tomcho, 2006). 정보가 더 필요할 경우에 치료자와 내담자는 효과적으로 일지를 쓰는 방법, 다른 사람들이 관찰하도록 요청하는 것, 다른 행동에 대한 자기 모니터링 기술 등 필요한 정보의 종류와 이를 얻는 방법에 대해 동의해야 한다.

대부분의 면담은 다소 비형식적이고 무계획적인 경향이 있어서, 신뢰도와 타당도의 문제가 제기되므로 행동주의적 면담이 구조화, 표준화되어야 한다고 주장하는 연구자도 있다. Kratochwill(1985)은 면담이 4단계 문제해결 과정에 따라 계획되어야 한다고 제안하였다. 첫 번째 단계는 문제 규정인데, 문제를 구체화하고 탐색하며 바람직한 목표행동을 위한 절차를 정한다. 대체로 수검자의 설명이 모호하고 두루뭉술한 것이 많기 때문에 이를 구체적인 행동 서술로 발전시킨다. 두 번째 단계로 문제 분석을 하는데, 수검자의 자원을 평가하고 행동에 영향을 미치는 관련 환경 조건 및 행동과잉 또는 행동부족이 나타나는 맥락을 분석한다. 세 번째 단계로 계획을 실행할 방법을 정하는데, 이때 치료에 관련된 자료를 모으며, 진행 중인 과정도 포함한다. 마지막 단계는 개입의 평가 단계로 치료 전-후의 측정을 통해 개입 프로그램의 효과성을 평가한다.

2) 행동관찰

행동주의적 면담만으로도 적절한 평가가 충분한 사례들이 있지만 실제 치료 전, 중, 후에 행동관찰이 필요한 경우가 있다. 행동을 관찰하기 위한 특정 방법은 보통 초기 면담에서 결정된다. 면담은 주로 내담자에 대한 언어적 정보를 직접 얻는 반면, 행동관찰은 면담 동안 다루어진 행동 관련 영역을 측정하는 데 필요한 특정 전략, 기술, 그리고 실제로 치료 실행을 위한 것이다(Suen & Rzasa, 2004). 발달장애나 저항이 심한 수검자, 나이가 매우 어린 아동의 경우 행동관찰이 가장 중요한 평가 방법이 되기도 한다. 행동관찰은 실제로 치료를 행하는 전문가 또는 수검자의 생활에 관여하는 주변인, 예를 들어 교사, 부모, 배우자에 의해 실시되거나 수검자 자신이 자기 관찰할 수도 있다. 가장 많이 쓰이는 방법은 이야기 기록, 구간 기록, 사건 기록, 평정 기록 등이다.

행동관찰의 첫 과제는 적절한 목표행동의 설정이다. 목표행동은 단일 반응부터 더 큰 상호작용까지 단위가 다양하다. 목표행동은 문제행동 자체에 관여하거나 유의미한 방식으로 관련이 있어야 하고, 기록한 행동의 수와 기록 방법의 상대적 복잡성에 따라 결정을 내려야 한다. 기록 방법과 목표행동 모두 지나치게 복잡하지 않고 분명해야 한다.

측정되는 모든 행동은 객관적이고 분명하게 정의해야 행동관찰이 객관화될 수 있다. 특히 정의할 때 추상적이고 추론적인 용어(예: 우울한 성격, 의욕상실)는 피하고, 이를 구체적인 행동 용어(예: 울음, 죽고 싶은 생각)로 바꿔야 한다. 또한 명확한 사전식 정의, 행동의 묘사, 행동이 일어난 시간에 대한 구체적 언급, 행동의 빈도, 강도, 지속 정도를 평가할 수 있어야 한다. 예를 들어, '소극적 행동' '공격적 행동' 대신에 '하루 중 누워 있는 시간' '아동이 자신의 머리를 치는 횟수와 전체 시간' 등이다.

기록할 때 스톱워치, 기록 용지, 전자기기가 부착된 장치 등 다양한 장비들이 사용되는데, 특정 행동을 하면 누를 수 있는 버튼이 달린 사건 기록기도 있다. 최근 스마트폰 사용이 점점 더 흔해지고 있으므로, 스마트폰에 내장된 기록 기능을 활용할 수 있다.

(1) 행동관찰 상황에 따른 유형

행동관찰의 환경은 자연적인 환경부터 고도로 구조화된 환경까지 다양하다. 자연관찰법은 자연적이거나 실제적인 환경에서 관찰하는 것으로 가정, 교실, 직장 또는 놀이터에서 관찰한다. 이러한 환경에서 관찰을 하면 수검자의 생활과 직접 관련이 있고, 실제 상황을 직접 반영하는 경향이 있다. 자연적 환경은 빈도가 높은 행동이나 더 포괄적인 행동, 예를 들어 주의력 결핍, 사회적 위축 또는 우울한 행동 등을 평가할 때 가장 효과적이다. 또한 개입 이후에 내담자가 변화를 보여서 그 변화의 양을 측정할 때 자연적 환경이 유용하다. 그러나 자연적 환경에서의 관찰에도 어려움이 있는데, 관찰을 하는 데 엄청난 시간이 필요하고, 드물게 벌어지는 행동(예: 공격성, 비주장성)이나 주로 타인이 없을 때 벌어지는 행동(예: 방화, 자살 등)의 측정에는 어려움이 있다. 자연관찰에 내재하는 문제를 해결하기 위해 특정 행동 유형을 끌어내는 역할극이나 가상 상황을 만들어 활용하는 유사 관찰법을 활용한다. 이러한 가상 환경은 드문 행동의 관찰에 특히 중요하다. 그러나 구조화된 또는 가상 상황에서는 내담자의 실제 생활을 모두 잘 나타내는 것이 아니기 때문에 관찰결과를 통해 조심스럽게 추론을 해야 한다.

수검자 또는 수검자의 환경에 미리 알려지지 않은 관찰자를 두면 결과를 오염시킬 것을 대비해 이미 수검자의 자연적 환경에서 일부인 사람들, 즉 부모, 교사 또는 배우자를 훈련시켜 활용하는 참여관찰법도 있다. 이는 관찰 대상이 관찰되고 있다는 것을 알기 때문에 행동을 바꾸는 것('반응성')을 막기에 좋은 방법이다.

그 어떤 방법이든 정확하고 객관적인 기록을 위해 관찰자를 훈련해야 하는데, 이때 기록 코드, 기록하는 방법을 기억하고 기록 자료의 상대적인 정확성에 대한 피드백을 주어야 한다. 관찰자의 편견, 관대함, 주의 분산, 다른 관찰자 또는 수검자와 자료에 대해 토론할 때 생기는 관찰자 오류를 피하기 위한 조치를 마련해야 한다. 같은 행동을 평가하는 관찰자들 간의 일치도를 확인해야 한다. 기록을 단순화하기 위해서 행동의 부호화 체계를 잘 마련해야 한다. 너무 많은 부호를 사용하면 기록자가 상기하기 어렵고, 특히 행동이 빠르게 연달아 일어난 경우라면 더 어렵다. 기록 및 부호화 체계를 선정할 때 중요한 고려사항은 특정 행동이 관찰되는 횟수, 관찰 기간, 기록을 해야 할 시점, 기록의 유형, 기록할 목표행동 등이다.

(2) 행동관찰의 기록 방법

① 이야기 기록

이야기 기록(narrative recording)은 관찰자가 관심을 두는 행동을 단순히 기록한다. 수량화 작업은 거의 없고, 관찰자마다 추론의 정도에 차이가 나타날 수 있으며, 관찰자는 행동의 직접적인 기술을 고집할 수도 있다. 예를 들어, 수검자가 또래에게 하는 욕설을 직접 기술하거나 그 행동에서 수검자가 공격적인 또래관계를 맺는다는 내용을 추론해 낼 수도 있다. 장점은 향후 더 구체적인 영역에서 양적인 방법으로 측정하는 데 도움이 되고, 장비가 거의 필요 없으며 수많은 가설을 세울 수 있다는 점이다. 제한점은 관찰을 수량화하기 어렵고, 타당도가 낮으며, 유용성이 관찰자의 개인적 기술에 크게 의존한다는 것이다.

② 구간 기록

정해진 시간 간격 내에 특정 행동이 일어나는지 기록하는 것이다. 보통 그 간격은 5초부터 30초까지 다양하며, 전체 관찰 기간에 대해 정해진 간격을 설정하며, 관찰의 단위, 기록 방법을 결정한다. 예를 들면, 관찰자는 관찰하고(예: 20초), 기록한 후(예: 10초) 다시 관찰하는(예: 20초) 방식이다. 구간 기록(interval recording)이 가장 유용할 때는 적절한 빈도(5~20초마다 한 번)로 외현 행동이 나타나는 경우와 해당 행동의 시작이나 끝이 분명하지 않은 경우이다. 그런 행동의 예로는 걷기, 듣기, 읽기 또는 위아래로 보기 등이 있다.

목표행동은 초기 면담, 자기보고 질문지, 이야기 관찰, 특히 드러난 문제에 대한 보고를 토대로 정한다. 또한 관찰의 초점은 사람마다 다를 수 있다. 예를 들어, 아버지와 어머니의 관찰결과가 다를 수도 있다. 임상가나 연구자와 같은 외부인이 동시에 같은 수검자 행동을 관찰하는 경우도 있는데, 두 채점자 간 일치도를 계산하여 채점자 간 신뢰도를 확인한다.

구간 기록은 시간 효율적이고 특정 행동에 초점을 둘 수 있고, 거의 모든 행동을 측정할 수 있는 장점이 있다. 그러나 목표행동의 질적 측정은 어렵고, 다른 중요한 행동을 간과할 수도 있다.

③ 사건 기록

행동의 발생 자체에 의존하는 것으로 관찰자는 목표행동이 일어나기를 기다리며 행동의 관련 세부사항들을 기록한다. 사건 기록(event recording)이 가장 적합한 행동의 예로는 공격적 행동, 인사 또는 자기주장이나 비속어 같은 언어 표현 등이다.

행동의 빈도, 기간, 강도를 목록표에 기록하거나 스마트폰 등으로 행동을 기록한다. 반응의 빈도를 수량화하는 데 중점을 두지만, 지속 기간도 타이머로 잴 수 있다. 행동의 강도를 단순히 강, 중, 약으로 명시할 수 있다.

사건 기록은 빈도가 낮은 행동을 기록하고, 시간에 따라 행동의 변화를 측정하기에 유용하다. 그러나 시작과 끝이 불분명한 행동을 측정하는 데 상대적으로 취약하고, 오랜 시간 동안 지속되는 행동은 관찰자가 주의를 지속하기 어려우며, 행동이 어떻게, 왜 일어나는지 추론하기 어렵다는 단점이 있다.

④ 평정 기록

특정 행동에 대해 1~5점 또는 1~7점 등의 척도에 채점하는 평가척도를 활용한다. 주 양육자, 교사 또는 자기보고 등 다양한 관찰자의 평정을 활용하고, 보통 관찰 기간 이후에 평정한다(예: 지난 2주간, 최근 6개월 이내 등). ADHD 진단에서 주의력 결핍, 과잉행동, 충동성을 평가하기 위한 ADHD 평가척도(소유경, 노주선, 김영신, 고선규, 고윤주, 2002; DuPaul, 1981)와 문제행동 전반에 대한 포괄적 행동평가척도인 아동·청소년 행동평가척도 부모용(Child Behavior Checklist 6-18; 오경자, 김영아, 하은혜, 이혜련, 홍강의, 2010a; Achenbach & Rescorla, 2001) 등이 대표적으로 활용되는 예이다. 평정 기록은 다양한 행동에 광범위하게 적용 가능하고 통계분석에 활용하기 쉬우며, 비용 대비 효율적이라는 장점이 있다. 반면에 채점의 주관성으로 인해 채점자 간 일치도가 낮을 가능성, 선행사건과 결과에 대한 정보가 부족한 점, 그리고 관찰과 채점 사이에 시간이 너무 많이 경과할 경우 채점이 정확하지 않을 가능성 등이 단점이다.

3) 인지행동평가

관찰 가능한 외현 행동에만 중점을 두었던 행동치료에서 나아가 인지 과정과 내용의 변화를 통해 행동을 수정하는 인지행동치료가 발전되었는데, 이 과정에서 인지평가가 활발하게 사용된다. 행동장애와 연관된 자기진술, 이러한 장애와 관련된 근본적인 인지 구조, 병리적인 행동 대 정상 행동에서 인지적 왜곡의 차이점, 그리고 치료 중 일어나는 인지적 변화 등 행동장애에 기저하는 근본적인 인지적 과정과 내용을 평가하기 위한 다양한 방법이 개발되었다. 예를 들어, 내담자가 생각을 입 밖으로 말하게 하는 것, 다른 생각들을 나열하는 것, 다양한 간격으로 생각을 기록하는 것, 그리고 자기보고식 질문지 등이다.

그러나 매우 어린 아동이나 영유아의 진단평가와 치료과정에서 인지평가의 활용 가능성은 제한된다. 또한 내적 과정에 대한 자기보고 결과는 왜곡이 발생할 가능성이 있으며, 내담자는 보통 자신의 인지 과정 결과를 회상하여 기술하지만, 결론에 도달한 과정에 대해서는 설명하기 어렵다. 복잡한 평가 전략에 따라 성공적으로 회상했다고 할지라도 이 결과를 다시 복잡하게 분석해서 추론해야 할 것이다.

인지평가는 다음과 같은 다양한 자기보고 질문지와 인지를 기록하는 전략을 통해 이루어진다.

(1) 인지 자기보고 질문지

매우 다양한 영역의 인지 자기보고 질문지가 개발되어 진단평가와 인지행동치료에서 활용되고 있다. 예를 들면, 역기능적 태도 척도(권석만, 1994; Weissman & Beck, 1978), 자동적 사고 질문지(양재원, 홍성도, 정유숙, 김지혜, 2005) 등이다. 가장 큰 장점은 안면 타당도가 높다는 것과 관리하기가 쉽고, 비싸지 않다는 점이다.

(2) 인지 기록

덜 구조화된 방식으로 인지를 기록하기 위한 전략이 추가적으로 개발되었다.

① 생각을 입 밖으로 내어 말하기, 생각 말하기

5~10분 동안 현재 떠오르는 생각을 말로 표현하는 것으로 자유연상과 비슷하다. 기록한 생각이 전체 사고나 인지를 충분히 표현하지 못한 것일 수 있는데, 대부분 경쟁적인 많은 생각들이 떠오르지만 말로 표현하기 어렵기 때문이다. 모든 생각을 솔직하게 보고하기 힘들고, 생각의 주제도 매우 짧은 시간 내에 바뀌기 때문에 실제 일어나는 것보다 더 적게 보고한다.

② 사적인 언어

아동의 인지를 평가할 경우 다양한 활동에 몰입하고 있을 때 조그맣게 들리는 말에 주의를 기울임으로써 평가한다. 이때 사적인 언어(private speech)는 내적 사고와 매우 유사하다고 간주한다.

③ 명확한 사고

수검자가 보고한 문제와 유사한 구조화된 상황 또는 가상 상황을 만들어서 이때 사고를 보고한다. 예를 들어, 수검자가 자기주장을 하도록 한 다음, 비난과 공포 자극에 노출시킨다. 이어서 수검자에게 질문을 하고 이런 상황에서 머릿속에 든 생각을 명확하게 표현한다.

④ 산출법

비판이나 공포자극과 같은 실제 자연적 상황이 일어나면 그 상황과 관련된 전형적인 생각을 표현하고 기록하게 한다. 이러한 방법을 일컬어 실제적 자기보고(in vivo self-report)라고 한다.

⑤ 인정 방법

인정 방법(endorsement methods)은 역기능적 태도 척도, 자동적 사고 질문지와 같은 표준화된 질문지나 연구용 척도, 치료자가 구성한 목록 등을 받고 발생 빈도, 신념 강도 그리고 특정 항목에서 내담자의 인지에 따라 독특하게 나타나는 방식을 평정하도록 요청한다. 예를 들어, '난 제대로 하는 게 하나도 없어'와 같은 생각의 빈도를 평정하는 것이다. 이 방법은 사회적 바람직성의 요구 특성 효과가 발생하고, 해당 인지가 수검자의 의식적 자각 내에 있어야 한다는 문제점이 있다.

⑥ 생각 목록

생각 목록(thought listing)은 현재 생각을 계속 기술하는 대신, 관련 생각들을 간단히 요약하라고 지시한다. 이러한 생각은 특정 자극이나 문제 영역에 의해 야기되거나 단순히 자극에 반응하거나 예측함으로써 유도할 수 있다.

⑦ 사고 표집법

사고 표집법(thought sampling)은 알람을 설정하고 그때마다 떠오른 생각을 기록하는 방법이다.

⑧ 사건 기록

특정 사건이 일어날 때까지 기다렸다가(예: 강박장애 환자의 경우 손 씻기) 사건과 관련된 생각을 기록한다. 동시에 바람직하게 변화시키려는 행동에 관련된 생각도 기술하도록 한다. 이러한 생각의 기록을 통해 바람직한 행동이 지속적으로 일어날 가능성을 증가시킬 수 있다.

4) 정신생리학적 평가

문제행동이 일어나는 상황에서의 생리적 기능과 인지, 정서 및 행동과 상호작용하는 방식을 평가한다. 관련 지식의 증가와 각종 기기의 발달로 정신생리학적 평가가 훨씬 쉬워졌다. 가장 많이 평가되는 생리학적 반응은 심장 박동수, 혈압, 체온, 근육 긴장도, 혈관 확장, 피부전기반응(GSR), 뇌전도(EEG)로 측정하는 뇌활성도 등 이다. 기능적 자기공명영상장치(fMRI)도 연구 분야에서 많이 활용된다.

<h2 style="text-align:center">III. 전반적 문제행동의 평가:
아동 · 청소년 행동평가척도 부모용</h2>

아동 · 청소년 행동평가척도(Child Behavior Checklist: CBCL)는 앞서 설명한 행동 관찰 방법 중 평정 기록의 예로서 아동 · 청소년의 심리평가와 정신병리 연구에 전 세계적으로 가장 널리 사용되고 있는 전반적 문제행동 평가도구이다.

1 배경 및 특징

Achenbach와 Edelbrock(1983)이 행동주의에 근거하여 아동 · 청소년의 문 제행동을 부모나 주변 성인들의 보고를 통해 평가하는 CBCL과 청소년이 자신 의 문제행동에 대해 스스로 평가하는 YSR(Youth Self Report)을 개발하였다. 학생 을 잘 알고 있는 교사나 학교 상담원 등이 학생의 적응상태 및 문제행동을 평가 하는 TRF(Teacher's Report Form)도 함께 개발하였다. 이후 행동평가척도들의 평 가 대상 및 평정자 관계를 구조화하여 그동안 개발되어 온 개별 검사들을 이용하 여 전 연령대에 걸쳐 행동 문제를 평가하는 ASEBA(Achenbach System of Empirically Based Assessment)를 구축하였다. 아동 · 청소년 행동평가척도는 ASEBA 학령기용 (School-Age Forms) 검사로 명명하였다(Achenbach & Rescorla, 2001).

국내에서는 오경자, 이혜련, 홍강의와 하은혜(1997)가 1991년 미국판 CBCL을 번역하여 표준화한 한국판 아동 · 청소년 행동평가척도(K-CBCL)와 청소년 자기 행동평가척도(K-YSR)가 널리 사용되었고, 개정판에 기초하여 120문항의 아동 · 청소년 행동평가척도 부모용(K-CBCL 6-18; 오경자, 김영아, 하은혜, 이혜련, 홍강의, 2010a)이 출판되었다. 교사용 행동평가척도인 K-TRF와 청소년 자기보고식 평가인 K-YSR(Youth Self Report)도 국내에서 표준화되어 아동 · 청소년의 주 양육자, 청소년 본인, 교사의 평가가 동시에 가능하다(오경자, 김영아, 하은혜, 이혜련, 홍강의, 2010b). 세 척도는 평가 문항이 평가자 관점에 따라 약간 다르지만 궁극적으로 동일한 문제행동 증후군 척도가 제시된다는 점에서 채점자 간 결과를 비교할 수 있는 것은 물론 비교 문화적 접근에도 유용하다. 이와 함께 100문항으로 구성된 영유아용인 K-CBCL 1.5-5와 보육교사 및 유치원 교사용 C-TRF(Caregiver-Teacher's Report Form)도 출판되어 영유아 대상의 평가가 가능하다.

검사의 주요 목적을 소개하면 다음과 같다. 첫째, 이 척도는 정신건강의학적 장애, 흔히 신경증과 반사회성 장애로 불리는 장애의 위험이 높은 아동을 신속하게 분류해 낸다. 그러나 특정 장애의 하위 유형을 변별하거나, 자폐장애나 외상 후 스트레스 장애를 진단할 때는 주의가 필요하다. 둘째, 다축 평가를 한다. 부모용 평가는 아동의 행동을 관찰할 수 있는 기회가 많고, 아동과 많은 상호작용을 하여 통제할 수 있는 환경에 있는 부모가 치료에 많은 개입을 할 수 있다는 장점이 있다. 그러나 부모는 아동의 문제행동에 직간접적으로 관련되어 있는 경우가 많고, 정서적인 연루로 객관적인 평가가 어려울 수 있기 때문에, 교사용과 청소년용 자기보고식 행동평가를 통해 함께 평가하는 것이 바람직하다(Achenbach & Edelbrock, 1991). 셋째, 적응 척도(Social Competence Scale)로 수검자의 적응능력을 평가할 수 있다. 아동과 청소년의 문제행동이라는 부적응적인 측면뿐만 아니라 적응적인 측면의 적응 척도를 활용하여 적절한 치료방법을 계획하거나 예후를 예측할 수 있다.

아동·청소년 행동평가척도는 임상 장면이나 학교 등 아동 개인의 평가 상황에서뿐만 아니라 역학조사, 병인론 연구, 치료 효과 연구 등 여러 연구에서 다양하게 활용될 수 있는 유용한 평가도구이다. 또한 표준화된 규준점수를 제공하므로 수검자가 준거집단에 비해 얼마나 일탈되어 있는 정도를 평가하고, 그 정도가 정상 범위 혹은 임상 범위에 있는지 판별하여 하나의 진단자료로 활용할 수 있다. 진단 이외에도 치료의 계획을 결정하고 그 효과를 확인하는 정보를 제공할 수 있다. 아동·청소년 행동평가척도는 기본적으로 한 명 이상의 보고자에 의한 다각적 평가를 통합하여 개인에 대한 전반적 이해를 도울 수 있다. K-YSR은 청소년 자신이 평가하는 척도이고, K-TRF는 교사용으로 동일한 수검자에 대해 중요한 사람들이 동시에 평가할 수 있다. 부모가 평가하는 영유아용 K-CBCL 1.5-5와 함께 보육교사 및 유치원 교사용인 C-TRF도 활용할 수 있다. 이와 같은 다각적 평가는 각 평가자의 문제행동 수준에 대한 내적 기준이 다르고, 주로 어떤 상황에서 아동·청소년과 함께 있는가에 따라 평가자마다 상황 특이적인 행동에 보다 민감한 부분이 다를 수 있어 의미가 있다. 예를 들어, 부모가 자녀의 공격행동이 '보통 수준'의 문제행동이라고 평가했을 때, 다른 또래 아동·청소년들을 많이 접해 본 교사는 동일한 행동에 대해 '높은' 혹은 '낮은' 수준으로 평가할 수도 있다. 따라서 보다 더 신뢰할 수 있고 객관적인 평가를 위해서는 한 명 이상의 보고자가 동일한 대상에 대해 평가하고, 그 결과들을 통합하여 해석하는 과정이 필요하다. 또한 평가자인 부모가 부모 자신의 문제로 아동에 대해 객관적인 평가를 할 수 없었는지, 관찰시간이 충분하지 않았는지, 한쪽 부모만이 아동의 문제를 심각하게 보고 있는지 등 다양한 원인을 고려하여 진단 및 치료에 활용할 수 있다.

ASEBA에 속한 모든 척도들은 평정 대상의 연령 및 평가자가 다를 뿐 그 이론적 배경이나 하위 척도의 구성, 해석 및 활용방법이 유사하므로 여기서는 아동·청소년 행동평가척도 부모용인 K-CBCL 6-18을 중심으로 그 특징을 소개할 것이다.

2 검사 대상 및 목적

K-CBCL 6-18은 만 6~18세까지의 아동·청소년을 대상으로 부모나 주 양육자가 아동·청소년의 문제행동 영역과 사회적응 영역을 평가한다.

3 K-CBCL 6-18의 구성

K-CBCL 6-18은 크게 문제행동 척도와 적응 척도로 구성되어 있고, 문제행동 척도는 문제행동증후군 척도, DSM 진단 척도 및 특수 척도들로 구성되어 있다.

문제행동 척도는 모두 120문항이며 불안/우울, 위축/우울, 신체증상, 규칙위반, 공격행동, 사회적 미성숙, 사고 문제, 주의집중 문제 등 8개의 문제행동증후군 척도가 있다. 이 중 불안/우울, 위축/우울, 신체증상 척도는 상위 척도인 내재화 척도, 규칙위반과 공격행동은 상위 척도인 외현화 척도에 포함되며, 문제행동 총점도 산출된다. 이와 함께 DSM의 진단기준에 맞춰 문제행동 척도의 문항을 재구성한 DSM 정서 문제, DSM 불안 문제, DSM 신체화 문제, DSM ADHD, DSM 반항행동 문제, DSM 품행 문제 등 6개의 DSM 진단 방식의 척도도 제시된다. 또한 특별한 임상적 증상을 평가하기 위해 강박증상, 외상후 스트레스 문제, 인지속도 부진 등 3개의 특수 척도도 추가되었다.

적응 척도는 친구나 또래와 어울리는 정도, 부모와의 관계 등의 사회성을 평가하는 사회성 척도, 교과목 수행 정도와 학업 수행상의 문제 여부 등을 평가하는 학업수행 척도 등 2개 하위 척도와 적응 척도 총점 등 모두 3개의 척도로 구성되어 있다. CBCL 6-18의 전체 척도 구성 내용은 〈표 4-2〉와 같다.

〈표 4-2〉 CBCL 6-18의 전체 척도 구성

	척도명		비고
문제행동 증후군 척도	내재화	불안/우울	정서적으로 우울하고 지나치게 걱정이 많거나 불안해하는 것과 관련된 문항
		위축/우울	위축되고 소극적인 태도, 주변에 대한 흥미를 보이지 않는 것 등과 관련된 문항
		신체증상	의학적으로 확인된 질병이 없음에도 불구하고 다양한 신체증상을 호소하는 것과 관련된 문항
	외현화	규칙위반	규칙을 잘 지키지 못하거나 사회적 규범에 어긋나는 문제행동들을 충동적으로 하는 것과 관련된 문항
		공격행동	언어적, 신체적으로 파괴적이고 공격적인 행동이나 적대적인 태도와 관련된 문항
	사회적 미성숙		나이에 비해 어리고 미성숙한 측면, 비사교적인 측면 등 사회적 발달과 관련된 문항
	사고 문제		어떤 특정한 행동이나 생각을 지나치게 반복하거나, 실제로는 존재하지 않는 현상을 보거나 소리를 듣는 등의 비현실적이고 기이한 사고 및 행동과 관련된 문항
	주의집중 문제		주의력 부족이나 과다한 행동 양상, 계획을 수립하는 것에 곤란을 겪는 것 등과 관련된 문항
	기타 문제		앞에 제시된 8개의 증후군에는 포함되지 않지만 유의미한 수준의 빈도로 나타나는 문제행동과 관련된 문항
	내재화 총점		지나치게 통제된 행동(over-controlled behavior) 문제로 불안/우울, 위축/우울, 신체증상 척도의 합으로 구성
	외현화 총점		통제가 부족한 행동(under-controlled behavior) 문제로 규칙위반과 공격행동 척도의 합으로 구성
	문제행동 총점		전체 문제행동 문항을 합한 것으로 전반적인 문제행동의 정도를 평가

DSM 진단 척도	DSM 정서 문제	정서적 어려움과 관련된 문항
	DSM 불안 문제	불안증상과 유사한 행동을 평가하거나 구체적인 상황에서의 불안을 측정하는 문항
	DSM 신체화 문제	심리적인 불안정과 긴장이 해소되지 않아 나타날 수 있는 신체적인 불편과 통증의 호소와 관련된 문항
	DSM ADHD	과잉활동적이고 부산하고 한 가지 일에 주의집중하는 데 어려움을 겪고 즉각적인 욕구 충족의 추구와 관련된 문항
	DSM 반항행동 문제	행동적으로 나타나는 폭력성, 반항적·비협조적 행동 등과 관련된 문항
	DSM 품행 문제	사회적으로 용납되지 않는 행동을 반복적으로 하는 것과 관련된 문항
문제행동 특수 척도	강박증상	특정 사고나 행동을 반복적으로 하는 강박증상 관련 문항
	외상후 스트레스 문제	심각한 외상적 사건에 직면한 후 나타나는 문제행동과 관련된 문항
	인지속도 부진	정신적, 신체적으로 수동적이고 활동 저하와 관련된 문항
적응 척도	사회성	사회적 적응 수준을 평가하는 문항 6세부터 적용
	학업 수행	학업 수행 정도를 평가하는 문항으로 구성 초등학교 이상에만 적용
	적응 척도 총점	전체적인 적응 수준을 평가 사회성과 학업 수행의 합

4 검사 방법

부모가 대상 아동이나 청소년을 평가하며, 부모가 없는 경우에는 대상 아동 및 청소년과 함께 거주하고 있는 양육자가 평가할 수 있다. 검사 시간은 약 15~20분 정도가 소요되며, 검사자는 수검자에게 검사 시작 전 검사를 하는 목적, 결과의 용도 및 검사결과를 누가 보게 되는지, 그리고 비밀 보장 여부에 관해 설명해야 한다.

5 채점 및 해석

채점은 반응 용지를 검토하여 누락문항이나 이중문항 답변을 점검하고, 컴퓨터로 웹사이트(www.aseba.or.kr)에서 채점을 할 수 있으며 원점수, 백분위 점수, T 점수, 각 하위 척도에 해당하는 문항별 점수와 프로파일을 얻을 수 있다. K-CBCL

6-18의 결과표가 [그림 4-1]에 제시되어 있다.

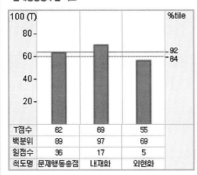
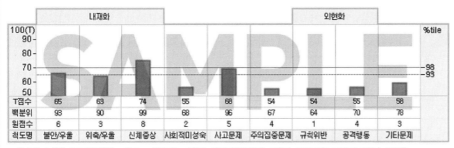
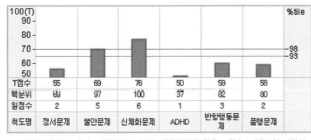

[그림 4-1] K-CBCL 6-18 결과표

출처: (주)휴노 홈페이지.

문제행동의 임상적 수준에 대한 판단 기준은 검사 목적에 따라 다양할 수 있으므로 일관적인 해석기준을 제시하기는 어려우나 대체로 다음과 같은 기준을 적용한다. 즉, 문제행동 척도 중 주로 선별 목적으로 사용하는 상위 척도인 문제행동 총점, 내재화 척도와 외현화 척도의 경우 심리장애가 있음에도 정상으로 판단하는 부적 오류(false negative)를 줄이기 위해 T점수 64 이상인 경우 임상 범위(clinical range), T점수 60~63을 준임상 범위(borderline clinical range), 그리고 T점수 60 미만은 정상 범위(normal range)로 판단한다. 구체적 임상장애 진단과 연관되어 있는 하위 척도인 8개의 문제행동증후군 척도, 6개의 DSM 진단 척도 및 3개의 문제행동 특수 척도들은 심리장애가 아닌데도 심리장애로 잘못 판단하는 정적 오류(false positive)를 줄이기 위해 T점수 70 이상이면 임상 범위, T점수 65~69는 준임상 범위, 그리고 T점수 65 미만을 정상 범위로 판단한다. K-CBCL 6-18의 문제행동 척도의 판단 기준이 〈표 4-3〉에 요약되어 있다.

〈표 4-3〉 K-CBCL 6-18의 문제행동 척도의 판단 기준

문제행동 총점, 내재화 · 외현화 척도		문제행동증후군 척도, DSM 진단 척도, 특수 척도	
64T 이상	임상 범위	70T 이상	임상 범위
60T~63T	준임상 범위	65T~69T	준임상 범위
60T 미만	정상 범위	65T 미만	정상 범위

IV. 영유아의 놀이평가, 애착유형 및 상호작용 평가

영유아의 심리장애 진단평가와 놀이치료 상황에서는 영유아의 발달단계 특성을 고려하여 다양한 행동관찰 방법이 활용되고 있는데 이를 소개하면 다음과 같다.

1 놀이평가: 아동 놀이 프로파일

구조화된 심리검사를 실시하기 어려운 2~4세 유아 또는 그 이상의 연령이지만 언어 표현이 지나치게 적어 구조화된 심리검사가 어려운 아동에게 많이 활용되는

방법이다. 또한 이 방법은 놀이치료 과정에서도 지속적으로 이루어진다. 검사자와의 개별적인 놀이 활동뿐만 아니라 양육자와의 놀이 상호작용 평가도 하게 되는데, 이 과정을 통해 아동의 인지, 언어, 정서, 사회성, 대근육 및 소근육 능력, 어머니와의 애착관계 등 다양한 영역에 대해 평가하는 반구조화된 심리평가 절차이다.

　놀이평가 방법을 상세화한 다양한 체계가 있는데, 그 가운데 Chazan(2000)의 아동 놀이 프로파일(Children's Play Therapy Instrument: CPTI)을 소개하면 다음과 같다.

　먼저, 놀이 활동에서 아동의 활동 양상을 분리하여 행동을 목록화하고 정리하는 과정을 세분화(segmentation)라고 한다. 세분화를 통해 행동 속에서 공통점을 확인하여 활동을 명명한다. 영아의 활동은 전놀이 활동, 놀이 활동, 비놀이 활동, 중단 등으로 구분할 수 있다. 이 중 놀이 활동이 가장 중요한 분석 대상이다. 놀이 활동은 감각 활동, 대근육 활동, 탐색 활동, 조작 활동, 분류 정렬 활동, 인과관계 활동, 문제해결 활동, 건설 활동, 모방 활동, 외상적 활동, 상상 활동, 게임놀이 활동, 그리고 미술 활동 등 13개의 범주로 구분할 수 있다.

　다음으로 놀이 활동에 대해 구조적 분석을 시도한다. 13개 범주의 놀이 활동에 대해 정서적 구성요소, 인지적 구성요소, 이야기 구성요소, 발달적 구성요소 등으로 분류한 후 구조적 분석을 하게 된다. 예를 들면, 정서적 구성요소의 경우, 전체적인 즐거움의 정서 톤, 정서의 스펙트럼, 정서 조절과 조정, 정서상태의 변화, 그리고 정서 내용의 적절성 등이 평가 항목이다. 이야기 구성요소의 경우 놀이 활동의 제목, 놀이 활동의 주제, 이야기에서 묘사된 관계의 수준, 이야기에서 묘사된 관계의 질, 그리고 아동과 임상가가 사용한 언어 등이 평가 항목이다.

　다음으로 이와 같이 각 구성요소들에 대해 기능적 분석을 시도한다. 기능적 분석은 놀이에 나타난 방어기제를 파악하는 방식이다. 영아의 놀이가 예측, 문제해결하기 등의 적응적인 전략에 해당하는지, 주지화, 합리화 등 갈등을 표현하는 전략에 해당하는지 분석한다. 부정이나 투사적 동일시 등 경직되고 대립된 방어 전략에 해당하거나, 탈분화, 해체, 융합 등 극도로 불안하고 고립된 방어 및 대처 전략에 해당한다면 매우 부적응적이고 심각한 병리적 양상을 나타낸다고 할 수 있다.

　이와 같이 아동 놀이 프로파일(CPTI)은 놀이 활동을 목록화하고 아동 놀이의 정서적 구성요소, 인지적 구성요소, 이야기 구성요소, 발달적 구성요소 등에 대해 구조적 분석을 시도하며, 방어 전략에 대해 기능적 분석을 함으로써 아동의 특성에 대해 매우 체계적이고 포괄적인 평가가 가능하다는 장점이 있다.

2 애착유형 검사

영유아의 애착체계를 활성화시키고 애착행동을 유발하도록 고안한 평가 절차로, 이를 통해 관찰실 내에서 영유아와 양육자의 상호행동을 평가하고 애착유형을 평가한다. 애착유형 검사(Strange Situation Procedure: SSP)는 영아는 자신의 양육자에 대한 접근성으로 안정감과 보호감을 얻으려는 애착체계를 갖는다는 Bowlby(1969)의 이론과 영아가 세상을 탐색하는 데 있어 양육자를 안전기지로 사용한다는 Ainsworth, Blehar, Waters와 Wall(1978)의 이론에 근거한다. 낯선 관찰실에서 영아가 어머니와 분리 및 재결합하는 스트레스 상황을 제공하고, 영아의 애착유형과 탐색체계의 균형 정도를 평가한다. 평가 상황의 구성은 다음과 같다.

① 부모와 영아가 실험실로 들어간다.
② 부모와 영아만 남는다. 부모는 영아가 탐색하는 것에 관여하지 않는다.
③ 낯선 사람이 들어와서 부모와 이야기하며, 영아에게 다가간다. 부모는 눈앞에서 방을 나간다.
④ 첫 번째 분리 에피소드: 낯선 사람의 행동이 영아의 행동과 맞물린다.
⑤ 첫 번째 재결합 에피소드: 부모는 영아를 맞이하고 위로한 후에 다시 나간다.
⑥ 두 번째 분리 에피소드: 영아는 혼자 남는다.
⑦ 두 번째 재결합 에피소드: 부모가 들어오고 영아를 맞이해 주며 아이를 달랜다. 낯선 사람은 눈앞에서 나간다.

평가 방법으로는 빈도 측정과 상호작용 측정, 유형 분류가 있다. 빈도 측정은 각 단계에서 15초마다 탐색적 이동, 탐색적 조작, 시각적 탐색, 시각적 정향, 울음, 웃음, 발성, 빨기 행동 등의 빈도를 측정한다. 상호작용 행동의 측정은 각 점수에 해당하는 행동 요강에 따라 4개의 범주마다 1~7점까지의 점수가 주어진다. 특히 영아와 어머니의 재결합 상황에 초점을 두고 채점한다. 구체적인 상호작용 행동으로는 접근 및 접촉 추구 행동, 접촉유지 행동, 저항 행동, 회피 행동 등이 있다. 이러한 실험 절차를 통해 '안정 애착' '불안-회피 불안정 애착' '불안-양가/저항 불안정 애착' 등 세 가지 애착유형을 분류할 수 있다(Ainsworth, Blehar, Waters, & Wall, 1978). Main과 Solomon(1990)이 Ainsworth 등(1978)의 세 가지 유형 분류에서는 불가능했던 비조직적이고 혼란된, 목표가 불분명하거나 갈등적인 행동반응을 보이는 영아를 발견한 후 '비조직 혼란형'을 추가하였다.

3 마샥 상호작용 평가

마샥 상호작용 평가(Marschak Interaction Method: MIM; Jernberg, 1991)는 부모와 아동의 애착관계를 평가하는 관찰체계이다. Jernberg(1991)는 MIM의 중심개념인 애착이란 아동의 스트레스를 감소시키고 함께 놀며 아동에게 정서적으로 조율하는 부모의 능력이라고 정의하였다. MIM을 통해 목표행동을 지도하는, 환경에 아동을 주목시키는, 스트레스를 감소시켜 주는, 애정을 주는, 즐겁게 행동하는 등 다양한 부모의 능력과 관련된 상호작용을 평가한다. 임상가는 미리 준비된 과제를 제시하고 과제에 참여하는 부모와 아동의 모습을 녹화한 후, 부모와 함께 녹화된 테이프를 검토한다.

과제 목록은 태아기, 영아기, 유아기, 학령기, 청소년기로 나누어져 있으며(Jernberg, 1991), 구조, 개입, 양육, 도전 등 평가 영역별 과제 목록이 자세히 제공되어 있다. 평가 영역의 정의를 보면 부모의 ① 구조(환경을 구조화하고 기대와 제한을 명확하고 적절하게 설정하기), ② 개입(아동의 상태와 반응을 맞추면서 아동을 상호작용에 참여시키기), ③ 양육(아동의 욕구에 양육적인 방법으로 반응하기), ④ 도전(적절한 도전을 제공하기) 등에 대한 항목들을 얼마나 잘 해내는지 평가한다. 그리고 아동의 ① 구조(성인으로부터의 구조화를 받아들이기), ② 개입(성인과 함께 참여하기), ③ 양육(성인으로부터의 양육을 받아들이기), ④ 도전(적절한 도전에 반응하기)에 대한 항목을 평가한다. 예를 들면, 영아기의 '구조' 영역의 과제는 담요 통과하여 부모에게 다가가기, '개입' 영역은 똑똑 누구세요, 까꿍 놀이, '양육' 영역에서는 자장가 불러 주기, 그리고 '도전' 영역은 기어가기 경주 등이다. 녹화된 자료에 대해 영역별로 질적 분석을 시도하고, 각 영역별로 10점 체크리스트를 활용하기도 한다.

MIM 기록체계는 표준화되지 않았고, 규준, 신뢰도 및 타당도 자료는 제한적이지만, MIM은 안면 타당도가 탁월하여 입양 부모와의 상호작용 평가, 양육권의 판정 등 가정재판의 증거로 활용될 수 있다.

참고문헌

권석만(1994). 한국판 역기능적 태도척도의 신뢰도, 타당도 및 요인구조. 심리과학, 3, 100-111.

김명선, 하은혜, 오경자(2014). 심리장애 진단아동의 K-CBCL 아동 청소년 행동평가척도 군집분석. 한국심리학회지: 임상, 33(4), 675-696.

소유경, 노주선, 김영신, 고선규, 고윤주(2002). 한국어판 부모 교사 ADHD 평가척도의 신뢰도와 타당도 연구. 신경정신의학, 41(2), 283-289.

양재원, 홍성도, 정유숙, 김지혜(2005). 부정적 자동적 사고 질문지(ATQ-N)와 긍정적 자동적 사고 질문지(ATQ-P)의 타당화 연구: 청소년 집단을 대상으로. 한국심리학회지: 임상, 24(3), 631-646.

오경자, 김영아, 하은혜, 이혜련, 홍강의(2010a). CBCL 6-18 아동·청소년 행동평가척도 부모용. 서울: (주)휴노.

오경자, 김영아, 하은혜, 이혜련, 홍강의(2010b). YSR 청소년 행동평가척도 자기보고용. 서울: 휴노(주).

오경자, 이혜련, 홍강의, 하은혜(1997). K-CBCL 아동·청소년 행동평가척도. 서울: 중앙적성출판사.

Achenbach, T. M., & Edelbrock, C .S. (1991). Child Behavior Checklist. Burlington (Vt), 7, 371-392.

Achenbach, T. M., & Edelbrock, C. S. (1983). *Manual for the child behavior checklist and revised child behavior profile*. Burlington, VT: University of Vermont.

Achenbach, T. M., & Rescorla, L. A. (2001). *Manual for the ASEBA school-age forms & profiles*. Burlington, VT: University of Vermont.

Achenbach, T. M., Dumenci, L., & Rescorla, L. A. (2001). *Ratings of relations between DSM-IV diagnostic categories and items of the CBCL/6-18, TRF, and YSR.* Burlington. VT: University of Vermont, 1-9.

Ainsworth, M. D., Blehar, M., Waters, E., & Wall, S. (1978). *Patterns of attachment.* New York: Psychology Press.

Bowlby, J. (1969). *Attachment.* New York: Basic Books.

Chazan, S. E. (2000). Using the Children's Play Therapy Instrument (CPTI) to measure the development of play in simultaneous treatment. *Infant Mental Health Journal, 21*(3), 211-221.

DuPaul, G. J. (1981). Parent and teacher ratings of ADHD symptoms: Psychometric properties in a community-based sample. *Journal of Clinical Child and Adolescent Psychology, 20*(3), 245-253.

Groth-Marnat, G., & Wright, A. J. (2015). *Handbook of psychological assessment.* (6th ed.). New York: John Wiley & Sons.

Haynes, S. N., & Heiby, E. M. (2004). *Comprehensive handbook of psychological assessment, Vol. 3: Behavioral Assessment.* John Wiley & Sons, Inc.

Haynes, S. N., & O'Brien, W. H. (2000). *Principles and practice of behavioral assessment.* Springer Science & Business Media.

Hersen, M. (Ed.). (2005). *Psychological assessment in clinical practice: A pragmatic guide.* Routledge.

Jernberg, A. M. (1991). *Assessing parent-child interactions with the Marschak Interaction Method (MIM).* J. Wiley.

Kanfer, F. H., Saslow, G., & Franks, C. M. (1969). *Behaviour Therapy: Appraisal and Status.* New York: McGraw-Hill.

Kratochwill, T. R. (1985). Case study research in school psychology. *School Psychology Review, 14*(2), 204-215.

Main, M., & Solomon, J. (1990). Procedures for identifying infants as disorganized/disoriented during the Ainsworth Strange Situation. *Attachment in the Preschool years: Theory, Research, and Intervention, 1*, 121-160.

Sayers, S. L., & Tomcho, T. J. (2006). Behavioral interviewing. *In Clinician's Handbook of Adult Behavioral Assessment,* 63-84. Academic Press.

Suen, H. K., & Rzasa, S. E. (2004). Psychometric foundations of behavioral assessment. *Comprehensive Handbook of Psychological Assessment, 3*, 37-56.

Weissman, A. N., & Beck, A. T. (1978). *Development and validation of the Dysfunctional Attitude Scale: A preliminary investigation.*

제2부

인지평가

제5장
발달평가

심리평가가 의뢰된 5세 미만 영유아의 경우, 언어발달 지체, 운동발달 지체가 주호소 문제이고, 이와 함께 사회적 상호작용의 제한, 상동증적 행동 등의 자폐적 행동 특성을 보이기도 한다. 이때 고려해야 할 장애는 DSM-5의 신경발달장애군으로서 반응성 애착장애와 탈억제성 사회적 유대감 장애 등의 외상 및 스트레스 관련 장애군, 언어장애, 아동기 발병 유창성 장애와 사회적 의사소통장애 등의 의사소통 장애군, 발달적 협응장애, 상동증적 운동장애 등의 운동장애군, 자폐스펙트럼장애, 지적장애 등 다양하다. 이와 같은 장애들의 진단평가에서 가장 기본적인 것이 발달지체 여부와 그 수준을 파악하는 것으로 정상발달인지, 운동발달과 인지발달 전반이 지체된 경우인지, 이 두 영역 중 특정 영역만 지체된 경우인지 등을 평가하는 것이 최우선이다. 이후 자폐증상 여부와 그 심각도, 사회적 능력 수준을 평가해야 한다.

그런데 영아기 발달지수와 이후 지능검사 간의 상관관계가 낮다는 연구 결과도 다수 있기 때문에(McCormick et al., 2020), 발달지체 진단은 매우 신중해야 한다. 유아용 발달검사는 언어화와 추상성보다 감각운동 기능을 더욱 강조한다는 점에서 유아용 지능검사와 평가의 초점이 다른 것이 그 한 가지 이유가 될 수 있다. 이와 같이 일반 인구 대상의 영유아기 발달검사 지수와 이후 지능검사 간의 상관관계는 비교적 낮지만, 특정 시기의 인지발달 지체에 대한 조기판정 자체는 보통 범위 혹은 우수한 아동을 판단하는 것보다 더욱 정확하다는 점이 주목할 만하다. 발달지체에 대한 조기판정은 발달검사나 유아용 지능검사에만 의존하는 일회적 과정이 아니라 추후 구조화된 지능검사를 통해 추적 평가해야 한다.

이 장에서는 임상 현장에서 영유아기 발달평가에 주로 사용되는 한국판 덴버 II (K-Denver II; 신희선, 한경자, 오가실, 오진주, 하미나, 2002)와 한국판 베일리 영유아 발달검사 II(K-Bayley Scales of Infant Development II; BSID-II, 박혜원, 조복희, 2006)를 소개한다. 이와 함께 사회적 능력 수준을 평가하기 위한 한국판 바인랜드 적응행동척도 2판(K-Vineland-II; 황순택, 김지혜, 홍상황, 2015)과 자폐증상 동반 여부를 확인하기 위한 한국판 아동기 자폐 평정척도 2판(Korean Childhood Autism Rating Scale 2: K-CARS2; 이소현, 윤선아, 신민섭, 2019)에 대해 설명한다. 또한 발달 검사와 기타 검사의 결과를 활용한 영유아기 주요 장애에 대한 진단 의사결정 과정에 대해 통합적으로 설명할 것이다. 문제행동 평가를 위한 유아 행동평가척도 부모용(CBCL 1.5-5)은 제4장 행동관찰에서 다루었고, 유아기에 활용되는 지능검사인 한국 유아용 웩슬러 지능검사 IV판(Korean-Wechsler Preschool and Primary Scale of Intelligence: K-WPPSI-IV; 박혜원, 이경옥, 안동현, 2019)에 대해서는 제6장 지능검사에서 소개할 것이다.

영유아기 주요 심리검사에 대해 요약하면 〈표 5-1〉과 같다.

〈표 5-1〉 영유아기 주요 심리검사도구

평가도구	연령	지수	특징
덴버 II (Denver-II)	1개월 ~ 6세	• 정상 • 의심 • 검사불능 • 의뢰기준	• 선별 목적의 발달검사
베일리 영유아 발달검사 II (BSID-II)	1~42개월	• 인지발달 지수(MDI) • 동작발달 지수(PDI)	• 인지, 운동, 행동관찰 영역 • 발달지수 제공 • 발달평가 배터리로서 유용한 진단적 도구
유아용 웩슬러 지능검사 IV판 (K-WPPSI-IV)	2세 6개월 ~ 7세 7개월	• 전체지능지수 • 기본지표(언어이해, 시공간, 유동추론, 작업기억, 처리속도) • 추가지표(어휘습득, 비언어, 일반능력, 인지효율성)	• 구조화된 지능검사 • 전체지능지수, 지표점수, 소검사 환산점수 • 프로파일 분석 • 강점, 약점의 비교 가능
바인랜드 적응행동척도 2판	0개월 ~ 90세	• 의사소통, 생활기술, 사회성, 운동기술 영역 • 적응행동 조합	• 주 양육자 면담 또는 평가척도 • 과소평가, 과대평가 가능성 • 발달평가 또는 인지평가 결과 통합 필요
유아 행동 평가척도 (CBCL 1.5-5)	1세 6개월 ~ 5세	• 정서적 반응성, 불안/우울, 신체증상, 위축, 수면 문제, 주의집중 문제, 공격행동 • 내재화 문제, 외현화 문제 • 총 문제행동 척도	• 주 양육자의 문제행동에 대한 포괄적 평가척도 • 규준점수, 백분위 점수 • 임상/준임상/정상 범위의 판단

I. 한국형 덴버 II

▮ 검사 대상 및 목적

덴버 II는 DDST(Denver Development Screening Test, 1967)의 개정판으로 Frankenburg(1970)에 의해 개발된 0~6세의 영유아 발달검사이다. 우리나라에서는 오가실(1976)이 도입한 이후 예비연구가 이루어졌고(이근, 1996; 전민철 외, 1997), 1,054명의 영유아를 대상으로 하여 총 110개의 항목으로 표준화되었다(신희선 외, 2002).

덴버 II는 검사 실시가 쉽고 30분 이내로 빠르게 실시할 수 있으므로 발달지체의 초기 선별도구로서의 유용성이 매우 높다. 특히 뚜렷한 증상은 없으나 발달지체 가능성이 있는 영유아의 선별이나 발달지체가 의심될 때 이를 확인할 수 있고, 주산기 이상과 같은 고위험요인이 있는 아동을 추적 관찰하는 데도 사용할 수 있다. 또한 심한 지체를 판별하는 데 효과적이며 장애 아동을 조기 발견하여 개입할 수 있는 기회를 제공한다.

검사 실시에 대한 훈련이 크게 필요하지 않으므로 실제 임상 장면에서 할 수 있는 비형식적인 관찰을 보다 효율성 있는 절차로 향상시켰다는 평가를 받고 있으며 연구 도구로도 활용도가 높다.

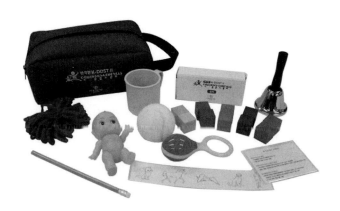

[그림 5-1] 덴버 II 검사도구

출처: 현문사 홈페이지.

2 한국형 덴버 II의 구성

한국형 덴버 II는 4개 발달 영역의 총 110개의 항목으로 구성되어 있으며, 주요 구성 내용은 〈표 5-2〉와 같다.

〈표 5-2〉 한국형 덴버 II의 구성

영역	문항 수	내용
개인 사회발달 영역 (Personal-Social)	22	사람들과 상호작용하고 일상생활을 위한 개인적 요구를 스스로 해결할 수 있는 신변처리능력 평가
미세운동 및 적응발달 영역 (Fine Motor-Adaptive)	27	눈-손의 협응, 작은 물체의 조작, 문제해결 능력 평가
언어발달 영역 (Language)	34	듣고 이해하고 언어를 사용하는 능력 평가
운동발달 영역 (Gross Motor)	27	앉고 걷고 뛰는 대근육 운동 능력 평가

3 검사 방법

검사 시 아동의 적극적인 참여가 필요하므로 영유아가 편안한 상태로 검사를 받을 수 있도록 해야 하고 영아의 경우 부모의 무릎에 앉혀서 검사를 한다. 검사를 실시하기 전에 영유아가 검사도구에 익숙하도록 검사도구를 미리 보여 주며, 검사가 시작되면 영유아의 주의집중력을 높이기 위해 꼭 필요한 도구 외에는 탁자 위에서 모두 치운다. 실시 시간의 제한은 없다.

검사의 실시방법은 [그림 5-2]의 기록지에서 영유아의 만 연령을 계산하여 검사지의 연령 표시 부분 위와 아래 연령의 눈금에 따라 직선으로 연령선을 긋는다(단, 2주 이상의 조산아인 경우 연령에서 조산된 주만큼 뺀다). 검사 순서는 가능하면 검사지의 제일 위에 있는 영역(사회발달 영역)부터 아래쪽으로 내려가면서 검사한다. 또한 검사해야 할 항목은 먼저 연령선이 걸쳐진 항목부터 하고 연령선에 가까운 항목 왼쪽과 오른쪽으로 옮겨서 최소한 한 영역에 3개의 통과항목(P)과 실패항목(F)이 있을 때까지 계속한다.

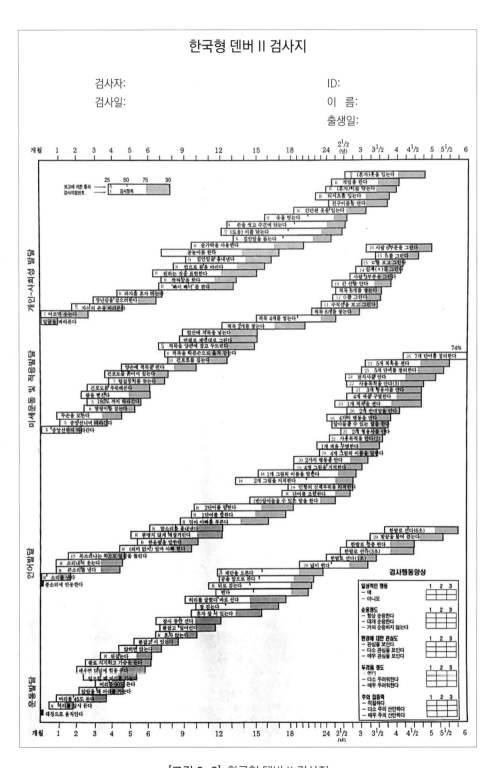

[그림 5-2] 한국형 덴버 Ⅱ 검사지

출처: 신희선 외(2020).

[그림 5-3]의 예를 보면, 항목마다 정상 아동의 25%, 50%, 75%, 90%의 표시가 있는데 이것은 그 연령의 아동이 그 항목을 할 수 있는 비율을 의미한다. 예를 들면, "짝짜꿍을 한다" 항목에서 표의 왼쪽 끝은 정상 아동들의 25%가 7개월 정도에서 할 수 있다는 것을 알려 주며, 50%는 9개월 정도에서, 회색 부분의 왼쪽 끝인 75%는 11개월 반 정도에, 회색 부분의 오른쪽 끝인 90%는 13개월이 조금 지난 후에 할 수 있다는 것을 나타낸다.

| 7개월 | 9개월 | | 11~12개월 | 13개월 |

정상 아동들이 통과하는 비율

| 25% | 50% | | 75% | 90% |

짝짜꿍을 한다

[그림 5-3] 검사지 연령 범위 예

검사결과는 그 항목 50%의 눈금이 있는 위치에 굵은 글씨로 크게 표시하는데, 결과 표시 방법은 〈표 5-3〉과 같다.

〈표 5-3〉 한국형 덴버 II 결과 표시 방법

기호	내용
P(pass)	실제로 할 수 있었던 경우
F(fail)	실제로 할 수 없었던 경우
R(refuse)	실제로 할 수 있다고 믿는데 여러 가지 사정으로 거절한 경우
NO(no opportunity)	실제로 해 볼 수 있는 기회가 한 번도 없었으면 기회 없음으로 표시
C(caution)	75~90%에 연령선이 통과하는 문항을 실패하거나 거절한 경우
A(advanced)	연령선보다 완전히 오른쪽에 있는 항목을 통과한 경우
OK	25~75%에 연령선이 걸쳐진 항목을 통과, 실패, 거절한 경우

* 발달지체: 연령선 미만에 있는 항목 가운데 실패항목(F)이 있는 경우 발달지체를 의미.
  지체된 항목의 막대 오른쪽을 짙게 칠하여 표시함.

4 채점 및 해석

채점은 〈표 5-3〉의 기호와 같이 통과(P), 실패(F) 등으로 평가한 후, 〈표 5-4〉에 제시된 기준에 따라 정상(Normal), 의심(Questionable), 검사 불능(Untestable), 의뢰 기준(Referral)으로 해석한다. 이때 영유아의 평소 행동 특성을 부모에게 확인하고 해석에 참조해야 한다.

〈표 5-4〉 한국형 덴버 II의 해석

	내용
정상 (Normal)	• 지연이 없고 주의항목 최대 1개 • 다음 방문 때 재검사
의심 (Questionable)	• 1개의 지연항목과/또는(and/or) 2개 이상의 주의항목(C) • 공포, 질병, 피곤함 같은 일시적인 요소를 배제하기 위해 1~2주 내에 재검사
검사 불능 (Untestable)	• 완전히 연령선 왼쪽의 항목에서 1개 이상의 거부나 75~90% 사이에 연령선이 지나는 항목에 2개 이상의 'R' 점수가 있는 경우 • 1~2주 내에 재검사
의뢰기준 (Referral)	• 2개 이상의 지연항목이 있을 경우 • 진단평가를 위해 의뢰

Ⅱ. 베일리 영유아 발달검사 Ⅱ

1 검사 대상 및 목적

베일리 영유아 발달검사 II(Bayley Scales of Infant Development II: BSID-II)는 1~42개월 영아의 현재 발달 정도를 평가하고, 발달지체 여부와 그 수준을 평가하기 위한 검사이다. 국내에서는 1,700명의 영유아를 대상으로 표준화되었으며, 총 319문항으로 구성되어 있다(박혜원, 조복희, 2006).

베일리 영유아 발달검사 I(Bayley Scales of Infant Development I: BSID-I; Bayley, 1969)과 비교하면, 평가연령이 2~30개월에서 1~42개월까지로 늘어났고 정상발달

의 영유아뿐만 아니라 실제 임상 장면에서도 적용될 수 있도록 문항의 내용 범위가 확장되었다. 또한 임상 집단을 대상으로 자료가 수집되므로 척도의 임상적 유용성이 증진되었다. 여러 경험적 연구를 통해 제작 및 개정되었고 광범위한 표준화 절차를 거쳤으며 영아발달에 관련된 중요한 정보를 제공함으로써 영아용 발달검사로는 가장 우수하다고 평가된다. 또한 유아의 현재 발달 수준을 판단하는 데 효과적이며 발달지수뿐만 아니라 현재 발달 수준을 개월 수로 환산할 수 있어 실제 기능을 파악하는 데 도움이 된다. 그리고 발달이 지체된 것으로 판명된 경우 정신 영역과 운동 영역의 상대적 발달 정도를 고려하여 문제의 핵심을 파악한 후 개입 프로그램의 자료로 활용하고 개입 프로그램의 효과성 평가에도 사용할 수 있다. 또한 부모에게 아동발달에 대해 교육하기 위해 사용할 수 있는 유용한 교육평가 도구이다.

그러나 BSID-II를 특정 영역의 장애를 측정하기 위한 목적으로 사용해서는 안 된다. 예를 들면, 아동의 언어발달 지연을 진단할 수는 없고, 언어 영역 문항에서 많은 실패가 보고되면 언어전문가에게 평가를 의뢰해야 한다. 또한 신체나 감각적 손상이 심각한 아동을 평가하기 위해 BSID-II의 표준화 실시와 규준점수를 사용하는 것은 신체장애가 있는 아동에게 불리할 수 있다.

[그림 5-4] BSID-II

출처: 박혜원, 조복희(2006).

2 베일리 영유아 발달검사 II의 구성

베일리 영유아 발달검사 II(BSID-II)는 인지발달, 언어발달, 개인/사회성 발달 등 3개 하위 척도로 구성된 인지척도 178문항, 운동의 질, 감각 통합, 지각-운동 통합

등 4개 하위 척도로 구성된 동작척도 111문항, 검사 시행 장면과 관련이 있는 아동 행동의 미묘한 질적 측면을 평가하는 행동평정척도 30문항 등 319문항으로 구성되어 있다. 그 구성은 〈표 5-5〉와 같다.

〈표 5-5〉 BSID-Ⅱ의 구성

척도명	영역	구성 내용
인지 척도	인지발달	① 1~3개월, 재인기억과 습관화 능력을 측정
		② 2~3개월, 시각적 선호와 시각적 정확성을 측정
		③ 12개월 이상, 문제해결 능력을 측정
		④ 26~42개월, 수 개념과 수 세기 기술을 측정
	언어발달	표현언어와 수용언어, 문법규칙 이해의 발달과 어휘력을 측정
	개인/사회성 발달	베일리 영유아 발달검사 Ⅱ의 문항들로 직접 측정하거나 검사자에 대한 영유아의 반응을 통해 간접적으로도 측정
동작 척도	운동의 질	6개월 이상, 소근육과 대근육 운동의 질을 측정
	감각 통합	촉각과 시각을 포함하는 감각 통합 영역을 평가
	지각-운동 통합	운동 계획하기와 소근육 운동 조절을 측정
행동 평정 척도	검사 시행 장면과 관련이 있는 아동 행동의 미묘한 질적 측면을 평가 • 아동의 주의/각성 요인(Attention/Arousal Factor) • 과제 지향성 요인(Orientation/Engagement Factor) • 정서조절 요인(Emotional Regulation Factor) • 운동의 질 요인(Motor Quality Factor)	

3 검사 방법

검사 시 영유아는 부모와 함께 있는 것이 바람직하다. 특히 3개월 이하의 영아를 검사할 경우 깨끗한 카펫이 있는 방에서 실시하고, 3개월 이상의 영아를 검사할 경우에는 보호자가 편안하게 아이를 품 안에 안고 검사에 응할 수 있을 정도의 높이의 탁자가 필요하다. 0~15개월 영아는 25~35분, 15개월 이상의 영아는 1시간 정도의 검사 시간이 소요된다. 연령에 따라 낯선 사람에 대한 불안반응이 다르므로 이를 고려하여 관계 형성에 주의해야 한다. 영아의 반응을 유도해 내기 위한 특별한 칭찬이나 보상은 피하고 "정말 열심히 하고 있구나." "그게 재미있나 보구나." 등 일반적으로 용기를 주는 정도의 말을 하여 격려할 수 있다.

BSID-Ⅱ는 아동의 생활연령에 따라 검사 문항의 시작과 끝이 정해진다. 1~13개월까지는 1개월 간격, 14~37개월까지는 3개월 간격, 그리고 38~42개월까지는 검사 문항 세트가 정해져 있다. 이때 날짜 계산은 15일 전이면 검사 문항 연령 개월 수를 아래로 낮추고, 16일 이상이면 높인다. 각 문항은 해당 연령 아동의 90%가 통과한 문항으로부터 15%가 통과한 문항까지 난이도 순서로 제시되어 있다.

실시 중인 문항 이후 바로 다음에 실시해야 하는 문항과 관련 이전 문항이 기록지에 안내되어 있으므로 각 문항에서 실패하면 이전 문항, 성공하면 다음 실시 문항을 이어서 시행한다. 그 이유는 많은 문항들이 개념적·실제적 측면에서 연관성을 가지고 있고, 해당 문항에서 사용한 도구를 활용함으로써 도구 사용을 용이하게 해 주며, 현재 발달 수준에 대한 해석에 유용하기 때문이다.

문항 평가의 지속 여부를 결정하기 위해서는 〈표 5-6〉에 제시된 기저선 규칙(Basal Rule)과 천장 규칙(Ceiling Rule)을 적용하여 중단한다.

〈표 5-6〉 기저선 규칙과 천장 규칙

	정신척도	운동척도
기저선 규칙	5개 문항 이상 성공	4개 문항 이상 성공
천장 규칙	3개 문항 이상 실패	2개 문항 이상 실패

행동평정척도는 총 30개 문항, 5점 척도로 이루어져 있으며, 각 문항에 해당하는 연령 범위가 정해져 있다. 첫 번째와 두 번째 문항은 검사 직후, 부모와 영아가 가기 전, 부모에게 검사하는 동안 영아의 수행에 대해 평가하도록 질문한다. 나머지 28개 문항은 영아와 부모가 떠나고 난 후 검사하는 동안 영아 행동을 관찰한 것을 기초로 검사자가 평가한다.

4 채점 및 해석

1) 채점

〈표 5-7〉의 기준에 따라 통과한 문항인 C에만 1점을 주어 전체 성공 문항을 합산하여 원점수를 계산한다.

〈표 5-7〉 BSID-II 결과 표시 방법

기호	내용
C (Credit)	정확한 반응이나 수행. 점수를 줌
NC (No Credit)	부적절한 반응. 점수를 주지 않음
RF (Refused)	수행 거부. 점수를 주지 않음
O (Omit)	우연 혹은 의도적으로 문항 생략. 점수를 주지 않음
RPT (Casegiving Report)	검사 이외의 다른 상황에서는 정확 반응이나 수행을 보고하지만 점수를 주지 않음

2) 원점수 계산 후 인지발달 지수와 동작발달 지수 산출

합산한 원점수를 가지고 지침서의 부록에 제시된 개월별 규준표에서 인지발달 지수(Mental Development Index: MDI)와 동작발달 지수(Performance Development Index: PDI)를 산출한다. 인지발달 지수와 동작발달 지수는 평균 100, 표준편차 15인데 ±3SD까지 부록에 기술되어 있다. 즉, 50~150의 범위만 기술되었으므로 이 범위 밖에 있으면 50 이하 또는 150 이상으로 표시한다.

3) 인지 및 동작 발달 연령 산출

베일리 영유아 발달검사 II의 가장 큰 장점은 인지발달 지수와 동작발달 지수 외에 현재 발달 정도를 개월 수로 환산할 수 있다는 점이다. 부록의 인지척도와 동작척도의 원점수별 발달 월령을 찾아 현재 발달 개월 수를 산출함으로써 영아의 생물학적 연령 대비 현재 발달 정도를 개월 수와 직접 비교할 수 있다.

4) 행동평정척도(BRS) 계산

연령에 따라 26% 이상이면 정상 범주(Within Normal Limits), 11~25% 범위이면 행동 손상의 가능성에 유의해야 하는 수준으로 의문(Questionable), 그리고 10% 이하이면 행동 지연이나 손상을 의심해 볼 수 있는 비-최적(Non-Optimal)으로 범주화된다.

5) 해석

BSID-II의 인지발달 지수와 동작발달 지수에 대한 결과 해석은 〈표 5-8〉과 같다.

〈표 5-8〉 BSID-II의 결과 해석표

지수	범주	이론적 정상분포(%)	실제 분포(%) 인지 척도	실제 분포(%) 동작 척도
115 이상	가속 수행(Accelerated Performance)	16.0	17.1	18.1
85~114	정상 범주(Within Normal Limits)	68.0	69.2	70.7
70~84	약간 지연(Mildly Delayed Performance)	13.5	11.1	8.9
69 이하	심각한 지연(Significantly Delayed Performance)	2.5	2.6	2.3

각 발달지수에 대해 진단적 범주를 결정하고 나면 두 지수 간 차이에 대해 주목한다. 연령이 어릴수록 인지발달 지수와 동작발달 지수 간 차이가 큰 경우 유의하며, 연령이 많을수록 적은 차이만으로도 유의하다. 인지발달 지수와 동작발달 지수간 차이의 임상적 관련성을 설명하기 위해서는 더 많은 연구가 필요한데, 그 가설적 설명은 다음과 같다.

- 동작발달 지수가 인지발달 지수보다 낮다면, 일반적으로 검사 후반부에 동작 문항이 실시되므로 싫증이 났거나 더 이상 순종하거나 협조적이지 못했을 가능성을 검토한다.
- BSID-II가 영아에게 익숙하지 않은 언어로 시행되었거나, 혹은 영아에게 청각 손상이 있다면, 언어적 지시에 의존하는 인지발달 지수가 주로 동작을 모방하는 동작발달 지수보다 낮을 것이다.
- 성장실패, 근력약화, 신경근육계 질환을 앓고 있는 영아의 경우 인지발달 지수는 낮지 않지만 운동발달 지수는 낮을 수 있다.
- 점수 차이는 특정한 언어결함이나 학습결함에 의해 나타날 수도 있다.

5 한국형 베일리 영유아 발달검사 3판

한국형 베일리 영유아 발달검사 3판(Korean Bayley Scales of Infant and Toddler Development-Third Edition, K-Bayley-Ⅲ; 방희정, 남민, 이순행, 2019)은 베일리 영유아 발달검사 Ⅱ(Bayley Scales of Infant Development-Second Edition, BSID-Ⅱ; Bayley, 1993; 박혜원, 조복희, 2006)의 개정판이다. 1993년 BSID-Ⅱ 출판 이후 아동 발달 연구의 기본 개념들이 더욱 정교화되었고, 한국형 베일리 영유아 발달검사 3판의 문항은 영유아의 정상 발달에 대한 최신의 발달 연구 및 이론에 근거하여 개발되었으며, 평가 도구를 질적으로 개선하고 유용성을 증진시켰으므로 간략히 소개한다.

K-Bayley-Ⅲ는 BSID-Ⅱ와 마찬가지로 16일부터 42개월 15일 영유아의 발달적 기능을 평가하기 위한 개인 검사이며, 그 주요 목적은 발달 지연 영유아를 선별하고 중재 계획을 위한 정보를 제공하는 것이다. K-Bayley-Ⅲ는 BSID-Ⅱ 내용의 일부가 수정되고 새로운 내용이 추가되었지만, 저자인 Nancy Bayley가 원래 의도하였던 베일리 검사의 목적과 특징은 그대로 유지되었다.

K-Bayley-Ⅲ는 검사자의 실시와 주 양육자의 보고로 구성되어 있다. 아동의 3가지 발달 영역, 즉 인지 발달, 언어 발달(수용 언어와 표현 언어), 운동 발달(소근육 운동과 대근육 운동)을 평가한다. 또한 2가지 발달 영역, 즉 사회-정서 발달과 적응 행동에서 아동의 발달을 주 양육자의 보고에 의해 평가한다.

K-Bayley-Ⅲ에서는 BSID-Ⅱ에 있던 행동평정척도를 삭제되었고, 인지척도를 인지발달검사와 언어발달검사로 세분화하여 평가하며, 기존에 없던 사회-정서 발달과 적응행동이 새롭게 추가되었다. 즉, K-Bayley-Ⅲ는 5개 발달 영역(인지, 언어, 운동, 사회-정서, 적응행동)을 16개 하위검사(인지, 수용 언어, 표현 언어, 대근육 운동, 소근육 운동, 사회-정서, 적응행동의 하위기술 10개)를 통해 평가하여 영유아의 다양한 발달 영역에 대한 통합적인 발달 정보를 제공해 준다.

이에 따라 K-Bayley-Ⅲ는 다음과 같은 다양한 임상 영역에서 도움을 줄 수 있다. 먼저, 이전 Ⅱ판과 동일하게 영유아의 발달 지연을 조기에 진단하는 데 널리 사용될 수 있다. 특히 신경발달장애 영유아와 고위험 출생아들, 예를 들면 미숙아, 저체중아, 선천성 대사이상, 선천성 난청 영유아 등을 대상으로 여러 영역에 걸쳐 발달 상태를 지속적으로 추적 관찰하여 다양한 발달문제를 조기에 발견하고 증상의 심화를 예방하는 데 활용될 수 있다. 또한 치료개입 프로그램의 연계 및 효과 평가에도 활용될 수 있다. 둘째, 다양한 발달 영역을 평가하므로 영유아 시기에 가장 흔하게 나타나는 발달 문제 중의 하나인 '영역 간의 발달 불균형 문제(예: 인지 대 사회성)'와 '영역 내 발달 불균형 문제(예: 수용언어 대 표현언어)'를 조기에 발견하는 데 기여할 수 있을 것이다. 셋째, K-Bayley-III는 표준 점수를 제공하기 때문에 '발달의 개인차'와 '월령에 따른 발달 변화 연구' 등 한국 영유아의 표준 발달 연구 도구로 널리 사용할 수 있다.

III. 한국판 바인랜드 적응행동척도 2판

1 검사 대상 및 목적

한국판 바인랜드 적응행동척도 2판(Korean Vineland Adaptive Behavior Scale II: K-Vineland-II; 황순택, 김지혜, 홍상황, 2015)은 0~90세의 영유아부터 성인까지 개인적·사회적 능력의 발달정도를 평가하는 도구이다. 사회성숙도 검사(김승국, 김옥기, 1985; Doll, 1965)의 개정판으로 0~30세 대상의 1판에 비해 평가 연령이 확대되었다. K-Vineland-II는 1판인 사회성숙도 검사와 달리 일반인 집단뿐만 아니라 임상 집단도 표준화 대상에 포함하여, 여러 장애 환자의 검사결과에 대한 해석을 제공한다. 검사자가 보호자와 면담을 통해 평가하는 면담형과 보호자가 대상자에 대해 직접 평가하는 보호자형 두 가지 형태가 있다.

K-Vineland-II는 사회적응 능력의 발달 수준을 평가하여 인지적 성숙도를 간접적으로 측정할 수 있고 실제 적응 수준을 예측할 수 있다. 특히 언어 이해 능력이나 표현 능력의 문제로 인해 구조화된 지능검사를 실시하기 어려운 경우 적응행동의 평가를 통해 대상자의 실제 기능 수준을 파악할 수 있다. 지적장애와 같이 적응행동에 상당한 제한이 있는 개인뿐만 아니라, 발달장애, 학습장애, 청각 및 시각장애, 정서 및 행동장애, ADHD 등의 임상적 평가에 사용할 수 있고, 장애가 없는 개인의 적응 수준을 평가하고 생활지도 및 훈련의 기초자료를 수집하는 데도 도움이 될 수 있다. 특수교육 분야에서 사회성을 평가하는 데 사용되는 가장 대표적인 검사라고

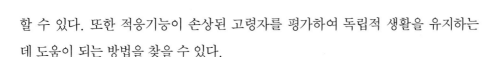

할 수 있다. 또한 적응기능이 손상된 고령자를 평가하여 독립적 생활을 유지하는 데 도움이 되는 방법을 찾을 수 있다.

② 한국판 바인랜드 적응행동척도 2판의 구성

적응행동척도는 의사소통, 생활기술, 사회성, 운동기술의 4개 주 영역 내에 11개의 하위 영역으로 구성되어 있다. 부적응행동 영역은 선택적으로 실시할 수 있는 하위 영역이다. 각 영역별 발달 수준의 평가가 가능하므로 지적장애 수준이 동일하더라도 각 영역의 상대적 발달 수준을 고려해서 어떤 부분을 중심으로 적응능력 향상을 위한 개입 계획을 세워야 할지에 대한 지표로 삼을 수 있다.

0~6세 11개월 30일까지는 4개 주 영역의 조합으로 개인의 적응행동을 구성하고, 만 7세 이상에서는 운동기술 영역을 제외한 의사소통, 생활기술, 사회성의 3개 영역으로 적응행동을 구성한다. 면담형의 하위 명칭에 비해 보호자 평정형의 하위

〈표 5-9〉 K-Vineland-II: 면담형의 구성

주 영역	하위 영역	내용
의사소통 영역	수용	말을 어느 정도 듣고 주의집중하고 이해하는지, 무엇을 이해하는지
	표현	말을 어느 정도로 구사하는지, 정보를 제공하고 모으기 위해 단어와 문장을 어떻게 사용하는지
	쓰기	글자를 이해하는지, 글을 읽고 쓸 수 있는지
생활기술 영역	개인	먹는 것, 입는 것, 위생 관리가 어느 정도 가능한지
	가정	집안일을 어느 정도 수행하는지
	지역사회	시간, 돈, 전화, 컴퓨터, 직업기술을 어떻게 사용하는지
사회성 영역	대인관계	다른 사람들과 어떻게 상호작용하는지
	놀이 및 여가	어떻게 놀고 여가시간을 어떻게 사용하는지
	대처기술	다른 사람들에 대한 책임감과 세심함을 어떻게 드러내는지
운동기술 영역	대근육 운동	움직이고 조작하기 위해 팔과 다리를 어떻게 사용하는지
	소근육 운동	사물을 조작하기 위해 손과 손가락을 어떻게 사용하는지
적응행동 조합		의사소통, 생활기술, 사회성, 운동기술 영역의 합
부적응행동 영역(선택)	부적응행동지표	개인의 적응적 기능을 방해하는 내현적 · 외현적 행동과 부적응행동 총점
	부적응행동 결정적 문항	임상적으로 중요한 정보를 제공하는 보다 심각한 수준의 부적응적 행동

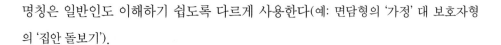

명칭은 일반인도 이해하기 쉽도록 다르게 사용한다(예: 면담형의 '가정' 대 보호자형의 '집안 돌보기').

1) 의사소통 영역: 수용, 표현, 쓰기

수용, 표현, 쓰기의 3개 하위 영역이 있다. 보호자 평정형에는 '듣기, 이해하기' '말하기' '읽기와 쓰기'라는 척도 이름으로 되어 있다. '수용'은 말을 어느 정도 듣고 주의집중하고 이해하는지, 그리고 무엇을 이해하는지를 평가한다. '표현'은 말을 어느 정도로 구사하는지, 정보를 제공하고 모으기 위해 단어와 문장을 어떻게 사용하는지를 평가한다. '쓰기'는 글자를 이해하는지, 글을 읽고 쓸 수 있는지를 평가한다.

2) 생활기술 영역: 개인, 가정, 지역사회

개인, 가정 지역사회의 3개 하위 영역이 있다. 보호자 평정형에는 각 '자신 돌보기' '집안 돌보기' '사회생활'이라는 척도 이름으로 구성된다. '개인'은 먹는 것, 입는 것, 위생관리가 어느 정도 가능한지를 평가한다. '가정'은 집안일을 어느 정도 수행하는지를 평가하며, '지역사회'는 시간, 돈, 전화, 컴퓨터, 직업기술을 어떻게 사용하는지를 평가한다.

3) 사회성 영역: 대인관계, 놀이 및 여가, 대처기술

대인관계, 놀이 및 여가, 대처기술의 3개 하위 영역이 있으며, 보호자 평정형에서도 동일한 명칭을 사용한다. '대인관계'는 다른 사람들과 어떻게 상호작용하는지를 평가하며, '놀이 및 여가'는 어떻게 놀고 여가시간을 어떻게 사용하는지를 평가한다. '대처기술'은 다른 사람들에 대한 책임감과 세심함을 어떻게 드러내는지를 평가한다.

4) 운동기술 영역: 대근육 운동, 소근육 운동

면담형과 보호자 평정형 모두 대근육 운동, 소근육 운동의 2개 하위 영역이 있다. '대근육 운동'은 움직이고 조작하기 위해 팔과 다리를 어떻게 사용하는지를 평가한다. '소근육 운동'은 사물을 조작하기 위해 손과 손가락을 어떻게 사용하는지를 평가한다.

5) 부적응행동 영역(선택): 내현화, 외현화, 기타, 결정적 문항

내현화, 외현화 하위 영역 및 부적응행동 지표와 결정적 문항 등 4개 하위지표를 구할 수 있다. 개인의 적응적 기능을 방해하는 내현적 · 외현적 행동과 부적응행동 총점을 환산할 수 있으며, 임상적으로 중요한 정보를 제공하는 보다 심각한 수준의 부적응적 행동을 평가하는 결정적 문항은 각 문항별 지표를 구할 수 있다.

③ 검사 방법

면담형은 검사자가 반구조화된 면담을 통해 수검자의 기능을 평가하는 반면, 보호자 평정형은 보호자가 문항을 읽고 수검자의 기능 정도를 기록한다. 면담형과 보호자 평정형 중에서 선택을 할 때 검사자는 평가를 받게 된 사유와 평가 결과의 용도를 고려해야 하며, 응답자의 성격, 동기, 정서상태 등도 고려한다. 응답자는 반드시 성인이어야 하고, 대상자와 매일 함께 생활할 만큼 친숙한 관계여야 한다. 대상자가 아동인 경우 응답자는 부모, 주 양육자, 시설에서는 아동을 가장 잘 아는 양육자(예: 위탁부모, 사회복지사, 간호사 등)가 적합하다.

적응행동척도는 검사용지에 문항들이 각 하위 영역별로 발달적 순서에 맞게 배열되어 있고, 검사자는 각 하위 영역에서 수검자의 연령에 해당하는 문항부터 실시한다. 수검자가 3세 이하인 경우 일부 하위 영역을 실시할 필요가 없다. 하위 영역의 첫 번째 시작 연령보다 수검자가 어린 경우에는 해당 하위 영역을 실시하지 않는다. 기저선 규칙과 천장 규칙이 있는데, 기저선 문항은 각 하위 영역에서 4문항 연속해서 2점으로 채점된 문항 중 가장 뒤 문항으로 정의되고, 천장 문항은 4문항 연속해서 0점으로 채점된 문항 중 가장 앞 문항으로 정의된다. 4개의 문항이 연속해서 0점으로 채점되면 하위 영역의 실시를 중단하고 다음 하위 영역으로 넘어간다.

④ 채점 및 해석

각 문항은 2, 1, 0, D/K(Don't know), N/O(No Opportunity)로 채점한다. 각 항목의 채점기준은 〈표 5-10〉과 같다.

이와 같이 전체 문항의 1점과 2점을 합산한 후 연령집단별 규준을 적용하여 표준점수 방식의 지수를 산출한다. 채점 프로그램에서 4개의 적응행동 주 영역에 속하는 11개 하위 영역과 부적응행동 영역에 속하는 3개의 하위 영역 원점수를 입력하면 환산점수가 자동으로 계산된다. 이 점수는 표준점수, V척도 점수, 백분위 점수, 적응 수준, 등가연령, 스테나인 점수 등 6가지 규준점수가 산출된다. 표준점수의 범위에 따라 낮음, 약간 낮음, 평균, 약간 높음, 높음의 5개 범주가 사용된다.

해석의 절차는 4개 주 영역과, 11개 하위 영역의 수행을 기술하면서 개인의 전반적 수행뿐만 아니라 개인의 강점과 약점을 기술하고, 선택적으로 부적응행동 영역이 실시되었다면 필요에 따라 추가적으로 해석한다.

〈표 5-10〉 K-Vineland-II의 채점 방법

기호	채점기준
2	그러한 행동을 항상 독립적으로(별도의 도움 없이) 할 수 있을 때, 그러한 행동을 지금 하지는 않지만 할 수 있는 능력이 명백하게 있을 때, 과거에는 그러한 행동을 했지만 지금은 나이가 들어 하지 않는 경우
1	그러한 행동을 가끔 하거나 부분적으로 도움을 받아서 할 때
0	그러한 행동을 전혀 하지 못할 때
D/K(Don't know)	그러한 행동을 대상자가 할 수 있는지에 대해 응답자가 잘 알지 못할 때
N/O(No Opportunity)	제한적인 환경 때문에 활동을 할 수 없었을 경우

Ⅳ. 한국판 아동기 자폐 평정척도 2판

1 검사 대상 및 목적

아동기 자폐 평정척도 1판(Childhood Autism Rating Scale: CARS; Schopler, Reichler, & Renner, 1986, 1988)은 자폐장애 아동을 진단하고, 자폐장애와 자폐증상이 없는 발달장애를 구별하기 위해 만들어졌다. 이후 2010년 미국에서 출판된 개정판(Schopler, Van Bourgondien, Wellman, & Love, 2010)을 국내에서 표준화하여 한국판 아동기 자폐 평정척도 2판(K-CARS2; 이소현, 윤선아, 신민섭, 2019)이 출간되었다. 한국판 아동기 자폐 평정척도 2판인 K-CARS2가 초판과 다른 점은 평가지가 표준형, 고기능형 평가지와 부모/양육자 질문지의 세 가지 양식으로 구성된 점이다. K-CARS2의 표준형과 고기능형 모두 자폐스펙트럼장애가 있는 개인의 판별과 다른 장애와의 변별을 위해 개발되었는데, 표준형은 자폐 아동과 심각한 지적 결함을 지닌 아동을 변별하는 데 유용하고, 고기능형은 고기능 자폐장애나 아스퍼거 장애를 변별하는 데 유용하다. 부모/양육자 질문지는 표준형이나 고기능형 평가지로 평가하면서 검사자가 부모나 양육자에게 질문을 하여 수검자의 실제 행동에 대해 파악하기 위한 도구이다.

2 한국판 아동기 자폐 평정척도 2판의 구성

한국판 아동기 자폐 평정척도 2판(K-CARS2)은 15개의 항목으로 구성되어 있는데, 표준형과 고기능형의 실시 대상과 문항 구성에는 다소 차이가 있다. 〈표 5-11〉에 각 평가지에 포함된 평가 항목이 제시되어 있다.

〈표 5-11〉 K-CARS2 표준형과 고기능형의 평가 항목

표준형 항목	고기능형 항목
6세 미만의 아동 또는 6세 이상이면서 측정된 전반적 지능지수가 80 미만이거나 의사소통이 눈에 띄게 손상된 아동	측정된 전반적 지능지수가 80 또는 그 이상이면서 의사소통이 유창한 6세 이상의 아동
1. 사람과의 관계	1. 사회-정서 이해
2. 모방	2. 정서 표현 및 정서 조절
3. 정서 반응	3. 사람과의 관계
4. 신체 사용	4. 신체 사용
5. 사물 사용	5. 놀이에서의 사물 사용
6. 변화에 대한 적응	6. 변화에 대한 적응/제한된 관심
7. 시각 반응	7. 시각 반응
8. 청각 반응	8. 청각 반응
9. 미각, 후각, 촉각 반응 및 사용	9. 미각, 후각, 촉각 반응 및 사용
10. 두려움 또는 불안	10. 두려움 또는 불안

11. 언어적 의사소통	11. 언어적 의사소통
12. 비언어적 의사소통	12. 비언어적 의사소통
13. 활동 수준	13. 사고/인지적 통합 기술
14. 지적 반응의 수준과 일관성	14. 지적 반응의 수준과 일관성
15. 전반적 인상	15. 전반적 인상

표준형을 중심으로 항목별 평가 내용을 설명하면 다음과 같다.

- 항목 1. 사람과의 관계: 아동이 여러 다양한 상황에서 타인과 어떻게 상호작용하는지를 평정한다.
- 항목 2. 모방: 아동이 언어적·비언어적 행동들을 어떻게 모방하는지를 평정한다.
- 항목 3. 정서 반응: 즐겁거나 불쾌한 상황에서 어떻게 반응하는지를 평정한다.
- 항목 4. 신체 사용: 신체 움직임의 적절성과 협응을 평정한다.
- 항목 5. 사물 사용: 장난감과 다른 물체에 대한 아동의 관심과 그 사용을 평정한다.
- 항목 6. 변화에 대한 적응: 정해진 일상생활 또는 형태를 변화시키거나 한 행동에서 다른 행동으로 변화시키는 데 있어서의 어려움을 평정한다.
- 항목 7. 시각 반응: 비정상적 시각적 주의 형태에 대해 평정한다.
- 항목 8. 청각 반응: 소리에 대한 비정상적 반응 또는 비정상적 청각 행동에 대해 평정한다.
- 항목 9. 미각, 후각, 촉각 반응 및 사용: 맛, 냄새, 그리고 촉각감각(고통 포함)에 대한 아동의 반응에 대해 평정한다.
- 항목 10. 두려움 또는 불안: 비정상적이거나 근거 없는 두려움에 대해 평정한다.
- 항목 11. 언어적 의사소통: 아동이 사용하는 말과 언어의 모든 측면에 대해 평정한다.
- 항목 12. 비언어적 의사소통: 비언어적 의사소통에 대해 평정한다.
- 항목 13. 활동 수준: 제한되거나 제한되지 않은 상황에서 아동이 얼마나 움직이는가에 대해 평정한다.

- 항목 14. 지적 반응의 수준과 일관성: 일반적인 지적 기능의 수준과 한 종류의 기능에서 다른 기능의 일관성 또는 균등성에 대해 평정한다.
- 항목 15. 전반적 인상: 다른 14개 문항에서 정의된 자폐증상의 정도에 대한 주관적 인상에 근거하여 자폐장애에 대해 전반적으로 평정한다.

❸ 검사 방법

K-CARS2의 표준형과 고기능형의 평정은 부모 면담, 학급 관찰, 사례사 검토 등 다양한 상황에서 이루어질 수 있지만, 이 도구 자체로 장애 진단을 할 수 있는 것은 아니다. 장애 진단을 위해서는 개인의 발달사, 의학적 증후, 각 사례의 고유한 특성과 같은 기타 요인에 대해 자폐장애 전문가이면서 감별진단 과정에 대한 훈련을 받고 임상 진단 자격을 갖춘 전문가가 평가해야 한다.

표준형과 고기능형 간의 차이는 고기능형 사용 시 반드시 다양한 근거의 정보를 활용해야 한다는 것이다. 평가 대상을 잘 아는 사람과의 면담이나 직접관찰을 하는 것이 필요하다. 표준형은 부모 면담이나 직접관찰 회기와 같은 단일 근거로부터 얻은 정보를 기반으로 작성한다.

관찰 시 아동의 행동은 정상 아동의 행동과 비교해야 한다. 같은 연령의 아동에 비해 정상적이지 않은 행동이 관찰되면 그런 행동들의 특징, 빈도, 강도, 지속시간 등을 고려해야 한다. 자폐장애의 일부 행동은 다른 아동기 장애로 인한 행동과 유사하므로 아동의 행동이 어떤 장애로 인한 것인가를 판단하려 하지 말고 아동의 행동이 정상에서 어느 정도 벗어나는가를 평정하는 것이 중요하다.

고기능형은 고기능 자폐인이 자폐장애 또는 아스퍼거 장애로 진단되기에 충분한 증상을 보이는지 결정할 때 도움을 주기 위해 개발되었다. 고기능형의 평정은 다양한 상황에서 나타나는 행동 출현에 주의를 기울이도록 하고, 다양한 근거로부터 필요한 정보를 수집하는 것이 요구된다.

부모에게 표준형과 고기능형을 직접 작성하도록 해서는 안 된다. 부모로부터 얻는 정보는 부모/양육자 질문지와 직접 면담을 통해 수집해야 한다.

4 채점 및 해석

K-CARS2의 평정은 심리평가나 학급 관찰과 같은 다양한 상황에서의 관찰, 자녀에 대한 부모 보고, 종합적 임상 기록 또는 이러한 정보를 종합해야 한다. 또한 발달사나 이전의 평가 자료, 부모나 양육자 면담, 지능이나 학업, 직업, 적응행동 평가 결과, 평가 대상자와의 직접적인 상호작용 및 진단을 포함하는 다차원적인 평가의 일부로만 사용해야 한다.

고기능형의 평정은 표준형의 지침과 거의 유사하다. 그러나 비교적 기능이 높은 경우 자폐 관련 행동을 진단하기 어렵기 때문에, 고기능형의 평정은 평정을 내린 기준에 대한 강력한 근거를 제시하고, 평가 대상에 대한 다양한 근거의 정보를 수집하고 종합해야 한다는 점이 특히 중요하다.

부모/양육자 질문지로부터 얻은 정보는 표준형의 최종 평정에서 다른 평가 정보와 통합하여 사용한다.

평정할 때 15개의 항목에 대해 1에서 4점까지 평정한다. 1은 아동의 행동이 같은 연령 아동의 정상 범위 내에 있다는 것을 의미한다. 2는 아동의 행동이 같은 연령의 아동보다 경미하게 비정상적인 경우이며, 3은 아동의 행동이 중간 정도 비정상적임을 나타낸다. 4는 아동의 행동이 같은 연령의 아동에 비해 심하게 비정상이라는 것을 의미한다. K-CARS2 지침서에 기록된 채점기준은 〈표 5-12〉와 같다.

〈표 5-12〉 K-CARS2 채점기준

점수	채점기준
1	해당 연령의 전형적인 범위에 속함
1.5	해당 연령의 전형적인 범위에서 매우 경미하게 벗어남
2	해당 연령의 전형적인 범위에서 경미한 정도로 벗어남
2.5	해당 연령의 전형적인 범위에서 경미한 정도에서 중간 정도로 벗어남
3	해당 연령의 전형적인 범위에서 중간 정도로 벗어남
3.5	해당 연령의 전형적인 범위에서 중간 정도에서 심각한 정도로 벗어남
4	해당 연령의 전형적인 범위에서 심각한 정도로 벗어남

15개의 각 문항에 대해 평정한 후, 15개 문항의 점수를 합산한 전체 점수의 원점수를 산출한다. 이 점수를 활용한 진단기준은 〈표 5-13〉과 같다.

〈표 5-13〉 K-CARS2 표준형과 고기능형의 진단기준

표준형 원점수	장애 진단 가설	서술적 수준	고기능형 원점수
15~29.5	자폐 아님	증상이 없거나 최소한의 자폐 관련 행동	15~26
30~36.5	자폐 범주	경도에서 중등도 수준의 자폐 관련 행동	26.5~29.5
37~60	자폐 범주	중도 수준의 자폐 관련 행동	30~60

V. 자폐증 진단 관찰 스케줄 2

자폐증 진단 관찰 스케줄 2(Autism Diagnostic Observation Schedule 2: ADOS 2; Lord et al., 2002)는 자폐증 진단 관찰 스케줄(Autism Diagnostic Observation Schedule: ADOS; Schopler, Reichler, & Renner, 1986)의 개정판이다. 국내에서는 유희정 등(2017)이 표준화하였다. 자폐증 진단 관찰 스케줄 2(ADODS 2)는 놀이와 활동을 통해 자폐스펙트럼 환자를 관찰하고 진단을 내리는 데 도움을 주는 반구조화된 관찰도구로 자폐스펙트럼장애 진단에 해당하는 행동을 유도해 내기 위해 평가자가 직접 활동에 관여하며 관찰하므로 연구 도구로도 널리 사용된다.

12개월부터 성인기까지 다양한 연령, 발달단계, 그리고 언어능력에 걸쳐 의사소통, 사회적 상호작용 제한 및 반복 행동들을 측정하며 40~60분이 소요된다. 수검자의 표현언어 수준 및 연령에 따라 총 5개로 구성된 모듈 중 수검자에게 알맞은 모듈을 선택하여 검사를 실시할 수 있다. 자폐스펙트럼장애 안에서 자폐장애와 기타 전반적 발달장애의 감별이 가능하고, 1판과 달리 12~30개월의 지속적으로 구어와 구절의 언어를 사용하지 못하는 대상자를 위해 절단 점수에 초점을 맞추기보다 잠재적으로 위험 범위에 속할 가능성이 있는 아동을 선별할 수 있도록 모듈 T를 새롭게 추가하였다. 자폐증상 관련 행동 양상을 직접 관찰하여 평가하므로 치료 전후의 호전 전도를 평가하는 데 유용하다. ADOS 2는 인정 가능한 워크숍에 참석하거

〈표 5-14〉 ADOS 2 모듈의 구성

구성	대상	활동
모듈 T	언어 전 단계: 단어 사용 단계 (12~30개월)	자유 놀이, 장난감 놀이 못하게 막기, 이름에 대한 반응, 비눗방울 놀이, 대상의 루틴을 예측하기, 사회적 루틴을 예측하기, 합동 주시에 대한 반응, 반응적인 사회적 미소, 목욕시간, 기능적이고 상징적인 모방, 간식
모듈 1	언어 전 단계: 단어 사용 단계 (31개월 이상)	자유 놀이, 이름에 대한 반응, 합동 주시에 대한 반응, 비눗방울 놀이, 대상의 루틴을 예측하기, 반응적인 사회적 미소, 사회적 루틴을 예측하기, 기능적이고 상징적인 모방, 생일파티, 간식
모듈 2	구(句) 언어 사용 단계	구성 과제, 이름에 대한 반응, 상상 놀이, 합동적 상호작용 놀이, 대화, 합동 주시에 대한 반응, 보여 주기 과제, 그림의 묘사, 책으로부터 스토리를 이야기하기, 자유 놀이, 생일 파티, 간식, 대상의 루틴을 예측하기, 비눗방울 놀이
모듈 3	유창한 말하기 단계 (아동·청소년)	구성 과제, 상상 놀이, 합동적 상호 작용놀이, 보여 주기 과제, 그림의 묘사, 책으로부터 스토리를 이야기하기, 만화, 대화와 보고, 감정, 사회적 어려움과 괴로움, 휴식, 친구, 관계 및 결혼, 외로움, 이야기 창작하기
모듈 4	유창한 말하기 단계 (청소년, 성인)	성 과제, 책으로부터 스토리를 이야기하기, 그림의 묘사, 대화와 보고, 현재의 직업과 학업, 사회적 어려움과 괴로움, 감정, 보여 주기 과제, 만화, 휴식, 일상의 생활, 친구, 관계 그리고 결혼, 외로움, 계획과 희망, 이야기 창작하기

나 수련자격을 인정받은 전문가로부터 규정된 수련을 받아야 사용 가능하다. 〈표 5-14〉에 ADOS 2 모듈의 구성이 제시되어 있다.

VI. 자폐증 진단 면담지 개정판

자폐증 진단 면담지 개정판(Autism Diagnostic Interview-Revised: ADI-R; Rutter, Le Couteur, & Lord, 2003)은 DSM-IV와 ICD-10의 진단 준거에 기초해 자폐스펙트럼장애(광범위성 발달장애)를 정확히 감별진단할 목적으로 사용하는 반구조화 면담

도구이다. 국내에서는 유희정(2007)에 의해 표준화되었다.

ADI-R은 자폐스펙트럼장애의 주요 증상인 사회적 관계, 의사소통, 반복적/상동증적 행동 및 제한된 관심사 등에 초점을 맞춰 질문 항목이 구성되어 있다. 자폐스펙트럼장애가 의심되는 18개월~성인의 주 양육자를 대상으로 면담을 실시하는데, 연령 및 아동의 발달 상태에 따라 소요 시간에 차이가 크다(1시간 30분~4시간). ADI-R에서는 현재 행동을 기준으로 한 행동 알고리듬과 과거 특정 시점에서 보인 행동 특성을 기준으로 한 진단적 알고리듬 점수가 산출된다.

ADI-R과 자폐증 진단 관찰 스케줄 2(ADOS 2)는 상호 보완적으로 사용되면서 자폐스펙트럼장애 연구에서 표준 평가도구로 인정받고 있다. 또한 현재 행동 알고리듬 점수를 통해 치료 전후의 호전 정도를 평가하는 데 유용하다.

Ⅶ. 발달평가를 통한 영유아기 정신장애의 진단 의사결정

발달평가는 단일한 장애를 진단하는 수단이 아니라 유아기의 다양한 정신장애에 대해 진단평가하는 포괄적 과정이다. 영유아기에는 언어발달 지체, 운동발달 지체를 주로 호소하고, 이와 함께 사회적 상호작용의 제한, 상동증적 행동 등의 자폐적 행동 특성을 보여 진단평가가 의뢰된다. 영유아기 부모는 자녀가 주로 보이는 가장 심각한 문제 영역을 중심으로 소아과, 재활의학과, 소아정신건강의학과 및 심리치료센터 등에 방문하게 된다. 주요 대학병원에서는 이 3개 진료과가 협력하여 진단 평가하고 치료방법을 결정하고 시행하는 '발달지연클리닉'이 개설되어 있어 통합적 서비스를 받을 수도 있다. 이때 임상가가 고려해야 할 장애는 DSM-5의 신경발달장애군으로서 반응성 애착장애와 탈억제성 사회적 유대감 장애 등의 외상 및 스트레스 관련 장애군, 언어장애, 아동기 발병 유창성 장애와 사회적 의사소통장애 등의 의사소통장애군, 발달적 협응장애, 상동증적 운동장애 등의 운동장애군, 자폐스펙트럼장애, 지적장애 등 다양하다.

이 시기 정신장애의 진단평가에서 DSM-5의 진단기준을 활용함과 동시에 심리평가의 측면에서는 기본적으로 발달지체 여부와 그 수준을 파악한 후 자폐증상 여부와 그 심각도, 그리고, 사회성 및 사회능력 수준을 평가해야 한다. 영유아기 신경발달장애들의 진단평가에서의 의사결정 과정을 요약하면 [그림 5-5]와 같다.

먼저, 한국판 아동기 자폐 평정척도 2판, 자폐증 진단 관찰 스케줄 2, 또는 자폐증 진단 면담지 개정판 등 자폐증상 평가를 실시하여 자폐증상 여부와 그 수준을 판단하여 자폐증상이 유의한 경우 좌측의 자폐스펙트럼장애와 외상 및 스트레스 관련 장애군을 고려한다. 이때 자폐증상이 심각하고 의학적·유전적 상태 또는 환경적 요인과 연관된 경우 자폐스펙트럼장애로 진단되는데, 지적 손상, 언어 손상을 동반하기도 하고 동반하지 않는 경우도 있다. 한국판 아동기 자폐 평정척도 2판의 고기능형을 사용하면 고기능 자폐장애 여부를 진단할 수 있다. 외상 및 스트레스 관련 장애군의 경우 자폐증상이 상대적으로 경미하며, 발달사 면담에서 주 양육자와의 애착 문제가 확인되는 경우 반응성 애착장애로 진단한다. 애착외상 경험이 확인되고, 낯선 사람에게 오히려 과도하게 친밀한 행동을 보이는 경우 탈억제성 사회적 유대감 장애로 진단한다.

자폐증상이 전혀 관찰 및 보고되지 않은 경우 우측의 진단들을 고려할 수 있는데, 이때 발달검사 결과 인지발달 지수와 운동발달 지수의 수준 및 상대적인 비교

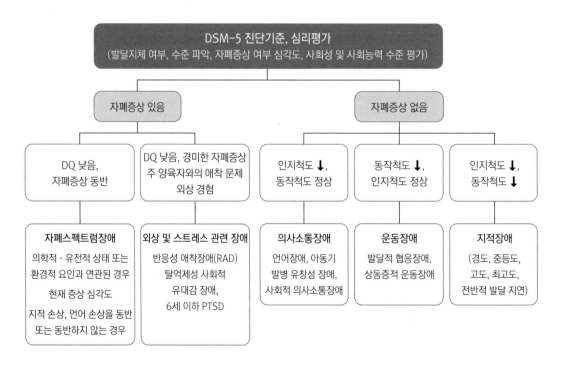

[그림 5-5] 영유아기 진단평가에서의 의사결정 과정

를 통해 진단명을 결정한다. 만일 인지발달 지수가 지연 수준에 해당하고 동작발달 지수는 상대적으로 높은 수준인 경우 개별 언어평가 결과를 통합하여 언어장애, 아동기 발병 유창성 장애, 사회적 의사소통장애 등의 의사소통장애로 진단한다. 동작발달 지수가 지연 수준에 해당하고 인지발달 지수는 상대적으로 높은 수준인 경우라면 뇌성마비 등 뇌신경학적 평가, 대근육 및 소근육 운동, 감각운동 영역의 평가를 통합하여 발달적 협응장애, 상동증적 운동장애 등 운동장애로 진단한다. 반면에 인지발달 지수와 동작발달 지수 모두 지체 수준에 해당한다면 발달지체로 진단한다. DSM-5에 따르면 지적장애는 구조화된 지능검사를 통해 IQ 69 이하일 때 진단 가능하므로 발달평가만으로 지적장애 진단을 내리기는 어렵다. 이 때문에 발달검사를 통한 발달지체 진단은 잠정적인 진단이 되며, 이후 연령 수준에 맞는 웩슬러 지능검사를 실시하여 확진할 수 있다.

이 과정에서 한국판 바인랜드 적응행동척도 2판을 함께 활용하여 실제 생활에서의 개인적·사회적 능력의 발달 정도를 평가할 필요가 있다. 특히 인지 및 언어발달 수준이 매우 제한되어 의사소통이 어렵거나, 운동능력의 문제 등으로 인해 발달평가 및 지능검사의 수행이 원활하지 못한 경우 이를 통해 실제 발달 수준이나 지능 수준을 추정할 수 있다. 발달지수나 지능지수가 확인되는 경우라도 한국판 바인랜드 적응행동척도 2판을 통해 개인적·사회적 능력의 발달 정도와 이 지수들을 비교하면 수검자의 실제 적응 및 기능 수준을 명확히 기술할 수 있다.

또한 유아용 행동평가척도인 CBCL 1.5-5를 통해 정서적 반응성, 불안/우울, 신체증상, 위축, 수면 문제, 주의집중 문제, 공격행동 등 다양한 문제행동과, 내재화 문제 및 외현화 문제, 총 문제행동 수준을 평가하면 현재 행동문제 양상을 파악할 수 있고, 포괄적 진단평가는 물론 치료계획을 수립하는 데 도움이 된다.

참고문헌

김승국, 김옥기(1985). 사회성숙도 검사. 서울: 중앙적성출판사.

박혜원, 이경옥, 안동현(2019). K-WPPSI-IV 한국 웩슬러 유아지능검사 4판. 서울: 인싸이트.

박혜원, 조복희(2006). 한국 Bayley 영유아 발달검사 II. 서울: 도서출판 키즈팝.

방희정, 남민, 이순행(2019). K-Bayley-III 한국형 베일리 영유아 발달검사 기술지침서. 서울: 인싸이트.

신희선, 한경자, 오가실, 오진주, 하미나(2002). Denver II 발달검사를 이용한 한국과 미국의 아동 발달 비교 연구. 지역사회간호학회지, 13(1). 89-97.

오가실(1976). An Exploratory Study for Standardization of Denver Developmental Screening Test In Korea. 간호학 논집, 1, 93-116.

유희정(2007). ADI-R. 자폐증 진단 면담지(개정판). 서울: 학지사.

유희정, 봉귀영, 곽영숙, 이미정, … 김소윤(2017). ADOS-2 자폐증 진단 관찰 스케줄 2. 서울: 인싸이트.

이근(1996). 덴버 II 발육 선별검사와 서울 아동의 발달에 관한 비교 연구. 소아과, 39, 1210-1215.

이소현, 윤선아, 신민섭(2019). 한국판 아동기 자폐 평정 척도 2. 서울: 인싸이트.

전민철, 김영훈, 정승연, 이인구, 김종환, 황경태(1997). 발달지체아에서 Denver II의 유용성에 대한 연구. 대한소아신경학회지, 5(1), 111-118.

황순택, 김지혜, 홍상황(2015). 바인랜드 적응행동 척도 2판. 서울: 한국심리주식회사.

Bayley, N. (1969). *Bayley scales of mental and motor development*. New York: Psychological Corporation.

Doll, E. A. (1965). *Vineland social maturity scale: Condensed manual of directions*. American Guidance Service.

Frankenburg, W. K. (1970). *Denver II training manual Kit: Denver developmental Materials*.

Frankenburg, W. K., & Dodds, J. B. (1967). The Denver developmental screening test. *The Journal of Pediatrics, 71*(2), 181-191.

Lord, C., Rutter, M., DiLavore, P. C., Risi, S., Gotham, K., & Bishop, S. L. (2002). *Autism diagnostic observation schedule* (2nd ed.). Torrence, CA: Western Psychological Services.

McCormick, B. J., Caulfield, L. E., Richard, S. R., Pendergast, L., Seidman, J. C., Maphula, A., Koshy, B., Blacy, L., Roshan, R., Nahar, B., Shrestha, R., Rasheed, M., Svensen, E., Rasmussen, Z., Scharf, R. J., Haque, S., Oria, R., & Murray-Kolb, L. E. (2020). Early Life Experiences and Trajectories of Cognitive Development. *Pediatrics, 146*(3):

e20193660. doi: 10.1542/peds.2019-3660.

Rutter, M., Le Couteur, A., & Lord, C. (2003). *Autism diagnostic interview-revised*. Los Angeles, CA: Western Psychological Services.

Schopler, E., Reichler, R., & Renner, B. (1986, 1988). *Childhood Autism Rating Scale (CARS): Manual*. Los Angeles, CA: Western Psychological Services.

Schopler, E., Van Bourgondien, M., Wellman, G., & Love, S. (2010). *Childhood Autism Rating Scale* (2nd ed.). Los Angeles, CA: Western Psychological Association.

제6장

지능검사

심리학의 여러 구성개념들은 추상적 개념들이 많고, 관찰 불가능하며 구체성이 부족하고 객관적 원리를 입증하기 어려운 경우가 많기 때문에 주로 외현적으로 드러나고 관찰 가능한 행동과 반응을 통해 평가하려는 구성개념을 추론하게 된다. 심리학자들은 이러한 모호하고 추상적인 심리 내적 과정을 가능한 과학적 틀 안에서 실재하는 현상으로 정의하고 객관적으로 평가하기 위해 끊임없이 연구해 왔다. 이와 같은 심리 내적 과정의 특징은 지능을 정의하고 조작적 정의를 통해 평가하는 과정에도 그대로 적용된다. 여러 이론가들이 심리적 측정을 시도한 이래, 지능의 본질에 대한 논쟁이 현재까지도 진행되고 있을 만큼 지능 평가는 복잡하고 어려운 과정이다. 지능은 개인차를 설명하고 인간의 행동을 이해하는 데 필수적인 요인일 뿐 아니라 개인의 학습이나 적응, 정신장애의 예후 측면에서 매우 중요하기 때문에 지능 이론의 발전과 지능검사도구의 개발과정이 심리측정 이론의 발달사와 맞닿아 있다고 해도 과언이 아니다.

이 장에서는 지능의 정의와 지능 이론을 검토하고, 아동 · 청소년용 개인용 지능검사 가운데 임상 장면에서 가장 널리 활용되고 있는 한국 아동용 웩슬러 지능검사 IV판(Korean-Wechsler Intelligence Scale for Children IV: K-WISC-IV; 곽금주, 오상우, 김청택, 2011a; 2011b)의 특징, 실시 및 해석 방법을 설명한다. 한국 유아용 웩슬러 지능검사 4판(Korean-Wechsler Preschool and Primary Scale of Intelligence IV: K-WPPSI-IV; 박혜원, 이경옥, 안동현, 2019)도 소개할 것이다.

Ⅰ. 지능의 본질

지능(intelligence)은 '내부(inter)'와 '함께 모으고 선택하고 분별한다(leger)'는 의미로 로마의 철학자 Cicero가 처음 사용한 이래, 인지심리학을 비롯하여 임상심리학, 신경심리학, 생물심리학, 행동유전학, 교육학, 학교심리학과 개인의 일상생활에 이르기까지 광범위한 분야에서 관심을 가지고 있다(Kaufman & Lichtenberg, 2006). 여기서는 지능의 정의와 다양한 지능 이론에 대해 설명하고자 한다.

1 지능의 정의

지능은 직접 측정하기 어려운 추상적인 개념으로, 관찰 가능한 행동이나 반응, 학습결과물들로부터 간접적으로 추론할 수 있을 뿐이다. 사실, 지능을 명확하게 정의하고 학자들이 그에 대한 합의를 도출하기도 전에 실제적인 목적에서 지능을 측정하기 위한 시도가 먼저 이루어졌다. 일반적인 심리학적 구성개념처럼 조작적 정의를 내리고 이론화한 후 이를 측정하려고 시도한 것이 아니라 지능을 측정하기 위한 노력의 결과물로서 지능검사 및 지능에 관한 이론이 생겨났다고 볼 수 있다.

지능의 정의에 대한 다양한 주장들 가운데 현재는 Wechsler(1958)의 정의와 함께 웩슬러 지능검사가 가장 널리 사용되고 있다. 그는 지능이 인지적 · 정서적 · 성격적 측면을 모두 포함하는 '전체적 능력(global capacity)'이라고 설명하면서 다음과 같이 정의하였다.

> 지능이란 목적에 적합하게 행동하고 합리적으로 생각하며 자신의 환경을 효율적으로 다룰 수 있는 개인의 총체적이고 종합적인 능력이다(Wechsler, 1958).

2 지능 이론

이론적 입장에서는 집단을 대상으로 지능검사 결과와 개인의 성, 연령, 학력 변인 등과의 상관관계 연구, 지능검사의 소검사들에 대한 요인분석 연구를 바탕으로 지능의 개념을 과학적으로 정의하기 위한 시도를 통해 지능의 개념이 발전되었다. 지능의 본질에 관한 이론적 개념의 발달과정을 소개하면 다음과 같다.

1) Spearman과 Thurstone의 지능 이론

Spearman(1927)은 지능검사가 무엇을 측정하고자 하는지에 관심을 가졌다. 그는 일반적인 요인(general factor, g요인)이 모든 유형의 지적 활동에 공통 요인이고, 세부요인(specific factor, s요인)은 특정 문제에 고유한 것이라고 주장하였다. Spearman은 서로 다른 지능검사끼리 상관관계가 높고, 일반적으로 한 분야에서 효율적으로 일을 처리하는 사람은 다른 분야의 처리 역시 효율적이라고 강조하였다.

즉, g요인이 개인의 능력을 통합하고 향상시키는 데 기여한다는 점을 역설하였다.

반면, Thurstone(1938)은 단일한 g요인의 존재를 믿지 않았다는 점에서 Spearman (1927)과 다른 이론을 발달시켰다. 그는 지능은 세부적이며 별개의 능력으로 이루어졌다고 믿었고, 과제를 수행하는 데 서로 다른 기술이 요구된다는 것을 개념화하고 구분하기 위해 노력하였다. 그는 지능은 언어 이해력, 단어 유창성, 기억력, 수리력, 공간 지각 능력, 지각 속도, 귀납적 추론 능력 등 일곱 가지 요소로 구성되며 이것을 '기본 정신능력(Primary Mental Abilities)'이라고 하였다.

이처럼 인간의 특정한 능력의 변별은 g요인 없이 s요인이 존재할 수 있다는 Thurstone(1938)의 주장을 지지한다. 그러나 Thurstone(1938)의 일곱 가지 요인들의 상관관계가 상당히 높으므로 이 요인들이 서로 독립적인 것이 아니라 일곱 가지 기본능력 내에 g요인이 공통적으로 존재한다는 주장도 제기되었다.

2) Guilford와 Hoepfner(1971)의 3차원 모형

Guilford와 Hoepfner(1971)는 지능이란 "다양한 방법으로 상이한 종류의 정보를 처리하는 능력들의 체계적인 집합체"라고 개념화하고, 요인분석을 통해 [그림 6-1]과 같이 지능구조의 3차원 모델을 제시하였다. 즉, 지능은 내용, 조작 및 결과 차원으로 구성되어 있는데, 내용은 네 가지 요소(그림, 상징, 의미, 행동), 조작은 다섯 가지 요소(평가, 수렴적 조작, 확산적 조작, 기억, 인지), 결과는 여섯 가지 요소(단위, 분류, 관계, 체계, 전환, 함축)로 구성되어 있으므로, 이들을 조합할 경우 120가지 다른 종류의 지적 능력이 산출된다는 복잡한 모형을 제시하였다.

이러한 지능의 조작 차원에서 발전된 수렴적 사고와 확산적 사고의 개념은 오늘날 성격 및 행동 특성의 평가로 이어지는 유용한 개념이다. 수렴적 사고는 문제해결 상황에서 기존에 알고 있던 지식들로부터 가장 적합한 답을 찾아내는 논리적 사고인 반면, 확산적 사고는 다양한 문제해결 방식을 도출해 내는 사고로 창의성과 밀접한 관계가 있다. 지능검사에서 수행하는 과제는 대개 정답이 분명하기 때문에 대부분 수렴적 사고를 측정하게 된다.

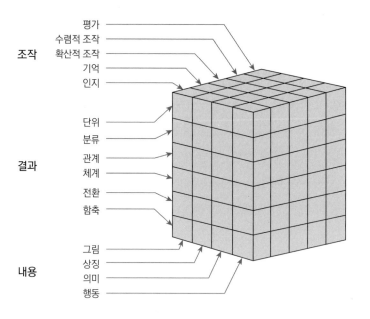

평가
수렴적 조작
조작   확산적 조작
기억
인지

단위
분류
결과   관계
체계
전환
함축

그림
상징
내용   의미
행동

[그림 6-1] Guilford(1967)의 지능구조 입체모형

3) Horn, Cattell 과 Hebb의 지능 이론

Horn, Cattell과 Hebb은 지능은 두뇌기능과 직접적으로 연결되어 있다는 생물학적 접근을 강조하였다. Horn과 Cattell(1966)은 지능을 유동적 지능과 결정적 지능으로 구분하여 설명하였고, Hebb(1972)은 지능을 지능 A와 지능 B로 나누어 설명하였다.

'지능 A'는 두뇌 기능과 직접적으로 관련되어 있는 것으로 생물학적으로 타고난 것이며 신경계와 연관된 문제해결 능력으로, 심리검사로 측정할 수 없다고 주장하였다. 이는 Horn과 Cattell(1966)이 명명한 '유동적 지능(fluid intelligence: Gf)'으로 자동적으로 수행할 수 없는 새로운 문제를 해결할 때 이용하는 정신적 조작능력을 의미하며, 귀납적 및 연역적 추론은 유동적 지능의 대표적 협의의 능력이다. 유동적 지능에는 전반적인 언어능력, 기억력, 암기력, 일반적인 추리 능력 등이 속하며, 이를 측정하는 검사에는 수열 파악하기, 분류 검사, 비언어적인 도형을 통한 원리나 규칙 유추하기가 있다. 이 능력은 두뇌의 효율성 정도와 선천적으로 타고난 능력과 관련이 있으며 뇌 손상의 결과에 영향을 받는다.

반면, '지능 B'는 문화적 경험에 의한 지식 습득과 그 지식의 효과적인 활용과 관련된 지능으로 교육과 일상적인 경험을 통해 축적된 지식 정도를 나타낸다. 주로 말이나 언어적인 지식을 통해 발달되는 내용 지향적인 지능의 측면이다. 이 능력은 대부분의 지능검사가 측정하는 것으로, 어휘, 이해력, 일반적인 지식, 상식, 논리적인 추리 능력, 산술 능력 등이 포함된다. Horn과 Cattell(1966)은 이 능력을 '결정적 지능(crystalized intelligence: Gc)'으로 불렀으며, 비교적 지속되며 뇌 손상에 의한 영향을 덜 받는다고 주장하였다. 이 능력은 타고난 유동적 지능과 문화나 교육과 같은 환경적 요인과의 상호작용에 의해 발달되는데 40세까지 발달하며 그 이후 서서히 쇠퇴한다.

유동적 지능과 결정적 지능의 발달 곡선이 [그림 6-2]에 제시되어 있다.

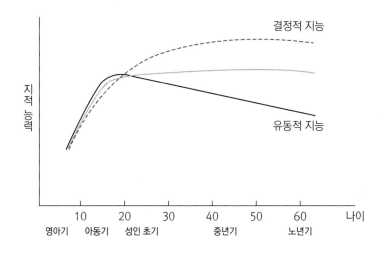

[그림 6-2] 유동적 지능과 결정적 지능의 발달 곡선

4) Cattell-Horn-Carroll(CHC) 이론

CHC 이론은 Cattell과 Horn(1966)의 Gf-Gc 이론과 Carroll(1993)의 인지능력의 3층 이론이 결합되어 탄생하였다. Cattell과 Horn(1966)의 Gf-Gc 이론은 1차 요인인 80여 개의 기초 정신능력들과 이 능력들에 대한 요인분석에 따른 2차 요인인 유동적 지능, 결정적 지능, 시각처리, 청각능력, 단기기억과 인출, 장기저장과 인출, 양적인 수학적 능력, 처리속도 등 8개 능력으로 구성되었다.

Carroll(1993)의 3층 이론은 Spearman(1927)의 g이론, Thurstone(1938)의 기본정신이론, Cattell과 Horn(1966)의 Gf-Gc 이론 등 다양한 이론을 토대로 확장 및 발전된 것이다. CHC 이론은 Thurstone(1938)이 만든 상대적 개념인 '순위(order)' 대신,

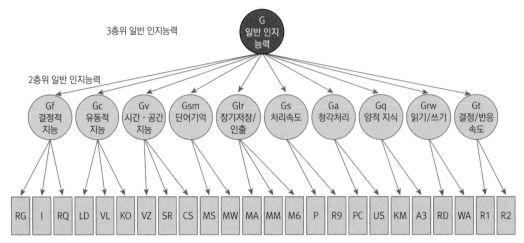

[그림 6-3] CHC 이론적 모형

출처: Carroll (1993).

Cattell(1963)이 처음 소개한 절대적 개념인 '층위(stratum)'라는 용어를 빌린 위계구조 모형이다. 이 모형의 가장 아래인 1층위는 숙달 정도와 수행속도 등을 가리키는 수많은 좁은 인지능력으로 구성되어 있고, 이 1층위 요인들은 서로 상관하는 정도와 요인 부하량에 따라 2층위의 넓은 인지능력으로 수렴된다. 2층위에는 유동적 지능, 양적 지식, 결정적 지능, 읽기와 쓰기, 단기기억, 시각처리, 청각처리, 장기기억과 검색, 처리속도, 결정/반응시간/속도 등 넓은 능력 요인이 포함된다. 2층위 요인들은 다시 가장 꼭대기의 3층위 요인에 수렴되는데 이를 일반 인지능력 g라고 불렀다. CHC 이론적 모형이 [그림 6-3]에 제시되어 있다.

CHC 이론은 인지능력에 관한 가장 종합적인 이론으로 많은 연구 결과, 지지를 받으면서 지능검사를 선택하고 해석하는 이론적 근거로 자리 잡았다. 또한 이 이론은 널리 알려진 지능검사들의 개정판 작업에 많은 영향력을 미치고 있다.

3 지능 평가에 대한 임상적 이론

임상적 입장(Binet & Simon, 1905; Wechsler, 1939)의 연구자들은 이론적 배경이나 경험적 근거가 충분하지 않더라도 지능의 구성개념에 대한 가설에 기초해 개인의 전체적인 능력을 측정할 목적으로 지능검사 제작에 주력하였다.

1) Binet 이론과 Binet-Simon 지능검사

Binet(1904)는 정상적인 학습능력을 가진 학생과 특별교육 프로그램을 필요로 하는 학습부진아를 구별하기 위한 도구를 개발하려고 하였는데, 그의 기본적인 과제는 지적 능력이 높고 낮음에 따른 올바른 분류를 하는 것이었다. Binet(1904)는 지능이란 "잘 판단하고 이해하며 추리하는 일반적인 능력"이라고 정의하였고, 그 구성요소로 판단력, 이해력, 논리력, 추리력, 기억력을 제안하였다. 초기 검사에서는 각 개인이 '생활연령(chronological age: CA)'과 '정신연령(mental age: MA)' 두 가지를 모두 가진다는 기본 가정을 근거로 하였다. 생활연령이란 실제 생활에서 보여 주는 평균 지적 능력을 의미한다. 아동의 정신연령을 산출한 후 생활연령과 비교하여 동일 연령집단에서 개인의 상대적인 위치를 파악하였다.

Binet의 초기 지능지수(MA/CA)의 가장 큰 문제점은 3세 아동이 1년 늦은 것이 14세 아동이 1년 늦은 것과 매우 다른 의미를 갖는 예처럼 여러 연령집단에서 지능지수의 의미가 다르다는 것이었다. 가장 최근에 출판된 Binet 검사 4판(1986)에서는 이러한 문제점을 Terman(1916)의 지능지수, 즉 IQ(Intelligence Quotient) 개념을 활용하여 개선하였다.

$$지능지수(IQ) = 정신연령(MA) / 생활연령(CA) \times 100$$

2) Wechsler 이론과 Wechsler 지능검사

David Wechsler는 1939년에 처음 미국의 벨뷰 병원 정신건강의학과에서 환자들을 대상으로 임상 시험을 거쳐 성인용 지능검사(Wechsler Adult Intelligence Scale: WAIS)를 제작하였다.

1949년에는 아동용 지능검사(WISC), 1967에는 유아용 지능검사(WPPSI)가 개발되었다. 그 이후에 Wechsler는 몇 번의 개정작업을 거쳐 1989년에 유아용 지능검사를 개정하여 WPPSI-R이라는 개정판을 내놓았으며, 1991년에는 개정된 WISC-Ⅲ를, 그리고 1997년에는 성인용 지능검사의 개정판인 WAIS-Ⅲ를 제작하였다. 2003년에는 WISC-Ⅳ가 개정되었으며, 국내에서는 2011년에 번역 및 표준화되어

K-WISC-IV(Korean-Wechsler Intelligence Scale for Children-IV)로 출판되었다.

웩슬러 지능검사는 평가 대상의 연령에 따라 한국 유아용 웩슬러 지능검사 4판 (K-WPPSI-IV: 2세 6개월~7세 7개월), 한국 아동용 웩슬러 지능검사 IV판(K-WISC-IV: 6세 0개월~16세 11개월), 그리고 성인용 웩슬러 지능검사 IV판(K-WAIS-IV: 16세 ~69세 11개월)으로 구성되어 있다. 이 세 가지 웩슬러 지능검사는 대상연령과 동일한 하위 척도라도 연령에 적합한 난이도의 도구를 사용하는 점이 다를 뿐 그 이론적 배경이나 하위 검사의 구성 등이 유사하다.

Wechsler(1939)는 지적 행동에는 단순한 지적 능력 이상의 것이 포함되어야 하고, 지능검사가 단순히 개인의 인지적 요소만을 측정하는 것이 아니라 비인지적 요소를 동시에 측정해야 한다고 주장하였다. 이와 같은 포괄적인 정의와 비인지적 요인을 동시에 평가해야 한다는 강조는 지능이 성격의 표현으로 간주되어야 한다는 주장으로 이어져 웩슬러 지능검사 개발에 반영됨에 따라 임상적 진단에 활용할 수 있는 장점을 지니게 되었다. 전체지능지수뿐만 아니라 소검사들의 다양한 조합을 통해 산출되는 세부적인 지수점수를 제공하며, 심리측정 속성이 명확하고 임상가에게 유용한 여러 정보를 제공하기 때문에 여러 심리검사들 중에서 가장 뛰어난 것으로 평가된다. 이 때문에 오늘날 세계 여러 나라의 임상 및 교육 장면에서 개인지능검사로 가장 광범위하게 사용하게 되었다(Archer, Buffington-Vollum, Stredny, & Handel, 2006).

4 지능검사의 목적

영유아, 아동 · 청소년 및 성인 대상의 웩슬러 지능검사는 임상, 상담 및 교육 현장 등 매우 다양한 장면에서 사용되는데, 개인의 인지 기능, 신경심리학적 기능뿐만 아니라 검사 수행과 관련된 독특하고 대표적인 행동을 직접 관찰함으로써 수검자의 성격 특성과 적응 또는 부적응 행동 양상을 이해하는 데에도 유용하다.

웩슬러 지능검사를 실시하는 목적은 다음과 같다.

- 개인의 전반적인 지적 능력을 평가한다. 지적 잠재력을 측정할 수 있는 전체지능지수를 통해 전반적 지적 능력을 평가한다. 웩슬러 지능검사에서 산출된 IQ는

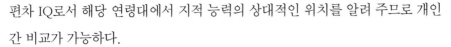

편차 IQ로서 해당 연령대에서 지적 능력의 상대적인 위치를 알려 주므로 개인 간 비교가 가능하다.

- 지능검사의 소검사 프로파일을 통해 개인의 인지적 특성, 인지적 강점 및 약점을 파악한다. 다양한 소검사 프로파일 분석을 통해 인지적 강점과 약점을 파악함으로써 개인 내 비교를 할 수 있다. 이를 바탕으로 적응 또는 부적응 측면에 대한 정보를 수집하여 적절한 지적 활동 영역을 탐색하거나 지적 성취를 효율적으로 계획하도록 도울 수 있다.

- 지능검사의 결과에 기초해 임상적 진단을 명료화한다. 지능검사 결과는 지적 능력뿐만 아니라 개인의 성격 특성이나 불안이나 끈기, 목표 자각, 의욕적 성향 등의 비지능적 요인에 영향을 받을 수 있다. 따라서 지능검사의 결과를 면밀하게 분석하여 수검자의 성격적 · 정서적 특성을 파악할 수 있으며, 이는 심리장애를 진단하고 평가하는 데 도움이 된다.

- 지능검사의 결과에 기초해 뇌 손상 여부 및 뇌 손상으로 인한 인지적 손상을 평가한다. 지능검사가 특정 뇌 기능을 측정하기 위한 신경심리검사는 아니지만 뇌 손상의 어떤 특징들은 지능검사에서 표현되기도 하므로 면밀히 분석하여 뇌 손상 가능성을 평가하는 데 활용할 수 있다.

- 지능검사의 결과에 기초해 치료계획 및 합리적인 치료 목표를 수립한다. 수검자에게 다양한 치료방법 가운데 어떤 치료가 적합한지, 선택한 치료방법을 적용할 때 예상되는 결과 및 치료 효과를 방해하는 요인 등을 파악하여 권고할 수 있다.

II. 한국 아동용 웩슬러 지능검사 IV판

한국 아동용 웩슬러 지능검사 IV판(Korean-Wechsler Intelligence Scale for Children-IV: K-WISC-IV)은 6세 0개월부터 16세 11개월 아동과 청소년의 인지능력을 평가하기 위해 개별적으로 실시하는 지능검사이다. 인지능력 평가에 대한 최근 연구들에서 가장 중요한 인지능력으로 강조한 처리속도와 작업기억, 유동적 추론의 평가를 포함하고, 동시대에 가장 영향력 있는 이론인 CHC 이론에 일치하도록 개정된 지능검사이다. 이 검사는 전체지능지수(Full Scale Intelligence Quotient:

FSIQ)와 넓은 인지능력을 나타내는 언어이해 지표(Verbal Comprehension Index: VCI), 지각추론 지표(Perceptual Reasoning Index: PRI), 작업기억 지표(Working Memory Index: WMI), 처리속도 지표(Processin Speed Index: PSI) 등 4개의 지표점수를 제공하며, 좁은 영역의 특정 인지 영역을 평가하는 15개의 소검사로 구성되어 있다.

1 한국 아동용 웩슬러 지능검사 Ⅳ판의 검사 구성

K-WISC-Ⅳ는 10개의 주요 소검사와 5개의 보충 소검사로 이루어졌으며, 주요 소검사들만을 이용하여 4개의 지표점수(언어이해, 지각추론, 작업기억, 처리속도)와 전체지능지수를 산출한다.

K-WISC-Ⅳ의 소검사를 요약하면 〈표 6-1〉과 같다.

〈표 6-1〉 K-WISC-Ⅳ 소검사

분류	소검사	내용	문항 및 유형	제한시간
주요 소검사	토막짜기	수검자가 제한시간 내에 흰색과 빨간색으로 이루어진 6면체 토막을 사용하여 제시된 모형이나 그림과 똑같은 모양을 만든다.	총 14문항	○ 30~120초
	공통성	수검자에게 공통적인 사물이나 개념을 나타내는 2개의 단어를 불러 주고, 두 단어가 어떻게 유사한지를 말하게 한다.	총 25문항	
	숫자	'숫자 바로 따라 하기'에서는 검사자가 큰 소리로 읽어 준 것과 같은 순서로 수검자가 따라 한다. '숫자 거꾸로 따라 하기'에서는 검사자가 읽어 준 것과 반대 순서로 수검자가 따라 한다.	총 16문항	
	공통그림 찾기	수검자에게 두 줄 또는 세 줄로 이루어진 여러 그림들을 제시하면, 수검자는 공통된 특성으로 묶을 수 있는 그림을 각 줄에서 한 가지씩 고른다.	총 28문항	
	기호쓰기	수검자는 기호표를 이용하여 간단한 기하학적 모양이나 숫자에 대응하는 기호를 해당하는 모양이나 박스 안에 그린다.	A형 (7세 이하) B형 (8세 이상)	○ 120초
	어휘	그림 문항에서 수검자는 소책자에 있는 그림들의 이름을 말하게 된다. 언어 문항에서 수검자는 검사자가 크게 읽어 주는 단어의 정의를 말한다.	총 36문항	

	순차연결	수검자에게 연속되는 숫자와 글자를 읽어 주고, 숫자가 많아지는 순서와 한글의 가나다 순서대로 암기하도록 한다.	총 10문항	
	행렬추리	수검자는 불완전한 행렬을 보고, 다섯 개의 반응 선택지에서 제시된 행렬의 빠진 부분을 찾아낸다.	총 35문항	
	이해	수검자는 일반적인 원칙과 사회적 상황에 대한 이해에 기초하여 질문에 대답한다.	총 21문항	
	동형찾기	수검자는 반응 부분을 훑어보고 반응 부분의 모양 중 표적 모양과 일치하는 것이 있는지를 제한시간 내에 표시한다.	A형 (7세 이하) B형 (8세 이상)	○ 120초
보충 소검사	빠진 곳 찾기	수검자는 그림을 보고 제한시간 내에 빠져 있는 중요한 부분을 가리키거나 말한다.	총 38문항	○ 20초
	선택	수검자는 무선으로 배열된 그림과 일렬로 배열된 그림을 훑어본 후 제한시간 안에 표적 그림들에 표시하도록 한다.	무선배열 일렬배열	○ 45초
	상식	수검자가 일반적인 지식에 관한 광범위한 주제를 다루는 질문에 대답을 한다.	총 33문항	○ 30초
	산수	수검자는 구두로 주어지는 일련의 산수문제를 제한시간 내에 마음속으로 푼다.	총 34문항	
	단어추리	수검자가 일련의 단서에서 공통된 개념을 찾아내어 단어로 말한다.	총 24문항	

1) K-WISC-Ⅳ의 주요 소검사

(1) 토막짜기

수검자가 제한시간 내에 흰색과 빨간색으로 이루어진 6면체 토막을 사용하여 제시된 모형이나 그림과 똑같은 모양을 만든다. 이 소검사는 추상적 시각 자극을 분석하고 종합하는 능력을 평가하도록 고안되어 있다. 또한 비언어적 개념 형성, 시지각 및 시각적 조직화, 시공간적 문제해결, 시각적·비언어적 추론, 동시처리, 시각-운동 협응, 학습, 시각적 자극에서 전경과 배경을 분리해 내는 능력을 포함한다. 또한 어린 아동의 경우 이 소검사는 시각과 운동 과정을 통합하는 능력뿐만 아니라 시각적 관찰과 대응 능력을 평가한다. 요인분석 결과, 토막짜기 소검사는 지각추론 요인에 부하되는 것으로 나타났다.

(2) 공통성

수검자에게 공통적인 사물이나 개념을 나타내는 두 개의 단어를 불러 주고, 두 단어가 어떻게 유사한지를 말하게 한다. 공통성 문항의 예시로는 "고양이와 쥐는 어떤 점이 비슷한가요?" "그림과 조각품은 어떤 점이 비슷한가요?"가 있다. 공통성 소검사는 언어적 추론, 개념 형성과 언어적 문제해결을 평가하기 위해 고안되었다. 이 소검사는 또한 청각적 이해, 기억, 비본질적인 특성과 본질적인 특성의 구분과 언어 표현을 포함한다. 공통성 소검사는 언어이해 요인에 부하되어 있다.

(3) 숫자

숫자 소검사는 '숫자 바로 따라 하기'와 '숫자 거꾸로 따라 하기' 두 부분으로 구성되어 있다. '숫자 바로 따라 하기'에서는 검사자가 큰 소리로 읽어 준 것과 같은 순서로 수검자가 따라 한다. '숫자 거꾸로 따라 하기'에서는 검사자가 읽어 준 것과 반대 순서로 수검자가 따라 한다. '숫자 바로 따라 하기'와 '숫자 거꾸로 따라 하기'의 각 문항은 같은 자릿수의 숫자를 2회 시행하도록 되어 있다. 이 소검사는 청각적 단기기억, 계열화 기술, 주의력, 집중력을 평가한다. '숫자 바로 따라 하기' 과제는 기계적 암기학습과 기억력, 주의력, 부호화, 청각처리를 포함하고 있다. '숫자 거꾸로 따라 하기' 과제는 작업기억, 정보변환, 정신적 조작, 시공간적 형상화를 포함하고 있다. '숫자 바로 따라 하기' 과제에서 '숫자 거꾸로 따라 하기' 과제로의 전환에는 인지적 유연성과 정신적 기민함이 요구된다. 숫자 소검사는 작업기억 요인에 부하되어 있다.

(4) 공통그림 찾기

수검자에게 두 줄 또는 세 줄로 이루어진 여러 그림들을 제시하면, 수검자는 공통된 특성으로 묶을 수 있는 그림을 각 줄에서 한 가지씩 고른다. 언어적 중재가 포함되는 것으로 보임에도 불구하고, 공통그림 찾기 소검사는 공통성 소검사와 비언어적 대응관계에 있는 것으로 간주된다(Wechsler, 2003). 이 소검사는 추상화와 범주적 추론 능력을 평가하기 위해 고안되었다. 문항들은 추상적 추론 능력이 점점 더 요구되는 난이도 순으로 구성되어 있다. 이 소검사는 지각추론 요인에 부하되어 있다.

(5) 기호쓰기

수검자는 기호표를 이용하여 간단한 기하학적 모양이나 숫자에 대응하는 기호를 해당하는 모양이나 박스 안에 그린다. 시각-운동 처리속도에 더하여 단기기억, 학습 능력, 시지각, 시각-운동 협응, 인지적 유연성, 주의력, 동기를 측정한다. 또한 시각적 순차처리를 포함한다. 기호쓰기 소검사는 처리속도 요인에 부하되어 있다.

(6) 어휘

어휘 소검사는 그림 문항과 언어 문항의 두 가지 유형의 문항으로 이루어져 있다. 그림 문항에서 수검자는 소책자에 있는 그림들의 이름을 말하게 된다. 언어 문항에서 수검자는 검사자가 크게 읽어 주는 단어의 정의를 말한다. 언어 문항이 제시될 때 9~16세 아동과 청소년에게는 소책자에 있는 단어도 보게 한다. 언어 문항의 예시로는 "성가신은 무슨 뜻입니까?"가 있다. 어휘 소검사는 개인의 획득된 지식과 언어적 개념 형성을 평가하기 위해 고안되었다. 또한 결정적 지능, 축적된 지식, 언어적 개념화, 언어적 추론, 학습 능력, 장기기억과 언어발달의 정도를 평가한다. 이 과제를 하는 동안 수검자가 사용할 수 있는 다른 능력으로는 청각적 지각과 청각적 이해, 언어적 개념화, 추상적 사고, 언어 표현 능력이 있다. 어휘 소검사는 언어이해 요인에 부하되어 있다.

(7) 순차연결

수검자에게 연속되는 숫자와 글자를 읽어 주고, 숫자가 많아지는 순서와 한글의 가나다 순서대로 암기하도록 한다. 이 소검사는 조현병 환자들을 위해 비슷한 과제를 개발했던 Gold, Carpenter, Randolph, Goldberg와 Weinberger(1997)의 연구에 부분적으로 기반을 두고 있다. 이 과제는 계열화, 정신적 조작, 주의력, 유연성, 청각적 작업기억, 시공간적 형상화, 처리속도를 포함하고 있다. 이 소검사는 작업기억 요인에 부하되어 있다.

(8) 행렬추리

수검자는 불완전한 행렬을 보고, 다섯 개의 반응 선택지에서 제시된 행렬의 빠진 부분을 찾아낸다. 이 소검사는 유동적 지능, 비언어적 추론, 유추적 추론, 비언어적 문제해결, 공간적 시각화에 대한 평가 능력을 높이기 위해 고안되었다. 이 소검사는 지각추론 요인에 부하되어 있다.

(9) 이해

수검자는 일반적인 원칙과 사회적 상황에 대한 이해에 기초하여 질문에 대답한다(예: "사람들이 채소를 먹어야 하는 이유는 무엇입니까?"). 이 소검사는 언어적 추론과 개념화, 언어적 이해와 표현, 과거 경험을 평가하고 사용하는 능력, 언어적 문제해결과 실제적 지식을 발휘하는 능력을 측정하도록 고안되어 있다. 또한 이 검사는 행동에 대한 관습적인 기준에 대한 지식, 사회적 판단력과 성숙도, 사회적 성향과 상식을 포함하고 있다. 이해 소검사는 언어이해 요인에 부하되어 있다.

(10) 동형찾기

수검자는 반응 부분을 훑어보고 반응 부분의 모양 중 표적 모양과 일치하는 것이 있는지를 제한시간 내에 표시한다. 이 소검사는 시각-운동 처리속도뿐만 아니라 단기 시각기억, 시각-운동 협응, 인지적 유연성, 시각적 변별, 집중력을 포함한다. 또한 청각적 이해, 지각적 조직화, 계획하고 학습하는 능력도 필요하다. 이 소검사는 처리속도 요인에 부하되어 있다.

2) K-WISC-IV의 보충 소검사

(1) 빠진 곳 찾기

빠진 곳 찾기 소검사에서 수검자는 그림을 보고 제한시간 내에 빠져 있는 중요한 부분을 가리키거나 말한다. 이 소검사는 시각적 지각과 조직화, 집중력, 시각적 변별, 사물의 본질적인 세부에 대한 시각적 재인, 추리, 장기기억을 측정하기 위해 고안되었다. 요인분석 결과, 이 소검사는 지각추론 요인에 부하되는 것으로 나타났다.

(2) 선택

수검자는 무선으로 배열된 그림과 일렬로 배열된 그림을 훑어본다. 반응지를 아동 앞에 놓고 "내가 시작하라고 하면 각 동물 그림에 선을 긋도록 하세요."라고 지시하여 제한시간 안에 표적 그림들에 표시하도록 한다. 이 소검사는 처리속도, 시각적 선택적 주의, 각성, 시각적 무시를 측정하기 위해 고안되었다. 선택 소검사는 처리속도 요인에 부하되어 있다.

(3) 상식

수검자가 일반적인 지식에 관한 광범위한 주제를 다루는 질문에 대답을 한다(예: "목요일 다음 날은 무슨 요일이지요?"). 이 소검사는 결정적 지능, 장기기억, 학교와 환경으로부터 얻은 정보를 유지하고 인출하는 능력을 포함한다. 또한 이 소검사에서의 수행은 언어 표현 능력, 청각적 지각과 이해와도 관련된다. 상식 소검사는 언어이해 요인에 부하되어 있다.

(4) 산수

수검자는 구두로 주어지는 일련의 산수문제를 제한시간 내에 마음속으로 푼다. 문항들은 연령에 더욱 적합한 소검사 과제를 완성하기 위해 요구되는 수학적 지식을 동시에 형성하는 동안 필요한 작업기억을 증가시키기 위해 개발되었다. 산수 계산의 난이도는 매우 낮아서 문제가 숫자를 직접 시각적으로 제시하였을 때 대부분의 수검자가 문제를 맞게 풀 수 있도록 하였다. 산수 과제의 수행은 청각적 언어이해, 정신적 조작, 집중력, 주의력, 작업기억, 장기기억, 수와 관련된 추론 능력을 포함하고 있다. 또한 계열화, 유동적 추론, 논리적 추론과도 관련된다. 산수 소검사는 주로 작업기억 요인에 부하되어 있다. 그리고 청각적 언어이해 능력이 비중 있게 관여하고 있어서 언어이해 요인에도 이차적으로 부하된다.

(5) 단어추리

수검자가 일련의 단서에서 공통된 개념을 찾아내어 단어로 말한다. 단어추리 문항의 예를 들면, "1. 이것은 모든 것이 가지고 있는 거예요. 2. 그리고 이것은 매년 바뀌어요. 3. 그리고 이것은 절대로 감소할 수 없어요."가 있다. 이 과제는 언어이해, 유추 및 일반적 추론 능력, 언어적 추상화, 특정 분야의 지식, 서로 다른 유형의 정보를 통합 및 종합하는 능력, 대체 개념을 만들어 내는 능력을 측정한다. 이 소검사는 언어이해 요인에 부하되어 있다.

3) K-WISC-IV의 합산점수

K-WISC-IV는 다섯 가지 합산점수를 제공한다. 즉, 아동의 전체적인 인지능력을 나타내는 전체지능지수(FSIQ)와 분리된 인지 영역에서의 아동의 기능을 평가하기 위해 추가적인 4개의 지표점수인 언어이해 지표, 지각추론 지표, 작업기억 지표, 처리속도 지표를 구할 수 있다. K-WISC-III에서 사용해 오던 언어성 지능과 동작성 지능이라는 용어는 각각 언어이해 지표와 지각추론 지표라는 용어로 대체되었다. K-WISC-IV의 합산점수를 요약하면 〈표 6-2〉와 같다.

〈표 6-2〉 K-WISC-IV의 합산점수

합산점수	소검사	측정 내용
언어이해 지표 (Verbal Comprehension Index: VCI)	공통성 어휘 이해 (상식) (단어추리)	언어이해와 언어적 능력, 결정적 지능, 언어적 개념 형성 능력, 언어적 학습, 새로운 문제해결을 위한 언어 기술과 정보 활용 능력, 단어 생각 능력, 언어적 정보 처리 능력
지각추론 지표 (Perceptual Reasoning Index: PRI)	토막짜기 공통그림 찾기 행렬추리 (빠진 곳 찾기)	비언어적 기술, 지각적 추론, 지각적 조직화 능력, 시각처리 능력, 시각적 이미지로 생각하는 능력, 이미지 조작 능력, 언어를 사용하지 않고 추론하는 능력, 시각적 자료를 빨리 추론하는 능력
작업기억 지표 (Working Memory Index: WMI)	숫자 순차연결 (산수)	작업기억력, 주의지속 능력, 단기기억력, 숫자와 관련된 능력, 암송전략 사용 능력, 청각처리 기술, 자기감독 능력, 정신적 각성, 암기와 주의력, 순서화, 수리적 능력, 인지적 유연성
처리속도 지표 (Processing Speed Index: PSI)	기호쓰기 동형찾기 (선택)	지각적 변별, 정신운동 속도, 주의력, 집중력, 단기 시각기억력, 시각-운동 협응, 인지적 유연성, 시각적 이미지 모사 속도, 시각적 자료를 빠르게 살피고 평가하는 능력, 계획 및 조직화 능력, 선택적 시각주의력, 경계
전체지능지수 (Full Scale IQ: FSIQ)	VCI+PRI+WMI+PSI	

주: ( )는 보충 소검사.

(1) 언어이해 지표

언어이해 지표(VCI)는 언어이해와 언어적 능력, 결정적 지능, 언어적 개념 형성 능력, 언어적 학습 등을 측정한다. 새로운 문제를 해결하기 위한 언어 기술과 정보를 활용하는 능력, 단어를 생각하는 능력, 언어적 정보를 처리하는 능력도 포함한다. 언어이해 지표는 공통성, 어휘, 이해의 주요 소검사와 상식, 단어추리의 보충 소검사로 구성된다.

(2) 지각추론 지표

지각추론 지표(PRI)는 비언어적 기술, 지각적 추론, 지각적 조직화 능력, 시각처리 능력을 측정한다. 시각적 이미지로 생각하는 능력과 이 이미지를 능수능란하고 빠르게 조작하는 능력, 언어를 사용하지 않고 추론하는 능력, 시각적 재료를 빨리 해석하는 능력이 포함된다. 지각추론 지표는 토막짜기, 공통그림 찾기, 행렬추리의 주요 소검사와 빠진 곳 찾기 보충 소검사로 구성된다.

(3) 작업기억 지표

작업기억 지표(WMI)는 입력된 정보가 일시적으로 저장되고, 계산과 변환처리가 일어나며, 계산과 변환의 산물/출력이 일어나는 곳에 대한 정신적 용량인 작업기억력을 평가한다. 주의지속 능력, 단기기억력, 숫자와 관련된 능력, 암송(rehearsal) 전략 사용 능력, 청각처리 기술, 자기감독 능력을 평가한다. 정신적 각성, 암기와 주의력, 순서화, 수리적 능력, 인지적 유연성을 포함한다. 작업기억 지표는 숫자, 순차연결의 주요 소검사와 산수 보충 소검사로 구성된다.

(4) 처리속도 지표

처리속도 지표(PSI)는 지각적 변별, 정신운동 속도, 주의력, 집중력, 단기 시각기억력, 시각-운동 협응, 인지적 유연성을 평가한다. 시각적 이미지를 모사하는 속도, 시각적 재료를 빠르게 살피고 평가하는 능력, 계획하고 조직화하는 능력, 선택적 시각주의력, 경계(vigilance)에 대해 평가할 수 있다. 빠른 처리속도는 작업기억 자원을 덜 소모하도록 하며(Kail, 2000), 정신적 회전, 정신적 조작 또는 추상적 추론과 같은 상위 수준의 과정을 위한 인지적 자원을 더욱 자유롭게 활용하도록 도와 준다. 처리속도 지표는 기호쓰기, 동형찾기의 주요 소검사와 선택 보충 소검사로 구성된다.

(5) 전체지능지수

전체지능지수(FSIQ)는 개인 인지 기능의 전반적인 수준을 추정하는 종합적인 합산점수이다. FSIQ는 주요 소검사 10개 점수의 합산지수이다. FSIQ는 보통 일반요인 또는 전반적 인지 기능에 대한 대표치로 간주된다.

4) 처리점수

K-WISC-IV는 토막짜기, 숫자, 선택 등 3개의 소검사를 통해 7개의 처리점수를 제공한다. 이 점수는 수검자의 소검사 수행에 기여하는 인지능력에 대한 더 자세한 정보를 제공하도록 고안되었다. 이 점수를 얻기 위해서 추가 검사를 실시할 필요는 없고, 해당 소검사 점수를 통해 산출한다. 처리점수는 다른 소검사 점수로 대체할 수 없으며, 합산점수에도 포함되지 않는다는 것을 주의해야 한다. 처리점수에는 시간 보너스가 없는 토막짜기, 숫자 바로 따라 외우기, 숫자 거꾸로 따라 외우기, 가장 긴 숫자 바로 따라 하기, 가장 긴 숫자 거꾸로 따라 하기, 선택(무선배열), 선택(일렬배열) 등 일곱 가지가 있다.

(1) 시간제한이 없는 토막짜기

토막짜기 점수와 시간 보너스 점수가 없는 토막짜기 점수 간 차이를 통해 토막짜기 수행에 대한 속도와 정확성의 상대적 기여에 관해 파악할 수 있다. 수행속도의 제한이 없는 상황에서 수검자의 수행능력을 파악할 수 있으므로 신체적 한계, 문제해결 전략, 개인적 특성이 시간을 요하는 과제의 수행에 미치는 영향력 등을 평가할 수 있다.

(2) 숫자

숫자 바로 따라 외우기와 숫자 거꾸로 따라 외우기 처리점수는 각각 '숫자 바로 따라 하기'와 '숫자 거꾸로 따라 하기'에서 마지막으로 정확히 수행한 시행의 숫자의 개수를 나타낸다. 두 가지 과제 모두 즉각적인 청각적 회상을 통해 정보를 저장하고 인출하는 능력을 요구하지만, '숫자 거꾸로 따라 하기' 과제는 수검자의 주의력 및 작업기억 능력을 추가적으로 요구한다(Wechsler, 1997). 이 두 지수의 차이를 통해 비교적 쉬운 과제와 좀 더 어려운 기억 과제에서의 차별적 수행능력을 파악할 수 있다.

(3) 선택

선택(무선배열)과 선택(일렬배열) 처리점수는 선택 소검사 중 '무선배열'과 '일렬배열'의 두 가지 방식으로 제시된 시각적 자극에 대한 선택적인 시각적 주의와 처리속도를 평가한다. 선택 과제는 신경심리학적 측면에서 시각적 무시, 반응 억제, 운동 보속증을 평가하기 위해 널리 사용되어 왔다. 선택(무선배열)과 선택(일렬배열) 처리점수는 각각 선택 문항 1과 문항 2의 원점수로부터 도출된 환산점수이다. 이 두 점수를 비교하면 무선적으로 배열된 시각자극과 비슷한 과제이지만 조직적으로 배열되어 있는 시각자극을 살펴볼 때 요구되는 차별적인 수행능력을 평가할 수 있다.

❷ 한국 아동용 웩슬러 지능검사 Ⅳ판의 실시와 채점

검사자는 K-WISC-Ⅳ의 다양한 소검사에 대한 실시, 기록 및 채점 절차를 충분히 숙지해야 한다. 검사자가 반복된 연습을 통해 표준화된 시행 절차에 익숙해짐으로써 검사 시행 중 아동의 행동 특성을 면밀히 관찰하고 명확히 기록할 수 있기 때문이다. 각 소검사의 실시, 기록 및 채점에 대한 표준화된 절차는 『K-WISC-Ⅳ 전문가 지침서』(곽금주 외, 2011a)에 자세히 제시되어 있고 검사기록지에 시작점, 역순 규칙, 중지 규칙, 시간 측정 등의 내용이 기록되어 있으므로 검사에서 활용할 수 있다.

1) K-WISC-Ⅳ의 실시

수검자마다 개인차가 있기는 하지만 검사 소요시간은 대략 65~80분 정도이다. 각 소검사의 문항은 아주 쉬운 문항에서 매우 어려운 문항의 순서로 배열되어 있으므로 아동이 일정한 문항 이상 계속 대답을 못하는 경우 그 소검사의 실시를 중지하여 수검자의 의욕 상실을 막고 검사 시간을 단축할 수 있다. 한번에 전체 검사를 실시해야 하지만 수검자의 동기가 부족하거나 피곤해서 또는 한번에 검사를 다하는 것이 불가능한 경우, 검사자는 일주일 내 다른 시간에 나머지 검사를 할 수 있다. 또한 신체장애가 있는 수검자에게 표준적인 방식으로 검사를 실시하게 되면 불리할 수 있다. 심각한 운동장애가 있는 경우 제한시간 안에 소근육 능력을 필요로 하거나 검사도구를 조작해야 하는 소검사들에서 낮은 점수를 받을 가능성이 크다. 또한 듣기, 언어, 말하기에 손상이 있는 경우 언어이해 소검사에서 낮은 점수를 얻을 수 있으므로 수검자의 특수한 요구에 맞추어 어느 정도의 유연성을 갖고 진행할 수 있다.

이 장에서는 K-WISC-IV의 전반적인 시행지침을 간략하게 소개할 것이다.

(1) 소검사 시행 순서

K-WISC-IV에서는 처음에 제시되는 토막짜기 소검사를 통해 대부분의 아동들의 흥미를 유발하면서 동시에 검사에 대해 비언어적으로 소개함으로써 시작한다. 시행 순서는 지각추론 지표 소검사와 언어이해 지표 소검사가 번갈아 제시되며, 작업기억 지표 소검사와 처리속도 지표 소검사는 그 사이에 섞여 제시된다. 이를 통해 아동의 흥미를 유지시키며, 피로감을 최소화할 수 있다.

K-WISC-IV의 검사 기록 용지에 제시된 순서대로, 주요 소검사 10개를 먼저 시행하고 보충 소검사 5개를 뒤이어 시행한다.

(2) 시작점 규칙

특정 연령의 시작점을 확인한다. 숫자와 선택만이 모든 연령에서 단 하나의 시작점을 갖는다. 그 외 소검사에서는 아동의 연령에 따라 시작점이 달라진다. 예시문항, 연습문항은 모든 수검자에게 먼저 시행해야 한다. 순차연결 소검사에서는 어린 연령의 수검자에게 검정문항을 시행하도록 한다.

(3) 역순 규칙

특정 연령용 시작점에서 제시된 처음 두 문항에서 완벽한 점수를 받지 못하면 역순으로 시행하여 연속한 두 문항에서 완벽한 점수를 받을 때까지 시행한다. 만약 특정 연령 시작점의 처음 두 문항에서 2점짜리 문항 2점, 1점짜리 문항 1점과 같이 완벽한 점수를 받으면 시작점 이전의 미시행 문항도 만점 처리된다.

(4) 중지 규칙

각 소검사마다 제시된 특정 수의 연속 문항에서 0점을 받으면 소검사 시행을 중지한다(예: 토막짜기 소검사는 연속하여 3문항 0점이면 중지, 행렬추리 소검사는 4문항 연속 0점일 때 또는 5문항 중 4문항이 0점일 때 중지). 숫자, 순차연결 소검사의 경우 각 문항당 구성된 2~3개의 시행에서 모두 0점을 받았을 때 중지한다.

(5) 시간 측정

토막짜기, 기호쓰기, 동형찾기, 빠진 곳 찾기, 선택, 산수는 초시계로 정확하게 시간을 측정하여 기록한다. 지시문의 마지막 단어를 말한 후 시간을 재기 시작하여 반응이 끝났을 때 시간 측정을 중지한다(토막짜기, 기호쓰기 A형, 선택 소검사는 시간 보너스 점수가 제공된다).

시간제한이 명시되어 있지 않은 나머지 소검사들은 수검자가 반응을 시작하기에 충분한 시간(대략 30초) 동안 기다려 준다. 그동안 답하지 못하는 경우 다시 반응하도록 격려하고 그 후에도 반응하지 못할 경우 "다른 것을 해 봐요."라며 다음 문항으로 넘어간다.

2) K-WISC-IV의 채점

K-WISC-IV는 객관적 검사이고 채점 절차가 전문가 지침서에 매우 자세히 제시되어 있으므로 채점기준에 대한 해석이 별도로 필요한 경우는 거의 없으나, 공통성, 어휘, 이해, 상식, 단어추리 소검사에서는 채점 시 특별히 고려해야 할 사항들이 있다. 이들 언어이해 지표 소검사 채점 시 일반적 채점기준과 예시 반응 목록을 활용해서 수검자의 실제 반응 내용과 유사한 수준을 찾아 채점한다. 또한 수검자가 자발적으로 한 문항에 여러 개의 답을 할 경우에는 나중의 반응이 이전의 반응을 대체하는 것이라면 나중의 반응에 대해서만 채점하며, 정답과 오답 모두를 말하고 의도하는 답이 불확실하다면 수검자에게 어느 것을 답으로 의도한 것인지 묻고 의도된 반응을 채점한다.

원점수 채점 후 출판사에서 온라인상으로 제공하는 채점 프로그램에 소검사의 원점수를 입력하면 기록 용지와 유사한 형태의 결과 프로파일이 산출된다. K-WISC-IV 프로파일이 [그림 6-4]에 제시되어 있다.

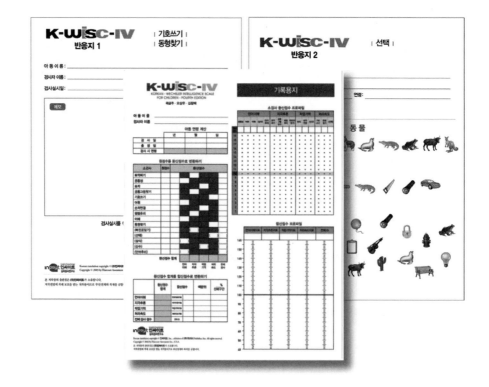

[그림 6-4] K-WISC-IV 기록용지

출처: 인싸이트.

3 한국 아동용 웩슬러 지능검사 IV판의 해석

K-WISC-IV 결과 프로파일에는 표준점수(환산점수, 합산점수), 백분위, 측정의
표준오차와 신뢰구간이 제시된다. 각 지표에 대해 설명하면 다음과 같다.

1) 각 지표의 이해

(1) 표준점수

K-WISC-IV에서는 두 가지의 연령 교정 표준점수인 환산점수와 합산점수를 제
공한다. 소검사의 환산점수는 수검자와 같은 연령의 또래들에 비교했을 때 상대적
인 검사 수행을 나타내며, 1~19점 범위, 평균 10, 표준편차 3의 점수로 환산된다.
환산된 처리점수들[예: 시간 보너스가 없는 토막짜기, 숫자 바로 따라 하기, 선택(무선배

열)]도 소검사 환산점수와 같은 방식으로 산출된다.

합산점수는 여러 소검사 환산점수의 합계에 기반을 둔 표준점수이다. 이 계수는 정규분포를 보인다고 가정하고 각 개인의 점수를 평균이 100 표준편차가 15인 표준점수로 변환한 편차 IQ를 의미한다. 어떤 합산점수이든지 100은 자신의 연령대 집단의 평균적인 검사 수행능력을 의미한다. 115점과 85점은 각각 평균으로부터 위, 아래로 1 표준편차 벗어나 있으며, 130점과 70점은 각각 평균으로부터 위, 아래로 2 표준편차 벗어나 있다는 의미이다.

(2) 백분위

수검자와 같은 연령 집단에 대한 상대적 위치를 알기 위해 표준점수들에 따라 연령 기반의 백분위점수가 제시된다. 백분위점수는 표준화 표본에 기초하여 주어진 백분율만큼 아래에 놓여 있는 척도의 지점을 말하는데, 1~99 범위이고, 평균과 중앙치가 50이다. 예를 들면, 백분위 15의 수검자는 같은 연령의 15%와 같거나 더 높은 수행능력이 있다(또는 같은 연령의 85% 이하의 낮은 수행능력을 보인다. 즉, 100명 중 85등에 해당한다).

(3) 표준오차와 신뢰구간

인지능력을 측정하는 검사 점수는 관찰자료에 기반을 두고 수검자의 진점수를 예측하므로 수검자의 진정한 능력과 함께 약간의 측정오차를 반영한다. 진점수가 있을 만한 점수 구간인 신뢰구간이 함께 제시되므로 오차를 고려할 수 있어 해석이 더욱 정확해진다. 신뢰구간은 또 다른 의미의 점수 정확성을 나타냄과 동시에, 모든 검사 점수에는 고유의 측정오차가 있다는 점을 상기시켜 준다. 검사자는 합산점수의 신뢰구간을 보고하고, 검사 해석 시 이러한 정보를 사용하여 수검자의 잠재력과 가능한 검사 점수 범위를 추정할 수 있다.

(4) 지능지수의 분류

수검자의 수행능력에 따라 합산점수를 보다 질적인 용어로 기술한다. 질적 분류는 수검자의 수행능력을 같은 연령의 또래 아동들과 비교한 상대적 수준을 알려 준다. 〈표 6-3〉에 합산점수의 기술적 분류, 〈표 6-4〉에 IQ 범위, 소검사 환산점수 및 백분위의 관계가 제시되어 있다.

〈표 6-3〉 K-WISC-Ⅳ 합산점수의 기술적 분류

합산점수	기술적 분류	백분율(이론적 정규분포)	누적 백분율
130 이상	최우수	2.2	2.2
120~129	우수	6.7	8.9
110~119	평균상	16.1	25.0
90~109	평균	50.0	75.0
80~89	평균하	16.1	91.1
70~79	경계선	6.7	97.8
69 이하	매우 낮음/지적장애	2.2	100.0

출처: Wechsler (2003).

〈표 6-4〉 IQ 범위, 소검사 환산점수 및 백분위의 관계

범위	표준점수	백분위
최우수	19	99.9
최우수	18	99.6
최우수	17	99
최우수	16	98
우수	15	95
우수	14	91
평균상	13	84
평균상	12	75
평균	11	63
평균	10	50
평균	9	37
평균	8	25
평균하	7	16
평균하	6	9
경계선	5	5
경계선	4	2
매우 낮음	3	1
매우 낮음	2	0.4
매우 낮음	1	0.1

출처: Wechsler (2003).

[그림 6-5]에 웩슬러 지능검사 점수와 다른 표준점수들의 관계가 제시되어 있다.

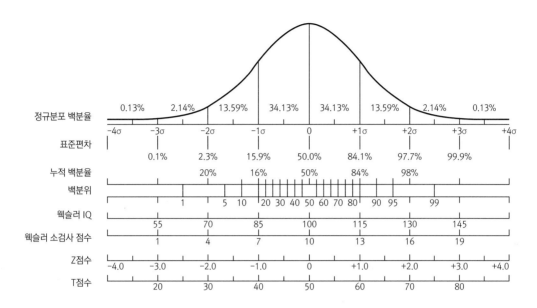

[**그림 6-5**] 웩슬러 지능검사 점수와 다른 표준점수들의 관계

출처: Wechsler (2003).

2) K-WISC-Ⅳ 분석 절차

Sattler(2008)의 프로파일 분석과 『WISC-Ⅳ 통합적 기술 및 해석 요강(Wechsler Intelligence Scale for Children-Fourth Edition: Technical and Interpretive manual)』(Wechsler, 2003)에서 제시한 프로파일 분석 절차를 소개하면 다음과 같다.

프로파일 분석은 지능검사를 통해 얻은 수검자의 합산점수와 소검사 점수 양상을 평가하는 일련의 과정으로 개인 간 접근과 개인 내 분석방법을 통합하여 수검자의 인지능력 특성을 확인하도록 해 준다. 개인 간 비교는 수검자의 점수를 동일 연령대의 규준집단과 비교를 하는 것이고, 개인 내 비교는 수검자의 전반적인 능력 수준을 고려해서 점수 양상을 비교하는 것이다.

K-WISC-Ⅳ의 프로파일 분석은 총 7단계로 구성되어 있다. [그림 6-6]에 프로파일 분석과정이 제시되어 있다.

1단계	• 전체지능지수(FSIQ) 및 지표점수 확인
2단계	• 지표점수 차이 비교
3단계	• 강점 및 약점 평가
4단계	• 소검사 차이 비교
5단계	• 처리분석 검토
6단계	• 소검사 내 점수 패턴 질적 분석
7단계	• 검사 태도에 대한 질적 분석

[그림 6-6] K-WISC-IV 프로파일 분석과정

(1) 1단계: 전체지능지수 및 지표점수 확인

전체지능지수(FSIQ)와 언어이해 지표(VCI), 지각추론 지표(PRI), 작업기억 지표 (WMI), 처리속도 지표(PSI) 등 4개의 지표점수, 백분위, 신뢰구간을 파악한다. 이를 통해 수검자의 점수 범위를 분류하고(〈표 6-3〉 참조), 수행 정도가 규준집단의 어디 에 위치하는지, 진점수의 범위 등을 확인할 수 있다.

먼저, 가장 중요하게 확인하는 것이 전체지능지수인데 이를 수검자의 고유한 인지적 기능을 대표하는 점수로 간주한다. 전체지능지수는 언어이해 지표, 지각 추론 지표, 작업기억 지표, 처리속도 지표 등 4개 지표점수의 합계로서 10개의 주 요 소검사의 합산 지수이기 때문이다. 그런데 전체지능지수는 4개의 지표점수를 합산한 것이므로 각 지표점수가 균일하게 분포되어 있어야 전체지능지수가 수검 자의 전반적인 인지능력을 정확히 반영하는 것으로 간주할 수 있다. Flanagan과 Kaufman(2009)은 지표점수 간 편차가 1.5 표준편차 이상, 즉 가장 높은 지표점수와 가장 낮은 지표점수의 차이가 23점 이상이면 편차가 매우 큰 것으로 간주하여 전체 지능지수로 수검자의 인지능력을 설명할 수 없다고 제안하였다.

(2) 2단계: 지표점수 차이 비교

4개의 지표점수 차이를 비교한다. 우선, 4개의 지표점수 간에 유의미한 차이가 있는지 확인한다. 『K-WISC-Ⅳ 전문가 지침서』의 〈표 A-1〉에 제공된 11개 연령집단과 전체 규준 집단을 대상으로 유의수준 0.15와 0.05에서 지표점수의 차이(임계치)를 참조한다. 〈표 A-2〉에 제시되어 있는 전체 규준집단 또는 특정 연령집단에 따른 지표점수 차이에 대한 누적 백분율도 참조한다.

지표점수의 차이를 평가할 때 전체 규준집단보다는 특정 연령집단의 값을 사용하는 것을 추천한다(Sattler, 2008). 예를 들면, 언어이해 지표와 지각추론 지표의 차이에 대한 전체표본의 임계치는 유의수준 0.05에서 13.10이지만, 10세 집단에서는 12.13이다. 만일 10세 아동의 두 지표 간 차이가 13점이라면 전체표본 임계치에서 두 지표 간 차이는 유의하지 않지만, 10세 집단의 임계치에서는 두 점수의 차이가 유의한 수준이다.

각 지표점수는 소검사의 환산점수 합산에 의해 산출되므로 각 지표점수를 구성하는 소검사 분포를 고려해야 한다. 각 지표점수를 구성하는 소검사들의 점수 편차가 비슷하다면 지표점수는 측정된 능력에 대한 적절한 측정치로 간주될 수 있지만, 소검사들의 점수 편차가 크다면 지표점수는 단일한 능력으로 보기 어렵다. Flanagan과 Kaufman(2009)은 각 지표점수를 단일한 능력이라고 전제하려면 각 지표 내에서 가장 높은 소검사 환산점수와 가장 낮은 소검사 환산점수의 차이가 5점보다 작아야 한다고 하였다. 즉, 각 지표점수에 해당하는 소검사들의 편차가 5점이상인 경우 지표점수가 측정하고자 하는 능력을 정확히 평가하지 못하기 때문에 지표점수를 해석할 때 주의해야 한다.

(3) 3단계: 강점 및 약점 평가

소검사들의 프로파일 분석을 통해 수검자의 인지능력의 강점과 약점을 찾아 그 의미를 해석한다. 실제 일반인도 모든 능력이 똑같은 수준으로 기능하는 것은 드물지만, 특히 임상 장면에서는 차이 점수가 큰 경우가 많다. K-WISC-Ⅳ 기록용지의 강점 및 약점 결정하기 부분을 참조한다. 이때 지표점수에 포함되는 소검사의 편차가 5 미만이어서 지표점수가 단일한 능력을 측정한다는 가정이 성립되는 지표점수만 강점과 약점을 평가할 수 있다.

인지적 강점과 약점은 10개의 주요 소검사 평균과 비교하거나, 3개의 언어이해 지표 소검사 평균과 3개의 지각추론 지표 소검사의 평균을 각 지표에 해당하는 소검사 환산점수와 비교한다.

지표점수들 간의 차이가 유의하지 않다면, 10개의 주요 소검사의 평균과 비교한다. 10개의 주요 소검사 환산점수가 10개 주요 소검사 평균과의 차이가 유의한지 결정하기 위해 『K-WISC-IV 전문가 지침서』의 〈표 A-5〉를 사용한다. 〈표 A-5〉에는 주요 소검사 10개의 평균, 각 소검사 간 임계치와 기저율, 언어이해 소검사 3개의 평균과 지각추론 소검사 3개의 평균과 각 지표 내 소검사 간 임계치와 기저율이 제시되어 있다. 만약 언어이해 지표와 지각추론 지표의 차이가 유의하거나, 전체지능지수에 과도하게 영향을 미친 하나의 소검사가 있는 경우, 언어이해 지표의 3개 소검사 평균과 지각추론 지표의 3개 소검사 평균과 비교한다.

〈강점과 약점의 결정 예〉

7세 8개월 아동으로 전체 IQ가 92이고, VCI 100, PRI 80, WMI 95, PSI 106인 사례를 통해 Flanagan과 Kaufman(2009)의 지표 수준에서 인지적 강점과 약점을 결정하는 방법을 설명하면 다음과 같다.

VCI=100			PRI=80			WMI=95		PSI=106	
공통성	어휘	이해	토막짜기	공통그림	행렬추리	숫자	순차연결	기호쓰기	동형찾기
10	11	9	9	6	6	11	7	12	10

1. 규준적 강점과 규준적 약점 결정하기
   1) 지침서의 〈표 A-5〉에 따르면, VCI 점수, WMI 점수, PSI 점수가 85~115로 정상 범위에 해당한다.
   2) PRI 점수가 80으로 85보다 작아 규준적 약점(NW)이다.

2. 개인적 강점과 개인적 약점 결정하기
   1) 지표점수의 평균은 95.25[=(100+80+95+106)/4]이다.
   2) PRI 점수에서 지표점수 평균과의 차이가 −15.25이다. 이 값은 임계치 7.7보다 작아 개

인적 약점(PW)이다. PSI 점수에서 지표점수 평균과의 차이가 10.75이다. 이 값은 임계치 10.3보다 커 개인적 강점(PS)이다.

3. 핵심 강점과 핵심 약점 결정하기

　1) PRI 점수와 지표점수 평균과의 차이가 기저율 10%에 해당하는 임계치보다 작으므로 드문(U) 것이다.

　2) PRI는 규준적 약점(NW)인 동시에 드문 경우의 개인적 약점(PW)에 해당하므로 핵심 약점(HPC)으로 결정된다.

　3) 규준적 강점에 해당하는 지표는 없으므로 핵심 강점(KA)에 해당하는 지표는 없다.

지표점수	지표점수 평균	차이 점수	NS/ NW	임계치	PS/ PW	임계치	U/ NU	KA/ HPC
VCI=100	95.25	4.75		7.7		≥14.0		
PRI= 80	95.25	−15.25	NW	7.7	PW	≥13.5	U	HPC
WMI=95	95.25	−0.25		8.2		≥15.0		
PSI=106	95.25	10.75		10.3	PS	≥17.0	NU	

(4) 4단계: 소검사 차이 비교

　프로파일 분석은 보통 강점 및 약점 결정하기에서 끝나는 경우가 많다. 그러나 때로 수검자의 고유한 인지적 특성을 파악하기 위해 소검사 수준에서 쌍별 비교가 필요하다. Sattler(2008)는 가장 높은 소검사 환산점수와 가장 낮은 소검사 환산점수의 차이가 5점 이상 발생해야 개별 소검사 간 차이를 해석할 수 있다고 하였다.

　특히 K-WISC-IV에서 〈숫자-순차연결〉, 〈기호쓰기-동형찾기〉, 〈공통성-공통그림 찾기〉 3쌍의 소검사 비교는 임상가가 특별히 관심을 가지는 부분이어서 기록용지에 따로 제시되어 있다. 『K-WISC-IV 전문가 지침서』의 〈표 A-4〉는 전체표본에 대한 소검사 환산점수 간 차이에 대한 누적 백분율을 제공하는데, 이때 차이값의 방향도 고려해서 확인한다. 그 외 다른 소검사들 간 비교도 가능하며, 『K-WISC-IV 전문가 지침서』 〈표 A-3〉에 소검사 환산점수 간 임계치가 제시되어 있다.

(5) 5단계: 처리분석 검토

처리분석은 소검사의 수행에 영향을 미치는 인지적 과정을 확인하는 단계이다. 이 단계를 통해 정반응에 접근한 문제해결 전략, 오반응에 대한 이유, 오류의 특성을 알 수 있다. 또한 진단과 교육적 개입 및 치료 전략을 수립하는 데 핵심적인 구체적 인지 정보처리 과정을 평가할 수 있다. K-WISC-IV의 처리분석에는 시간 보너스가 없는 토막짜기, 숫자 바로 따라 하기, 숫자 거꾸로 따라 하기, 선택(무선배열), 선택(일렬배열), 가장 긴 숫자 바로 따라 하기, 가장 긴 숫자 거꾸로 따라 하기가 포함된다.

(6) 6단계: 소검사 내 점수 패턴 질적 분석

소검사 내의 문항들은 난이도 순서대로 구성되어 있기 때문에 문항의 성공과 실패의 패턴을 파악하면 프로파일 분석을 풍부하게 해 준다. 예를 들면, 20개 문항에 연속 정답이고 중지 기준에 도달하여 환산점수 10점을 받은 수검자와 정답 문항 수는 같지만 정답 문항이 산발적으로 있는(예: 난이도가 쉬운 문제들은 틀렸지만 어려운 문제는 맞추는 경우) 수검자는 상당히 다르다. 여러 소검사에서 고르지 않은 점수 패턴을 보인 수검자는 주의력 및 언어와 관련된 특정 문제들로 인해 추후 평가가 필요하거나, 실제 우수한 지능 수준임에도 검사를 지루해하는 경우일 수 있다.

(7) 7단계: 검사 태도에 대한 질적 분석

프로파일 분석의 마지막 단계는 검사를 실시하는 동안에 드러나는 수검자의 행동, 태도, 감정 등에 대해 평가하는 것이다. 특이한 반응이나 수검자의 특성이 반영되는 반응은 수검자의 기능에 대한 가설을 수립하는 데 유용한 정보를 제공해 준다. 추가질문, 촉구, 문항 반복, 모른다, 무반응 등 검사 중에 관찰되는 수검자의 특이한 행동은 기록용지에 반드시 기록해야 한다. 또한 자기교정, 반복, 느리고 주저하며 방어적인 반응, 긍정적 반응(예: "나 이거 잘해요." "정말 재미있네요.") 등은 수검자의 흥미나 관심에 대한 정보를 제공해 준다. 표정, 웃음, 울음, 목소리 톤, 움직임 등의 비언어적 반응들도 주의 깊게 탐색해야 한다. 공격적이거나 적대적인 언어 표현, 수검자의 현재 문제나 가정 상황을 반영하는 내용에도 주의를 기울여야 한다.

4 한국 웩슬러 아동지능검사 5판

한국 웩슬러 아동지능검사 5판(Korean Wechsler Intelligence Scale for Children-Fifth Edition: K-WISC-V; 곽금주, 장승민, 2019)은 웩슬러 아동지능검사 Ⅴ판(WISC-Ⅴ; Kaufman, Raiford, & Coalson, 2015)을 한국 아동을 대상으로 표준화한 것으로, 전반적인 지적 능력(전체 IQ)은 물론, 특정 인지 영역(예: 언어이해, 시공간, 유동추론 등)의 지적 기능을 나타내는 소검사 및 지표점수를 제공한다. 또한 임상적 활용을 위한 여러 점수들(예, 처리점수)도 추가적으로 제시된다. 최근에 표준화되어 아직까지 임상적, 실지적 자료가 부족하여 간략히 소개한다.

[그림 6-7] K-WISC-V의 구성

출처: 곽금주, 장승민(2019).

K-WISC-V는 지능 이론에 기치하여 인지 발달, 신경 발달, 인지신경과학, 학습 과정에 대한 최근 심리학 연구들에 근거하였다. 16개의 소검사로 이루어진 한국 웩슬러 아동지능검사 5판에서는 유동적 추론의 평가를 강화하는 새로운 3개의 소검사(무게비교, 퍼즐, 그림기억)가 추가되었고, 한국 웩슬러 아동지능검사 5판의 13개의 소검사(토막짜기, 공통성, 행렬추리, 숫자, 기호쓰기, 어휘, 동형찾기, 상식, 공통그림찾기, 순차연결, 선택, 이해, 산수)가 유지되었지만 소검사의 실시 및 채점 절차가 수정되었다.

K-WISC-V는 구조적으로 변화된 전체IQ(FSIQ)와 5가지 기본지표점수(언어이해, 시공간, 유동추론, 작업기억, 처리속도)와 5가지 추가지표점수(양적추론, 청각 작업기억, 비언어, 일반능력, 인지효율)를 제공한다는 점에서 이전 IV판과 차이가 있다. 인지능력에서 좀 더 독립적인 영역에 대한 아동의 수행을 나타내 줄 수 있는 지표점수(예: 시공간 지표와 유동추론 지표)와 처리점수(예: 토막짜기 소검사의 부분처리점수)를 추가로 제공한다. 또한 전체 IQ를 구성하는 소검사가 7개로 수정되면서 전체 IQ를 산출하는 데 소요시간이 단축되었다.

K-WISC-V의 구성은 [그림 6-7]과 같다.

III. 한국 유아용 웩슬러 지능검사 IV판

1 배경

한국 유아용 웩슬러 지능검사(Korean-Wechsler Preschool and Primary Scale of Intelligence: K-WPPSI)는 3~7세 유아의 지능을 측정하기 위해 미국판 웩슬러 지능검사인 WPPSI-R을 근거로 처음 소개되었다(박혜원, 곽금주, 박광배, 1996). 최근에 한국 유아용 웩슬러 지능검사 IV판(Korean-Wechsler Preschool and Primary Scale of Intelligence-IV: K-WPPSI-IV; 박혜원, 이경옥, 안동현, 2019)이 출판되었고 구성에 변화가 있었다. 2세 6개월~7세 7개월 유아를 대상으로 전체지능지수, 주요 인지 영역(언어이해, 시공간, 유동추론, 작업기억, 처리속도)을 나타내는 기본지표점수, 기타 인지 영역(어휘습득, 비언어, 일반능력, 인지효율성)을 나타내는 추가지표점수를 제공

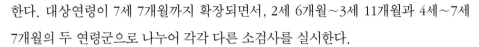

한다. 대상연령이 7세 7개월까지 확장되면서, 2세 6개월~3세 11개월과 4세~7세 7개월의 두 연령군으로 나누어 각각 다른 소검사를 실시한다.

유아용 지능검사는 나이 어린 유아를 대상으로 실시되므로 가능한 검사에 대한 유아의 흥미를 유지하면서 주어진 과제들을 수행하도록 배려하였다.

한국 아동용 웩슬러 지능검사 Ⅳ판(K-WISC-Ⅳ; 곽금주, 오상우, 김청택, 2011)의 설명에서 웩슬러 지능검사의 이론적 배경과 해석 방법을 자세히 다루었으므로, 여기서는 한국 유아용 웩슬러 지능검사 Ⅳ판(K-WPPSI Ⅳ; 박혜원, 이경옥, 안동현, 2019)의 구성을 중심으로 채점 및 해석 방법에 대해 간단히 소개할 것이다.

❷ 한국 유아용 웩슬러 지능검사 Ⅳ판의 검사 구성

K-WPPSI-Ⅳ의 검사 구성을 요약하면 〈표 6-5〉와 같다.

1) 언어이해 지표

(1) 상식

2세 6개월~7세 7개월용 소검사로 그림문항은 일반상식과 관련된 질문에 가장 적절한 보기를 선택하고, 언어문항은 일반 상식의 광범위한 주제와 관련된 질문에 답한다. 일반적 사실에 기초한 지식획득과 기억하거나 생각해 내는 능력을 평가한다. 즉, 결정적 지능, 장기기억, 주변 환경이나 학교로부터 배운 지식의 기억과 인출 능력, 언어지각, 이해, 표현 능력을 평가한다.

(2) 공통성

4세~7세 7개월용으로 그림문항은 제시된 2개의 사물과 같은 범주에 속한 사물을 보기 중 선택한다. 언어문항은, 공통된 사물이나 개념을 나타내는 2개의 단어를 듣고 공통점을 말한다. 언어 개념의 형성과 추상적 사고를 평가한다. 즉, 결정적 지능, 청각이해, 기억, 연합사고와 범주화, 비본질적인 특성과 본질적인 특성의 구분, 언어 표현 등을 포함한다.

〈표 6-5〉 K-WPPSI-Ⅳ의 검사 구성

2세 6개월~3세 11개월			4세~7세 7개월		
구분	소검사 구성	문항 및 유형	구분	소검사 구성	
언어이해	수용어휘	31문항	언어이해	상식	29문항 (그림문항 4, 언어문항 25)
	상식	29문항 (그림문항 4, 언어문항 25)		공통성	23문항 (그림문항 4, 언어문항 19)
	(그림명명)	24문항		(어휘)	23문항 (그림문항 3, 언어문항 20)
				(이해)	22문항 (그림문항 4, 언어문항 18)
				수용어휘	31문항 (그림문항 6, 언어문항 24)
				그림명명	24문항
시공간	토막짜기	17 문항 (A형1-8, B형 9-17)	시공간	토막짜기	17 문항 (A형1-8, B형 9-17)
	모양맞추기	13문항		(모양맞추기)	13문항
			유동추론	행렬추리	26문항
				(공통그림 찾기)	27문항
작업기억	그림기억	35문항	작업기억	그림기억	35문항
	(위치찾기)	20문항		(위치찾기)	20문항
			처리속도	동형찾기	66문항
				(선택하기)	2문항 (정렬1 비정렬1)
				(동물짝짓기)	72문항

주: ( )는 보충소검사.

(3) 어휘

4세~7세 7개월용으로 그림문항은 검사 책자에 있는 그림의 이름을 말하고, 언어문항은 검사자가 읽어 준 단어의 정의를 말한다. 단어지식과 언어 개념의 형성을 평가하고, 결정적 지능, 지식, 학습 능력, 언어 표현, 장기기억, 어휘발달 수준을 평가한다. 청각지각, 이해력, 추상적 사고 능력 등이 관련된다.

(4) 이해

4세~7세 7개월용으로 그림문항은 일반적 원칙이나 사회적 상황을 가장 잘 나타내는 보기를 선택한다. 언어문항은 일반적 원칙과 사회적 상황에 대한 이해를 바탕으로 질문에 답한다. 언어적 사고나 개념화, 인어이해와 표현, 과거 경험을 평가하고 사용하는 능력, 실제적 지식이나 판단을 표현하는 능력을 평가한다. 즉, 결정적 지능, 전형적인 행동기준에 대한 지식, 사회적 판단, 장기기억, 상식을 포함한다.

(5) 수용어휘

2세 6개월~7세 7개월용 소검사로 수검자는 검사자가 읽어 주는 단어를 가장 잘 나타내는 보기를 선택한다. 수용언어 능력과 어휘발달을 평가하고, 어휘지식, 상식, 장기기억, 의미 있는 자극의 지각을 평가한다.

(6) 그림명명

2세 6개월~7세 7개월용 소검사로 수검자는 그림으로 제시된 사물의 이름을 말한다. 의미론(단어지식)의 발달과 관련하여 표현언어 능력과 지식, 상식, 장기기억, 의미 있는 자극의 지각을 평가한다.

2) 시공간 지표

(1) 토막짜기

2세 6개월~7세 7개월용 소검사로 제한시간 내에 제시된 모형이나 토막그림을 보고, 한 가지나 두 가지 색으로 된 토막을 사용하여 똑같은 모양을 만든다. 추상적인 시각자극 분석과 종합 능력을 평가한다. 또한 비언어적 개념 형성과 사고, 광의

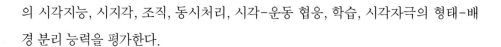

의 시각지능, 시지각, 조직, 동시처리, 시각-운동 협응, 학습, 시각자극의 형태-배경 분리 능력을 평가한다.

(2) 모양맞추기

2세 6개월~7세 7개월용 소검사로 제한시간 내에 사물의 표상을 만들기 위해 조각을 맞춘다. 시각-지각 조직, 부분-전체 관계의 통합과 종합, 비언어적 사고, 시행착오적 학습 등을 평가하고, 공간능력, 시각-운동 협응, 인지적 유연성, 지속성 등을 평가한다.

3) 유동추론 지표

(1) 행렬추리

4세~7세 7개월용 소검사로 완성되지 않은 행렬을 보고 행렬을 완성시키기 위해 적절한 보기를 선택한다. 유동적 지능, 광의의 시각지능, 분류 및 공간 능력, 부분-전체의 관계 이해, 동시처리, 지각적 조직 능력을 평가한다.

(2) 공통그림 찾기

4세~7세 7개월용 소검사로 두 줄 또는 세 줄로 제시된 그림을 보고, 각 줄에서 공통된 특성을 지닌 그림을 하나씩 선택한다. 유동적-귀납적 사고, 시각-지각 재인 및 처리, 개념적 사고를 평가하며, 결정적 지능도 평가한다.

4) 작업기억 지표

(1) 그림기억

2세 6개월~7세 7개월용 소검사로 일정시간 동안 1개 이상의 그림이 있는 자극 페이지를 본 후 반응 페이지의 보기 중에서 자극 페이지의 그림을 찾는다. 다른 시각적 작업기억 과제와 유사한 구성이지만 의미 있는 자극을 사용한 것이 새롭다. 이 과제에서 요구되는 작업기억은 서열화가 아닌 순행간섭을 사용한 자극이다.

(2) 위치찾기

2세 6개월~7세 7개월용 소검사로 일정시간 동안 울타리 안에 있는 1개 이상의 동물카드를 본 후 각 카드를 보았던 위치에 동물 카드를 배치한다. 다른 공간 작업기억 과제와 유사한 구성이지만 의미 있는 자극을 사용한 것이 새롭다. 작업기억 가운데 순행간섭을 사용한 자극이다.

5) 처리속도 지표

(1) 동형찾기

4세~7세 7개월용 소검사로 제한시간 내에 제시된 벌레그림과 같은 벌레그림을 보기 중에서 찾아 표시한다. 전체 도안은 단순하고 큰 상징 도안을 사용했으며, 유아의 소근육 발달 수준을 고려하여 응답 시 소근육을 덜 사용하도록 잉크도장을 사용하였다. 페이지별로 줄의 구분을 위해 다른 색을 번갈아 사용하고, 검사자가 페이지를 넘겨 주어 수검자의 부담을 줄였다. 지각속도, 단기 시각기억, 시각-운동 협응, 인지적 유연성, 시각변별력, 집중력을 평가한다.

(2) 선택하기

4세~7세 7개월용 소검사로 제한시간 내에 정렬 또는 비정렬된 그림을 훑어보고 목표그림을 찾아 표시한다. 연필 대신 잉크도장을 사용하며, 목표그림과 함께 사물그림을 체계적으로 배열하고, 목표그림과 동일한 색으로 사물그림을 제시한다. 지각속도, 과제수행 속도, 시각처리속도, 주사능력(scanning ability), 시각-지각 재인 및 변별 능력을 평가한다. 주의, 집중, 시각회상, 자극선택, 반응억제, 동작유지 능력을 평가한다.

(3) 동물짝짓기

4세~7세 7개월용 소검사로 제한시간 내에 동물과 모양의 대응표를 보고, 동물그림에 해당하는 모양에 표시한다. 잉크도장을 사용하고, 검사자가 페이지를 넘겨 주어 소근육의 부담을 최소화하였다. 연상속도 과제이며 지각속도, 단기기억, 학습 및 시각적 주사능력, 인지적 유연성, 주의, 동기 등을 평가한다.

3 한국 유아용 웩슬러 지능검사 IV판의 지표 구성

K-WPPSI-IV에서는 5개 기본지표와 4개 추가지표가 제공된다. 기본지표는 언어이해 지표(Verbal Comprehension Index), 시공간 지표(Visual Spatial Index), 유동추론 지표(Fluid Reasoning Index, 4세~7세 7개월만 제공), 작업기억 지표(Working Memory Index), 처리속도 지표(Processing Speed Index, 4세~7세 7개월만 제공), 전체지능지수(Full Scale IQ)로 구성되며, 이는 포괄적인 인지능력 평가를 위한 지표이다. 추가지표는 어휘습득 지표(Vocabulary Acquisition Index), 비언어 지표(Nonverbal Index), 일반능력 지표(General Ability Index), 인지효율성 지표(Cognitive Proficiency Index, 4세~7세 7개월만 제공) 등이다.

언어이해 지표는 추론, 이해, 표현 등과 같은 언어능력을 측정하는 소검사로 구성된다. 시공간 지표의 경우 해당 소검사(예: 토막짜기와 모양맞추기)에 의해 측정되는 인지능력을 더 잘 나타내는 용어를 사용하며, 4세~7세 7개월용에 새로 추가된 유동추론 지표와 구분된다.

처리점수는 소검사 수행에 대한 추가정보를 제공하기 위해 사용된다. 4세~7세 7개월용의 경우 선택하기 소검사의 비정렬과 정렬 처리점수가 제공된다. 두 점수 간 유의하고 비정상적인 차이를 통해 이와 유사한 과제에서 조직화된 구조를 이용하는 능력을 평가할 수 있다. 2세 6개월~3세 11개월용에는 처리점수가 제공되지 않는다.

4 한국 유아용 웩슬러 지능검사 IV판의 채점 및 해석

검사 실시 후 채점을 통해 원점수를 얻게 된다. 소검사마다 적용되는 채점지침이 다르기 때문에, 지침서의 상세한 지시를 따른다. 각 소검사별 총점인 원점수를 채점 프로그램에 입력하면 환산점수와 지표점수가 제공된다. 환산점수, 지표점수, 백분위 등은 앞서 설명한 K-WISC-IV의 내용과 동일하다. 전체지능지수와 지표점수는 평균이 100이고 표준편차가 15인 편차점수로서 동일한 연령집단에서 개인이 차지하는 상대적 위치를 제공한다.

아동의 수행은 지표점수와 소검사 점수의 패턴에 근거해 평가한다. 개인 내 프로파일 분석과 개인 간 프로파일 분석이 모두 가능한데, 개인 내 프로파일 분석은 한 아동의 지표점수나 소검사 전반에 걸친 아동의 점수 패턴을 비교한다. 개인 간 프로파일은 아동의 점수 패턴을 적절한 규준집단과 비교해 준다. 이 결과로 임상적으로 유의한 문제를 찾고 개입하는 데 도움을 얻을 수 있으며, 아동의 강점과 약점에 대한 유의미한 자료를 얻을 수 있다.

참고문헌

곽금주, 오상우, 김청택(2011). K-WISC-IV 한국 웩슬러 아동 지능검사 4판. 서울: 인싸이트.

곽금주, 장승민(2019). K-WISC-V(한국 웩슬러 아동지능검사 5판). 실시와 채점 지침서. 서울: 인싸이트.

박혜원, 곽금주, 박광배(1996). K-WPPSI 지침서. 서울: 특수교육.

박혜원, 이경옥, 안동현(2016). 한국 웩슬러 유아지능검사 실시지침서. 서울: 인싸이트.

박혜원, 이경옥, 안동현(2019). K-WPPSI-IV 한국 웩슬러 유아지능검사 4판. 서울: 인싸이트.

Archer, R. P., Buffington-Vollum, J. K., Stredny, R. V., & Handel, R. W. (2006). A Survey of Psychological Test Use Patterns Among Forensic Psychologists. *Journal of Personality Assessment, 87*(1), 84-94.

Binet, A. (1904). A propos de la mesure de l'intelligence. *L'année psychologique, 11*(1), 69-82.

Binet, A., & Simon, T. (1905). Méthodes nouvelles pour le diagnostic du niveau intellectuel des anormaux. *L'année Psychologique, 11*(1), 191-244.

Carroll, J. B. (1993). *Human cognitive abilities: A survey of factor-analytic studies* (No. 1). Cambridge University Press.

Cattell, R. B. (1963). Theory of fluid and crystallized intelligence: A critical experiment. *Journal of educational Psychology, 54*(1), 1.

Flanagan, D. P., & Kaufman, A. S. (2009). *Claves para la evaluación con WISC-IV.* Editorial El Manual Moderno.

Gold, J. M., Carpenter, C., Randolph, C., Goldberg, T. E., & Weinberger, D. R. (1997). Auditory working memory and Wisconsin Card Sorting Test performance in schizophrenia. *Archives of General Psychiatry, 54*(2), 159-165.

Guilford, J. P. (1967). The nature of human intelligence.

Guilford, J. P., & Hoepfner, R. (1971). *The analysis of intelligence.* New York: McGraw-Hill.

Hebb, D. O. (1972). *Textbook of psychology* (3rd ed.). Philadeiphia W. B. Saunders.

Horn, J. L., & Cattell, R. B. (1966). Refinement and test of the theory of fluid and crystallized general intelligences. *Journal of Educational Psychology, 57*(5), 253.

Kail, R. (2000). Speed of information processing: Developmental change and links to intelligence. *Journal of School Psychology, 38*(1), 51-61.

Kaufman, A. S., & Lichtenberger, E. O. (2006) *Assessing adolescent and adult intelligence* (3rd ed). John Wiley & Sons, Hoboken.

Kaufman, A. S., Raiford, S. E., & Coalson, D. L. (2015). *Intelligent testing with the*

WISC-V. John Wiley & Sons.

Lichtenberger, E. O., Volker, M. A., Kaufman, A. S., & Kaufman, N. L. (2006). Assessing gifted children with the Kaufman assessment battery for children—second edition (KABC-II). *Gifted Education International, 21*(2-3), 99-126.

Sattler, J. M. (2008). *Assessment of children: Cognitive foundations* (p. 796). San Diego, CA: JM Sattler.

Spearman, C. E. (1927). *The abilities of man* (Vol. 89). New York: Macmillan.

Terman, L. M. (1916). The uses of intelligence tests. *The Measurement of Intelligence,* 3-21.

Thorndike, R. L., Hagen, E. P., & Sattler, J. M. (1986). *Stanford-Binet intelligence scale Fourth Edition.* Itasca, IL: Riverside Publishing.

Thurstone, L. L. (1938). The perceptual factor. *Psychometrika, 3*(1), 1-17.

Wechsler, D. (1939). *Wechsler-Bellevue Intelligence Scale.* New York: The Psychological Corporation.

Wechsler, D. (1958). *The measurement and appraisal of adult intelligence.* San Antonio, TX: Psychological Corporation.

Wechsler, D. (1967). *Wechsler preschool and primary scale of Intelligence.* New York: Psychological Corporation.

Wechsler, D. (1989). *WPPSI-R: Wechsler Preschool and Primary scale of Intelligence-Revised.* San Antonio: Psychological Corporation.

Wechsler, D. (1991). *WISC-III: Wechsler Intelligence Scale for Children: Manual.* New York: Psychological Corporation.

Wechsler, D. (1997). *WAIS-III.* San Antonio, TX: Psychological Corporation.

Wechsler, D. (1997). *Wechsler Memory Scale (WMS-III),* (Vol. 14). San Antonio, TX: Psychological Corporation.

Wechsler, D. (2003). *Wechsler Intelligence Scale for Children-Fourth Edition: Technical and interpretive manual.* San Antonio, TX: The Psychological Corporation.

Wechsler, D. (2003). *Wechsler Intelligence Scale for Children–Fourth Edition (WISC-IV).* San Antonio, TX: The Psychological Corporation.

Weschsler, D. (1949). *Wechsler Intelligence Scale for Children–WISC.* New York: Psychological Corporation.

제7장

신경심리평가

정신건강의학과나 신경과 등의 임상 장면에서 일하는 심리학자는 환자의 뇌 손상 여부, 현재 뇌 기능이 환자의 행동, 정서 및 일상생활에 미치는 영향 등을 평가하는 역할을 담당하기도 한다. 예를 들어, 뇌종양, 뇌졸중, 뇌전증 등과 같이 명백한 뇌 손상이 있는 환자의 현재 인지적·사회적 기능 수준, 정서 및 행동 장애 수반 여부를 평가하고, 교통사고나 산업재해로 인한 두뇌 외상 환자를 대상으로 뇌 손상 여부를 확인할 목적으로 평가를 한다. 혹은 인지 기능이나 행동상의 변화를 보이는 노인 환자를 대상으로 치매 진행 여부나 그 심각도를 평가하기도 한다. 이러한 심리평가 분야가 신경심리평가(neuropsychological assessment) 영역이다. 신경심리학은 뇌와 인간의 행동, 정서 및 인지 간의 관계를 연구하는 심리학의 한 분야로 임상장면에서는 뇌의 구조적·기능적 문제가 행동으로 어떻게 표현되는지를 다룬다. 신경심리평가는 뇌의 기능을 심리학적 방법으로 측정하고 그 결과를 해석하는 일련의 과정을 일컫는다.

이 장에서는 신경심리평가 영역을 개관하고, 아동·청소년 및 성인에게 널리 사용되는 벤더 게슈탈트 검사(Bender Gestalt Test: BGT), 그리고 ADHD의 임상적 진단을 위한 정밀주의력 검사(Advanced Test of Attention: ATA) 및 같은 그림 찾기 검사(Matching Familiar Figure Test: MFFT)를 소개할 것이다. 또한 전전두엽 기능 관련 실행 기능을 평가하는 다양한 신경심리검사와 학습장애 진단을 위한 기초학습기능 검사를 소개할 것이다.

Ⅰ. 신경심리평가의 발달

영상의학 기술이 발달하기 이전인 19세기에는 통제된 관찰이나 구성개념에 기초해 뇌와 행동의 관계에 대한 가설을 세우기 시작하였다. 신경심리학이 본격적으로 발달하기 시작한 것은 20세기 초인데, 제1, 2차 세계대전을 거치면서 군복무자 선발을 위해 뇌 손상 및 행동장애에 대한 진단적 선별검사를 개발하였다. 그리고 종전 후에는 뇌 손상 군인들이 발생하면서 그들을 대상으로 한 평가 및 재활을 목적으로 정교한 신경심리평가 및 개입 프로그램을 개발하였다. 다른 한편으로 20세기

초 서구를 중심으로 공교육이 보편되면서 정규 교육을 이수할 수 있는 아동과 지적장애 아동을 감별할 목적으로 개발하기 시작한 지능검사는 다양한 인지 기능 검사로 확장되었고, 후에 신경심리평가에 통합되었다. 20세기 중반에는 실험심리학이 발달하면서 정상인을 대상으로 한 인지 기능 연구, 동물의 뇌 연구 등이 활성화되었고, 이 역시 신경심리평가의 이론적·방법론적 토대가 되었다. 20세기 후반부터 현재까지 뇌 영상의학이 발전되면서 행동의 기초가 되는 신경, 뇌 기능에 대한 이해의 폭이 넓어졌다. 뇌 영상 검사들의 결과는 주로 뇌의 구조적·기질적 측면에 초점을 둔 하드 사인(hard sign)이라고 한다면, 신경심리검사 결과는 수검자의 기능적 측면에 초점을 둔 소프트 사인(soft sign)이라고 구분할 수 있다.

신경심리평가의 목적은 다양하지만 크게 세 가지 정도로 설명할 수 있다. 먼저, 환자의 행동 변화를 초래하는 뇌 손상이 있는지, 손상이 있다면 어떤 기능 영역에서 드러나는지, 나아가 관련된 뇌병변의 위치가 어디인지 등을 판단하는 진단적 목적의 시행이다. 초기 치매나 폐쇄형 대뇌 손상처럼 MRI, PET, SPECT 등 첨단 뇌 영상 촬영기법으로 탐지하기 어려운 미세한 장애를 탐지하는 데도 신경심리평가가 중요한 역할을 한다(정진복, 2004). 둘째, 환자를 치료하는 과정에서 병의 진행 과정과 속도, 호전 또는 악화 여부를 평가함으로써 치료계획을 좀 더 정교하게 수립할 수 있다. 셋째, 연구 및 법적인 문제와 관련된 평가이다. 인간의 뇌와 행동 간의 관계를 규명함으로써 뇌 영상학과 더불어 뇌의 기능을 밝히는 데 신경심리평가가 광범위하게 활용하고 있다. 또한 최근에 급격하게 증가하는 교통사고 및 산업재해 등 외상으로 인한 뇌 손상이나 대뇌장애의 영향과 후유증 등을 평가하여 보상 및 국가 지원 등의 근거 자료로 활용하고 있다.

아동·청소년 분야에서도 이와 같은 뇌 손상에 따른 기능적 변화를 평가하는 기본적 목적은 물론 ADHD, 학습장애와 같은 신경발달장애의 진단과 인지적·행동적 문제에 영향을 주는 다양한 대뇌 기능을 평가하는 데 활용되고 있다.

대뇌 손상은 인지적 과정에 가장 큰 영향을 미치기 때문에 신경심리검사를 통해 다양한 영역의 인지 기능을 평가하고, 지각과 운동 기능도 평가한다. 먼저, 전반적인 인지 기능과 하위 지표 및 소검사 평가 영역의 손상을 판단하기 위해 한국 성인용 웩슬러 지능검사 IV판(Korean-Wechsler Adult Intelligence Scale: K-WAIS-IV; 황순택, 김지혜, 박광배, 최진영, 홍상황, 2012), 한국 아동용 웩슬러 지능검사 IV판

(Wechsler Intelligence Scale for Children: K-WISC-IV; 곽금주, 오상우, 김청택, 2011)과 같은 지능검사를 실시한다. 다음으로 구체적 기능의 평가를 위한 다양한 신경심리검사를 활용하는데, 구체적 뇌기능 평가 영역과 이에 따른 행동적 · 정서적 특징, 그리고 현재 주로 사용되는 관련 신경심리검사를 요약하면 〈표 7-1〉과 같다.

〈표 7-1〉 평가 영역별 주요 신경심리검사

영역	행동 및 정서적 특징	신경심리검사 종류
주의력	단기기억 문제 호소, 주의 전환 곤란, 보속적 행동	• WAIS-IV와 WISC-IV 작업기억 지표 • 산수, 숫자 외우기(바로 따라하기, 거꾸로 따라하기) • 선로 잇기 검사 A, B형 • 스트룹 검사
언어	읽기 · 쓰기 · 산술 능력 저하, 숫자나 순서 전환 곤란, 언어이해나 독해의 문제, 말하고자 하는 단어의 연상 곤란, 단어의 발음 곤란	• 단어유창성 검사 • 보스턴 진단용 실어증 검사 • 보스턴 이름대기 검사
기억과 학습	청각적 · 시각적 장 · 단기기억 문제, 기억정보의 학습, 저장 및 공고화, 인출 문제	• 웩슬러 기억검사 • 레이-킴 기억검사 • 숫자 외우기(바로 따라 하기, 거꾸로 따라 하기) • 레이 청각 언어 학습 검사 • 레이-오스터리치 복합도형 검사
시공간	공간 판단 능력 저하, 공간 지남력 저하, 수동적 조작 능력 곤란, 좌우 구별의 문제	• 벤더 게슈탈트 검사 • 레이-오스터리치 복합도형 검사 • 웩슬러 지능검사: 토막짜기, 처리속도 지표 • 자유그림 검사
실행 기능	계획 능력 저하, 무감동, 사회적 영향에 대한 인식 부족, 복잡하고 다중적인 과제 처리 곤란	• 위스콘신 카드분류 검사 • 킴스 전두엽 관리기능 검사 • 단어유창성 검사 • 선로 잇기 검사 A, B형 • 스트룹 검사 • 레이-오스터리치 복합도형 검사
보속적 운동	운동 협응 능력의 저하, 떨림(tremors), 굼뜨고 서투름(clumsiness), 좌측 혹은 우측 신체 움직임의 약화	• 손가락 두드리기(Finger Tapping) • 손으로 쥐는 힘(Grip Strength) • 그루브드 페그보드 검사
정서	몸단장의 변화(대충하거나, 목욕을 하지 않거나, 지나치게 꼼꼼하게 하거나), 부적절한 사회적 행동, 활동 수준 변화, 식사, 성 행동 및 음주 행동의 변화	• MMPI-2, MMPI-A • CES-D 우울증상 척도 • 벡 우울 척도 • 노인 우울 척도

출처: Groth-Marnet (2009).

이 밖에 노인환자의 치매 진단을 위한 종합 신경심리검사인 서울 신경심리검사(Seoul Neuropsychological Screening Battery: SNSB; 강연욱, 나덕렬, 2003), 한국판 치매 평가 검사(Korean-Dementia Rating Scale, K-DRS; 최진영, 1998) 등의 신경심리검사 배터리도 활용되고 있다. 또한 간이 정신선별검사(Korean Mini Mental State Examination: K-MMSE; 강연욱, 나덕렬, 한승혜, 1997)도 치매 선별을 위한 간편한 도구로 많이 활용되고 있다.

Ⅱ. 신경심리검사

아동과 청소년의 진단평가에서 널리 사용되는 신경심리검사는 벤더 게슈탈트 검사, 정밀주의력 검사, 그리고 전전두엽 기능 관련 실행 기능을 평가하는 위스콘신 카드분류 검사, 단어유창성 검사, 선추적 검사, 스투룹 검사 등이 있는데 이에 대해 설명하면 다음과 같다.

1 벤더 게슈탈트 검사

1) 배경

벤더 게슈탈트 검사(Bender Gestalt Test)는 수검자가 간단한 기하학적 도형이 그려진 9개의 자극 카드를 그대로 그리는 검사로 1938년 Lauretta Bender가 고안하였다. Bender(1938)는 형태심리학자인 Wertheimer(1923)와 Schilder(1934)의 지각 연구에서 사용한 기하학적 도형 중 9개의 도형을 선택하여 정신병리와 지각의 관계에 대해 연구하여 「시각-운동 형태검사 및 그 임상적 적용」이라는 논문을 발표했다. 이후 성인과 아동을 대상으로 다양한 벤더 채점체계가 개발되었고, 이는 각기 다양한 장점과 단점을 가지고 있다. 성인을 위한 최초의 채점체계 중 하나는 Pascal과 Suttell(1951)이 개발하였다. 이 체계는 연구에서 널리 인용되었지만, 임상 장면에서는 복잡성과 시간 비효율성 때문에 널리 사용되지는 않았다. 또 다른 초기 성인 체계는 1940년대에 Hutt가 개발하였고, 1960년에 공식적으로 발간되었다(Hutt & Briskin, 1960). BGT에 대한 그의 관심은 주로 투사적 성격평가에 있었지만, 동시에 '12가지의 두개골 내 손상의 중요한 구별 요인(단편화, 마무리의 어려움 등)'을 열거함으로써 신경심리적 접근도 제시하였다. Lacks(1984, 2000)가 이 체계를 채택하고 실질적인 경험적 자료와 함께 상세한 채점 지침서를 제공하였다. 이 체계는 Pascal과 Suttell(1951)의 체계와는 달리 직접적이고 시간 효율적이어서 시행하는 데 3분이 채 소요되지 않으며, 12세 이상을 대상으로 사용할 수 있다. Lacks의 체계를 이용한 연구 결과, 뇌 손상 여부를 잘 변별하였다(Lacks, 1984, 1999, 2000; Lacks & Newport, 1980).

아동을 위한 체계는 Koppitz(1963, 1975)가 개발하였고, 이어서 Koppitz-2(Reynolds, 2007)로 개정되었다. Koppitz(1963, 1975)는 유치원에서 4학년에 이르는 1,104명의 아동을 대상으로 광범위하게 표준화하였다. 이 체계는 발달적 성숙과 신경심리적 손상 모두를 평가한다. 뇌 손상의 진단을 위해 검사자는 아동의 점수를 고려할 뿐만 아니라 검사를 마치는 데 소요된 시간, 사용된 공간의 양, 아동의 행동 그리고 자신의 실수에 대한 상대적인 인식 정도를 관찰한다. 원래 Koppitz 체계는 비교적 어린 아동을 대상으로 개발되었는데, 10세가 지나면 대부분의 수검자가 거의 완벽한 점수를 얻으므로([그림 7-2] 참조), 10세 이상 아동의 점수는 지능검사 결과나 연령과 상관관계가 낮기 때문이었다. 그러나 여러 연구 결과, Koppitz 체계가 어린 아동에서만큼 연령과의 관련성이 높지는 않지만, 12세에서 18세 사이의 청소년을 대상으로도 사용할 수 있게 확장되었다.

2003년에 벤더 게슈탈트 검사 2판(Bender-2; Brannigan & Decker, 2003, 2006)으로 대폭 개정되었다. Bender-2는 9개의 원본 도형이 유지되면서, 지능이 낮고 연령이 더 어린 수검자를 대상으로 한 낮은 난이도의 도형 4개와 더 높은 난이도의 도형 3개가 추가되었다. 이에 따라 8세 이하의 아동에게는 4개의 쉬운 도형과 원래의 9개 도형(항목 1~13)을 실시하고, 청소년 및 성인과 함께 8세 이상의 아동에게는 9개의 원래 도형과 3개의 더 어려운 도형(항목 5~16)을 실시한다.

이 장에서는 기본적인 9개 도형의 BGT를 중심으로 실시와 해석 방법을 설명할 것이다.

2) 검사도구와 실시방법

(1) 도구의 구성

BGT 자극 카드는 도형 A와 도형 1에서 도형 8까지 총 9장으로 구성되어 있다. 도구의 구성은 [그림 7-1]과 같다.

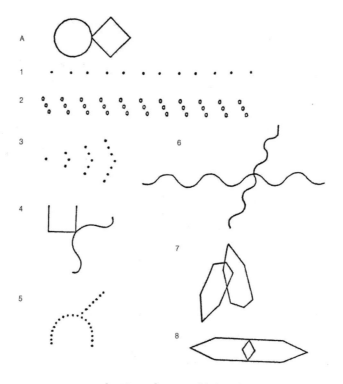

[그림 7-1] BGT 도형의 구성

출처: Bender (1938).

(2) 실시방법

① 모사단계(copy phase)

검사자는 수검자의 앞에 검사용지, 연필, 지우개를 준비한다. 자극 카드는 보이지 않게 차례로 뒤집어 놓고, 도형 A부터 도형 8까지 한 장씩 차례로 제시한다.

지시문은 다음과 같다.

"지금부터 카드를 한 장씩 보여 드리겠습니다. 카드에는 간단한 그림이 그려져 있습니다. 그림을 보고 종이에 그대로 따라서 그리도록 하세요. 이 검사는 그림 그리기 능력을 보는 검사가 아닙니다. 그러나 가능한 한 정확히 그리도록 노력하시고 빨리 그리든 천천히 그리든 원하는 대로 하시면 됩니다."

검사자는 카드를 수검자 앞에 정중앙에 위치하도록 놓아 주고, 수검자가 다 그리면 카드를 가져다 뒤집어서 놓는다. 시간제한은 없으나 전체 검사가 소요된 시간을 기록한다.

실시할 때 주의사항은 다음과 같다.

- 수검자가 카드가 몇 장인지 알 수 있도록 "여기 그림이 그려진 카드 9장이 있는데 이것을 종이에 그려 봅시다. 자, 여기 첫 번째 그림이 있습니다. 시작합시다. 그대로 그리면 됩니다."라고 말한다.
- 검사용지를 세로로 제시한다. 수검자가 가로로 놓고 그리려 하면 한 번은 세로로 고쳐 주고, 또다시 가로로 놓고 그리려 하면 더 이상 관여하지 않는다.
- 검사자는 기본적 지시 후에 어떤 질문이 나오든 이상의 지시 범위 내에서 답변해야 하고, 검사 방법에 대한 어떤 시사도 주어서는 안 된다. 그림의 점이나 크기 등을 물어보면 "가능한 한 그림과 똑같이 그리세요."라고 대답한다. 그 외의 질문을 할 경우 "하고 싶은 대로 하면 됩니다."라고 대답한다.

② 회상단계(recall phase)

9개 도형에 대한 모사단계가 끝나면 깨끗한 A4 용지를 다시 제공하면서 "지금까지 보고 그린 그림들을 기억해서 생각나는 것을 모두 그려 보세요."라고 지시한다. 수검자가 '그린 도형의 형태나 개수가 모두 맞아야 하는지' 묻는다면 "기억나는 데까지 그리면 됩니다."라고 말한다.

이 밖에 표준 절차는 아니지만 BGT를 투사적 검사로 활용하기 위해 도형을 변형시켜 그리는 변형모사단계(elaboration phase)와 주의집중 및 단기기억 관련 기질적 장애를 판단하기 위해 5초간 카드를 제시하고 치운 후 보았던 도형을 그리도록 하는 순간노출단계(tachistoscope phase)도 활용되고 있다.

3) 채점 및 결과 해석

Koppitz(1963)가 제시한 아동용 체계의 발달적 채점 항목과 정서적 채점 항목에 대해 설명하면 다음과 같다. 채점 항목의 예시는 BGT 원판에 대한 이상노, 변창진과 이희도(1986)의 편저에 따랐다.

(1) 발달적 채점 항목

BGT 지침서에 제시된 연령별 도형의 완성 정도는 [그림 7-2]와 같이 연령 증가에 따라 점차 완성도가 높아지며, 10세 이상이 되면 대체로 도형의 완전한 모사가 가능해진다.

	Figure A	Figure 1.	Figure 2.	Figure 3.	Figure 4.	Figure 5.	Figure 6.	Figure 7.	Figure 8.
adult.	100%	25%	100%	100%	100%	100%	100%	100%	100%
11 yrs.	95%	95%	65%	60%	95%	90%	70%	75%	90%
10 yrs.	90%	90%	60%	60%	80%	80%	60%	60%	90%
9 yrs.	80%	75%	60%	70%	80%	70%	80%	65%	70%
8 yrs.	75%	75%	75%	60%	80%	65%	70%	65%	65%
7 yrs.	75%	75%	70%	60%	75%	65%	60%	65%	60%
6 yrs.	75%	75%	60%	80%	75%	60%	60%	60%	75%
5 yrs.	85%	85%	60%	80%	70%	60%	60%	60%	75%
4 yrs.	90%	85%	75%	80%	70%	60%	65%	60%	60%
3 yrs.	⋯⋯⋯⋯⋯Scribbling⋯⋯⋯⋯⋯								

[그림 7-2] 연령별 도형의 완성 정도

출처: Bender (1938).

Koppitz(1963)는 아동용 채점체계에는 발달 수준을 평가하는 발달적 채점 항목이 각 도형마다 제시되는데, 도형 배치의 혼란, 파선, 원 대신 봉선, 크기의 점증, 과대 모사, 과소 모사, 약한 선, 가중 모사, 반복시행, 확산 등 10가지가 있다.

① 발달적 채점 항목의 정의와 채점 예

채점은 채점 항목의 유무로 이루어져 채점 항목에 해당하는 경우 1점, 해당하지 않는 경우 0점으로 채점하며, 항목에 명확히 해당하는 경우만 채점을 하고 의심스러운 경우에는 채점하지 않는다. 총점의 범위는 0~30점까지이고, 점수가 높을수록 나쁜 수행을 나타내며, 규준자료의 총점과 비교하여 해석한다. 각 채점 항목은 〈표 7-1〉에 제시되어 있다.

〈표 7-1〉 발달적 채점 항목

도형 번호	채점 항목	방법	예
도형 A	1a. 모양의 왜곡 (형의 왜곡)	• 원이나 사각형 또는 두 개 모두 지나치게 평평하거나 모양이 이상한 경우 • 사각형이 원과 접합점에서 마주치지 않은 경우	
	1b. 모양의 왜곡 (불균형)	• 원이나 사각형 중 한쪽이 다른 것보다 2배 이상 큰 경우	
	2. 회전	• 도형의 전부나 일부가 45° 이상 회전된 경우	
	3. 통합(비통합)	• 사각형과 원이 접하지 않은 경우 • 연접모서리가 3.17mm 이상 떨어진 경우 • 도형이 중복된 경우	

214 제7장 신경심리평가

도형 1	4. 모양의 왜곡 (점 대신 원)	• 5개 이상의 점을 원으로 그린 경우(점이 확대되었거나 원의 일부가 메워진 경우, 선으로 그려진 경우는 채점하지 않음)	
	5. 회전	• 도형이 45° 이상 회전된 경우	
	6. 고집	• 15개 이상의 점을 그린 경우	
도형 2	7. 회전	• 도형이 45° 이상 회전된 경우	
	8. 통합 (원의 과부족)	• 원의 1열이나 2열이 생략된 경우 • 도형 1의 열이 2의 제3열로 사용된 경우 • 대다수의 종열에서 4개 이상의 원 • 원의 열이 과다한 경우	
	9. 고집(보속성)	• 14개 이상의 종열을 그린 경우	
도형 3	10. 모양의 왜곡 (점 대신 원)	• 5개 이상의 점을 원으로 그린 경우(점이 확대되었거나 원의 일부가 메워진 경우, 선으로 그려진 경우는 채점하지 않음)	
	11. 회전	• 모양이 정확하더라도 도형의 축이 45° 이상 회전된 경우	
	12a. 통합 (형의 상실)	• 도형의 모양이 상실된 경우 • 횡렬의 각 점이 정확히 증가되지 않은 경우 • 깃의 모양을 알아볼 수 없는 경우 • 거꾸로 된 경우 • 점이 단순히 1열로 된 경우(각도가 둔화되었거나 점의 수가 부정확한 경우는 채점하지 않음)	

	12b. 통합 (점 대신 선)	• 각 점 대신 연속된 선으로 된 경우 • 점 대신에 선으로 그린 경우	
도형 4	13. 회전	• 도형의 전부나 일부가 45° 이상 회전된 경우	
	14. 통합 (비통합)	• 곡선과 연결된 모서리가 3.17mm 이상 떨어진 경우 • 그림이 중첩된 경우 • 곡선이 양쪽 모서리에 닿은 경우	
도형 5	15. 모양의 왜곡 (점 대신 원)	• 5개 이상의 점이 원으로 그려진 경우	
	16. 회전	• 전 도형이 45° 이상 회전된 경우 • 돌출부가 회전된 경우	
	17a. 통합 (형의 상실)	• 도형의 일부가 없는 경우 • 점이 덩어리, 호의 점 대신에 직선이나 원으로 그린 경우 • 돌출부가 원을 통과한 경우(호 대신에 사각형이나 삼각형으로 된 경우는 채점하지 않음)	
	17b. 통합 (점 대신 선)	• 호의 깃이나 양쪽의 점 대신에 연속된 선으로 그린 경우	

도형 6	18a. 모양의 왜곡 (곡선의 각화)	• 곡선 대신에 3개 이상 분명한 각도를 이룬 경우	
	18b. 모양의 왜곡 (직선)	• 선 양쪽이나 한쪽에 곡선이 전혀 없는 경우 • 직선으로 그린 경우	
	19. 통합 (비통합)	• 두 개의 선이 교차하지 않는 경우 • 한쪽의 선 또는 두 개 모두의 말단에서 교차하고 있는 경우 • 두 파선이 서로 얽혀진 경우	
	20. 고집	• 어느 방향으로든 6개 이상의 완전한 곡선이 그려진 경우	
도형 7	21a. 모양의 왜곡 (불균형)	• 두 개의 6각형의 크기가 부적합한 경우 • 어느 한쪽의 6각형이 다른 쪽보다 2배 이상 되는 경우 • 6각형의 모양이 지나치게 잘못 그려진 경우	
	21b. 모양의 왜곡 (부정확한 각)	• 한쪽이나 양쪽 6각형의 각을 지나치게 부족하게 그린 경우	
	22. 회전	• 모양이 정확하더라도 도형의 전부나 일부가 45° 이상 회전된 경우	
	23. 통합 (비통합)	• 두 6각형이 중첩되지 않은 경우 • 지나치게 중첩된 경우(한쪽이 다른 쪽을 완전히 관통한 경우)	

도형 8	24. 모양의 왜곡 (부정확한 각)	• 6각형이나 마름모가 지나치게 잘못 그려진 경우 • 각의 과부족 • 마름모의 생략	
	25. 회전	• 도형이 45° 이상 회전된 경우(회전된 도형의 모양이 비록 정확하더라도 채점)	

출처: 이상노 외(1986).

② 발달적 채점 항목의 해석

　채점 항목에 따라 채점한 후 연령과 성별에 따른 전체의 평균과 표준편차를 나타낸 〈표 7-2〉와 학년에 다른 채점평균을 나타낸 〈표 7-3〉의 규준집단 점수와 비교하여 수검 아동의 수준을 평가한다. 두 가지 규준자료를 통해 동일 연령집단의 점수와 시지각 운동 능력의 발달 수준이 동일할 것으로 기대되는 동일 학년 집단의 점수를 각각 비교할 수 있다. 규준집단의 평균에 따르면 5~9세까지는 시지각 운동 능력이 점차 발달하기 때문에, 9세 이상이면 대부분의 아동은 별다른 실수 없이 도형을 모사할 수 있다. 7세까지는 아동의 발달 정도를 추정할 수 있고, 8세 이상의 경우 미성숙이나 시지각 운동 능력의 이상 여부를 판단하는 데 도움이 된다.

　BGT 도형을 모사하는 데 걸리는 시간은 아동마다 다르다. 검사 완료 시간을 보면 6~9세 아동은 최소 4분 걸리지만 9분 이상 소요되는 경우는 드물었다. 5~9.5세 아동의 평균시간은 6분 30초였다(Koppitz, 1960). 시간이 오래 걸리는 경우 완벽주의 성향이 강하거나 시지각 운동 능력의 문제를 보상하려는 시도를 반영한다. 반면, 지나치게 빨리 모사하는 아동은 충동적이고 주의집중력과 노력하는 태도가 부족한 것을 반영한다.

〈표 7-2〉 규준집단의 연령과 성별에 따른 BGT 채점 평균

연령	남	여	전체	표준편차	± SD
5	14.3	13.0	13.6	3.61	10.0~17.2
5.5	10.0	9.3	9.8	3.72	6.1~13.5
6	8.3	8.6	8.4	4.12	4.3~12.5
6.5	6.2	6.6	6.4	3.76	2.6~10.2
7	5.3	4.2	4.8	3.61	1.2~8.4
7.5	4.9	4.4	4.7	3.34	1.4~8.0
8	3.9	3.6	3.7	3.60	.1~7.3
8.5	2.6	2.4	2.5	3.03	.0~5.5
9	1.5	1.8	1.7	1.76	.0~3.3
9.5	1.6	1.5	1.6	1.69	.0~3.3
10	1.5	1.7	1.6	1.67	.0~3.3
10.5	1.4	1.5	1.5	2.10	.0~3.6

출처: 이상노 외(1986).

〈표 7-3〉 규준집단의 학년에 따른 BGT 채점평균

학년 시작	연령평균	득점평균	표준편차	± SD
유치원	4~5	13.5	3.61	9.9~17.1
1학년	5~6	8.1	4.41	4.0~12.2
2학년	5~7	4.7	3.18	1.5~7.93
3학년	7~8	2.2	2.03	.2~4.2
4학년	8~9	1.5	1.88	.0~3.4

출처: 이상노 외(1986).

우리나라 일반 아동을 대상으로 실시한 김민경과 신민섭(1995)의 연구에서 전체 오류는 Koppitz(1960)의 연구에 비해 더 낮은 경향이 있었다. 즉, 5세 6.7개(SD=3.2), 6세 1.96개(SD=1.3), 7세 1.9개(SD=1.4), 8세 1.10개(SD=1.52), 9세 0.65개(SD=0.95)개, 그리고 10세에는 0.17개(SD=0.60)로 전체 오류점수가 감소하는 양상을 보였다. 5~6세 사이에 급격하게 감소하였고, 9세에는 오류 수가 1 이하로 감소하는 양상이 동일하였다. 미국 자료에 비해 평균 자체가 상당히 낮은 결과에 대해 연구자는 적은 사례 수, 연구 시기의 차이, 우리나라 교육환경상 조기 교육의 촉진과 젓가락 사용 훈련에 따라 시각-운동 협응 능력의 우수한 발달 가능성을 제시하였다. ADHD 뇌 손상 아동을 비교한 결과, 7세 기준 정상 아동 2.30(1.49),

ADHD 4.60(3.31), 그리고 뇌 손상 아동 10.0(4.20)개로 뇌 손상 아동이 가장 많았다.

(2) 정서적 채점 항목과 해석

Koppitz(1963)가 정상 아동과 정서적인 부적응 아동 집단 간 도형배치의 차이를 밝힌 이후 정서 문제를 지닌 아동에 대한 BGT 연구가 활성화되었다. 정서적 채점 항목을 설명하면 다음과 같다.

① 도형 배치의 혼란

도형이 흩어져 있는 경우로서 자료를 조직하는 능력이나 계획 능력의 부족을 나타낸다. 일반적으로 5~6세 정도의 아동에게는 흔하게 나타나지만, 8세 이상의 지능이 높은 아동의 경우에는 정서적 혼란과 관련된다([그림 7-3]).

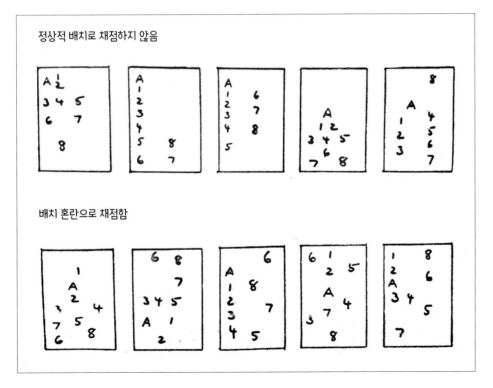

[그림 7-3] 도형 배치의 혼란 채점 예

출처: 이상노 외(1986).

② 파선(wave line: 도형 1, 도형 2)

　　도형 1과 2의 점이나 원의 선이 2개 이상 갑자기 변하는 경우로서 1개의 점이나 원의 열이 탈선하는 경우에는 채점하지 않는다. 대체로 불안정성을 반영하며, 정신 운동 협응의 문제가 정서적 긴장으로 이어지는 예도 반영한다([그림 7-4] 참조).

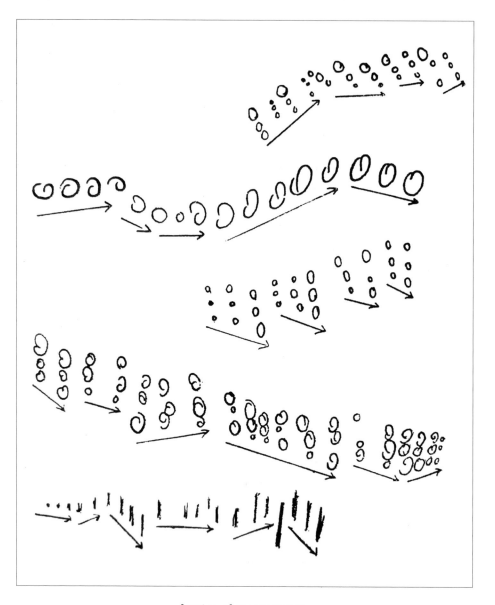

[그림 7-4] 파선의 채점 예

출처: 이상노 외(1986).

③ 원 대신 봉선(도형 2)

도형 2의 모든 원 중 적어도 반 이상이 4.23mm의 긴 봉선으로 대치된 경우이다. 충동성, 흥미 부족 및 주의력 부족과 관련된다([그림 7-5] 참조).

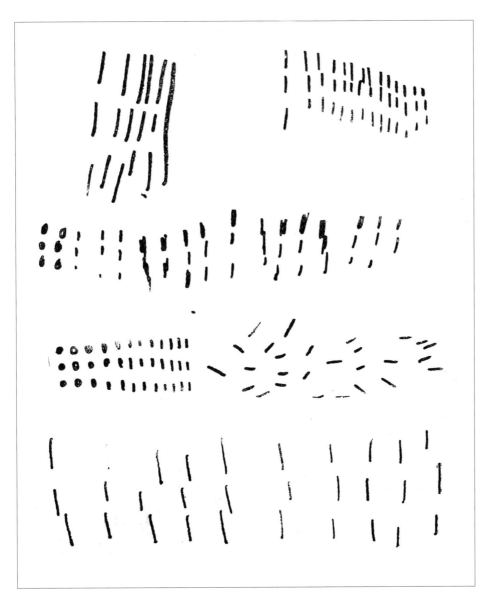

[그림 7-5] 원 대신 봉선의 채점 예

출처: 이상노 외(1986).

④ 크기의 점증(도형 1, 도형 2, 도형 3)

마지막에 그린 점과 선의 크기가 처음에 그린 것보다 3배 이상 큰 경우로 욕구좌절을 참지 못하는 특성과 폭발적 감정 반응, 행동화를 반영한다([그림 7-6] 참조).

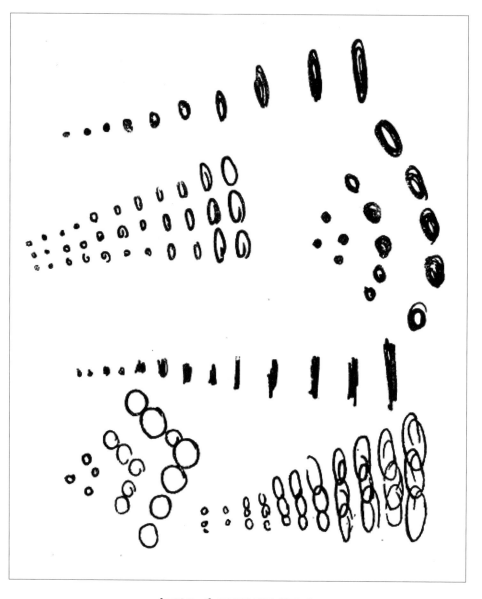

[그림 7-6] 크기의 점증 채점 예

출처: 이상노 외(1986).

⑤ 과대 묘사(전체 카드)

도형 중 하나 이상을 자극 도형보다 1/3 이상 크게 그린 경우이며, 과장된 행동, 행동화와 관련된다([그림 7-7] 참조).

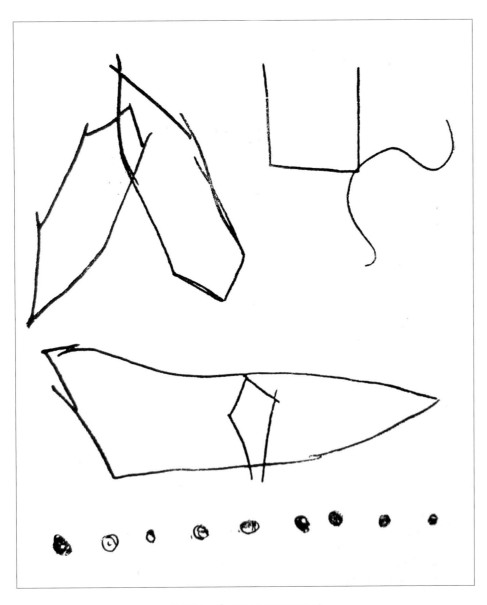

[그림 7-7] 과대 묘사의 채점 예

출처: 이상노 외(1986).

⑥ 과소 묘사(전체 카드)

한 개 또는 그 이상의 도형들을 자극 도형의 크기보다 반 정도로 작게 그린 경우로서 불안, 위축, 소심함, 퇴행과 관련된다([그림 7-8] 참조).

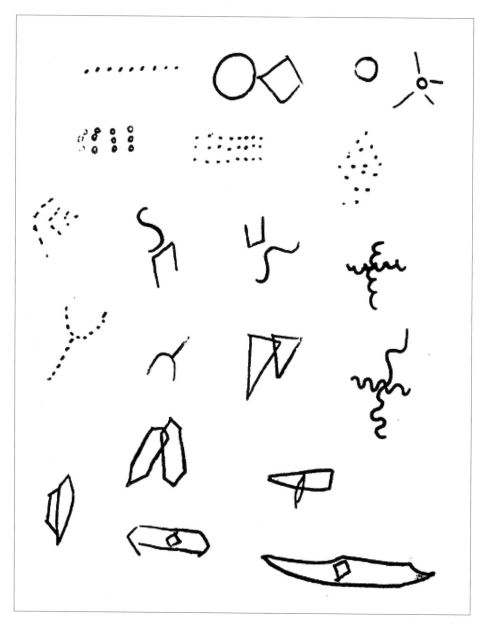

[그림 7-8] 과소 묘사의 채점 예

출처: 이상노 외(1986).

⑦ **약한 선(전체 카드)**

　필압이 너무 약해서 그림이 희미한 경우로서 소심함, 수줍음, 퇴행행동과 관련된다([그림 7-9] 참조).

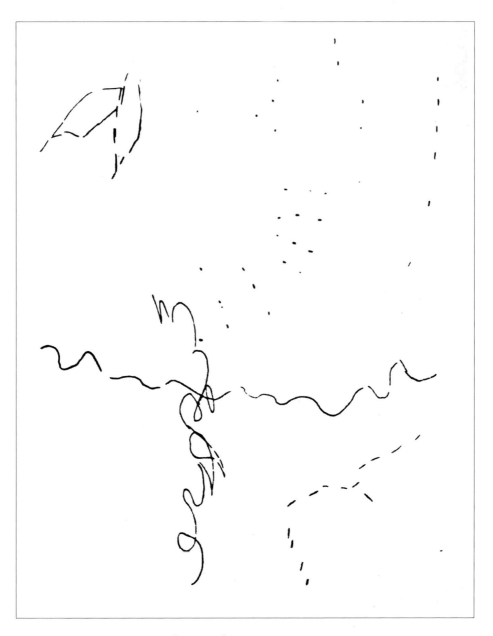

[그림 7-9] 약한 선의 채점 예

출처: 이상노 외(1986).

⑧ 가중 묘사(전체 카드)

필압이 강해 두꺼운 선으로 덧칠되어 있는 경우로 처음에 먼저 그린 것은 지우고 재차 그렸거나, 지우지 않고 다시 정정한 것이다. 공격성이나 충동적 행동과 관련 된다([그림 7-10] 참조).

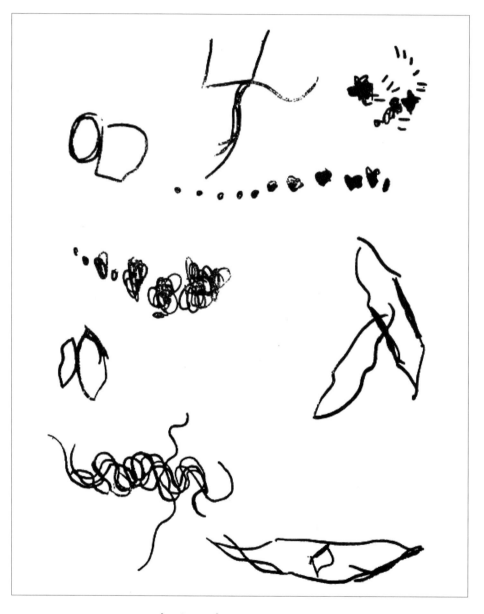

[그림 7-10] 가중 묘사의 채점 예

출처: 이상노 외(1986).

⑨ 반복시행(전체 카드)

도형의 전부 또는 일부를 완성하기 전이나 후에 포기하고 다시 새로운 도형을 그리는 경우로 충동성, 불안, 공격성과 관련된다([그림 7-11] 참조).

[그림 7-11] 반복시행의 채점 예

출처: 이상노 외(1986).

⑩ 확산

9개의 도형을 모두 그리는 데 용지를 2장 이상 사용한 경우이며, 과잉행동 및 충동성과 관련된다([그림 7-12] 참조).

용지 9장 사용

용지 3장 사용

용지 2장 사용

[그림 7-12] 확산의 채점 예

출처: 이상노 외(1986).

2 정밀주의력 검사

1) 검사 대상 및 목적

ADHD의 임상적 진단과 치료 효과의 평가에 자주 이용되고 있는 평가도구는 연속수행 검사(Continuous Performance Tests: CPT)이다. CPT는 주의력의 영역 중에서 특히 주의지속성(경계 유지, vigilance)과 주의산만성(distractibility)을 평가하는 데 유용하며, 표적자극에만 반응을 해야 하므로 선택적 주의력도 평가한다.

정밀주의력 검사(Advanced Test of Attention: ATA; 홍강의, 신민섭, 조성준, 2010)는 컴퓨터로 실시되는 CPT의 한 종류이다. 지속적인 주의력을 평가하기 위한 ADS(Attention Diagnosis System; 홍강의, 신민섭, 조성준, 1999)를 개선한 주의력 검사 프로그램이며, 5~15세의 아동 및 청소년을 대상으로 표준화되었다. 컴퓨터 프로그램을 사용하므로 반응의 기록 및 분석이 모두 프로그래밍되어 있어 시행과 해석이 편리하다. 또한 언어능력과 좌우 변별능력을 요구하지 않고 연습 효과가 없으며, 주의력 장애 진단의 주요 지표들과 약물치료에 대한 반응을 측정한다.

2) 검사도구와 실시방법

정밀주의력검사(ATA)는 시각자극과 청각자극 2개의 검사 양식으로 구성되어 있으며, 자극제시 시간과 자극제시 간격은 각각 0.1초와 2초이다. 시각자극의 경우 세 가지 모양의 도형으로 삼각형이 표적자극이고 사각형, 원 등 나머지 둘은 비표적자극이다. 시각자극이 [그림 7-13]에 제시되어 있다. 청각자극은 '삐-삐-삐' 소리가 표적자극이고 '삐-삐' '삐-삐-삐-삐' 소리가 비표적자극이다. 수검자는 컴퓨터 화면을 응시하고 표적자극이 제시될 때마다 조이스틱의 버튼을 누르면 컴퓨터에 이 반응이 자동으로 기록된다. 초반, 중반, 후반에 제시되는 표적자극은 각각 22%, 50%, 78%로 후반부로 갈수록 빈도가 높아진다. 낮은 빈도로 제시되는 초반에는 주의지속성(vigilance)을 측정하는 데 유용한데, 각성이 낮은 사람은 이때 수행 저하를 보여 누락 오류의 가능성이 많아진다. 후반에는 표적자극이 78%의 높은 빈

표적자극

비표적자극

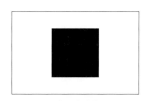
비표적자극

[그림 7-13] ATA 시각자극

출처: 브레인메딕.

도로 제시되어 반응과 억제가 매우 높게 요구되는 과제 상황이므로 중추신경계 각성 수준이 높은 수검자는 지나치게 흥분하여 충동적인 반응을 하며, 오경보 오류를 많이 보일 수 있다.

ATA의 검사 길이는 연령에 따라 다르게 제작되었다. 5세는 5분으로 초/중/후반 각각 1분 40초씩으로 구성되어 있고, 6세는 10분으로 초/중/후반 각각 3분 20초, 7세 이상은 총 15분으로 초/중/후반 각각 5분씩으로 나뉘어져 있다.

3) ATA 지표와 평가 영역

ATA 결과, 다음과 같은 7개의 지표들이 산출된다.

(1) 누락 오류(Omission Error)

부주의를 측정하는 것으로 수검자가 표적자극에 반응하지 않았을 때를 말한다.

(2) 오경보 오류(Commission Error)

반응 억제 장애와 충동성을 측정하는 것으로, 수검자가 비표적자극에 반응했을 때 발생한다. 즉, 누르지 않아야 할 때 버튼을 충동적으로 누르는 경우가 해당된다. ATA의 오경보 오류는 표적자극이 많이 제시되는 후반에 자주 나타난다.

(3) 정반응시간 평균(Response Time Mean: RTM)

자극에 대해 정확하게 반응하는 데 걸리는 처리시간(msec)의 평균을 말한다. ADHD를 가진 아동은 정반응을 하는 데 걸리는 시간이 정상 아동보다 느리므로 ADHD를 진단하는 데 매우 중요한 변인이다.

(4) 정반응시간의 표준편차(Response Time Deviation: RTD)

정확한 반응을 하는 데 걸리는 시간의 표준편차로서, 반응의 일관성과 주의력의 유동성을 측정한다. 즉, ADHD 아동은 짧은 기간 동안에는 정상적인 주의력을 보일 수 있으나 시간이 길어질수록 정반응을 하는 데 걸리는 시간이 비일관적이다.

(5) d' 또는 반응 민감도(Response Sensitivity)

신호탐지이론에 기초한 것으로 오경보 비율에 대한 정반응의 비율을 말한다. 이 것은 시간 경과에 따른 수행 감소를 나타내는 측정치로 표적자극을 비표적자극으로부터 변별해 내는 정도를 측정한다.

(6) β 또는 반응기준(Response Criterion)

신호탐지이론에 기초한 것으로 충동성 지표를 말한다. 즉, 점수가 낮을수록 충동적으로 반응한다는 것을 의미한다.

(7) 다중반응(Multiple Response)

표적 및 비표적 자극에 대하여 1회 이상 반응하는 경우로, 신경학적 문제의 가능성을 나타낸다.

4) 정밀주의력 검사 해석

ATA가 끝나면 수검자의 반응은 자동으로 기록되며 결과가 표와 그래프로 제시된다. 각 변인에서 70T 이상인 경우 ADHD를 시사하는 것으로 해석한다. 60T~70T인 경우는 주의집중력 문제를 시사하는 것으로 해석하며, 60T 미만은 주의집중력 문제가 없는 것으로 해석한다. ATA 결과 그래프가 [그림 7-14]에 제시되어 있다. 주요 해석지표는 누락 오류, 오경보 오류, 정반응시간, 정반응시간 표준편차 등 네 가지 변인이다.

ATA의 수행 및 해석 시 고려해야 할 요인은 다음과 같다. 우선, 지능요인으로, 보통 이상의 지능 수준인 아동과 청소년의 경우 주의력 장애가 있더라도 구조화된 검사 상황에서 주의집중력 문제를 보상할 수 있다. 반대로 보통 이하의 지능을 가진 아동들은 ADHD가 아니더라도 낮은 지능으로 인하여 정상 범위를 벗어난 수행을 보일 수 있다. 또한 ATA 검사 1~2시간 전에 카페인이 함유된 음료나 커피, 뇌 기능에 영향을 미칠 수 있는 약물을 복용한 경우 ATA 수행에 영향을 미칠 수 있다. 그리고 비디오 게임을 많이 하는 아동이나 고도로 훈련된 운동선수의 경우에는 눈과 손의 협응 능력이 뛰어나기 때문에 시각적 ATA에서 정상적인 수행을 보일 수도 있으므로 ATA의 정확한 해석을 위해서는 아동에 대한 관련 과거사를 자세히 파악

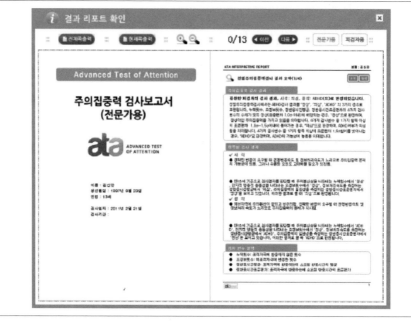

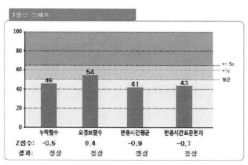

이 아이의 검사결과는 "정상"으로 판정되었습니다. 주의 분산성을 나타내는 누락횟수, 인지행동적 충동성을 나타내는 오경보횟수, 정보처리 속도를 측정하는 정반응시간평균, 주의 집중력의 일관성을 나타내는 정반응시간 표준편차의 4가지 검사변수의 수치가 모두 정상수치 +1.0 σ (표준편차) 이내에 해당되는 경우입니다. 정상적인 주의집중력을 가지고 있다고 해석합니다.

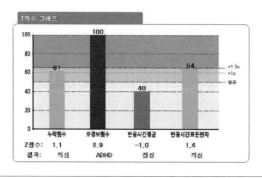

[그림 7-14] ATA 결과

출처: 브레인메딕.

하는 것이 중요하다.

　ADHD와 정상집단 간 ATA의 수행을 비교한 연구를 소개하면 시각자극의 누락 오류는 ADHD 29.1개, 정상집단 13.2개였고, 오경보 오류도 ADHD 29.6개, 정상집단 11.9개로 나타났다(Kim, Koh, Park, Lee, Yu, & Kim, 2020). 정반응시간의 경우 ADHD 7.8초, 정상집단 6.1초였고, 반응시간 표준편차는 ADHD 19.9초, 정상집단 8.0초로 나타나 ADHD의 수행이 매우 낮았다. 청각자극의 경우 누락 오류는 ADHD 12.8개, 정상집단 7.7개로 나타났고, 오경보 오류도 ADHD 14.7개, 정상집단 5.6개로 ADHD의 수행이 매우 저조하였다.

❸ 같은 그림 찾기 검사

1) 검사 대상 및 목적

　Kagan(1965)이 개발한 같은 그림 찾기 검사(Matching Familiar Figure Test: MFFT)는 시각적인 문제해결에 대한 아동의 인지 속도와 충동성을 측정하는 평가도구로, 아동·청소년의 주의력과 충동 통제에 대한 정보를 제공한다.

　이 검사를 통해 사려성-충동성을 판정할 수 있으며, 검사자가 수검자의 움직임을 관찰하기 때문에 인지 수준과 행동 수준에서 충동성을 평가할 수 있다. 또한 대부분의 심리검사들이 언어능력이나 산수능력이 부족한 아동에게 실시하기 적합하지 않을 수 있으나, MFFT는 그림으로 구성되어 있어서 언어능력이나 산수능력을 요구하지 않는다. 그리고 다른 수행검사에 비해 검사 시간이 짧고 실시가 쉬우면서도 유용한 정보를 제공하기 때문에 임상 장면에서 널리 사용되고 있다. 그러나 이러한 장점에도 불구하고 MFFT는 측정도구로서 타당화에 대한 연구자료가 부족하며, 아직까지 국내 아동에 대한 연령별 규준이 확립되지 않아 미국 규준을 적용하고 있다.

2) 실시방법 및 해석

　MFFT는 아동에게 친숙한 사물을 흑백으로 그린 그림들로 구성되어 있으며 그림의 내용은 집, 가위, 전화, 곰, 나무, 나뭇잎, 고양이, 드레스, 기린, 램프, 보트, 카우보이 등이다.

MFFT는 2개 문항의 연습문제와 12개 문항의 본 검사로 구성되어 있으며, 수검자에게 표적 그림을 제시하고 그 아래에 배열되어 있는 6개의 그림 가운데 동일한 그림을 찾아내도록 한다. MFFT 검사 자극의 예가 [그림 7-15]에 제시되어 있다. 총 12문항을 실시하여 반응 오류 수와 반응 잠재기(수검자가 첫 번째 반응을 할 때까지 걸린 시간의 평균)를 산출한다. 반응 오류와 반응 잠재기에 대한 연령별 백분위 점수를 통해 반응 오류 수가 많은 것은 주의력의 부족으로, 반응 잠재기가 짧은 것은 충동성이 높은 것으로 해석한다.

[그림 7-15] MFFT 검사 자극

출처: Kagan (1965).

4 위스콘신 카드분류 검사

위스콘신 카드분류 검사(Wisconsin Card Sorting: WCST)는 전두엽 기능과 관련된 실행 능력을 평가하는 검사로 주어진 카드를 모양이나 색깔을 기준으로 분류하는 행동을 분석해 문제해결 능력 및 상황에 대처하는 능력을 측정한다. 4개의 자극 카드, 자극 카드와 동일한 64개의 반응 카드 두 묶음으로 구성되어 있다. 4개의 자극 카드는 1개의 빨간색 삼각형, 2개의 초록색 별, 3개의 노란색 십자가, 4개의 파란색 원 등으로 구성되어 있다([그림 7-16] 참조). 테이블 위에 4개의 자극 카드를 제시하고 수검자에게 128개의 반응 카드를 차례대로 제시하면서 4개의 자극 카드 중 짝이 된다고 생각되는 카드에 짝짓기를 하도록 지시한다. 수검자는 매 시행에서 검사자의 피드백을 듣고 카드를 분류하는 규칙을 추론해서 다음 반응을 결정한다. 연속해서 정해진 개수만큼 성공 반응을 보이면 분류규칙이 바뀌며, 수검자는 오류가 적으면서 정확하게 규칙을 파악해야 한다.

평가 변인은 수검자가 파악한 범주규칙의 수인 완성된 범주 수, 정반응 수, 유지실패, 기존의 원칙을 고수하여 수행한 보속 오류 등 네 가지 변인이다.

7~12세 ADHD와 정상 아동의 WCST 결과를 비교한 결과, 완성된 범주 수는 ADHD 3.45개, 정상집단 4.69개, 정반응 수는 ADHD 36.40개, 정상집단 56.27개로 ADHD의 수행이 저조하였다(Pineda, Ardila, & Rosselli, 1999). 국내에서 ADHD 하

[그림 7-16] WCST 검사

출처: 한국심리연구소 홈페이지.

위 유형의 수행을 비교한 결과, 완성된 범주 수는 부주의 유형 2.00개, 혼합형 4.00개, 대조집단인 가벼운 신경증 집단은 4.95개로 부주의 유형이 가장 적었다. 정반응 수는 부주의 유형이 57.00개, 혼합형이 73.67개, 대조집단인 가벼운 신경증 집단은 82.00개로 부주의 하위 유형이 가장 적었다. 오반응 수도 ADHD 부주의 유형이 65.20개, 혼합형 44.25개, 가벼운 신경증 집단 29.84개로서 부주의 유형이 가장 많았다(김용희, 2006).

5 단어유창성 검사

단어유창성 검사는 1분 이내에 주어진 범주(동물, 가게물건)의 이름이나 특정 글자(ㄱ, ㅇ, ㅅ)로 시작하는 단어를 열거하는 것이다. 단어 생성능력뿐 아니라 개념적 사고력, 인지적 유연성을 평가할 수 있으며, 장기기억력과 기억 인출 능력도 평가할 수 있다.

채점 변인으로는 단어의 개수, 동일 단어를 반복하는 보속오류, 다른 범주의 단어를 말하는 침입오류가 있다.

ㄱ, ㅇ, ㅅ과제로 ADHD와 학습장애 아동의 단어유창성 검사를 실시한 결과, 일반 아동 67.93개, 수학장애 아동 61.70개, ADHD 아동 47.47개, 그리고 읽기장애 아동 44.60개 순으로 나타나 ADHD와 읽기장애 아동의 단어유창성이 매우 낮았다(송찬원, 2009).

6 선로 잇기 검사

선로 잇기 검사(Trail Making Test A/B)는 숫자들을 가능한 빠르게 연결하는 A형과 수-문자-수-문자 등 숫자와 문자를 번갈아 가며 빠르게 연결하는 B형이 있다. 평가 변인은 과제 수행에 소요된 시간과 오류 수이다. 신경심리학적 평가를 위해 가장 흔히 이용하는 검사이고, 뇌 손상에 민감한 선별도구이다. 수검자의 주의력, 정신운동속도, 시각추적 능력, 주의전환, 글자와 숫자의 즉각적인 재인 능력 등을 평가하는데, 특히 B형의 효율적인 처리를 위해서는 좌-우 뇌기능의 통합적 처리가 필요하다.

ADHD 부주의 유형, 혼합형, 그리고 정상집단에 선로 잇기 검사 B형을 실시한 결과, ADHD 부주의 유형 72.10초, 혼합형 98.30초, 그리고 정상집단 70.40초로 혼합집단이 가장 느렸고, 오류 수는 부주의 유형 2.00개, 혼합형 6.10개, 그리고 정상집단 1.60개로 혼합집단이 가장 많아서 시각추적 능력 및 억제과정의 문제를 반영한다(배대석, 서완석, 구본훈, 박권생, 장자은, 2006).

구훈정과 신민섭(2008)은 문화 및 언어의 영향을 최소화하기 위해 선로 잇기 검사(TMT)를 보완하여 아동 색 선로 검사(Children's Color Trails Test: CCTT)를 표준화하였다. 각 숫자를 순서대로 빠르게 연결하는 과제인 CCTT-1과 방해자극에 대한 주의를 적절하게 억제하며 숫자와 색을 교대로 연결하는 CCTT-2 과제로 구성되어 있다.

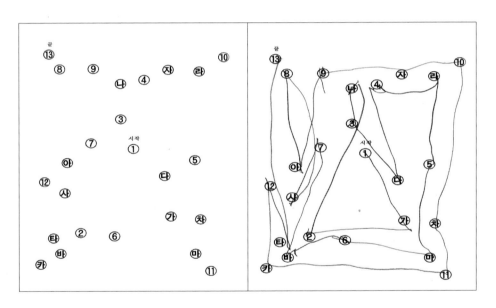

[그림 7-17] 선로 잇기 검사 B형 검사지와 검사결과 사례

7 스트룹 검사

스트룹 검사(Stroop test)는 전전두엽에서 담당하는 억제과정의 효율성을 평가하기 위해 개발된 신경심리검사이다. 색깔을 글로 쓴 단어와 그 글자의 색깔이 동일한 조건과 다른 조건에서 글자의 색깔을 말하도록 한다. 문명사회의 사람들은 글자를 읽는 것이 자동화되어 있으므로 단어의 색과 글자가 일치하지 않는 조건에서 방

해를 받는데, 자동화된 반응을 억제하고 글자의 색깔을 말해야 한다. 이때 반응시간이 느려지는 것이 전전두엽의 억제과정을 반영하는 것이다.

ADHD 아동의 경우 평균 반응시간이 47.04초로 정상집단 37.56초에 비해 유의하게 늦었고, 오류 수는 ADHD 아동 2.40개, 정상집단 1.04개로 나타나 ADHD 아동의 행동적 억제의 문제를 반영한다(이명주, 김귀애, 김상엽, 홍창의, 2004).

Ⅲ. 기초학습기능 검사

1 검사 대상 및 목적

기초학습기능 검사는 박경숙, 윤점룡과 박효정(1989)이 개발한 개인용 표준화 학력 검사로 유치원부터 초등학교 6학년까지의 아동을 대상으로 기초학습기능 또는 기초능력을 평가하는 데 사용된다. 아동의 학습 수준이 정상 수준에 비해 얼마나 저조한지 평가하고, 학습 집단 배치를 결정하기 위한 것이며, 구체적인 개별화 교수안을 짜기 위한 목적으로 활용한다. 그리고 일반 아동뿐만 아니라 장애 아동, 읽기능력이 부족한 어린 아동의 능력을 평가하는 데도 사용한다. 특히 학습장애가 의심될 때 먼저 표준화된 지능검사를 통해 지능 수준이 평균 수준 이상인 경우 특수학습장애 여부와 그 수준을 파악하기 위해 실시한다.

2 검사도구와 실시방법

1) 검사도구

기초학습기능 검사는 언어 기능, 수 기능 및 정보처리 기능이 복합된 일종의 배터리 형식의 검사로, 이 검사에서 다루는 학습 기능과 학교 교과목을 통해 배우는 내용과의 위계적 관계를 나타내면 [그림 7-18]과 같다. 이 그림에서는 정보처리 기능이 가장 하위 수준의 기능이며, 가장 상위 수준의 기능은 학교 외에서 일어나는 학습이라는 것을 보여 준다. 또한 정보처리 기능은 모든 학습에 일반적으로 적용되는 기능이고, 언어 기능과 수 기능은 초기의 학교학습(초등학교 과정)에서 획득되는

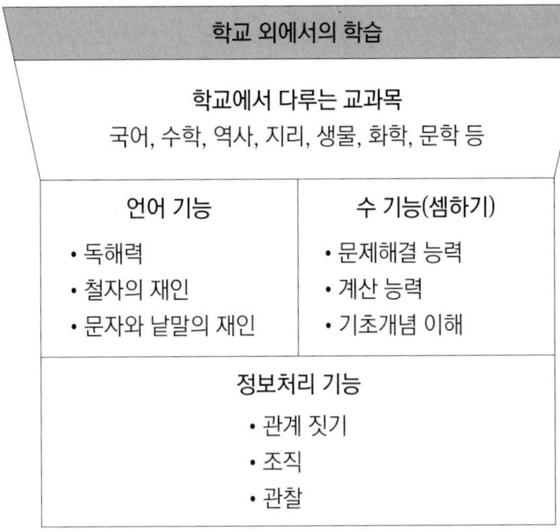

학교 외에서의 학습
학교에서 다루는 교과목 국어, 수학, 역사, 지리, 생물, 화학, 문학 등

언어 기능	수 기능(셈하기)
• 독해력 • 철자의 재인 • 문자와 낱말의 재인	• 문제해결 능력 • 계산 능력 • 기초개념 이해

정보처리 기능
• 관계 짓기 • 조직 • 관찰

[그림 7-18] 기초학습기능 검사의 구성 및 위계

출처: 박경숙 외(1989).

〈표 7-4〉 기초학습기능 검사의 하위 검사 및 평가 요인

기능	하위 검사	평가 요인	문항 수
정보처리	정보처리	• 관찰: 정보에 대한 학습자의 지각 과정, 자극에 반응하는 시각-운동 과정, 시각적 기억과 양, 길이 · 무게 · 크기에 대한 관찰력 • 조직: 묶기, 분류하기, 공간적 특성과 시간에 따라 순서 짓기 등의 조직 능력 • 관계 짓기: 학습자의 추론 및 적용 능력, 유추, 부조화된 관계 알기 등의 관계 능력을 측정	60
수	셈하기	• 기초개념의 이해: 숫자 변별, 수 읽기 등 셈하기 및 수의 기초개념의 이해 • 계산 능력: 가감승제, 십진 기수법, 분수, 기하 등의 계산 능력 • 문제해결 능력: 실생활에 필요한 기초적인 수학적 지식과 개념을 측정하는 문제해결 능력	60
언어	읽기 Ⅰ	• 문자와 낱말의 재인: 사물, 숫자, 기호 및 문자(낱자와 낱자군)의 변별력, 낱자의 명칭 이해, 사람들의 발음어의 이해 정도	50
	읽기 Ⅱ	• 독해력: 문장의 의미, 사실과 정보를 기억하고 재생 능력 등을 통한 독해력	50
	쓰기	• 철자의 재인: 사물, 숫자, 기호 및 문자(낱자와 낱자군)의 변별력, 낱자의 명칭 이해, 낱자를 발음하도록 하여 발음어의 이해 정도	50

최소한의 교육적 성취를 나타낸다. 이 검사에서 평가하는 세 가지 기능은 모두 학교학습에 기초가 되는 기능이며, 수검자의 점수는 유치원 및 초등학교 과정의 학년 수준을 평가할 수 있는 내용이기도 하다.

기초학습기능 검사에서 평가하는 기능은 구체적으로 9개 요인이지만 소검사는 5개이며, 총 270개의 문항이 있다. 기초학습기능 검사의 주요 구성 내용은 〈표 7-4〉와 같다.

(1) 정보처리

정보처리 영역에서는 모든 학습의 기초가 되는 다음의 세 가지 기능을 평가한다.

- 정보에 대한 학습자의 지각 과정, 자극에 반응하는 시각-운동 과정, 시각적 기억과 양, 길이·무게·크기에 대한 관찰 능력
- 묶기, 분류하기, 공간적 특성과 시간에 따라 순서 짓기 등의 조직 능력
- 학습자의 추론 및 적용 능력, 유추, 부조화된 관계 알기 등의 관계 능력

(2) 셈하기

숫자 변별, 수 읽기 등 셈하기의 기초 개념부터 간단한 가감승제, 십진 기수법, 분수, 기하, 측정 영역의 계산 및 응용문제 등 실생활에 필요한 기초적인 수학적 지식과 개념을 평가하는 문항들로 구성되어 있다.

(3) 읽기 I

문자(낱자와 낱자군)를 변별하고 낱말을 다른 사람들이 이해할 수 있는 언어음 (sound speech)으로 읽는 문항들로 구성되어 있으며, 읽기 능력을 평가하는 검사이다.

(4) 읽기 II

문장에 나타난 간단한 사실과 정보를 기억하고 재생하여 그 문장의 의미를 가장 잘 나타내는 그림 예시문을 고르는 문항들로 구성되어 있다.

(5) 쓰기

아동이 낱말의 철자를 얼마나 잘 알고 있는가를 평가하는 검사로, 다음의 세 가지 내용으로 구성되어 있다.

- 사물, 숫자, 기호 및 문자를 변별하는 문항들로 구성
- 낱자의 정확한 철자를 아는 능력으로, 낱소리를 낱자와 짝짓는 문항들로 구성
- 낱말의 정확한 철자를 아는 능력으로, 낱말의 소리를 낱말과 짝짓는 문항들로 구성

2) 실시방법

기초학습기능 검사는 시간제한이 없는 검사이므로 수검자가 충분히 생각해서 대답을 할 수 있도록 검사 시간을 넉넉하게 준다. 대답 시간은 셈하기의 경우 약 30초, 다른 검사들은 15초 정도가 적당하다.

검사의 실시는 정보처리 → 셈하기 → 읽기Ⅰ → 읽기Ⅱ → 쓰기의 순서로 진행한다.

❸ 채점 및 결과 해석

채점은 정보처리 검사의 일부 항목과 읽기Ⅰ 검사를 제외한 모든 검사 항목에서 수검자가 대답한 문항 번호를 그대로 기입한 후 정답지를 참고하여 채점한다. 정보처리 검사의 눈과 손의 협응 문제들(2, 18, 19, 42, 47번)은 항목별 별도의 채점기준에 따라 채점한다. 읽기Ⅰ 검사에서는 수검자가 읽는 낱말을 듣고 맞게 읽으면 ○, 틀리게 읽으면 ×로 표시한다. 하위 검사별로 문항당 1점으로 채점을 하며, 이것이 검사의 원점수가 된다.

검사로부터 얻은 원점수로 기초학습기능 검사의 학년 규준과 연령 규준, 그리고 학년 및 연령별 검사의 백분위 점수 등 세 가지 유형의 유도점수를 산출한다. 수검자의 출생 연도 및 개월에 따라 학년 또는 연령 중 어느 것이 더 유리한지 판단한 후, 지능검사 결과 얻은 IQ를 학년 또는 연령에 기초하여 조정된 정신연령으로 계산한다. 조정된 정신연령을 수검자의 IQ에 의해 기대되는 점수와 비교하여 해석한다.

참고문헌

강연욱, 나덕렬(2003). 서울신경심리검사(Seoul Neuropsychological Screening Battery). 인천: 휴브알엔씨.

강연욱, 나덕렬, 한승혜(1997). 치매환자들을 대상으로 한 K-MMSE의 타당도 연구. 대한신경과학회지, 15, 300-308.

곽금주, 오상우, 김청택(2011). K-WISC-IV 전문가 지침서. 서울: 인싸이트.

구훈정, 신민섭(2008). 아동 색 선로 검사의 표준화 연구. 소아청소년정신의학, 19(1), 28-37.

김민경, 신민섭(1995). 벤더-게스탈트 검사에 대한 한국 아동의 발달적 규준 및 임상적 유용성에 대한 예비 연구. 한국심리학회지, 임상, 14(1), 149-160.

김용희(2006). ADHD 아동의 하위 유형에 따른 전두엽집행기능 연구: WCST 수행을 중심으로. 한국심리학회지: 건강, 11(2), 301-314.

박경숙, 윤점룡, 박효정(1989). 기초 학습 기능 검사 실시 요강. 서울: 한국교육개발원.

배대석, 서완석, 구본훈, 박권생, 장자은(2006). ADHD 하위유형에 따른 관리기능 결함양상. 한국심리학회지: 건강, 11(2), 275-299.

송찬원(2009). 학습장애아와 ADHD 아동 및 일반아의 실행기능 특성. 특수교육 저널 : 이론과 실천, 10(4), 565-590.

이명주, 김귀애, 김상엽, 홍창의(2004). 주의력결핍 과잉행동 장애 아동의 억제능력, 계획능력, 그리고 작업 기능 능력. 소아청소년정신의학, 15, 82-90.

이상노, 변창진, 이희도(1986). BGT 성격진단법. 서울: 중앙적성연구소.

정종진(2003). BGT 심리진단법. 서울: 학지사.

정진복(2004). 신경심리학적 평가. 안창일(편저), 임상심리학. 서울: 시그마프레스.

최진영(1998). 한국판 치매 평가 검사: Korean-Dementia Rating Scale. 서울: 학지사.

홍강의 신민섭, 조성준(2010). 정밀주력검사. (주)브레인메딕한국.

홍강의, 신민섭, 조성준(1999). ADS 주의력 장애 진단시스템. 서울: 학지사.

황순택, 김지혜, 박광배, 최진영, 홍상황(2012). K-WAIS-IV 실시 및 채점요강. 대구: (주)한국심리.

Bender, L. A. (1938). *A visual motor gestalt test and its clinical use*. New York: American Orthopsychiatric Association.

Brannigan, G. G., & Decker, S. L. (2003). *The Bender Visual-Motor Gestalt Test* (2nd ed.). Itasca, IL: Riverside.

Brannigan, G. G., & Decker, S. L. (2006). The Bender-Gestalt II. *American Journal of Orthopsychiatry, 76*(1), 10-12.

Groth-Marnat, G. (2009). *Handbook of Psychological Assessment*. John Wiley & Sons Inc.

Hutt, M. L., & Briskin, G. J. (1960). *The clinical use of the revised Bender-Gestalt Test*. New York: Grune & Stratton.

Kagan, J. (1965). Reflection-impulsivity and reading ability in primary grade children. *Child Development, 36*(3), 609-628.

Kim, Y., Koh, M. K., Park, K. J., Lee, H. J., Yu, G. E., & Kim, H. W. (2020). WISC-IV Intellectual Profiles in Korean Children and Adolescents with Attention Deficit/ Hyperactivity Disorder. *Psychiatry Investigation, 17*(5), 444-451.

Koppitz, E. M. (1960). The Bender-Gestalt Test for children: A normative study. *Journal of Clinical Psychology, 16*, 432-435.

Koppitz, E. M. (1964). *The Bender Gestalt Test for young children*. New York: Grune & Stratton.

Koppitz, E. M. (1975). *The Bender Gestalt Test for young children, Vol. 2: Research and application*. New York : Grune & Stratton.

Lacks, P. (1984). *Bender Gestalt Screening for brain dysfunction*. New York: Wiley.

Lacks, P. (1999). *Bender Gestalt Screening for brain dysfunction* (2nd ed.). New York: Wiley.

Lacks, P. (2000). Visuoconstructive abilities. In G. Groth-Marnat (Ed.), *Neuropsychological assessment in clinical practice: A guide to test interpretation and integration*. New York: Wiley.

Lacks, P. B., & Newport, K. (1980). A comparison of scoring systems and level of scorer experience on the Bender-Gestalt Test. *Journal of Personality Assessment, 44*(4), 351-357.

Pascal, G. R., & Suttell, B. J. (1951). *The Bender-Gestalt test: Quantification and validity for adults*. New York: Grune & Stratton.

Pineda, D., Ardila, A., & Rosselli, M. (1999). Neuropsychological and behavioral assessment of ADHD in seven- to twelve-year-old children: A discriminant analysis. *Journal of Learning Disabilities, 32*(2), 159-173.

Reynolds, C. R. (2007). *Koppitz developmental scoring system for the Bender-Gestalt Test-2nd edition (Koppitz 2) Rater's manual*. Austin, TX: Pro-Ed Inc.

Schilder, P. (1934). Space, time and perception. *Psyche, 14*, 124-239.

Wertheimer, M. (1923). Studies in the theory of Gestalt psychology. *Psychologische Forschung, 4*, 301-350.

제3부

성격과
정신병리평가

제8장

객관적 성격검사:
MMPI-A와 MBTI

Ⅰ. 다면적 인성검사 청소년용

1 MMPI와 MMPI-2, MMPI-A의 개발

다면적 인성검사(Minnesota Multiphasic Personality Inventory: MMPI; Hathaway & McKinley, 1943)는 566문항으로 10개의 임상 척도와 수검태도를 탐지하는 4개의 타당도 척도로 구성된 자기보고식 객관적 성격검사이다. 출판되자마자 임상 장면에서 인정을 받기 시작했고, 수많은 연구와 경험적인 검증을 통해 학교, 교정시설, 군대, 특수기관과 같은 다양한 장면에서 가장 널리 사용되고 연구에 활용되는 심리검사로 자리 잡았다. MMPI-2(다면적 인성검사-2; Butcher, Dahlstrom, Graham, Tellegen, & Kaemmer, 1989)는 초판인 MMPI를 현재 실정에 맞게 재표준화한 검사이다. 567문항으로 MMPI 척도와 문항에 최소한의 변화를 주어 연속성을 확보하면서, MMPI에서 제기되었던 규준집단의 대표성 문제, 정신건강의학과 환자 외에 다양한 장면에서 사용할 때 일부 문항(예: 성적, 신체 기능, 종교적 문제 등)의 부적절성을 극복하였다. 물질 남용, 자살 위험성 등의 평가도 가능해져서 지난 50년간의 시대적인 변화와 임상적 요구를 최대한 반영하고 있다(Butcher, 1990). MMPI의 타당도 척도 외에 무선반응 비일관성 척도, 고정반응 비일관성 척도 등 타당도 척도가 추가되었고, 다양한 재구성 임상 척도, 내용 척도와 보충 척도들이 추가되어 임상적 진단뿐 아니라 연구목적으로도 활용도가 높아졌다.

14~18세 청소년용인 MMPI-A(Minnesota Multiphasic Personality Inventory-Adolescents)는 1992년에 출간되었고(Butcher, Williams, Graham, Archer, Tellegen, Ben-Porath, & Kaemmer, 1992), 우리나라에서는 12~18세를 대상으로 표준화되었다(김중술, 한경희, 임지영, 민병배, 문경주, 2005b). MMPI-A는 478문항인데, MMPI-2의 문항을 바탕으로 청소년에게 부적절한 문항이 삭제되었고, 청소년에게 중요한 내용 영역의 문항이 추가되었다. 그리고 사용된 어휘를 포함하여 모든 문항이 청소년의 시각에 알맞게 표현되었고, 청소년을 대상으로 표준화되어 규준이 작성되었다. 무선반응 비일관성(VRIN), 고정반응 비일관성(TRIN), 비전형(F), 부인(L), 방어성(K) 척도 등 5개의 타당도 척도와 건강염려증(Hs), 우울증(D), 히스테리(Hy), 반사회성(Pd),

남성성-여성성(Mf), 편집증(Pa), 강박증(Pt), 조현병(Sc), 경조증(Ma), 그리고 내향성(Si) 척도 등 10개의 임상 척도는 성인용과 유사하다. 또한 다양한 내용 척도, 보충 척도와 성격병리 5요인 척도도 제시되어 심도 있는 분석과 연구에 활용할 수 있다.

2 MMPI-A의 실시와 채점

MMPI-A는 MMPI-2와 같이 지필검사로서 실시와 채점이 용이하다는 것이 가장 큰 장점이다. 그러나 적절한 해석을 위해서는 높은 수준의 심리측정 이론, 발달이론, 성격이론, 임상적 지식이 요구될 뿐만 아니라 검사 사용의 윤리적 원칙에 대한 강한 책임이 요구된다.

수검자가 MMPI-A를 수행하는 데는 적절한 독해력이 필수이다. MMPI-A도 성인용과 마찬가지로 초등학교 6학년 수준의 독해력에 맞추어 문항이 구성되었으나, 수검자가 일부 문항의 이해에 어려움이 있는지 확인해야 한다. 소요시간은 일반적으로 1시간~1시간 30분 정도이다. 청소년이 검사를 완성하는 데 필요한 최대한의 협조와 주의를 보장하기 위해 검사자의 세심한 주의가 필요하다. 특히 시력의 문제, 난독증, 수용성 언어장애, 학습장애, 약물이나 알코올 중독 상태 등 문항을 읽고 답하는 데 어려움이 없는지 확인해야 한다.

검사를 실시하는 전형적인 환경은 검사지와 답지를 펼쳐 놓을 수 있는 책상, 편안한 의자, 적절한 조명과 방해자극이 없는 조용한 장소이다.

MMPI-A는 개인과 집단에게 모두 실시할 수 있는데, 집단으로 실시하는 경우 검사를 완성하는 데 최대한의 협조와 주의를 보장하기 위한 환경이 요구되며, 추가적인 도움이 필요한 경우를 대비해 보조 감독자가 있으면 좋다.

한국판 MMPI-A는 컴퓨터를 이용한 채점 프로그램을 사용해서 채점하는데, 채점 프로그램에 대한 자세한 방법과 예시는 사용 지침서와 홈페이지(www.mmpi2.co.kr)를 참고한다.

모든 척도의 T점수의 평균은 50이고, 표준편차는 10이다. T점수가 50이라는 것은 수검자의 점수가 규준집단에 속해 있는 같은 성별의 평균점수와 같다는 것을 의미한다. T점수가 50보다 크면 규준집단의 평균보다 높은 점수이고, 50보다 작으면 규준집단의 평균보다 낮은 점수를 의미한다. 각 척도에 대해 임상 집단에 해당하는 절단점은 70T 이상이며, 60T는 경계선 수준으로 판단한다.

3 척도의 구성

1) 타당도 척도

MMPI-2/MMPI-A는 자기보고식 검사이므로 이를 해석할 때 가장 먼저 해야 할 일은 검사결과가 해석할 수 있을 만큼 신뢰할 수 있는 것인지 판단해야 한다. 타당도 척도(Validity Scale)는 수검자가 검사에 응답하는 방식에 따라서 타당성을 위협하는 여러 가지 요인들을 찾아내고 그것들이 검사결과에 미치는 영향을 평가할 수 있도록 만들어졌다. [그림 8-1]의 기본 프로파일에서 세로 선을 중심으로 좌측에 있는 척도들이 타당도 척도의 T점수를 나타낸다. 타당도 척도에 대한 설명은 다음과 같다.

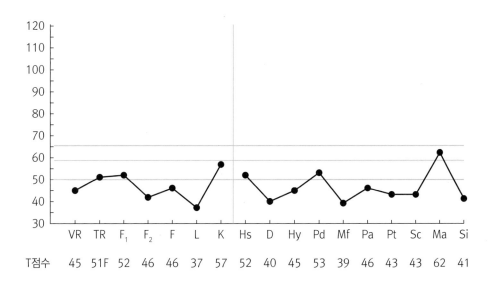

[그림 8-1] MMPI-A 타당도 척도와 임상 척도 프로파일 예

출처: Butcher & Williams (2000).

(1) 무응답 지표(?: Cannot Say)

수검자가 '예/아니요'에 모두 체크했거나 모두 빈칸으로 둔 문항의 개수이다. 무응답 문항이 30개 이상이면 검사결과를 해석할 수 없다.

(2) 무선반응 비일관성 척도(Variable Response Inconsistency: VRIN)

내용 면에서 유사하거나 정반대인 문항들이 짝지어진 문항 반응 쌍으로 구성되어 수검자가 문항 응답에 비일관적으로 반응하는 경향을 탐지한다. VRIN 점수가 높은 경우 수검자가 무선적인 방식으로 문항에 응답했다고 볼 수 있고, 프로토콜 전체가 해석 불가능할 수도 있다.

(3) 고정반응 비일관성 척도(True Response Inconsistency: TRIN)

문항에 상관없이 하나의 답으로 일관하는 반응 경향성을 의미하며, 수검자가 모든 문항에 '예' 또는 '아니요'로 응답하는 경향성을 탐지한다. TRIN 척도의 T점수가 79점 이상인 경우 '예' 또는 '아니요'로 고정적으로 응답하는 경향을 보인 것으로 프로토콜 전체의 해석이 불가능할 수 있다.

(4) 비전형 척도(Infrequency: F)

정상집단에서 10%만이 반응할 정도로 비전형적인 내용의 문항으로, 이 척도의 점수가 높으면 심각한 심리적 적응 문제를 겪고 있는 경우, 심리적 문제의 심각성이 높지 않음에도 불구하고 자신의 문제를 과장하려는 경우를 탐지한다. 이 척도는 F1 척도와 F2 척도로 나뉜다. 비전형1(F1) 척도의 문항은 검사 1~350번 문항에 나타나므로 전반부에 포함되는 문항들이다. MMPI-A 기본 척도들에 대한 반응의 타당성을 평가하는 데 사용할 수 있다. 비전형2(F2) 척도는 242번부터 시작되는 검사 후반부에 포함되는 문항들로서 MMPI-A의 내용 척도 및 보충 척도들에 대한 반응의 타당성을 평가하는 데 사용할 수 있다. F1과 F2의 차이를 비교하면 검사 후반에 가서 검사태도상의 변화를 보인 수검자를 가려낼 수 있다.

(5) 부인 척도(Lie: L)

수검자가 자신을 얼마나 미화하는지 파악할 수 있고, 사회적으로 바람직하지만 극히 일부에서만 발견되는 태도나 행동이 반영된 문항들로 구성된다. 점수가 높으면 지나치게 완벽주의적 성향으로 인해 자신의 결점이나 성격적 결함을 인정하지 못하여 원래 자신을 실제보다 더 좋게 드러내려는 의도적이면서 세련되지 않은 시도를 반영한다.

(6) 방어성 척도(Defensiveness: K)

정신병리를 부인하고 자신을 매우 좋게 보이려는 경우로서 전형적인 방어적 성향을 시사한다. L척도에 비해 더 미묘한 부인의 예를 탐지하므로, MMPI-2에서는 K교정을 위한 가중치를 준다. 그러나 청소년 집단에 대해서는 타당화가 이루어지지 않았기 때문에 MMPI-A에서는 K교정이 적용되지 않는다.

2) 임상 척도와 임상 소척도

앞의 [그림 8-1] 사례에서 세로선을 중심으로 우측에 있는 프로파일이 임상 척도의 T점수를 나타낸다. 각 임상 척도의 특성과 Harris와 Lingoes(1955, 1968)가 제시한 임상 소척도를 함께 설명하면 다음과 같다.

(1) 척도 1(건강염려증, Hypochondriasis: Hs)

척도 1은 건강염려증의 특징적인 증상을 보이는 청소년을 구분하기 위해 선별된 문항으로 구성되어 있다. 척도 1의 상승은 건강, 질병 및 신체 기능에 대한 과도한 집착을 반영하며, 구체적인 신체증상에서부터 일반적이거나 모호한 증상에 이르기까지 다양한 신체증상의 호소를 담고 있다. 또한 신체화 방어의 존재와 이러한 방어가 효과적으로 작용하고 있지 않다는 것을 시사한다.

청소년기에 척도 1에서 높은 상승은 흔치 않다. 청소년의 경우 추가로 학교 관련 어려움도 예상된다. 여자 청소년은 가족 문제(예: 부모 갈등, 재정적 곤란)와 섭식장애를 겪을 수 있다.

(2) 척도 2(우울증, Depression: D)

척도 2는 원래 우울증상을 평가하기 위해 개발되었다. 척도 2에 속하는 문항들은 의기소침과 무감동, 과도한 민감성, 그리고 정신운동 지체 등의 신체적 문제와 관련된 내용을 포함한다. 척도 2는 5개의 임상 소척도로 구성되어 있다. 주관적 우울감 척도(Subjective Depression: D1)에서 점수가 높으면 즐거움을 못 느끼고, 비관주의, 의욕저하와 낮은 자존감, 문제에 대처하는 에너지의 부족을 반영하다. 정신운동 지체 척도(Psychomotor Retardation: D2)는 사회관계에 잘 참여하지 않고 움직이려 하지 않으며, 사회적 철수, 무기력함, 공격성과 분노의 부인 등의 특성이 반영된다. 신체적 기능장애 척도(Physical Malfunctioning: D3)는 자신의 신체 기능장애를 호소하고 자기 자신에 집착하며, 식욕저하, 체중변화, 허약함, 변비와 같은 우울증의 생장증상이 반영된다. 둔감성 척도(Mental Dullness: D4)가 높으면 반응성이 떨어지고, 자신의 심리적 기능을 불신하며 주의집중 곤란, 판단 실수, 기억 문제, 낮은 에너지, 자신감이나 주도성 부족 등 우울증의 인지적 쇠약을 반영한다. 깊은 근심 척도(Brooding: D5)가 높으면 반추하거나, 화를 잘 내고, 불행감과 초조 등 쉽게 기분이 언짢아지는 경향과 관련이 있다.

척도 2의 Harris-Lingoes 임상 소척도는 특히 여자 청소년에게 잘 적용된다. 척도 2가 높은 청소년은 학교 관련 어려움이 있고, 부모와의 논쟁이 심해질 수 있다. 행동화할 가능성은 적지만 섭식 문제, 신체적 호소, 낮은 자존감을 나타낼 가능성이 있다. 대인관계에서는 소수의 친구만 있고 내향적이다.

(3) 척도 3(히스테리, Hysteria: Hy)

척도 3의 문항들은 기질적 문제가 없음에도 불구하고 스트레스에 대해 감각 혹은 운동의 장애를 포함하는 히스테리적 반응을 나타낸다. 이 척도는, 첫째, 신체적 관심과 문제나 어려움의 부인, 둘째, 사회적인 수용과 승인의 추구로 구성되어 있다. 이 점수가 높은 사람은 일반적으로 연극적 성격 특징이 있고, 미성숙하고 자기중심적이며 요구적인 사람들로 억압, 부인의 방어기제를 주로 사용한다. 척도 3은 5개의 임상 소척도로 구성되어 있다. 사회적 불안의 부인 척도(Denial of Social Anxiety: Hy1)는 사회적 외향성을 드러내고, 사회적 불안이나 당황하게 되는 상황에서 불편감을 부인하는 경향을 반영한다. 애정 욕구 척도(Need for Affection: Hy2)는 타인에 대한 적대적 태도를 부인하고, 타인에 대한 믿음과 지나친 낙관주의, 냉소, 불신, 적개심, 반항적 태도와 같은 부정적 특성들을 부인하는 태도와 관련이 있다. 권태-무기력 척도(Lassitude-Malaise: Hy3)의 높은 점수는 피로감, 신경쇠약, 저조한 신체적·정신적 기능 저하를 반영한다. 신체증상 호소 척도(Somatic Complaints: Hy4)가 높으면 정서의 억압과 전환을 시사하는 다양한 신체증상을 호소하고 증상의 심각성에 대한 정서적 무관심을 반영한다. 공격성의 억제 척도(Inhibition of Aggression: Hy5)가 높으면 공격성, 분노, 적대감의 억제와 폭력성을 부인하며 타인의 반응에 예민하고 동조하는 경향을 반영한다.

여자 청소년의 경우 스트레스에 대한 반응으로 신체적 고통을 호소할 수 있다. 남자 청소년의 척도 3의 상승은 드물지만, 학교 문제와 자살 사고나 제스처 및 과거력 모두를 보이는 경향이 있다.

(4) 척도 4(반사회성, Psychopathic Deviate: Pd)

반사회적 혹은 비도덕적 유형의 반사회성 성격으로 진단되는 환자들을 가려내기 위해서 개발되었다. 이 척도에서 가장 높은 점수를 얻은 사람들은 반사회적이고 범죄적인 행동을 통해 반항할 수 있으며, 다소 높은 점수를 얻은 사람들은 사회적으로 좀 더 용납될 수 있는 방식으로 반항성을 표현할 가능성이 있다. 척도 4는 5개의 임상 소척도로 구성되어 있다. 가정불화 척도(Familial Discord: Pd1)는 가족의 통제에 대해 저항하고, 보살핌을 받지 못한다고 분개하며, 신랄하고 책임을 외부로 전가하는 양상을 반영한다. 권위불화 척도(Authority Problem: Pd2)가 높으면 부모와 사회의 요구에 대한 반항, 사회적 규범과 가치에 대한 분개, 행동 통제 문제, 타인의 요구에 대한 저항, 통제되지 않은 행동과 저항적 반응을 예측한다. 사회적 침착성 척도(Social Imperturbability: Pd3)는 사회적 불안을 부인하고, 지나치게 담담하며 의존욕구를 부인하는 태도를 반영한다. 사회적 소외 척도(Social Alienation: Pd4)가 높으면 사회적으로 고립되어 있고, 소속감과 사회적 관계에서 만족감이 결여되어 있으며, 문제의 원인을 외부로 귀인하여 비난하고, 자신이 부당한 대우를 받는다고 느낀다. 내적 소외 척도(Self-Alienation: Pd5)는 자기 통합이 결여되어 있고 불행감 및 불편감 호소, 죄책감의 표현 및 일상생활에서의 만족감이 저하된 것과 관련이 있다.

청소년들은 척도 4의 상승이 흔하며, 척도 4가 가장 높은 척도인 경우가 많다. 이러한 일반적 상승은 정체감을 형성하고 부모로부터 독립을 성취하려는 격동적인 시도를 반영하는 것이다. 따라서 영구적인 특성이기보다 일시적 발달단계의 일부로 보인다. 그러나 극단적으로 높은 상승은 반사회적 행동에 빠지는 비행과 관련될 수 있고, 가족과의 갈등, 학교 관련 문제와 약물 및 알코올 문제가 있을 수 있다. 이들은 자신의 행동에 대해 죄책감을 잘 느끼지 않으며 처벌에 개의치 않는다. 외현화 행동 문제(거짓말, 사기, 도벽, 울화통 터뜨리기, 질투 등)와 학교 중퇴 같은 문제를 보일 수 있다. 남자 청소년은 신체적 학대, 가출을 보고하며, 여자 청소년은 신체적 학대와 성적 학대도 보고한다.

(5) 척도 5(남성성-여성성, Masculinity-Femininity: Mf)

원래 동성애 남성을 가려내는 목적으로 개발되었지만, 성정체성과 동성애를 명백히 판단하기는 어렵다. 남성에게는 여성성을, 여성에게는 남성성을 반영하는 방향으로 채점된다. 남성의 경우 척도 5에서 높은 점수는 전형적인 남성적 흥미에 대한 관심이 적고, 심미적이고 예술적인 흥미가 강한 것을 반영한다. 척도 5에서 점수가 낮은 남성은 남성다움에 대한 문화적 고정관념에 충실하고 전통적으로 남성적 행동을 많이 강조하는 경향이 있다. 여성의 경우 60T 이상 상승은 드물며, 점수가 높은 경우 전통적 여성적 역할의 여러 측면을 거부하는 진취적 취향과 관련이 있다. 활동적인 스포츠나 취미활동을 선호하고, 자기주장이 강하고 경쟁적이며 논리적인 모습으로 경쟁과 리더십이 요구되는 상황에서 자신감의 상승을 보인다. 척도 5에서 낮은 여성은 전형적인 여성적 특성이 반영된 활동을 선호하고 가사활동과 자녀 양육을 통해 만족감을 느낄 수 있다. 대인관계에서 헌신적이고 인내심이 많고 배우자의 부당한 대우에도 용서와 관대함으로 가정을 유지하려 애쓰기도 한다.

남자 청소년이 척도 5가 상승되는 경우는 드물다. 만약 행동화하는 다른 척도들(척도 4, 9, F)이 함께 상승된다면 척도 5의 상승이 이 척도들의 특성을 억제하는 역할을 할 수 있다.

(6) 척도 6(편집증, Paranoia: Pa)

척도 6은 원래 관계 사고, 의심, 피해의식, 완고함, 그리고 도덕적 자기정당화 등 편집증상을 보이는 환자들을 가려내기 위해 개발되었다. 이 척도에서 특히 높은 경우 관계 사고를 보이고 타인으로부터 부당한 대우를 받았다고 보고하며, 외부 세상을 자신에게 위협이 되는 존재로 지각한다. 이에 외부에 대한 적개심과 분노가 강하며 자신의 문제에 대한 원인을 타인에게 전가하는 투사 방어기제를 주로 사용한다. 척도 6은 3개의 임상 소척도로 구성되어 있다. 피해의식 척도(Persecutory Ideas: Pa1)의 높은 점수는 자신의 문제, 실패의 원인과 책임을 외부에 귀인하고, 투사하며 적개심과 관계 사고나 조종망상과 피해망상을 반영한다. 예민성 척도(Poignancy: Pa2)가 높으면 지나친 긴장과 예민성, 주관적인 성향, 예민하여 쉽게 상처를 받는 나와 상처를 준 상대에 대한 분개를 반영한다. 순진성 척도(Naivete: Pa3)는 윤리적 문제에 엄격하고, 불신과 적대감을 부인하며, 사회에서 경험하는 이기주의, 편의주의, 부정직과 일반적인 불신조차 부인하는 경향과 관련이 있다.

　청소년의 점수 상승은 저조한 학업 성적, 정학 등 학업 문제와 관련된다. 임상 장면의 여자 청소년은 부모의 보고와 불일치하는 결과를 보이며, 남자 청소년은 적대적이고 사회적으로 고립되며, 미성숙하고 따지기 좋아하는 것으로 기술되며, 피해의식을 느끼고 또래들이 자신을 좋아하지 않는다고 느낀다.

(7) 척도 7(강박증, Psychasthenia: Pt)

　척도 7은 강박적인 성향과 함께 특성불안이라고 할 수 있는 만성적인 불안, 삶에 대한 전반적인 불만족, 우유부단함, 주의집중 곤란, 자기 의심, 자신에 대한 반추와 초조, 걱정 등 강박적 증상들을 평가한다. 이 척도에서의 상승은 작은 일에도 지나치게 신경을 쓰고, 양심적이며 정서 문제의 해결을 모색하는 데 지나치게 관념적이고 분석적인 경향이 있어 건설적 행동으로 옮기는 데 어려움을 반영한다. 주지화 방어기제에 지나치게 의존하기 때문에 우유부단하고 주저하며 회의적이고 자신의 삶에서 비효율적이다. 슬픔과 불행감을 호소하며, 미래에 대한 비관적인 태도를 보인다.

　청소년의 척도 7 상승은 드문데, 경직된 성격 양식은 성인기 후기에 되어서나 문제가 되기 때문이다. 임상 장면의 여자 청소년은 우울하고 자살 위협을 할 수 있고, 도벽이나 부모와의 불화를 보고할 수 있다. 임상 장면의 남자 청소년의 경우 자기 확신이 낮고 성적 학대를 받아 왔을 수 있다.

(8) 척도 8(조현병, Schizophrenia: Sc)

　척도 8은 기태적인 사고 과정, 특이한 지각 경험, 사회적 고립, 기분과 행동의 장애, 주의집중 및 충동 통제의 어려움 등 조현병 및 이와 유사한 증상들을 평가한다. 이 척도에서 높은 점수를 보이면 사회적으로 소외되고 고립되고 자신이 수용되지 못하고 있다고 느끼며, 자신의 성정체감이나 가치에 대해 근본적이면서 당혹스러운 의문을 가지고 스트레스를 받으면 기존의 관계에서 철수하거나 새로운 상황을 회피하려 하며 은둔적인 생활을 한다. 척도 8은 6개의 임상 소척도로 구성되어 있다. 사회적 소외 척도(Social Alienation: Sc1)에서 높은 점수를 얻는 경우 다른 사람과의 연결감 부족, 의미 있는 관계로부터의 철수, 냉담함, 투사되거나 내재화된 미움과 증오가 특징적이다. 정서적 소외 척도(Emotional Alienation: Sc2)의 높은 점수는 자기 자신과의 연결감이 부족하여 스스로 낯설게 느끼며, 무감동, 주변에 대한 흥미와 긍정적 기대감의 결여, 정서적 철수, 삶에 대한 애착 손상, 미래에 대한 비관적 태도나 무관심을 반영한다. 자아통합 결여-인지적 척도(Lack of Ego Mastery-Cognitive: Sc3)의 점수가 높으면 스스로도 낯설고 당혹스러운 사고, 자동적 사고의 인정, 교란된 사고 과정으로 인한 기억과 집중력의 문제, 자기 통제 상실에 대한 두려움과 비현실감이 특징적이다. 자아통합 결여-동기적 척도(Lack of Ego Mastery-Conative: Sc4)는 심리적 쇠약감, 의욕상실, 무력감, 고갈되었거나 활성화되지 못한 의지, 소진된 느낌, 흥미 상실, 무쾌감 등을 반영한다. 자아통합 결여-억제부전 척도(Lack of Ego Mastery-Defective Inhibition: Sc5)는 충동의 억제가 불가능하다고 느끼고, 이를 낯설고 소원한 느낌으로 해석하며, 충동 및 감정에 휘둘리거나 감정의 해리상태를 경험함, 안절부절못하거나 과잉행동, 짜증스럽거나 과민한 행동과 관련된다. 기태적 감각 경험 척도(Bizarre Sensory Experience: Sc6)는 자신과 자신의 신체에 대한 지각이 변화된 느낌, 이인증과 소원한 느낌, 환각 경험, 일부 감각운동 해리 등을 반영한다.

남녀 청소년에서 이 척도가 상승한 경우 복합적인 학교 관련 문제들과 함께 정학을 보고하고, 여자 청소년의 경우 학업 성취의 문제를 보고하며 추가적으로 성적 학대의 가능성을 검토해야 한다. 여자 청소년은 부모와의 의견 충돌이 증가하며, 임상집단에서는 공격적이고 자살 위협을 보이며 행동화하고 감정 폭발을 보일 수 있다. 임상 장면의 남자 청소년은 죄책감을 쉽게 느끼고, 수줍어하며 혼자 지내고 공포와 완벽주의, 낮은 자존감, 신체증상들을 호소할 수 있다.

(9) 척도 9(경조증, Hypomania: Ma)

척도 9는 과장성, 흥분성, 사고의 비약, 자기중심성, 기분의 고양, 인지적·행동적 과잉활동 등의 경조증 또는 조증 증상 영역을 평가한다. 조증 장애는 팽창성, 주의산만, 과잉활동, 사고의 비약, 그리고 현실 검증의 손상을 가져오는 과대망상 등이 특징이다. 이 척도가 상승되면 에너지 수준이 활성화되고, 수다스럽고, 생각보다 행동이 앞서며, 다양한 방면에 흥미를 갖고 있으며, 여러 일을 동시에 추진하고 관여한다. 척도 9는 4개의 임상 소척도로 구성되어 있다. 비도덕성 척도(Amorality: Ma1)의 높은 점수는 공감 능력의 부족, 죄책감의 부인, 이기주의와 기회주의를 반영한다. 심신운동 항진 척도(Psychomotor Acceleration: Ma2)가 높으면 과잉행동, 불안정성, 내적 삶과 불안으로부터의 도피, 긴장 해소 및 장애 돌파 등의 수단으로 충동적인 행동화 가능성과 관련된다. 냉정함 척도(Imperturbability: Ma3)는 사회적 상황에서의 자신감에 대한 확언, 민감성의 부인, 타인의 태도 및 가치에 대한 무관심, 스트레스 상황에서 냉정함과 평정을 유지하는 능력 등을 반영한다. 자아팽창 척도(Ego Inflation: Ma4)는 비현실적인 웅대성, 거만함, 자신의 능력과 가치에 대한 과대평가, 대인관계에서의 지배성, 방어적이면서 호전적인 자율성의 고수와 관련이 있다.

청소년의 경우 중간 정도의 상승은 열성적이고 활발하며, 여러 가지에 관심을 가지는 것을 나타낸다. 그러나 점수가 상승될수록 학교 성적이 저조하고 가정 문제, 비합리적인 조증 행동과 반사회적 행동을 반영한다. 전형적으로 비판에 둔감하고 자신의 행동을 돌아볼 줄 모르며, 치료에 대한 동기가 없다. 남자 청소년의 경우 약물 사용이 흔하다.

(10) 척도 0(내향성, Social Introversion: Si)

척도 0은 사회적인 접촉이나 책임으로부터 물러서는 경향, 즉 내향성-외향성 차원을 평가한다. 점수가 높으면 내향적이고 부끄러워하며 사회적으로 미숙하고 사람들에게서나 경쟁적인 상황에서 철수하는 경향이 있다. 자신감이 부족하고 친밀해지는 것을 위협적으로 여기며, 이성에게 불편감을 느끼고 다른 사람들이 자신을 어떻게 생각하는가에 대해 지나치게 민감하다. 척도 0은 3개의 임상 소척도로 구성되어 있다. 수줍음/자의식 척도(Shyness/Self-Consciousness: Si1)가 높으면 사회적 상황에서 느끼는 수줍음, 사회적으로 서툴고 어색한 느낌, 부적절감, 당황스러움 등 내향성의 주관적 측면들을 반영한다. 사회적 회피 척도(Social Avoidance: Si2)는 사회적 모임이나 집단 활동을 회피하고, 새롭고 낯선 환경에 대한 불편감 등 내향성의 객관적 측면들을 반영한다. 내적/외적 소외 척도(Alienation-Self and Others: Si3)가 높으면 자기 부적절감, 낮은 자신감, 냉소적 태도, 과민성, 두려움,

우유부단함 등이 특징적이다.

청소년의 경우 낮은 자존감과 사회적 위축에 관련된 사회적 관계의 어려움을 명백히 나타낸다. 여자 청소년의 경우 사회적 위축, 수줍음, 공포, 우울, 자살 사고와 제스처, 섭식 문제, 친구가 적은 것을 시사한다. 남자 청소년의 경우 관련 행동이 덜 알려져 있으나, 점수가 높으면 학교 활동에 잘 참여하지 않는 것을 나타낸다.

3) 내용 척도

내용 척도는 척도 문항의 내용에 기초한 성격 척도로 문항 내용이 동질적이므로 해석이 더 쉽다는 장점을 지니며, 전통적 임상 척도의 해석에 보조적으로 사용된다. MMPI-A의 내용 척도는 MMPI-2와 유사하지만, 내용 척도 가운데 성인용 MMPI-2에 포함되어 있는 공포(FRS), 반사회적 특성(ASP), A 유형(TPA), 직업적 곤란(WRK) 척도가 제외되었고, 소외(A-aln), 품행 문제(A-con), 낮은 포부(A-las), 학교 문제(A-sch) 척도 등 4개는 청소년용으로 새롭게 개발되었다. 단축 명칭을 표기할 때는 청소년(Adolescent)을 뜻하는 'A-'을 앞에 붙이고 뒤에 척도명을 소문자로 표기한다.

[그림 8-2]에 청소년 사례의 내용 척도 프로파일이 제시되어 있다.

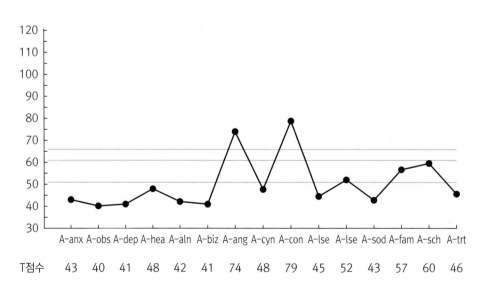

	A-anx	A-obs	A-dep	A-hea	A-aln	A-biz	A-ang	A-cyn	A-con	A-lse	A-lse	A-sod	A-fam	A-sch	A-trt
T점수	43	40	41	48	42	41	74	48	79	45	52	43	57	60	46

[그림 8-2] MMPI-A 내용 척도 프로파일 예

출처: Butcher & Williams (2000).

MMPI-A의 내용 척도를 요약하면 〈표 8-1〉과 같다.

〈표 8-1〉 MMPI-A 내용 척도

척도명	평가 내용
불안 (A-anx: Adolescent-Anxiety)	• 긴장, 잦은 걱정, 수면장애 등의 불안증상 • 혼란, 주의집중 곤란, 과제 지속의 어려움
강박성(A-obs: Adolescent-Obsessiveness)	• 사소한 일에 대한 과도한 걱정, 나쁜 말에 대한 반추적 사고, 중요하지 않은 것을 반복적으로 세기, 결정을 어려워함
우울(A-dep: Adolescent-Depression)	• 우울증상 • 자주 울고 쉽게 피곤, 무가치감, 자기 비하적 사고, 미래는 희망이 없다고 생각함, 어떤 결정을 내리지 못해 어떤 일을 시작하지 못함
건강염려(A-hea: Adolescent-Health Concerns)	• 신체증상에 대한 호소 • 다양한 신체증상 호소로 인해 방과 후 활동 불참, 학교에 자주 결석
소외(A-aln: Adolescent-Alienation)	• 타인과의 정서적 거리감 • 정당한 대접을 받지 못했다고 믿음, 어느 누구도 자신을 이해하지 못한다고 느낌, 오히려 다른 사람들이 자신을 이용하려 하거나 자신에게 불친절하다고 느낌
기태적 정신상태(A-biz: Adolescent-Bizarre Mentation)	• 환청, 환시, 환후 등을 포함하여 이상한 생각과 경험 • 편집적 사고, 타인이 자신의 생각을 훔치거나 마음을 조종하려 한다고 믿음
분노(A-ang: Adolescent-Anger)	• 분노 조절과 관련된 문제 • 공격적 충동, 실제 공격적인 행동 가능성, 참을성이 부족하여 싸움을 일으킴, 다른 사람들이 자신을 재촉하거나 자신보다 앞서 가는 것을 좋아하지 않음
냉소적 태도(A-cyn: Adolescent-Cynicism)	• 염세적인 태도 • 타인이 자신을 이용하려 하며, 이익을 얻기 위해 공정하지 못한 수단을 사용할 것이라고 믿음, 타인이 자신에게 잘 대해 주면 숨은 동기가 없는지를 찾으려 함
품행 문제(A-con: Adolescent-Conduct Problems)	• 절도, 좀도둑질, 거짓말, 기물 파손, 무례, 욕설, 반항적 행동과 같은 다양한 품행 문제
낮은 자존감(A-lse: Adolescent-Low Self-Esteem)	• 자신이 매력 없고, 자신감이 부족하고, 쓸모없는 존재이며, 능력 없고, 결점이 많으며, 어떤 일도 잘하지 못한다고 느끼는 등 자신에 대한 부정적인 견해
낮은 포부(A-las: Adolescent-Low Aspirations)	• 저조한 학업 수행 및 학교 활동 참가 회피 • 성공하는 것에 대한 흥미 부족, 성공 기대 부족이며, 일의 시작을 힘들어하고, 일이 잘못되면 쉽게 포기
사회적 불편감(A-sod: Adolescent-Social Discomfort)	• 사회적 불편감 및 사회적 위축 • 사람들과 함께 있는 것이 힘들다고 말하고 수줍음 많고, 혼자 있는 것을 더 선호

가정 문제(A-fam: Adolescent-Family Problems)	• 부모와의 갈등 및 부모 간 갈등 • 가족 간 불화, 질투, 흠집 내기, 분노, 구타, 심각한 의견 불일치, 사랑과 이해의 결핍, 제한적인 의사소통 등의 가족 특징
학교 문제(A-sch: Adolescent-School Problems)	• 학업 문제 및 학교에서의 행동 문제들 • 저조한 성적, 정학, 무단 결석, 교사에 대한 부정적 태도, 학교에 대한 혐오 등 • 일반적 부적응의 좋은 지표
부정적 치료 지표(A-trt: Adolescent-Negative Treatment Indicators)	• 의사나 정신건강 전문가에 대한 부정적인 태도 • 타인이 자신을 이해하거나 자신의 문제에 관심을 보일 것이라고 믿지 않음 • 자신의 문제나 어려움에 책임을 맡아 직면하려 하지 않으며 자신의 문제를 의논하지 않으려 함

4) 보충 척도

6개의 MMPI-A의 보충 척도 중 3개의 척도(A, R, MAC-R)는 성인용 MMPI-2와 유사하고 나머지 3개의 척도는 청소년을 위해 새롭게 개발되었다. 보충 척도는 임상 척도를 이해하기 위한 부가적인 용도로 사용되며, 타당도 척도나 임상 척도를 대신하기 위한 것이 아니다. [그림 8-3]에 청소년 사례의 보충 척도 프로파일이 제시되어 있다.

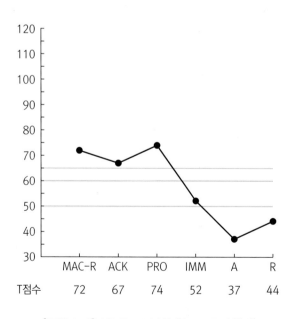

	MAC-R	ACK	PRO	IMM	A	R
T점수	72	67	74	52	37	44

[그림 8-3] MMPI-A 보충 척도 프로파일 예

출처: Butcher & Williams (2000).

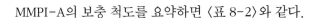

MMPI-A의 보충 척도를 요약하면 〈표 8-2〉와 같다.

〈표 8-2〉 MMPI-A 보충 척도

척도명	평가 내용
MacAndrew의 알코올 중독 (MAC-R: MacAndrew Alcoholism Scale-Revised)	• 알코올 중독 치료를 받고 있는 남자와 주요 문제가 알코올 중독이 아닌 남자 정신건강의학과 환자의 응답을 비교하여 제작 • 원점수가 높은 사람은 물질 남용의 가능성이 높음
알코올/약물 문제 인정 (ACK: Alcohol/Drug Problem Acknowledgment)	• 청소년들이 알코올이나 다른 약물을 사용하고 있으며 이와 관련된 증상을 갖고 있음을 기꺼이 인정하는지를 평가하기 위해 개발된 척도
알코올/약물 문제 가능성 (PRO: Alcohol/Drug Problem Proneness)	• 청소년의 알코올이나 약물 문제의 가능성을 평가하기 위해 경험적으로 개발된 척도 • 또래 집단의 부정적인 영향, 자극 추구, 규칙 위반, 성취에 대한 부정적인 태도, 부모와의 갈등, 판단력의 문제가 포함됨
미성숙(IMM: Immaturity)	• 대인관계 양식, 인지적 복합성, 자기 인식, 판단력 및 충동 조절의 측면에서 미성숙함을 반영하는 행동, 태도, 자기/타인지각을 얼마만큼 보고하는가를 평가
불안(A: Anxiety)	• 심리적 고통, 불안, 불편감, 그리고 일반적인 정서적 혼란을 반영 • 높은 점수를 보이는 청소년은 억제되어 있고, 과잉 통제적이며, 결정을 잘 내리지 못하고 주저하며 순응하고 사회적 상황에서 쉽게 동요됨
억압(R: Repression)	• 삶에 대한 조심스러운 접근 태도와 관련이 있는 척도 • 높은 점수를 보이는 청소년은 관습적이고 복종적인 사람들로서 불쾌하거나 싫은 상황을 회피하려 함

5) 성격병리 5요인 척도

성격병리 5요인 척도(PSY-5)는 수검자의 주요한 성격 특성에 대한 간략한 특징을 제공하기 위해 고안되었다. 성격 5요인 모델(Widiger & Trull, 1997)과 완전히 일치하지는 않으나 유사점이 많다. 공격성, 정신증, 통제 결여, 부정적 정서성/신경증, 내향성/낮은 긍정적 정서성 척도 등 성격병리 5요인 척도는 〈표 8-3〉에 요약되어 있다.

〈표 8-3〉 MMPI-A 성격병리 5요인 척도

척도	평가 내용
공격성 척도 (Aggressiveness: AGGR)	• 공세적, 도구적인 공격성 평가, 권력 욕구, 다른 사람에 대한 지배 욕구, 행동의 활성화, 과격 행동의 가능성
정신증 척도 (Psychoticism: PSYC)	• 현실과의 단절 평가 • 이상한 감각과 지각 경험, 현실 감각의 결여, 이상한 믿음이나 태도 등을 평가
통제 결여 척도 (Disconstraint: DISC)	• 위험 추구, 충동적이고, 관습에 얽매이지 않는 성향 평가 • 규율 준수 여부, 범죄 행동에 관한 문항들로 구성
부정적 정서성/신경증 척도 (Negative Emotionality /Neuroticism: NEGE)	• 광범위한 영역의 불쾌한 정서, 특히 불안, 걱정, 죄책감 등의 정서를 평가
내향성/낮은 긍정적 정서성 척도 (Introversion/Low Positive Emotionality: INTR)	• 유쾌한 감정을 경험하기 힘들고, 사회생활을 회피하며, 목표를 추구하거나 책임을 완수할 에너지가 부족한 정서적 성향을 평가

4 해석 방법

MMPI-A를 해석할 때 바람직하지 않은 태도는 단순하게 수량화된 접근과 지침서의 척도 내용이 모두 수검자에게 해당되는 사실인 것처럼 적용하거나 단정적으로 적용하는 것이다. MMPI-A를 청소년 수검자에 대한 풍부하고 다양한 가설을 제공하는 도구로써 활용하는 태도가 바람직하고, 면담 및 다른 검사결과들을 통합적으로 검토해야 수검자의 문제와 특징을 보다 정확하게 파악할 수 있다. MMPI-A의 해석은 다음과 같은 단계로 이루어진다.

1) 검사 태도와 타당도의 파악

타당도 척도를 통해 전체 검사결과의 타당도 정도를 판단한다. 전통적으로 ?(무응답) 반응이 30개 이상, 다른 타당도 척도들이 65T 이상인 프로파일은 타당하지 않은 것으로 간주된다. 먼저, 일관성의 문제를 확인하기 위해 무선반응 비일관성 척도(VRIN)와 고정반응 비일관성 척도(TRIN)를 검토하여 극단적인 점수의 프로파일은 해석을 중단한다. 다음으로 수검자의 반응 태도를 파악하기 위해 비전형 척도(F), 부인 척도(L), 방어성 척도(K)를 통해 비전형 증상을 극단적으로 호소하는 부정 왜곡과 자신의 문제를 부정하고 최소화하는 지나친 방어적 태도를 나타내는 긍정왜곡 여부를 확인한다. 극단적인 왜곡 프로파일은 해석적 가치가 부족하며, 경향성을 나타내는 수준이라면 임상 척도의 해석에 이와 같은 반응경향성을 반영하여 해석을 시도한다.

2) 개별 임상 척도의 해석

개별 임상 척도의 T점수 상승 수준을 확인하여 각 척도들의 점수가 정상 범위인지, 정상 범위를 이탈해 있는지 판단해야 한다. 먼저, 70T 이상에 해당되는 높은 점수의 척도들에 주목해야 하는데, 척도 점수가 상승할수록 해당 척도가 반영하는 문제들이 더 심각한 것으로 해석할 수 있다. 임상적 유의성을 결정하는 기준으로 65T도 상당히 많이 활용된다. 즉, 65T 이상인 경우 임상적으로 의미 있는 상승이라고 간주하며, 해당 척도에 대한 기술 내용을 개인에게 적용할 수 있다. 60T~64T도 약간 높은 상승으로 간주되어 해석이 이루어질 수 있으나 이에 대한 해석은 65T 이상에 대한 해석에 비해 확신 정도가 줄어든다. 이와 함께 상승된 임상 척도에서 어떤 소척도가 특히 높은지 파악하면 수검자의 주요 문제를 보다 심도 있게 판단할 수 있다.

3) 2코드 해석

각각의 임상 척도 상승을 통해 수검자에 대한 중요한 추론이 가능하지만 함께 상승한 척도들의 조합을 통한 해석이 더 중요한 의미가 있다. 둘 이상의 척도 상승을 기반으로 묶인 수검자 집단이 상당히 동질적이므로 코드 유형으로 확인된 경험적 해석이 단일 척도 상승과 관련된 해석보다 더 강력할 수 있다. 보편적으로 사용하는 코드 유형 해석 방식은 척도 5와 척도 0을 제외한 8개의 임상 척도 중에서 가장 높이 상승되어 있는 2개의 임상 척도를 찾아 해석을 시도하는 2코드 해석이다. 이때 적어도 65T 이상 상승하는 경우에 적절하게 적용할 수 있고, 해석 내용은 높은 상승 점수와 관련된 병리적 측면에 초점이 맞추어져 있다. 60T~65T의 다소 상승하는 점수에 대한 해석은 신중하게 해야 한다.

일차적으로 다음의 네 가지 패턴을 검토한다. 척도 1과 척도 3이 상승한 신체적 패턴, 척도 2와 척도 7이 상승한 정서적 불편감 패턴, 척도 4와 척도 9에 의해 정의

되는 반사회적/충동적 패턴, 그리고 척도 6과 척도 8이 함께 상승한 정신병적 패턴 등이다.

성인용 MMPI-2의 해석에서는 22가지의 2코드 유형이 활용되지만, 청소년용 MMPI-A의 코드 유형 해석은 조심스럽게 사용해야 한다. 그 이유는 청소년 대상으로 코드 유형과 관련된 행동 특성에 대한 연구가 불충분하기 때문이다. Archer & Krishnamurthy(2002)는 MMPI-A 평가의 핵심 내용을 소개하면서 청소년에게 주로 나타나는 9개의 2코드 유형을 제시하고 있다. 여기서는 임상 장면의 청소년에서 자주 드러나고, 해석적 의미가 큰 9개의 주요 코드 유형을 설명하고자 한다.

(1) 1-3/3-1

청소년과 성인 모두에서 1-3/3-1 코드 유형은 전형적으로 신체 질환이나 좋지 않은 건강상태를 호소한다. 이들은 두통, 흉통, 복통, 어지러움, 오심, 불면, 흐린 시야, 섭식의 어려움 등 신체적 증상을 호소한다. 전형적으로 신체적 증상은 심리적인 스트레스가 있는 시기에 증가한다. 청소년 내담자가 이런 증상으로 인해 원하는 결과(이차적 이득)를 얻는다는 증거가 있다. 예를 들면, 학교에 가기 싫은 청소년이 이러한 증상의 결과로 학교에 가지 않고 집에서 쉬도록 용인되는 경우이다. 이 유형과 관련된 일차적인 방어기제는 부인, 외현화, 신체화 등이다. 이 유형의 십대는 학교 장면에서의 문제나 걱정으로 인해 치료를 받게 되는 경우가 더 많다. 청소년 상당수가 낮은 성적에 대한 두려움이 있는 것으로 보이며, 주의를 얻는 것에 대한 욕구가 강하고, 심리적 문제에 대한 통찰력이 빈약하며, 신체적 호소 이면의 심리적인 요인에 대해 인정하기 꺼려 한다.

(2) 2-3/3-2

2-3/3-2 코드 유형의 청소년이나 성인은 보통 정서적으로 지나치게 통제하고, 수동적이며, 유순하고, 의존적이라고 기술된다. 자기주장이 없고, 억제되어 있으며, 자기회의적이고, 자신감이 부족하다. 이 유형의 청소년은 자신의 수행과 성취에 대해 목표를 높게 설정하는 경향이 있다. 이러한 목표는 종종 비현실적이어서 열등감과 우울증상으로 이어진다. 전형적인 방어기제는 신체화와 건강염려를 포함하며, 허약, 피로, 현기증 등의 신체적 호소가 흔하다. 이 유형의 청소년은 대부분

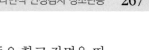

빈약한 또래관계와 사회적 고립으로 인해 치료에 의뢰된다. 이들은 학교 장면을 떠나서는 친구가 거의 없으며, 다른 사람들에게 '외톨이'로 인식된다. 다른 유형에 비해 행동화 문제를 보이지 않으며, 약물 남용이나 성적 행동화의 문제를 보이는 경우도 비교적 드물다.

(3) 2-4/4-2

2-4/4-2 코드 유형의 청소년이나 성인은 충동 조절에 어려움이 있고, 사회적으로 부적절하게 행동한다고 기술된다. 우울하고, 분노하고, 반항적이며, 권위상과 문제가 있다고 기술된다. 행동화, 전위, 외현화가 일차적인 방어기제이다. 이들이 보이는 충동성과 품행장애 행동은 종종 체포와 유죄 판결의 이력을 포함하는 법적인 문제로 이어진다. 또한 이들은 물질 남용이나 알코올 문제의 위험이 높다. 2-4/4-2 코드 유형은 청소년, 성인 집단 모두에서 약물 또는 알코올 남용자의 특징적인 프로파일이다. 또한 이 유형의 청소년은 무단결석, 가출, 혼음에 이르는 행동화를 보인다. 이들은 자신의 부모가 애정과 일관성이 없다고 지각하며, 가정생활이 갈등적이고 적대적이라고 느낀다.

(4) 3-4/4-3

3-4/4-3 코드 유형의 청소년과 성인은 피로, 허약, 식욕 상실, 두통을 포함하는 건강염려증적·신체적 호소를 나타낸다. 높은 수준의 정서적 스트레스를 보고하지는 않지만 충동 조절의 문제를 보이며, 절도, 무단결석, 가출을 포함한 반사회적 행동의 과거력이 있다. 이들은 정신건강의학과 입원 장면에서 직원을 유혹하여 함께 병동을 탈출할 위험성이 있으며, 상당수가 광범위한 약물 사용의 과거력을 보고한다. 이들은 화를 잘 내고 충동적이라고 기술된다. 보통 수면 곤란, 자살 사고, 자살 제스처, 자살 시도의 문제로 치료에 의뢰된다. 치료자는 이들이 우울하고 동시에 충동 조절의 문제가 있다고 언급한다. 학교에서 이들은 폭발적인 성질을 지니면서 사납고 약자를 괴롭히는 학생으로 지각된다.

(5) 4-6/6-4

4-6/6-4 코드 유형의 청소년은 불복종, 거부주의, 반항 등의 증상을 이유로 치료

에 의뢰된다. 다른 사람의 동기를 의심하고, 다른 사람의 주의와 공감을 지나치게 요구한다. 전형적인 방어기제는 투사와 합리화를 포함하며, 자신의 문제나 행동의 책임을 외현화하는 경향이 있다. 이 유형은 강렬하고 만성적인 투쟁의 행태를 취하는 아동-부모 갈등, 약물 남용과 관련 있고, 최근의 연구에 의하면, 성적 행동화를 포함한 행동화와도 관련이 있다. 치료자는 이 유형의 청소년을 도발적이고, 공격적이고, 기만적이고, 적대적이며, 싸우기 좋아한다고 보고한다.

(6) 4-8/8-4

4-8/8-4 코드 유형은 빈약한 사회적 적응을 보이는 청소년에게서 나타난다. 이들은 특이하고, 기이하고, 미숙하다고 여겨지며, 대인관계에서의 갈등이나 충동 조절의 문제를 보인다. 이 유형의 청소년은 심리치료에서 회피적이라고 기술되며, 학업성취가 낮고, 가정생활이 혼란스럽고 갈등적이다. 청소년에서는 드물게 나타나는 양상이지만, 두 척도의 상승 순서에 따라 상관요인에 약간의 차이가 있다. 구체적으로 8-4 유형은 4-8 유형에 비해 심리적 기능이 퇴행되어 있고 원시적인 경우가 많다.

(7) 4-9/9-4

4-9/9-4 코드 유형은 정신건강의학과에 입원한 청소년, 특히 남자 청소년에게서 가장 흔하다. 이들은 주로 반항, 불복종, 도발적인 행동, 충동성, 무단결석 등의 이유로 치료에 의뢰된다. 이들의 비행은 부모와의 끊임없는 갈등으로 이어지는 경우가 많다. 이러한 유형의 청소년에서 입양 가정이나 위탁 가정의 비율이 높다는 연구도 있다. 이들의 일차적인 방어기제는 행동화로, 청소년의 상당수가 보호감호 시설이나 소년원에 배치되어 있다. 치료자는 이 유형의 청소년을 사회적으로 외향적·이기적·자기애적 요구가 많고, 권위상에게 분개한다고 기술한다. 또한 이들은 참을성이 없고, 가만히 있지 못하고, 충동적, 쾌락 추구적, 과소 통제적이라고 여겨진다. 이들은 사회적 외향성과 집단화하는 특성을 거짓말, 절도, 기타 반사회적 행동을 포함하는 도발적이고 조작적인 행동과 결합하는 경향이 있다.

(8) 6-8/8-6

6-8/8-6 코드 유형은 청소년과 성인 모두에서 심각한 정신병리를 나타낸다. 이 유형은 편집증적 증상, 과대망상, 피해의식, 환각, 빈약한 현실 검증, 적대적 또는 공격적 폭발과 관련이 있다. 이 유형의 청소년은 사회적으로 고립되어 있거나 철수되어 있고, 이들의 행동은 예측할 수 없고 부적절하다. 전형적으로 기괴한 행동을 보이거나 현실과 공상을 구분하지 못해 치료에 의뢰된다. 공격성 통제의 문제가 있으며, 사람을 때리거나 물건을 던지는 등 적대감과 분노를 신체적으로 표현한다. 또래에게 환영받지 못하고, 괴롭힘을 당하거나 놀림의 대상이 된다. 이 유형의 청소년은 중등도의 우울, 죄책감, 수치심을 보고한다. 또한 망상이나 과대한 사고를 보일 수도 있다. 대부분 자신의 심리적인 문제에 대한 통찰이 거의 또는 전혀 없다.

(9) 7-8/8-7

7-8/8-7 코드 유형은 부적절한 방어 및 스트레스에 대한 낮은 내성과 관련이 있다. 불안과 우울을 보이고, 내향적이며, 사회적으로 고립되어 있다고 기술된다. 이들은 부적절감이나 불안정감을 보고한다. 또한 감정을 적절하게 표현하는 데 상당한 어려움이 있으며, 대인관계에서 억제되어 있고 갈등적이라고 기술된다. 상당수의 청소년이 학업 실패의 측면에서 학교생활에 어려움이 있으며, 사고나 행동 패턴이 매우 일탈되어 있다. Marks(1974)은 절반에 가까운 청소년이 환청이나 환시를 경험한다고 보고했다.

4) 낮은 임상 척도에 대한 고려

MMPI-2, MMPI-A가 진단을 위한 도구로 개발된 검사이기 때문에 정신병리와 관련된 점수의 상승에 초점을 두고 해석하는 전통이 있는 것은 사실이다. 그러나 낮은 점수의 임상 척도가 수검자의 주요 특징을 잘 나타내는 경우가 있으므로 낮은 점수에 대한 검토도 이루어져야 한다. 하위 2표준편차인 30T 이하이면 상당히 낮은 수준으로 판단할 수 있고, 35T~40T 범위도 주목할 만하다. 그런데 성인용 MMPI-2에 비해 MMPI-A의 경우 낮은 점수에 대한 이론적 연구들은 많이 축적되어 있지 않은 상태이므로 청소년의 경우 신중한 접근이 필요하다.

5) 내용 척도, 보충 척도, 성격병리 5요인 척도의 해석

MMPI-A의 해석에는 기본적으로 임상 척도에 대한 해석이 가장 중요하고 우선 적이지만 내용 척도, 보충 척도, 성격병리 5요인 척도 등을 부가적으로 활용하면 수검자의 문제와 성격을 명료화하는 데 도움을 받을 수 있다. 특히, 심리상담 과정에서 이와 같은 척도들의 반응을 활용하면 매우 효과적이다.

II. MBTI와 MMTIC

1 MBTI와 MMTIC의 개발

MBTI(Myers-Briggs Type Indicator; Myers, 1962)는 Jung의 심리 유형 이론을 근거로 청소년과 성인을 대상으로 개인의 성격 유형을 파악하여 상담 및 심리치료, 교육, 인간관계 등에 적용하기 위한 지필검사이다. 초판 발행 이래 A형, B형, C형, D형 등으로 지속적으로 개정되었고, 우리나라에서는 126문항의 G형을 심혜숙과 김정택(1990)이 표준화하였다. 2002년에 개정판 M형이 표준화되어 현재 가장 널리 사용되고 있다. MBTI에서는 외향(E)-내향(I), 감각(S)-직관(N), 사고(T)-감정(F), 판단(J)-인식(P)이라는 4개의 양극지표가 산출되고, 이들의 조합에 따라 16가지 성격 유형으로 분류된다. MMTIC(Murphy-Meisgeier Type Indicator for Children; Meisgeier, Murphy, & Swank, 1987)는 MBTI의 8~13세 아동용 검사로 우리나라에서 김정택과 심혜숙(1993)이 표준화하였다.

MBTI는 개인이 세상을 대하는 태도 및 세상을 체험하고 대처하는 방식이 서로 구별되는 특정 유형에 속하며, 그것이 타인과 얼마나 다른가를 알게 해 주는 장점이 있다. 이 책 전반에 소개되는 검사들은 임상 장면에서 성격의 구조나 정신병리 양상을 평가하여 심리장애의 임상적 진단을 목적으로 하는 검사들인 반면, 성격 유형을 평가하는 MBTI와 MMTIC는 평가 목적이 다소 다르다고 할 수 있다. 그러나 상담 장면에서 MBTI와 MMTIC을 활용하면 개인의 성격 유형을 파악하고 이해하는 것은 물론 이와 관련된 적응과 부적응 양상, 대인관계 상호작용 및 갈등 양상, 진로 선택 등의 개인 상담에 유용하게 활용할 수 있다. 그뿐만 아니라 아동 · 청소년의 가족 상담에서 가족 구성원들의 성격 유형을 함께 평가하면 각 구성원들의 성격 특성과 이에 따른 가족 역동을 파악할 수 있으며, 이를 통해 가족 상호작용과 역동의 변화를 이끄는 데 유용하게 활용될 수 있기 때문에 이 책에서 다루었다.

2 MBTI와 MMTIC의 실시와 채점

1) MBTI와 MMTIC의 실시

MBTI는 청소년과 성인 대상, MMTIC는 8~13세 아동 및 초기 청소년을 대상으로 실시한다. 지필검사이므로 읽기 수준이 일정 수준 이상이어야 하는데, MBTI는 6학년 이상, MMTIC는 3학년에서 6학년에게 적절하나, 소리 내어 읽을 수 있는 2학년 아동에게도 실시할 수 있다. 국내에서는 초등학생용, 중·고등학생용, 성인용 등으로 구분하여, 개인 및 집단 실시, 그리고 자가 채점 및 온라인 채점 등에 적합한 형태로 판매되고 있다. 실시와 해석은 심리검사와 측정에 대한 지식이 있고 MBTI와 MMTIC 워크숍을 마친 후 전문 사용 자격을 갖춘 전문가가 시행해야 한다.

실시를 위해서는 검사지와 답안지, 필기도구가 필요하며, 수검자는 검사지의 '검사를 받기 전에 읽어 볼 사항'을 읽고 수검자의 인적 사항과 기재 사항을 기입한 후 응답하면 된다. 집단검사에서는 '검사를 받기 전에 읽어 볼 사항'을 큰 소리도 읽어 줄 수 있다. MMTIC의 경우 아동이 질문에 답하는 유형에는 두 가지 답 중 한 가지를 선택해야만 하는 강제-선택형과 자기보고형 질문지가 있다. 학년에 따라 저학년의 경우 검사자가 지시문을 소리 내어 읽어 줄 수도 있고, 모든 아동이 답지를 어떻게 완성해야 하는지 이해할 수 있도록 충분한 시간을 주어야 한다. 검사 소요시간은 대개 30분가량이다. 검사자는 수검자에게 이 검사가 진단검사나 능력평가 검사가 아니고 개인의 타고난 심리적 경향과 그 경향이 지니는 성격의 역동을 파악하여 개인의 생활에 도움을 주고자 한다는 것, 검사에는 정답이 없으며, 오래 생각할 필요가 없고 자연스러운 마음가짐으로 자주 느끼고 행동하는 경향에 답해야 한다고 연령 수준에 맞게 설명한다.

2) MBTI와 MMTIC 채점

MBTI M형은 자가 채점용과 온라인 채점용 두 가지 형태가 있고, 학교에서 실시

할 경우 컴퓨터 채점이 가능하다. 어느 방법을 사용하건 수검자의 심리 유형, 선호
도 점수가 산출되며, MMTIC의 경우 발달 중인 주기능의 정의도 함께 제공된다. [그
림 8-4]에 MMTIC 결과보고서가 제시되어 있다.

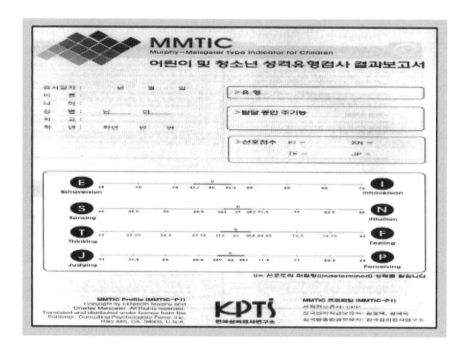

[그림 8-4] MMTIC 결과보고서

출처: 김정택, 심혜숙(1993).

3 척도의 구성과 유형의 특성

MBTI와 MMTIC의 바탕이 되는 이론은 Jung의 심리 유형에 관한 설명이다. Jung
은 인간의 심리적 에너지가 외부 세계로 흐르는지, 아니면 안으로, 즉 자기 자신
을 향해 흐르는지에 따라 외향성(extroversion)과 내향성(introversion)으로 구분하였
고, 개인이 세상을 체험하고 대처하는 방식으로 사용하는 네 가지 기능으로서 사고
(thinking)-감정(feeling), 그리고 감각(sensing)-직관(intuition)으로 구분하였다. 네
가지 기능 중 가장 발달한 기능을 주기능이라 하고 가장 발달되지 않은 기능을 열
등기능이라고 명명하였다. 외향성과 내향성의 두 가지 태도와 네 가지 기능이 연
결되면 총 여덟 가지 성격 유형이 나온다. Jung에 의하면 이 여덟 가지는 모든 사람

에게 공통되며 세상을 살아가기 위한 정신적 도구이다. 즉, 세상을 감지하고 이해하는 방식으로 인한 사람들 간의 유형 차이와 발달 양식은 이러한 도구를 사용하는 방식의 차이에서 생긴다. Myers(1962)는 사람들이 이 여덟 가지 정신적 도구를 사용할 때 각 기능들 중 어느 하나를 더욱 선호하여 사용한다는 것을 강조하였다. 즉, 개인이 외부 세계에 대처해 나갈 때 주로 판단적 태도(Judging)를 취하는지 또는 인식적 태도(perception)를 취하는지를 구분함으로써 이 여덟 가지 유형을 다시 16개의 심리 유형으로 세분하였다.

1) 하위 척도

(1) 외향성(E)-내향성(I)

주의집중과 에너지의 방향에 관련된 태도이다. 외향적인 사람은 주로 외부 세계의 사람이나 사물에 관심을 갖는다. 이들은 외부 세계를 지향하므로 인식과 판단의 초점이 외부 세계를 향해 있으며 외부 세계에서 주로 영향력을 확인하려고 한다. 세상을 이해하는 방법으로 사색보다는 외적인 경험과 행동을 더 선호하는 경향이 있다. 이러한 선호성은 외향적인 특성을 발달시키며, 대인관계에서 사교적이고 말하기를 좋아하며, 충동적으로 사람을 만나는 경향도 있다.

반면, 내향적인 사람은 외부 세계보다는 자기 자신의 내부 세계에 몰입하는 것을 선호한다. 외적인 경험과 체험을 즐기기보다는 그러한 것들이 자신에게 주는 의미를 찾는 데 더 집중한다. 인식과 판단의 초점 또한 마음속의 개념과 관념에 맞추어져 있으며 이러한 개념과 관념을 분명히 하는 데 더 관심을 갖는다. 내향적 선호성은 내향적 특성을 발달시켜 사려 깊고 사색적이며 고독과 사생활을 즐긴다.

(2) 감각(S)-직관(N)

정보를 수집하는 모든 인식활동의 지표이다. 감각이란 우리의 오감을 통해 관찰하는 인식을 말하며, 구체적으로 존재하는 것, 현재 일어나고 있는 것에 대한 관찰이다. 따라서 감각적 인식을 선호하는 사람은 직접적인 경험에 의존하여 정보를 받아들이는 경향이 있다. 이런 방식의 인식과 관련된 특징이 발달하며 현재를 즐기고 구체적이고 실제적이며 관찰 능력이 뛰어나다.

반면, 직관은 감각 정보를 초월하는 것으로, 보다 심오한 의미, 관계, 가능성에 대한 인식이다. 통찰을 통해 일어나는 육감이나 예감, 창의적 발견과 같이 돌발적으로 나타나기도 한다. 직관적 인식을 선호하는 사람은 사물이 나타나는 형태나 색채 같은 것보다는 그것들과 관련된 의미들을 먼저 발견한다. 이들은 구체적인 현실보다는 가능성을 추구하며, 상상적이고 이론적이며 추상적, 미래지향적 또는 창조적이다.

(3) 사고(T)-감정(F)

의사결정과 판단에 관여하는 기능에 대한 지표이다. 사고는 아이디어를 논리적으로 연관시키는 기능으로서 사고 기능을 선호하는 사람은 어떤 선택이나 행동에 대해서 논리적인 결과들을 예측하고 분석하며 평가해 보려는 경향이 강하다. 이들에게서는 사고와 관련된 특징이 발달하며, 따라서 어떤 일을 판단할 때 인정에 얽매이지 않고 객관적이고 원칙을 중시하며 정의와 공정성을 중시한다.

반면에, 감정은 논리보다 상대적인 가치를 더 중시하여 의사를 결정하는 기능을 말한다. 감정을 선호하는 사람은 일의 객관성과 논리보다는 사람을 더 중시하고 사람에게 초점이 맞춰져 있으며 자신과 타인이 부여하는 가치를 더 중요하게 느낀다. 감정을 선호하는 사람들은 감정에 따른 판단 기능이 발달하며, 따라서 인간관계를 좋아하고 타인을 잘 이해하며 상대방의 입장을 잘 고려하는 의사결정을 한다. 인간적이고 동정심이 많으며 온정적이다.

(4) 판단(J)-인식(P)

외부 세계에 대한 태도와 관련이 있는 지표이다. 태도는 외부 세계에 대처하기 위해서 주로 사고 또는 감정을 사용하는지, 또는 주로 감각과 인식을 사용하는지에 따라 구분된다. 즉, 주로 사고와 감정을 사용하는 사람은 J라는 판단 기능을 선호하고, 주로 감각과 인식을 사용하는 사람은 P라는 인식 기능을 선호한다. 따라서 판단과 인식의 척도는 사람들이 주로 사용하는 주기능을 구분하므로, 이 척도를 근거로 개인의 주기능과 부기능, 열등기능 및 3차 기능이 구별된다.

외부 세계에 대해 판단을 선호하는 사람들은 되도록 빨리 결정을 내리려 하고 결정을 내릴 만큼의 정보가 주어졌다 생각되면 빨리 결론에 도달한다. 체계적으로 생활을 조절하고 통제하기를 선호해서 계획에 따라 일을 진행하며 정해진 기간에 일을 마무리 짓는 것을 좋아한다. 이런 사람들의 행동은 목표가 뚜렷하며 조직화되어 있고 흔들림 없이 확고해 보인다.

반면, 인식적 태도를 선호하는 사람들은 주어지는 정보 자체를 즐긴다고 할 수 있으며 상황에 맞추어 행동하고 새로운 정보에 개방적이고 호기심이 많다. 이들은 생활을 조직화하고 체계화하기보다는 주어지는 상황을 잘 이해하려고 하며, 따라서 비교적 조직화되지 않은 애매한 상황이나 새로운 사건 또는 변화에도 잘 적응하는 편이다.

2) 하위 척도별 아동 · 청소년의 행동 특성
하위 척도별로 아동 · 청소년이 보이는 행동 특성은 다음과 같다.

(1) 외향(Extraversion)-내향(Introversion)

외향(E)	내향(I)
① 처음 본 아이들과도 쉽게 이야기를 하거나 친해지는 편이다.	① 아는 사람이나 친구가 없는 모임에 가면 매우 불편해한다.
② 주변에 친구나 아는 사람들이 많다.	② 아이들과 어울리지 못하고 몇몇 아이들과만 아주 친하게 지낸다.
③ 말을 많이 하고 적극적으로 행동한다.	③ '조용하다'라는 말을 많이 듣는다.
④ 고민할 만한 일이 생기면 즉시 부모에게 이야기하는 편이다.	④ 미스터리 책을 읽는 것이 자주 눈에 띈다.
⑤ 놀이에 싫증을 잘 내고, 새로운 놀이나 활동을 원한다.	⑤ 먼저 신중히 생각하고 행동하는 편이다.
⑥ 신문이나, 잡지, 책을 읽는 것보다 사람들과 어울리는 것을 좋아한다.	⑥ 자기표현이 재빠르지 않고, 누가 물었을 때에야 대답을 한다.

(2) 감각(Sensation)-직관(iNtuition)

감각(S)	직관(N)
① 비유적이고 상징적인 표현보다는 구체적이고 정확한 표현을 더 잘 이해한다.	① 상상 속에서 이야기를 잘 만들어 내는 편이다.
② 꾸준하고 참을성 있다는 말을 자주 듣는다.	② 종종 물건들을 잃어버리거나 어디에 두었는지 기억을 못할 때가 있다.
③ 꼼꼼하다는 말을 많이 듣는다.	③ 창의력과 상상력이 풍부하다는 말을 자주 듣는다.
④ 새로운 일보다는 늘상 하는 익숙한 일이나 활동을 더 하려고 한다 .	

⑤ 새로운 방법을 시도하기보다는 남들이 하는 대로 따라 하는 것을 좋아한다.	④ 이것저것 새로운 것들에 관심이 많고 새로운 것을 배우고 싶어 한다.
⑥ 눈에 너무 띄지 않는 평범한 옷차림을 좋아한다.	⑤ 신기한 것에 호기심이 많다.
	⑥ '하고 싶다, 되고 싶다'는 꿈이 많다.

(3) 사고(Thinking)-감정(Feeling)

사고(T)	감정(F)
① 의지와 끈기가 강한 편이다.	① 부모님이나 선생님의 말을 잘 듣는 편이다.
② 궁금한 점이 있으면 꼬치꼬치 따져서 궁금증을 풀고 싶어 한다.	② 감정이 풍부하고 인정이 많다는 말을 많이 듣는다.
③ 야단을 맞거나 벌을 받아도 눈물을 잘 보이지 않는다.	③ 야단을 맞거나 벌을 받으면 눈물부터 나온다.
④ 논리적이고 구체적인 설명으로 부모나 친구들을 잘 설득하는 편이다.	④ 주위에 불쌍한 사람이나 친구들이 있으면 마음 아파하고 도와주고 싶어 한다.
⑤ TV나 책에서 경찰관이 악당을 벌주는 내용이 나오면 매우 신난다.	⑤ 다른 사람의 반응에 민감하다.
	⑥ 음식, 장난감을 선택할 때 쉽게 결정을 못 내릴 때가 많다.

(4) 판단(Judging)-인식(Perceiving)

판단(J)	인식(P)
① 생활계획표를 세밀히 짜 놓고 그 계획표에 따라 생활하는 것을 좋아한다.	① 계획을 잘 세우지 않고 일이 생기면 그때그때 처리하는 편이다.
② 마지막 순간에 쫓기면서 일하는 것을 싫어한다.	② 어떤 일을 할 때 마지막 순간에 한꺼번에 처리하는 경향이 있다.
③ 목표가 뚜렷하고 자신의 의견을 분명히 표현하는 편이다.	③ 방이 어수선하게 흐트러져 있어도 개의치 않는다.
④ 계획에 없던 일을 시키면 몹시 짜증을 낸다.	④ 주변에서 일어나는 일들에 호기심이 많고 새로운 상황에 잘 적응한다.
⑤ 학교나 친구들 모임에서 책임 있는 일을 맡고 싶어 한다.	⑤ 남의 지시에 따르기보다 자신의 마음에 따라 행동하는 것을 좋아한다.
⑥ 깨끗이 정돈된 상태를 좋아한다.	⑥ 자기 것을 잘 나누어 주는 편이다.
	⑦ 활동이 많으면서도 무난하고 점잖다는 말을 듣는 편이다.

3) 성격 유형의 특성

MBTI와 MMTIC는 네 가지 하위 척도들을 조합하여 〈표 8-4〉와 같이 16가지의 성격 유형으로 구분된다.

〈표 8-4〉 16가지 성격 유형

	S	S	N	N	
I	ISTJ	ISFJ	INFJ	INTJ	J
I	ISTP	ISFP	INFP	INTP	P
E	ESTP	ESFP	ENFP	ENTP	P
E	ESTJ	ESFJ	ENFJ	ENTJ	J
	T	F	F	T	

각 유형이 나타내는 특성은 유형의 주기능, 부기능, 3차 기능, 열등기능을 파악해야 이해가 쉽다. 주기능은 인식과 판단의 네 가지 기능 중 가장 편하게 쓰는 기능이고, 부기능은 주기능 다음으로 사용하는 기능으로서 주기능을 보완하고 균형을 유지하는 데 사용된다. 3차 기능은 상대적으로 잘 쓰지 않은 기능으로 부족한 성격 경향성을 의미하고, 열등기능은 내부에 존재하기는 하지만 잘 사용하지 않기 때문에 상당히 퇴색된 기능을 말한다. 각 기능을 판별할 때 우선 외부 세계에 대처하는 태도인 J와 P가 주기능과 부기능을 결정한다. J라는 판단적 태도를 가진 사람은 그가 외향적인 경우 판단 기능인 T 또는 F가 주기능이다. 그리고 나서 나머지 기능, 즉 S 또는 N이 부기능이다. 그런데 내향적인 사람의 경우 반대가 된다. 이들은 J를 내향적으로 사용하기 때문에 밖으로 드러나지 않고 따라서 그의 주기능은 S 또는 N이 된다. 그리고 남은 판단 기능인 T 또는 F가 부기능이 된다. 3차 기능은 부기능의 반대로서, T가 부기능이면 F가 3차 기능이다. 열등기능은 주기능의 반대로 S가 주기능이면 N이 열등기능이다.

유형별 특성은 주기능 또는 부기능 등 단편적 작용은 아니고 여러 기능과 태도의 상호작용에 따른 특징이라고 할 수 있는데, 김정택과 심혜숙(2000)이 지침서에 제시한 각 유형별 특성과 개발할 점을 간략히 소개하면 다음과 같다.

(1) ISTJ

실제 사실에 대하여 정확하고 체계적으로 기억하고, 일 처리에 있어서도 신중하며 책임감이 강하다. 집중력이 강한 현실감각을 지녔고, 조직적이고 침착하다. 보수적인 경향이 있고, 문제를 해결하는 데 과거의 경험을 잘 적용하며, 반복되는 일상적인 일에 대한 인내력이 강하다. 자신과 타인의 감정과 기분을 배려하며, 전체적이고 타협적인 방안을 고려하는 노력이 때로 필요하다.

(2) ISTP

조용하고 말이 없고, 논리적이고 분석적이며, 객관적으로 인생을 관찰하는 유형이다. 사실적인 정보를 조직하기 좋아하는 반면, 일과 관계되지 않는 이상 어떤 상황이나 인간관계에 직접 뛰어들지 않는다. 필요 이상으로 자신을 발휘하지 않고, 가능한 에너지 소비를 하지 않는다. 연장, 도구, 기계를 다루는 데 뛰어나며 사실들을 조직화하는 재능이 많다. 계획을 세우고 바라던 결과 성취에 필요한 노력을 하고 인내심을 기를 필요가 있다.

(3) ESTP

사실적이고 관대하며, 개방적이고 사람이나 일에 대한 선입관이 별로 없다. 강한 현실감각으로 타협책을 모색하고 문제를 해결하는 능력이 뛰어나다. 적응을 잘하고 친구를 좋아하며 긴 설명을 싫어하고, 운동, 음식, 다양한 활동 등 주로 오관으로 보고, 듣고, 만질 수 있는 생활의 모든 것을 즐기는 유형이다. 논리·분석적으로 일을 처리하고, 추상적인 아이디어나 개념에 대해 별로 흥미가 없다. 끈기와 인내, 악착스러움을 더 키우고, 타인의 감정 흐름에 민감할 필요가 있다.

(4) ESTJ

실질적이고 현실감각이 뛰어나며, 일을 조직하고 계획하여 추진하는 능력이 있다. 타고난 지도자로서 일의 목표를 설정하고, 지시하고 결정하고 이행하는 능력이 있으며, 체계적으로 사업체나 조직체를 이끌어 나간다. 혼돈스러운 상태나 불분명한 상태, 실용성이 없는 분야에는 흥미가 없으나 필요시에는 언제나 응용하는 힘이 있다. 속단 속결하는 경향과 지나치게 업무 위주로 사람을 대하는 경향이 있으므로 인간 중심의 가치와 타인의 감정을 충분히 고려해야 한다.

(5) ISFJ

책임감이 강하고 온정적이며, 헌신적이고 침착하며, 세부적이고 치밀성과 반복을 요하는 일을 끝까지 해 나가는 인내력이 강하다. 다른 사람의 사정을 고려하고 자신과 타인의 감정에 민감하며, 일 처리에 있어서 현실감각을 갖고 실제적이고 조직적으로 처리하며 분별력이 있다. 경험을 통해서 자신이 틀렸다고 인정할 때까지 어떠한 난관이 있어도 꾸준히 밀고 나가는 유형이다. 주체성과 독단성을 키우고, 명령하고 지시하는 역할에도 익숙해지도록 노력해야 하며, 장기적 안목으로 미래를 볼 필요가 있다.

(6) ISFP

말 없이 다정하고, 양털 안감을 놓은 오버코트처럼 속마음이 따뜻하고 친절하지만 상대방을 잘 알게 될 때까지 이 따뜻함을 잘 드러내지 않는다. 동정적이며 자기 능력에 대해 모든 성격 유형 중에서 가장 겸손하고 적응력과 관용성이 많다. 자신의 의견이나 가치를 타인에게 강요하지 않고 반대 의견이나 충돌을 피하며, 인화를 중시하며, 자신과 타인의 감정에 지나치게 민감하다. 결정력과 추진력이 필요하고, 더 의심해 보는 습관, 다른 가능성을 타진해 보는 습관을 기르고, 정보를 그대로 받아들이기보다 분석하는 방법을 기를 필요가 있다.

(7) ESFP

친절하고 수용적이며 현실적이고 실제적이다. 어떤 상황이든 잘 적응하고 타협적이며, 선입견이 별로 없고 개방적 · 관용적이며, 주위의 사람이나 일어나는 일에 대하여 관심이 많으며, 사람이나 사물을 다루는 사실적인 상식이 풍부하다. 어떤 조직체나 공동체에서 밝고 재미있는 분위기를 조성하는 역할을 잘한다. 때로는 조금 수다스럽고, 깊이가 결여되거나 마무리를 등한시하는 경향이 있으며, 논리적이고 분석적인 기능을 키울 필요가 있다.

(8) ESFJ

동정심과 동료애가 많다. 친절하고 재치가 있으며 다른 사람에게 관심을 쏟고 인화를 중시한다. 양심적이고 정리정돈을 잘하며 참을성이 많고 다른 사람을 잘 돕는다. 다른 사람의 지지를 받으면 일에 열중하고, 다른 사람의 무관심한 태도에도 민감하다. 일이나 사람들에 대한 문제에 대하여 냉철한 입장을 취하는 것을 어려워한다. 타인이 진짜로 필요로 하고 원하는 것이 무엇인지 진지하게 들을 필요가 있다.

(9) INFJ

창의력과 통찰력이 뛰어나고, 강한 직관력으로 의미와 진실된 관계를 추구하며, 뛰어난 영감으로 말없이 타인에게 영향력을 끼친다. 독창성과 내적 독립심이 강하며, 확고한 신념과 뚜렷한 원리원칙을 생활 속에 가지고 있으면서 공동의 이익을 가져오는 일에 심혈을 기울이고, 인화와 동료애를 중요시하는 경향으로 존경을 받고 사람들이 따른다. 한곳에 몰두하는 경향으로 목적 달성에 필요한 주변적인 조건을 경시하기 쉽고, 자기 안의 갈등이 많고 복잡하다. 감각 기능의 개발과 자신의 생각을 전달하고 옹호할 기법을 기를 필요가 있다.

(10) INFP

마음이 따뜻하고 상대방을 잘 알기 전에는 표현을 잘하지 않는다. 조용하고 자신이 관계하는 일이나 사람에 대한 책임감이 강하고 성실하다. 이해심이 많고 적응적이며, 관대하고 자신이 지향하는 이상에 대하여 정열적인 신념을 가졌으며, 남을 지배하거나 좋은 인상을 주고자 하는 경향이 거의 없다. 완벽주의적 경향이 있으며, 노동의 대가를 넘어서 자신이 하는 일에 흥미를 찾고자 하는 경향이 있고, 인간 이해와 복지에 기여할 수 있는 일을 하기를 원한다. 지나친 완벽주의를 경계해야 하고, 자신의 이상과 현실이 안고 있는 실제 상황을 고려하는 능력이 필요하다.

(11) ENFP

열성적이고 창의적이며, 풍부한 상상력과 영감을 가지고 새로운 프로젝트를 잘 시작한다. 풍부한 충동적 에너지를 가지고 즉흥적으로 일을 재빠르게 해결하는 솜씨와 수법력과 상상력이 있으며, 관심이 있는 일이면 무엇이든 척척 해내는 열성파이다. 뛰어난 통찰력으로 그 사람 안에 있는 성장 발전할 가능성을 들여다보며, 자신의 열성으로 다른 사람들로 하여금 어떤 일에 흥미를 가지게 하고, 다른 사람을 잘 도와준다. 통찰력과 창의력이 요구되지 않는 일, 반복되는 일상적인 일을 참지 못하고 열성이 생기지 않으며, 한 가지 일을 끝내기도 전에 몇 가지 다른 일을 다시 벌이는 경향이 있다.

(12) ENFJ

동정심과 동료애가 많고, 친절하고 재치 있으며, 인화를 중요시하고 민첩하며 참을성이 많다. 다른 사람들의 의견을 존중하고 공동선을 위하여 상대방의 의견에 대체로 동의하며 새로운 아이디어에 대한 호기심이 많다. 쓰기보다는 말로써 생각을 잘 표현하며, 편안하고 능란하게 계획을 제시하거나 조직을 이끌어 가는 능력이 있다. 때로 다른 사람들의 좋은 점을 지나치게 이상화하고 맹목적 충성을 보이는 경향이 있으며 다른 사람들에 대해서도 자기와 같을 것이라고 생각하는 경향이 있다.

(13) INTJ

행동과 사고가 독창적이며 강한 직관력을 지녔다. 자신이 가진 영감과 목적을 실현하려는 의지와 결단력과 인내심을 가지고 있다. 자신과 타인의 능력을 중요시하며, 목적 달성을 위해 온 시간과 노력을 바쳐 일한다. 복잡한 문제를 다루기를 좋아하며, 직관력과 통찰력이 활용되는 분야에서 능력을 발휘한다. 냉철한 분석력 때문에 일과 사람을 볼 때 있는 그대로의 사실적인 면을 보고자 하는 노력이 필요하고, 타인의 감정을 고려하고 타인의 관점에 진지하게 귀 기울이는 노력이 필요하다.

(14) INTP

조용하고 과묵하나 관심이 있는 분야에 대해서는 말을 잘하며 이해가 빠르고 높은 직관력으로 통찰하는 재능과 지적 호기심이 많다. 개인적인 인간관계나 친목회 혹은 잡담 등에 별로 관심이 없으며, 매우 분석적이고 논리적이며 객관적 비평을 잘한다. 지나치게 추상적이고 비현실적이며 사교성이 결여되기 쉬운 경향이 있고, 때로는 자신의 지적 능력을 은근히 과시하는 수가 있기 때문에 거만하게 보일 수 있다.

(15) ENTP

독창적인 혁신가로서 창의력이 풍부하고 항상 새로운 가능성을 찾으며 새로운 시도를 한다. 넓은 안목을 가지고 있고, 다방면에 재능이 많으며, 풍부한 상상력과 새로운 일을 시도하는 솔선력이 강하고 민첩하며, 사람들의 동향에 대해 기민하고 박식하다. 새로운 도전이 없는 일에는 흥미가 없으나 관심 있는 일에는 대단한 수 행능력을 가지고 있다. 그러나 새로운 아이디어와 모델에 몰입하여 현재의 중요성 을 잊기 쉬우며, 일상적이고 세부적인 일을 경시하고 태만하기 쉽다.

(16) ENTJ

활동적이고 행정적인 일과 장기계획을 선호하며, 논리적이고 분석적이다. 사전 준비를 철저히 하며 계획하고 조직하고 체계적으로 목적 달성을 추진하는 지도자 들이 많다. 비능률적이거나 확실치 않은 상황에 대해서는 인내심이 별로 없다. 상 황이 필요로 할 때는 강하게 대처한다. 솔직하며, 결정력과 통솔력이 있고, 장기적 계획과 거시적 안목으로 일을 밀고 나간다. 다른 사람의 의견에 귀를 기울일 필요 가 있고, 자신과 타인의 감정에 충실하고 이를 인정하고 표현하는 방법을 키울 필 요가 있으며, 성급한 판단이나 결론을 피해야 한다.

4) U-밴드: 미결정 범주

아동의 주기능은 초등학교 시기에 걸쳐 계속 발달한다. 이 시기 중에 아동의 선 호성은 잘 분화되어 있지 않을 수 있고 환경과의 상호작용에 의해 영향을 받을 수 있다. 이 때문에 MMTIC 채점 기록지에는 어느 척도에서 아동의 선호도가 결정되 지 않았을 경우 '결정되지 않은(undetermined)'의 의미인 '미결정' 범주(U-밴드)를 마련해서 유형의 발달적 특징에 대한 여지를 남겨 놓았다. U-밴드 점수를 받은 아 동의 경우 양쪽 선호성 모두를 고려해서 주의 깊은 접근을 해야 한다. U-밴드는 각 척도의 중간에 위치하고 있는데 이는 아직 결정되지 않은 선호 상태를 나타내는 것 이다. 예를 들어, ESUP 유형인 아동의 경우 선호도는 외향형, 감각형, 인식형이고, T-F 척도는 분명하지 않은 상태이다.

참고문헌

김정택, 심혜숙(1993). 어린이 및 청소년 성격유형검사 안내서. 서울: 한국심리검사연구소.

김정택, 심혜숙(1995). MMTIC과 어린이 청소년의 이해. 서울: 한국심리검사연구소.

김정택, 심혜숙(2000). 16가지 성격유형의 특성. 서울: 한국심리검사연구소.

김중술, 한경희, 임지영, 민병배, 이정흠, 문경주(2005a). 다면적 인성검사 II 매뉴얼. 서울: (주)마음사랑.

김중술, 한경희, 임지영, 민병배, 이정흠, 문경주(2005b). 다면적 인성검사-청소년용 매뉴얼. 서울: (주)마음사랑.

박영숙, 박기환, 오현숙, 하은혜, 최윤경, 이순묵, 김은주(2013). 최신 심리평가: 아동·청소년·성인 대상 수정판. 서울: 하나의학사.

이훈진, 문혜신, 박현진, 유성진, 김지영(2007). MMPI-2: 성격 및 정신병리 평가(제4판). 서울: 시그마프레스.

심혜숙, 김정택(1990). MBTI 표준화 연구. 서울: 한국심리검사연구소.

Archer, R. P., & Krishnamurthy, R. (2002). *Essentials of MMPI-A assessment*. John Wiley & Sons Inc.

Butcher, J. N. (1990). *The MMPI-2 in psychological treatment*. Oxford University Press.

Butcher, J. N., & Williams, C. L. (2000). *Essentials of MMPI-2 & MMPI-A interpretation*. University of Minnesota Press.

Butcher, J. N., Williams, C. L., Graham, J. R., Archer, R. P., Tellegen, A., Ben-Porath, Y. S., & Kaemmer, B. (1992). *Minnesota Multiphasic Personality Inventory-Adolescent (MMPI-A): Manual for administration, scoring, and interpretation*. Mineapolis: University of Minnesota Press.

Butcher, J. N., Dahlstrom, W. G., Graham, J. R., Tellegen, A. M., & Kaemmer, B. (1989). *Minnesota Multiphasic Personality Inventory-2 (MMPI-2): Manual for administration and scoring*. Minneapolis: University of Minnesota Press.

Harris, R. E., & Lingoes, J. C. (1955). *Subscales for the MMPI: An aid to profile interpretation*. Unpublished manuscript, University of California.

Harris, R. E., & Lingoes, J. C. (1968). *Subscales of the Minnesota Multiphasic Personality Inventory*. Unpublished manuscript, The Langley Porter Clinic, San Francisco.

Hathaway, S. R., & McKinley, J. C. (1943). *The Minnesota multiphasic personality inventory* (Rev. ed., 2nd printing). University of Minnesota Press.

Marks, L. E. (1974). On Associations of Light and Sound: The Mediation of Brightness, Pitch, and Loudness. *The American Journal of Psychology, 87*(1-2), 173-188.

Meisgeier, C., Murphy, E., & Swank, P. (1987). The Development of the Murphy-

Meisgeier Type Indicator for Children. *Journal of Psychological Type, 13,* 15-22.

Myers, I. B. (1962). *The Myers-Briggs Type Indicator: Manual.* Consulting Psychologists Press.

Myers, I. B. (1990). *Introduction to type: A description of the theory and applications of the Myers-Briggs Type Indicator.* Consulting Psychologists Press.

Widiger, T. A., & Trull, T. J. (1997). Assessment of the five-factor model of personality. *Journal of Personality Assessment, 68*(2), 228-250.

제9장

로르샤흐 검사

Ⅰ. 로르샤흐 검사의 발달 배경과 특징

　로르샤흐 검사는 투사적 검사 중 가장 널리 사용되는 대표적인 심리검사이다. 이 검사는 10장의 잉크반점으로 구성되어 있는데, 각 카드의 잉크반점은 모호하고 대칭적인 모양으로 되어 있다. 카드 Ⅰ, Ⅳ, Ⅴ, Ⅵ, Ⅶ은 무채색, Ⅱ, Ⅲ은 검정색과 붉은 색채, Ⅷ, Ⅸ, Ⅹ은 여러 가지 색채가 혼합되어 있다. 1921년 정신건강의학과 의사인 Herman Rorschach는 유명한 논문 「심리진단(Psychodiagnostik)」에서 117명의 정상인을 포함한 전체 405명 피험자의 반응을 분석하여 잉크반점 방법이 조현병을 진단하는 데 상당히 유용한 도구라고 주장하였다. 이후 많은 심리학자와 정신건강의학과 의사들에 의해 사용되기 시작했고, 다수의 연구에서 로르샤흐 검사의 유용성과 타당성이 지지되기 시작했다. Rorschach가 검사의 이론과 체계를 완전히 확립하기 전에 갑자기 사망했기 때문에 여러 이론가들이 각자의 이론적 관점에서 로르샤흐 검사의 해석체계를 제시하였다. 예를 들면, 엄격한 경험주의적 입장에 따라 채점과 부호화 방식을 중요시한 Beck(1937)과 Herts(1936), 현상주의적 배경과 정신분석적 입장에 기초한 주관적 해석을 중요시한 Klopfer와 Kelley(1942), 정신분석적 접근을 중요시한 Rapaport, Gill과 Schafer(1946), 그리고 실험심리학적 접근을 중시한 Piotrowski(1950) 등이다. 현재는 이와 같은 여러 이론가들의 관점과 장점들을 통합하여 Exner(1974, 1993)가 제시한 '종합체계(Comprehensive System)'의 실증적 접근을 주로 활용하고 있다. 이 장에서도 로르샤흐 검사의 실시와 채점 및 해석에 대한 Exner(1995, 2003)의 종합체계 내용을 주로 소개하였다.

　Exner(1993)는 로르샤흐 검사에서 수검자가 반응하는 과정이 일련의 문제해결 과정이라고 하면서, 이 과정 동안 개인의 내부에서 진행되는 복잡한 심리과정을 다음과 같이 제시하였다.

　1단계: 1. 검사 자극의 입력

　　　　 2. 검사 자극의 전체나 부분들의 분류

　2단계: 3. 경제성에 따라 잠재 반응 중 우선순위 결정

　　　　 4. 선입견 등을 검열하는 과정에서 잠재 반응 중 일부를 포기

3단계: 5. 개인의 특성 및 반응양식에 따라 반응 선택
6. 개인의 현재 심리상태에 따라 반응 선택

로르샤흐 검사의 첫 번째 반응시간의 평균이 5.8초 정도인 반면, 정상 성인이 첫 번째 카드를 탐색하는 데 걸리는 시간은 0.5초에 불과하다. Exner(1993)는 이 시간 간격 동안 수많은 의사결정이 이루어진다고 본 것이다.

현재 주로 사용하는 Exner(1995, 2003)의 종합체계는 채점 방법이 매우 객관화ㆍ체계화되어 있다는 점에서 학생 및 수련생의 입장에서는 복잡하고 어렵게 느껴질 수 있다. 그러나 로르샤흐 검사가 투사적 검사의 제한점에도 불구하고 주요한 검사로서 타당성과 신뢰성을 인정받는 이유는 지표의 수량화를 통한 객관적 해석과 동시에 역동적 접근이 모두 가능하기 때문이다. 로르샤흐 검사는 성격검사이기는 하지만 이 검사를 통해 인지 과정이나 자아상 및 대인관계의 주요한 특징을 파악할 수 있는 동시에 개인의 정신병리를 진단할 수 있다.

II. 로르샤흐 검사의 실시방법

검사자는 로르샤흐 카드와 여러 장의 반응 기록지, 그리고 반응영역 기록지를 준비해야 하고, 수검자가 검사에 집중할 수 있는 조용하고 편안한 환경에서 검사가 이루어져야 한다. 좌석 배치의 경우 검사자가 수검자 옆에 앉는 것이 표준 절차이다. 그 이유는, 첫째, 수검자가 검사자의 얼굴을 마주 볼 수 있는 위치로 인해 검사자의 부주의하고 원치 않는 비언어적 단서가 수검자의 반응에 미치는 영향을 줄일 수 있고, 둘째, 수검자가 언급하는 반점의 특징을 검사자가 더 잘 볼 수 있기 때문이다. 이때 수검자보다 약간 뒤쪽에 앉는 것도 좋다. 그러나 5~6세의 어린 수검자의 경우 아동의 상태나 검사 상황에 맞게 변경할 수 있다.

검사 시작 전에 수검자에게 로르샤흐 검사에 대해 지나치게 자세히 설명하는 것은 지나친 불안이나 저항을 불러올 수 있으므로 주의한다. 로르샤흐 검사는 절대 서둘러서는 안 되며 충분한 시간을 두고 반응을 정확히 기록하고 적절한 질문을 해야 한다. 검사 시간은 수검자의 반응 태도나 협조 여부 등에 따라 다양하지만 대개

40~50분가량 소요된다. 10세 이하 아동의 경우 언어적 표현력이 성인보다 부족하고 검사자가 한 질문의 의미를 이해시키기 어려운 경우가 많아 약 60분 정도 소요되기도 한다.

검사 실시는 반응 단계, 질문 단계, 그리고 한계검증 단계 등 세 단계로 구성된다.

1 반응 단계

반응 단계에서 먼저 "이제 몇 장의 잉크반점 카드를 보여 드리겠습니다. 이 카드가 무엇처럼 보이는지 말해 주십시오."라고 시작한다. 반응 단계에서 지시문은 간단한 것이 좋고, 로르샤흐 검사가 상상력 검사라는 잘못된 인상을 주어서는 안 된다. 상상력 검사라고 생각하게 되면 수검자는 그들이 지각한 것이 아닌 연상한 것을 반응할 수 있기 때문이다. 검사가 시작된 뒤에 질문을 한다면 검사자는 간결하고 정직하고 비지시적으로 응답해야 한다. 몇 개의 반응을 하느냐에 대한 질문이 있을 수 있다. 반응 전이나 Ⅰ번 카드에 대한 반응을 하나 한 후에 수검자가 반응을 몇 개나 해야 하는지 물을 경우 표준적인 대답은 "천천히 보면 하나 이상의 것을 볼 수 있을 것입니다."라고 대답한다. Ⅰ번 카드에 대해 하나의 반응만 하고 그만두려 할 때는 카드를 다시 돌려주고 "그림을 좀 더 보세요. 천천히 보면 뭔가를 더 볼 수 있을 것입니다."라고 말해 준다. 이는 타당한 해석을 할 수 있을 만큼 수검자가 충분한 반응을 하도록 하기 위한 것이다. 그러나 Ⅰ번 카드에 대해 둘 이상의 반응을 하고는 "몇 개를 보아야 하나요?" 하고 물을 경우 기본적인 대답은 "하고 싶은 만큼 하면 됩니다."이다. 수검자가 "카드를 돌려 봐도 됩니까?"라고 질문하면 "마음대로 하세요."라고 대답한다. 수검자가 카드를 돌려서 보고 반응을 한다면 180° 회전의 경우 V, 90° 회전의 경우 각각 <, >와 같이 회전 내용을 기록한다.

수검자가 검사에 대해 거부하거나 극단적으로 반응이 적은 경우 라포가 잘 형성되지 않았거나, 경계심이 많고 적대적이거나, 심리적으로 혼돈을 겪고 있기 때문일수도 있다. X번 카드까지 표준적인 방법으로 실시했는데 전체 반응 수가 14개 미만의 짧은 기록일 경우 해석적 가치가 줄어든다. 따라서 이런 경우 로르샤흐 검사 결과를 버리고 다른 심리검사를 활용하든지, 재검사를 실시할 수 있다. 재검사는 반응 직후 실시하며 "이제 어떻게 하는지 아시겠죠? 그런데 반응 수가 충분하지 않으므로 다시 시작하겠습니다. 이번에는 좀 더 많은 반응을 해 주시기 바랍니다. 아까 말씀하신 것들을 다시 말해도 괜찮습니다."라고 지시하며 검사를 다시 시작한다.

반대로 I번 카드에서 5개의 반응을 한 후 더 많은 반응을 하려고 하면 "이제 다음 카드로 넘어갑시다."라고 개입한다. II번 카드에서도 5개 이상의 반응을 하려고 하면 이와 동일하게 개입한다. 이는 수검자의 강박적인 성향 때문에 검사 자극에 지나치게 몰입해서 끊임없이 반응하는 경향을 반영하며, 지나치게 많은 반응 수는 해석적 가치가 떨어지기 때문이다.

② 질문 단계

반응 단계가 표준적인 방법으로 다 끝나면 다시 I번 카드부터 보여 주면서 질문 단계로 넘어가게 된다. 질문 단계의 목적은 반응 단계에서의 반응을 정확하게 기호화하고 채점하기 위한 것이다. 수검자가 보았던 것을 검사자가 그대로 볼 수 있어야 하고, 수검자 반응의 위치가 어디인지, 반점의 어떤 특징 때문에 그렇게 보았는지를 파악하는 것이 중요하다. 표준적인 질문은 "지금까지 잘 대답해 주셨습니다. 이제 카드를 다시 한 번 보여 드리겠습니다. 어느 부분에서 그렇게 보았고, 또 왜 그렇게 보았는지를 말해 주세요. 당신이 본 것처럼 저도 볼 수 있도록 설명해 주시기 바랍니다."이다. 수검자에게 카드를 한 장씩 차례로 주면서 "조금 전에 당신은 ……라고 했습니다." 라고 수검자의 반응을 그대로 반복해 준다. 질문 단계를 통해서 수검자는 반응영역과 특징을 설명하게 된다. 이 과정에서 검사자는 반응영역 기록지를 활용해서 반응영역(어디서 보았는지)을 명확히 하고, 반응 결정인(무엇 때문에 그렇게 보았는지), 반응 내용(무엇으로 보았는지)을 정확히 채점할 수 있을 정도로 명확히 해야 한다. 반응영역 기록지는 10장의 로르샤흐 카드를 한 장에 축소 복사해 놓은 것으로 수검자의 반응영역을 명확히 기록하기 위해 활용한다. 그런데 이 단계에서는 어떤 단서도 제공하지 않아야 하며, 지시적이거나 직접적인 질문을 하지 않도록 주의해야 한다. 예를 들면, "모양 때문에 그렇게 보았습니까?" 또는 "박쥐가 날고 있는 모습인가요?" 등과 같이 직접적으로 유도하는 질문은 하지 않는다. 유도 질문은 이후 반응에 대한 수검자의 설명에 영향을 줄 수 있다.

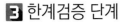

3 한계검증 단계

질문 단계가 다 끝난 후 마지막 단계인 한계검증 단계를 실시하기도 한다. 이 단계는 채점에는 포함하지 않지만 수검자의 상태를 좀 더 정확히 파악하는 데 필요하다고 판단한 경우에 사용하는 절차이다. 이 단계에서 대부분의 사람이 많이 보고하는 평범반응을 보고하지 않았을 경우 수검자가 그러한 대상을 볼 수 있는지를 평가할 수 있다. 질문 단계를 마친 후 검사자는 평범반응이 나타나지 않은 2~3개의 잉크반점을 선택한 후 "이제 검사를 마쳤습니다. 그런데 다른 사람들이 이 카드에서 ……를 봅니다. 당신도 그렇게 보이세요?"라고 질문을 한다. 독창적인 반응을 하느라고 평범반응을 하지 않은 수검자는 쉽게 평범반응을 지각하지만, 심하게 손상된 환자는 다른 사람들의 반응을 의아하게 생각할 수도 있다.

4 반응 기록 방법과 아동 · 청소년 대상의 실시

반응 기록지에 카드 번호, 반응 번호, 반응, 질문 및 채점을 기록할 수 있다. 각 반응은 수검자가 '말한 그대로(verbatim)' 기록해야 나중에 정확한 채점이 가능하고 수검자의 독특한 반응이 그대로 보존되어 중요한 정보를 얻을 수 있다. 말한 그대로 기록하는 것은 초보자에게는 매우 어려우므로 훈련이 필요하다. 수검자가 지나치게 빨리 말할 때는 "잠깐만 너무 빨라서 따라가기가 어렵습니다. 좀 더 천천히 말해 주세요."라고 말할 수 있다. 만일 수검자에게 반응의 일부를 다시 말해 달라고 요청할 필요가 있다면 검사자는 "죄송합니다. 말한 것을 다 기록하지 못했습니다. 모자를 쓴 두 사람이라고 말하고 또 ……라고 말했습니까?"와 같이 수검자가 반응한 마지막 몇 개의 단어를 사용한다. 이렇게 하면 수검자가 이전에 말했던 것과 동일한 반응을 반복하고 수검자 자신이 말했던 단어를 그대로 정확하게 반복할 가능성이 높아진다.

아동 · 청소년을 대상으로 로르샤흐 검사를 실시할 때 이와 같은 표준 방식이 변형될 수 있다. 매우 어린 아동은 주의력의 유지 시간이 짧으며, 지나치게 저항적이거나 비협조적인 아동 및 청소년의 경우 더 심각하다. 이 때문에 어린 아동이나 저항적인 아동 · 청소년의 경우 10장의 카드에 대한 모든 반응을 기록한 후 각 카드의 반응에 대해 질문하는 표준 방식보다 한 카드에 대한 반응을 기록한 후 곧바로 이어서 질문을 하는 방식이 좋다(신민섭, 김은정, 김지영, 2007).

Ⅲ. 로르샤흐 검사의 채점

채점은 로르샤흐 검사에 대한 반응을 로르샤흐 기호로 바꾸는 과정이다. 채점이 정확해야 이에 근거한 해석이 타당하기 때문에 채점의 중요성은 아무리 강조해도 지나치지 않으며 상당한 훈련을 필요로 한다. 로르샤흐 종합체계에서 기본적으로 채점에 포함되는 항목은 다음과 같다.

- 반응영역(location)과 발달질(developmental quality): 수검자가 반점의 어느 부분에 반응했는가? 어떤 발달 수준을 나타내는가?
- 결정인(determinant): 반응을 결정하는 데 영향을 준 반점의 특징은 무엇인가?
- 형태질(form quality): 반응된 내용은 자극의 특징에 적절한가?
- 반응 내용(content): 반응은 어떤 내용 범주에 속하는가?
- 평범반응(populars): 일반적으로 흔히 일어나는 반응인가?
- 조직화 활동(organizational activity): 반응에 나타난 형태를 통합하는 데 조직화가 어느 정도인가?
- 특수점수(special score): 특이한 언어 반응이 일어나고 있는가?

▮1 반응영역과 발달질

1) 반응영역

반응영역이란 특정 반응에 카드 반점의 어느 부분이 사용되었는지를 말한다. 전체를 보고 반응했다면 전체 반응 W, 수검자들이 자주 사용하는 부분인 경우 부분 반응 D, 자주 사용하지 않는 경우 드문 부분 반응 Dd로 채점되고, 카드의 흰색 부분에 대한 반응은 공백 반응 S로 채점된다(〈표 9-1〉 참조). [그림 9-1]에 카드 I의 예와 같이 작업 도표에서 각 카드별로 W, D와 Dd 반응을 찾을 수 있다.

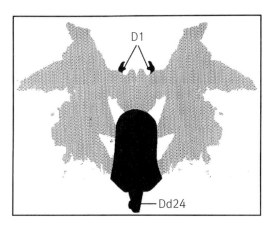
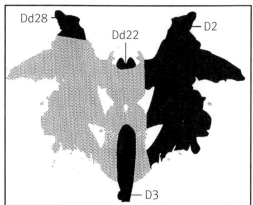

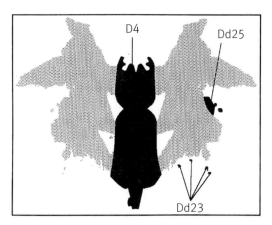
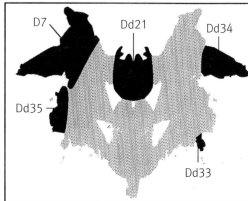

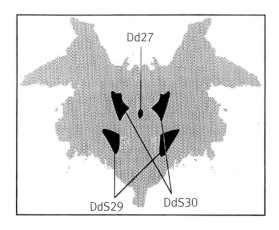
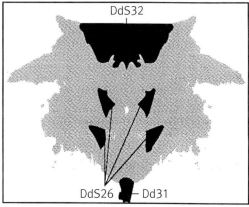

[그림 9-1] 카드 Ⅰ의 D와 Dd 영역

CARD I	평범반응: 반점 전체를 박쥐 또는 나비로 반응한 경우
	Z값: W = 1.0 인접 부분 = 4.0 비인접 부분 = 6.0 공간 반응 = 3.5

W		
o 가면(주의: 여러 동물들의, 핼러윈, 파티, 주술에서 사용되는 가면, 괴물의 가면)	o 까마귀	u 동물(날개 달린, 불특정)
	- 깔개(현관문 앞의 매트, 양탄자)	- 동물(주의: 곰, 고양이, 개, 사자 등과 같이 날개나 지느러미가 없는 동물)
- 가슴, 흉곽	- 꼬마요정	
u 가재	u 꽃병	
u 각다귀, 모기	- 꿈	- 둥지
- 갈매기형 견장(chevron)	- 나무, 목재(wood)	u 드라큘라
- 감귤나무	- 나무(tree)	- 드레스
- 개구리	- 눈송이	u V 드릴프레스
- 개미	o 나방	o 디스크(해부)
- 개미핥기	o 나비	u 딱정벌레(날개 달린)
- 개코원숭이	- 날개다랑어	u V 뗏목 배(앞에서 본 모습)
- 거미	u 노 젓는 사람(보트)	- 램프
u 게	- 뇌	u 로봇
- 계란	- 뇌(위에서 본 모습)	u V 로켓선
- 고기	u 뇌(단면도)	o 마녀(둘 또는 세 명)
- 고양이	u V 눈 내린 꼭대기(cap, snow)	- 마차(이륜 경마차)
u 누에고치(날개를 가진 곤충이 나오는)		u 말벌
	- 늑골, 갈비뼈	u 망토(cloak)
- 곤충(날개 없는)	u 다람쥐(날으는)	u V 머리(모양을 갖춘)
o 곤충(날개 달린)	- 다리(인공의)	o V 머리장식
- 곤충(불특정, 날개 없는)	u 다리(자연의)	u 먼지(얼룩)
- 골격(불특정)	- 단지, 항아리	u 먼지, 쓰레기
o 골반(뼈)	- 담요	u 메두사
- 곰	- 닻	- 멜론
u V 괴물	- 대구(魚)	u 모기
u 구름(들)	- 대바구니	o V 모자(여자용)
- 그물	- 도로지도	머리(얼굴을 보라)
- 기구(氣球)	u 돌(조각된)	- 목
u V 기차(D4가 버팀대로 가로지르는)	o 독수리	- 목뼈
	o 두개골(인간 또는 동물)	u 무늬, 도안
- 깃발	u V 둥근 지붕(dome)	
	u V 동굴(앞에서 본 모습)	

〈표 9-1〉 반응영역 채점 기호

기호	정의	기준
W	전체 반응(Whole Response)	• 전체 잉크 반점의 사용
D	부분 반응 (Common Detail Response)	• 수검자들이 흔히 사용되는 반점 영역을 사용한 부분 반응
Dd	드문 부분 반응 (Unusual Detail Response)	• 수검자들이 드물게 사용하는 반점 영역을 사용한 부 분 반응
S	공백 반응 (Space Response)	• 흰 공단 부분이 사용된 경우 • 단독으로 채점되지 않고 다른 반응영역 기호와 같이 채점(WS, DS, DdS)

출처: Exner (1995).

2) 발달질

발달질은 반응영역이 어떤 발달 수준을 나타내는지 평가하는 지표로 먼저 지각
대상에 형태가 있는지를 고려해야 하고, 반응에서 의미 있는 조직화나 통합이 일어
난 정도를 평가한다. 〈표 9-2〉와 같이 발달질은 네 가지 기호 +, o, v/+, v로 채점
하며, 반응영역에 기호를 붙여(예: Wo, D+) 사용한다. 지각한 대상에 구체적인 형
태가 있는 경우 + 또는 o로 채점한다. 지각 대상이 구름, 연기, 안개 등과 같이 구
체적 형태를 가지고 있지 않는 경우 v 또는 v/+로 채점한다. 지각 대상들 간에 상
호작용이 있는 경우, 즉 '분리되어 있지만 상호 관련 있는 반응'을 통합 반응이라고
하고, + 또는 v/+로 채점한다. 상호작용이나 관련이 없는 경우 o로 채점한다.

〈표 9-2〉 발달질 채점기호

기호	정의	기준	예
+	통합 반응 (Synthesized Response)	분리되어 있는 대상이 둘 이상이며, 서로 상호 작용이 있고 그중 하나는 형태가 있음	곰 두 마리가 손을 맞대고 있다.
o	보통 반응 (Ordinary Response)	하나의 대상이 형태를 가지고 있거나 대상 묘 사가 구체적인 형태를 나타내는 경우	박쥐, 나비, 에펠탑
v/+	모호-통합 반응 (Vague/Synthesized)	두 가지 이상의 대상이 분리되어 있지만 상호 관련이 있을 경우, 포함된 대상들이 구체적인 형태를 가지고 있지 않아야 함	바위와 바다가 어우러져 서 있다. 구름과 햇빛이 섞여 있다.
v	모호 반응 (Vague Response)	구체적인 형태가 없는 대상을 보고하고 그 대 상의 구체적인 형태를 언급하지 않을 경우	연기, 구름, 하늘, 안개

출처: Exner (1995).

② 결정인

결정인이란 수검자가 '왜 그렇게 보았는지', 즉 수검자의 지각에 영향을 준 잉크 반점의 특성이 무엇인지를 말한다. 결정인은 형태, 운동(인간, 동물 및 무생물 운동), 유채색, 무채색, 음영-재질, 음영-차원, 음영-확산, 형태 차원, 그리고 쌍반응과 반사반응 등 9개 범주의 24개 기호로 구성되어 있다(〈표 9-3〉 참조).

운동 반응의 경우 그 움직임이 능동적인지 또는 수동적인지를 판단해서 능동 운동은 a, 수동 운동은 p로 운동 반응 기호의 오른쪽에 윗첨자를 붙인다(예: M^a, M^p, FM^a, FM^p, m^a, m^p 등). 이는 인지적 유연성과 관념적 태세(ideation set)를 결정한다. 능동과 수동을 판단하는 기준은 대체로 '말하다(talking)'를 기준으로 하는데, '말하다'는 수동운동으로 채점하고, 이보다 능동적인 운동은 a, 수동적인 운동은 p로 채점한다(예: '속삭이다, 쳐다보다, 서 있다, 구부정하다, 한숨 쉬다' 등은 수동운동. '논쟁하다, 소리 지르다, 노려보다, 손을 뻗다, 물건을 들다' 등은 능동운동).

〈표 9-3〉 결정인 기호와 분류기준

범주	기호	기준	반응 예
형태 (Form)	F	형태 반응: 전적으로 잉크 반점의 형태 특징에 근거한 반응(다른 결정인과 함께 사용 가능)	모양이 나비처럼 생겨서
운동 (Movement)	M	인간 운동 반응: 인간의 활동, 또는 동물이나 가공적 인물이 인간과 유사한 활동을 하는 것으로 묘사된 반응	사람이 지휘를 하고 있다. 곰 두 마리가 하이파이브를 하고 있다.
	FM	동물 운동 반응: 동물의 운동 반응 중 종 특유의 운동을 포함한 반응	곰이 산을 기어 올라가고 있다. 곰들이 포커를 치고 있다.
	m	무생물의 운동 반응: 무생물, 비생물물체(죽은 대상) 또는 감각이 없는 대상의 운동을 포함한 반응	출혈, 낙수 화산이 폭발하고 있다.
유채색 (Chromatic Color)	C	순수 색채 반응: 어떤 형태 특징에 대한 언급 없이 전적으로 잉크 반점의 유채색 특징에 근거한 반응	색깔이 빨개서 피다. 물감, 물
	CF	색채-형태 반응: 일차적으로 잉크 반점의 색채 때문에 반응이 형성되고 형태 특징이 부차적으로 사용된 반응	색도 빨갛고 모양이 피 같다.
	FC	형태-색채 반응: 주로 형태 특징 때문에 반응이 형성되고 정교화 또는 명료화 목적으로 색채가 사용된 경우	잎 모양이 장미꽃 같고 색깔도 비슷하다.

	Cn	색채명명 반응: 잉크 반점의 색채가 명명되고 그 명칭이 반응으로 의도된 경우	빨간색이다. 파란색이다.
무채색 (Achromatic Color)	C′	순수 무채색 반응: 어떤 형태 특징에 대한 언급 없이 전적으로 잉크 반점의 흰색, 회색, 검정색 등 무채색 특징에 근거한 반응	색깔이 검어서 연기
	C′F	무채색-형태 반응: 일차적으로 잉크 반점의 무채색 때문에 반응이 형성되고 형태 특징이 부차적으로 사용된 반응	색도 검고 뭉게뭉게 올라가는 모양이 연기 같다.
	FC′	형태-무채색 반응: 주로 형태 특징 때문에 반응이 형성되고 정교화 또는 명료화 목적으로 무채색이 사용된 경우	날개와 발 모양이 비슷하고 색깔도 검어서 박쥐이다.
음영-재질 (Shading- Texture)	T	순수 재질 반응: 어떤 형태 특징에 대한 언급 없이 전적으로 잉크 반점의 음영 특징을 사용해서 재질/질감을 나타낸 반응	느낌이 보들보들해서 털 같다.
	TF	재질-형태 반응: 잉크 반점의 음영 특징이 재질/질감을 나타내기 위해 사용되고 정교화 또는 명료화 목적으로 형태 특징이 부차적으로 사용된 반응	느낌이 보들보들하고 잘라 놓은 윤곽이 털가죽 같다.
	FT	형태-재질 반응: 주로 형태 특징에 근거하여 반응이 형성되고 잉크 반점의 음영 특징이 재질/질감을 나타내기 위해 사용되었으나 이차적으로 중요한 경우	수염과 얼굴 모양이 비슷하고 털의 부드러운 느낌도 나서 고양이다.
음영-차원 (Shading- Dimension)	V	순수 차원 반응: 어떤 형태 특징에 대한 언급 없이 전적으로 잉크 반점의 음영 특징을 사용해서 깊이나 차원을 나타낸 반응	울퉁불퉁 솟아나온 느낌이어서 산맥을 위에서 바라본 것 같다.
	VF	차원-형태 반응: 잉크 반점의 음영 특징이 깊이나 차원을 나타내기 위해 사용되고 정교화 또는 명료화 목적으로 형태 특징이 부차적으로 사용된 반응	울퉁불퉁 솟아나온 느낌이고 산맥의 모양을 닮아서 산맥 같다.
	FV	형태-차원 반응: 주로 형태 특징에 근거하여 반응이 형성되고 잉크 반점의 음영 특징이 깊이나 차원을 나타내기 위해 사용되었으나 이차적으로 중요한 경우	산맥의 모양이고 울퉁불퉁 솟아나온 느낌도 난다.
음영-확산 (Shading- Diffuse)	Y	순수 음영 반응: 어떤 형태 특징에 대한 언급 없이 전적으로 잉크 반점의 음영 특징에만 근거한 반응. 재질이나 차원에 대한 어떤 언급도 하지 않는 경우	얼룩덜룩한 것이 붓질을 해 놓은 것 같은 느낌이라서 추상화 같다. 안개, 구름, 연기고 바깥의 윤곽도 그래서 산이다.
	YF	음영-형태 반응: 재질이나 차원에 대한 언급 없이 주로 잉크 반점의 음영 특징에 근거하고 형태 특징이 부차적으로 포함된 반응	얼룩덜룩한 것이 붓질을 해 놓은 것 같은 느낌이고 바깥의 윤곽도 그래서 산을 대충 그린 그림

	FY	형태-음영 반응: 주로 형태 특징에 근거하고 재질이나 차원에 대한 언급 없이 정교화 또는 명료화 목적으로 음영 특징이 부차적으로 사용된 반응	모양도 그렇고 여기 얼룩덜룩한 느낌도 나무 같다.
형태 차원 (Form Dimension)	FD	형태에 근거한 차원 반응: 잉크 반점의 윤곽이나 모양에 근거하여 깊이, 거리, 차원을 지각한 경우	발이 크고 머리가 작아서 거인을 아래에서 위로 올려다 보는 것 같다.
쌍반응과 반사반응 (Pairs & Reflection)	(2)	쌍반응: 잉크 반점의 대칭에 근거하여 두 가지 동일한 대상을 보고한 경우. 두 대상은 모든 측면에서 동일해야 하지만 반사되거나 거울에 비친 이미지는 아니어야 함	양 옆에 곰 두 마리가 있다.
	rF	반사-형태 반응: 잉크 반점의 대칭으로 인해 구름이나 풍경, 그림자와 같이 일정한 형태 요건을 가지고 있지 않은 대상이 반사된 것 또는 거울에 비친 상으로 보고된 반응	구름이 호수에 비친 것
	Fr	형태-반사 반응: 잉크 반점의 대칭으로 인해 일정한 형태가 있는 대상이 반사된 것 또는 거울에 비친 상으로 보고된 반응	사람이 거울을 보고 있어 자신의 모습이 비친 것

출처: Exner (2003).

결정인에 대한 가능한 해석은 〈표 9-4〉에 요약되어 있다.

〈표 9-4〉 결정인과 가능한 해석적 의미

범주	기호	해석적 의미
형태(Form)	F	통제 또는 지연(delay)과 관련됨
운동(Movement)	M	높은 수준의 개념화, 공상, 지연과 관련됨
	FM	즉각 만족을 추구하고자 하는 욕구와 관련됨
	m	과도한 긴장을 만드는 상황적 스트레스와 관련됨
유채색(Chromatic Color)	C, CF, FC, Cn	정서 및 정서 표현의 조절과 관련됨
무채색(Acromatic Color)	C', C'F, Fc'	정서적 제약, 억제와 관련됨
음영-재질(Shading-Texture)	T, FT, TF	정서적 애정 욕구, 정서적 대인관계 접촉과 관련됨
음영-차원(Shading-Dimension)	V, VF, FV	부정적인 내성(introspection), 고통스러운 자기평가와 관련됨
음영-확산(Shading-Diffuse)	Y, YF, FY	통제할 수 없는 느낌, 무력감, 불안감과 관련됨
형태 차원(Form Dimension)	FD	내성과 관련됨

쌍반응과 반사반응 (Pairs & Reflection)	(2)	자기초점(self-focus)과 관련됨 쌍으로 된 M, FM 반응은 대인관계에서 상호작용 특징 에 관한 정보 제고
	rF, Fr	자아중심성 혹은 자기초점과 관련됨

출처: Howard (1989).

❸ 형태질

　형태질은 수검자가 기술한 대상의 형태와 반응에 사용된 반점 영역이 얼마나 서로 잘 부합하는가를 말한다. 즉, 반점 영역이 대상과 부합하는 정도에 대한 평가로서 수검자의 지각이 얼마나 현실적인가 혹은 관습적인가를 알 수 있다. 형태질의 기호화 정의는 〈표 9-5〉에 제시되어 있다.

〈표 9-5〉 형태질 기준

기호	정의	기준
+	우수하고 정교한 (Superior- Elaborated)	반점의 형태에 맞게 아주 정확히 기술하였거나, 형태 사용이 적절하여 반응의 질적 수준이 높은 경우. 반드시 독창적일 필요는 없으나 세부 형태가 사용되고 구체화되는 방식으로 표현되어야 함
o	보통의 (Ordinary)	대상을 설명하기 위해 일반적인 형태 특징을 쉽게 언급한 일상적인 반응. 이들은 작업도표([그림 9-1] 참조)에서 W와 D 영역에 대해서 수검자의 적어도 2%, Dd 영역에 대해 적어도 50명이 보고했던 반응
u	드문 (Unusual)	포함된 기본적인 윤곽이 반응에 적절하기는 하나 빈도가 낮은 반응. 관찰자가 빠르고 쉽게 볼 수 있지만 흔치 않은 반응
–	왜곡된 (Minus)	형태를 왜곡하고 임의적·비현실적으로 사용해서 반응을 형성한 경우. 사용한 영역의 윤곽을 전부 또는 대부분 무시한 반점 구조에 대한 반응

출처: Exner (2003).

❹ 반응 내용

　반응 내용은 반응에 나온 대상이 무엇이며 어떤 종류인지를 말하는데, 〈표 9-6〉에 제시된 바와 같이 27가지가 있다. 이 가운데 어느 범주에도 속하지 않는 경우는 독특한 반응으로 분류하고 Id(idiographic) 기호를 사용한다. 하나의 반응에 둘 이상의 내용이 포함되는 경우가 많지만 하나의 내용 부호는 한 반응에서 한 번만 채점한다.

〈표 9-6〉 반응 내용 기준

분류	기호	기준
전체 인간 (Whole Human)	H	인간의 전체 모습을 포함한 반응. 나폴레옹이나 잔다르크처럼 역사적 실존 인물은 Ay를 2차 기호로 추가함
가공적 전체 인간 (Whole Human, Fictional or Mythological)	(H)	가공적이거나 신화적인 인간의 전체 모습을 포함한 반응(예: 어릿광대, 요정, 거인, 악마, 유령, 공상과학에서 인간을 닮은 등장인물, 인간과 유사한 괴물, 인간의 그림자)
인간 부분 (Human Detail)	Hd	불완전한 인간 형태를 포함한 반응(예: 팔, 머리, 다리, 발, 손가락, 하체, 머리가 없는 사람 등)
가공적 인간 부분 (Human Detail, Fictional or Mythological)	(Hd)	가공적이거나 신화적인 불완전한 인간 형태를 포함한 반응(예: 악마의 머리, 마녀의 팔, 천사의 눈, 공상과학 등장인물의 일부, 호박등, 동물 가면을 제외한 모든 종류의 가면)
인간 경험 (Human Experience)	Hx	1. 인간의 정서나 감각 경험이 반응 대상에게 속한 것이 분명한 경우 Hx를 2차 내용으로 채점(예: 사랑에 빠져 서로 바라보고 있는 두 사람, 매우 슬픈 고양이, 서로에게 화가 난 사람들, 더러운 냄새를 맡고 있는 여자). 정서나 감각 경험이 모호한 반응은 Hx로 채점하지 않음(예: 파티에 참석한 사람들, 화가 난 것처럼 보이는 얼굴, 비열해 보이는 얼굴, 피곤해 보이는 두 사람) 2. 사랑, 미움, 우울, 행복, 소리, 냄새, 공포 등 인간의 정서나 감각 경험과 관련된 형태가 없는 M반응은 Hx를 1차 내용으로 채점하고, 특수점수에서 AB를 추가함
전체 동물(Whole Animal)	A	동물의 전체 모습을 포함한 반응
가공적 전체 동물 (Whole Animal, Fictional or Mythological)	(A)	가공적이거나 신화적인 동물의 전체 모습을 포함한 반응(예: 유니콘, 용, 마술 개구리, 하늘을 나는 말, 블랙 뷰티, 갈매기 조나단 리빙스턴)
동물 부분 (Animal Detail)	Ad	불완전한 동물의 형태를 포함한 반응(예: 말의 발굽, 가재의 집게발, 개의 머리, 동물의 가죽)
가공적 동물 부분 (Animal Detail, Fictional or Mythological)	(Ad)	가공적이거나 신화적인 불완전한 동물 형태를 포함한 반응(예: 페가수스의 날개, 피터 래빗의 머리, 곰돌이 푸우의 다리, 모든 동물 가면)
해부(Anatomy)	An	골격, 근육, 내부의 해부학적 구조와 관련된 반응(예: 뼈 구조, 두개골, 갈비뼈, 심장, 폐, 위장, 간, 근섬유, 척추, 뇌). 조직 슬라이드를 포함한 반응은 2차 내용으로 Art를 추가함

예술(Art)	Art	1. 추상화든 구상화든 간에 그림, 데생, 삽화, 조각상과 같은 예술 작품, 보석, 샹들리에, 가지 촛대, 배지, 인장, 장식품에 관한 반응. 카드 Ⅶ에서 장식으로 꽂은 깃털은 Art로 채점함 2. Art로 채점하는 많은 반응들은 2차 내용을 포함하고 있는 경우가 많음. 예를 들면, 두 마리 개를 그림 그림은 Art, A, 두 마녀의 조각상은 Art, (H), 허리를 구부린 두 사람의 만화는 Art, H로 채점함.
인류학(Anthropology)	Ay	특정 문화적·역사적 의미를 가지고 있는 반응(예: 토템, 로마시대의 투구, 대헌장, 산타 마리아호, 나폴레옹의 모자, 클레오파트라의 왕관, 화살촉, 선사시대의 도끼, 인디언의 전투모자)
피(Blood)	Bl	인간이나 동물의 피 반응
식물(Botany)	Bt	식물(예: 관목, 꽃, 해초, 나무)이나 식물의 부분(예: 잎, 꽃잎, 나무줄기, 뿌리, 새 둥지)을 포함한 반응
의복(Clothing)	Cg	의복을 포함한 반응(예: 모자, 부츠, 벨트, 드레스, 넥타이, 재킷, 바지, 스카프)
구름(Clouds)	Cl	구름 반응. 이 범주의 변형인 농무, 연무는 Na로 채점함
폭발(Explosion)	Ex	불꽃놀이를 포함하여 폭발을 포함한 반응
불(Fire)	Fi	불이나 연기에 관한 반응
음식(Food)	Fd	사람들이 일반적으로 먹을 수 있는 것(예: 통닭, 아이스크림, 새우튀김, 채소, 솜사탕, 껌, 스테이크, 생선살), 또는 새가 벌레나 곤충을 먹는 것처럼 그 종의 동물이 일반적으로 먹는 먹이를 지각한 반응
지도(Geography)	Ge	특정적이든 일반적이든 지도를 지각한 반응
가정용품(Household)	Hh	가정용품을 포함한 반응(예: 침대, 식칼, 의자, 조리기구, 컵, 정원 호스, 유리잔, 램프, 정원 의자, 접시, 양탄자, 은 식기). Hh로 채점되는 항목 중 일부(예: 가지 촛대, 샹들리에)는 Art로 채점함
풍경(Landscape)	Ls	풍경(예: 산, 산맥, 언덕, 섬, 동굴, 바위, 사막, 늪)이나 바다 경치(예: 산호초, 바닷속 장면)를 포함한 반응
자연(Nature)	Na	Bt, Ls로 채점되지 않는 광범위한 자연환경을 포함한 반응(예: 태양, 달, 행성, 하늘, 물, 대양, 호수, 강, 얼음, 눈, 비, 안개, 노을, 무지개, 폭풍, 토네이도, 밤, 빗방울)
과학(Science)	Sc	직접적이든 간접적이든 과학 또는 공상과학의 산물과 관련된 반응(예: 비행기, 빌딩, 다리, 자동차, 전구, 현미경, 오토바이, 모터, 악기, 레이더 기지, 도로, 로켓선, 배, 우주선, 기차, 망원경, TV 안테나, 무기)
성(Sex)	Sx	성기관이나 성적 행동을 포함한 반응[예: 남근, 질, 엉덩이, 가슴(사람의 성별을 구별하기 위한 언급은 해당되지 않음), 고환, 월경, 낙태, 성교]. 1차 내용은 주로 H, Hd 또는 An이고 Sx는 2차 내용으로 채점되는 경우가 흔함
엑스레이(X-ray)	Xy	엑스레이 반응으로 골격이나 내부기관이 포함될 수 있음. Xy 반응은 2차 부호로 An을 채점하지 않음

출처: Exner (2003).

5 평범반응

평범반응은 수검자가 관습적이고 분명한 방식으로 반응할 수 있는지를 평가하며, 종합체계에는 〈표 9-7〉과 같이 13개의 평범반응이 포함되어 있다. 가장 흔한 평범반응은 I 번 카드 또는 V번 카드에서 전체 영역을 박쥐나 나비로 보는 반응이다. 평범반응과 같은 내용이라도 지각한 영역이 평범반응의 영역과 똑같은지 확인해야 한다.

〈표 9-7〉 평범반응

카드	위치	기준
I	W	박쥐, 반점 위쪽을 박쥐 위쪽으로 봐야 함
I	W	나비, 반점 위쪽을 나비 위쪽으로 봐야 함
II	D1	동물, 곰, 개, 코끼리 등 구체적인 동물
III	D9	인간의 모습. 인형, 만화도 가능함
IV	W 또는 D7	인간 또는 괴물, 공상과학에 나오는 생물체 등 인간을 닮은 대상
V	W	박쥐, 반점의 위쪽을 박쥐 위쪽으로 보아야 함
V	W	나비, 반점의 위쪽을 나비 위쪽으로 보아야 함
VI	W 또는 D1	동물가죽, 양탄자 또는 모피
VII	D9	사람의 머리나 얼굴
VIII	D1	전체 동물 모습. 흔히 개, 고양이, 다람쥐 등 다양한 동물
IX	D3	인간이나 인간과 유사한 존재. 마녀, 거인, 괴물, 공상과학적 존재
X	D1	게, 모든 부속 기관이 D1 영역에 한정되어야 함
X	D1	거미, 모든 부속 기관이 D1 영역에 한정되어야 함

출처: Exner (2003).

6 조직화 활동

조직화 활동(organizational activity)은 자극의 복잡성을 고려할 때 얼마나 조직화된 반응을 하는지 평가하기 위해 가중치를 부여한 점수이다. 즉, 반응에 사용된 반점의 구성요소들이 각기 서로 의미 있게 연관되어 있는 경우에 조직화 활동 점수

(Z점수)를 준다.

조직화 활동이 나타나면 반점의 구성요소들 간의 관계가 형성된다. 정신적 에너지 사용을 줄이려는 경제적 성향의 사람은 하나의 대상을 보고하거나 대칭을 사용해서 반응할 것이고, 조직화 활동을 보이지 않는다. 반면, 수검자가 반점 영역들을 조직화하려고 노력할 때 조직화 활동이 나타난다. 예를 들면, 카드 Ⅷ에서 D1 영역을 단순히 "곰"이라고 하지 않고 "곰이 산을 오르고 있다."라고 말한다면 조직화 활동이 나타난 것이다. 이런 반응은 보다 정교하게 자극 영역을 조직화하려는 인지적 활동 수준이 높다고 할 수 있으며 Z점수를 준다.

Z점수는 반응에 형태가 반드시 포함되면서 〈표 9-8〉에 제시된 기준 중 하나를 만족시킬 때 채점한다. 즉, 형태가 없는 순수 C, C′, T, V, Y 반응에는 Z점수가 주어지지 않는다.

〈표 9-8〉 조직화 활동 채점표

범주	정의	예
ZW	• 발달질(DQ)이 +, o 또는 v/+인 전체 반응 • DQ 기호가 v인 반응에는 조직화 점수를 주지 않음	카드Ⅰ. 박쥐
ZA	• 반점의 인접한 영역에서 두 가지 이상의 별개의 또는 분리된 대상을 지각하고 이들이 서로 의미 있는 관계를 맺고 있다고 보고된 반응	카드Ⅱ. 곰 두 마리가 손을 맞대고 있다.
ZD	• 반점의 인접하지 않은 영역에서 두 가지 이상의 별개의 또는 분리된 대상을 지각하고 서로 의미 있는 관계를 맺고 있다고 보고된 반응	카드Ⅹ. D1이 서로 대화하고 있다.
ZS	• 반점의 흰 공간(Space)과 다른 영역을 통합해서 반응한 경우 • 단지 흰 공간만을 사용한 반응은 조직화 점수를 주지 않음	카드Ⅰ. 가면, 공백 부분이 눈

출처: Exner (2003).

이와 같은 네 가지 유형의 조직화 활동에 대해 각각 가중치가 부여된 Z점수를 사용하는데, [그림 9-1]의 예와 같이 작업도표에 각 카드별로 Z점수가 제공된다. 〈표 9-9〉에 Z점수가 요약되어 있다.

〈표 9-9〉 각 카드에 해당되는 조직화 점수(Z)

카드	조직화 활동의 유형			
	W(DQ+, v/+, o)	인접 부분	원격 부분	공백 부분
I	1.0	4.0	6.0	3.5
II	4.5	3.0	5.5	4.5
III	5.5	3.0	4.0	4.5
IV	2.0	4.0	3.5	5.0
V	1.0	2.5	5.0	4.0
VI	2.5	2.5	6.0	6.5
VII	2.5	1.0	3.0	4.0
VIII	4.5	3.0	3.0	4.0
IX	5.5	2.5	4.5	5.0
X	5.5	4.0	4.5	6.0

출처: Exner (1995).

7 특수점수

특수점수는 반응에 평범하지 않은 특성이 있을 때 이를 반영하는 점수이다. 분류 내용은 다음과 같다.

- 특이한 언어반응
- 부적절한 반응결합
- 부적절한 논리
- 보속반응
- 특수 내용
- 기타 특수반응

특수점수 가운데 DV, DR, INCOM, FACOM에 반영되는 인지적 역기능의 정도에 차이가 있기 때문에 반응이 얼마나 기이한가에 따라 두 가지 수준으로 나누고 채점한다. 첫 번째는 수준 1 반응으로 비논리적이고 경계가 모호하며, 특이하거나 우원적 사고가 경미하게 나타나는 경우이다. 수준 1 반응은 대개 특수점수의 채점기준을 충족시키지만, 부주의한 단어 선택, 미성숙, 교육 기회의 제한, 단순히 심사숙고하지 않은 판단 등 표현이나 판단에 충분한 주의를 기울이지 못해서 일어나는 인지적 실수와 구분하기 어렵다. 두 번째는 수준 2 반응으로 비논리적이고 경계가 모호하며, 분열되거나 우원적 사고가 좀 더 심하게 나타나는 경우이다. 수준 2 반응은 매우 부적절하고 기괴해서 채점하기 어렵지 않지만, 어떤 반응이 수준 2에 해당되는지 의심스럽다면 신중하게 수준 1로 채점하는 것이 바람직하다. 〈표 9-10〉에 특수점수의 정의와 반응 예가 함께 제시되어 있다.

〈표 9-10〉 특수점수 기준

범주	기호	기준
특이한 언어반응 (Unusual Verbalization)	DV	일탈된 언어(Deviant Verbalization) 부적절한 단어가 하나 이상 사용된 경우로 두 가지 형태가 있음 1. 신조어(Neologism): 수검자의 언어능력으로 볼 때 정확한 표현을 충분히 할 수 있음에도 불구하고 부적절한 단어나 신조어를 사용하는 경우[예: "망원경으로 본 박테리아"(DV1) "이 피는 콘크리게이트처럼 굳었어요."(DV2)] 2. 중복 사용(Redundancy): 대상의 성질을 두 번 보고하는 것 같은 언어의 기이한 사용[예: "사람의 죽은 시체"(DV1) "세 사람의 트리오"(DV2)]
	DR	일탈된 반응(Deviant Response) 과제와 상관이 없거나 과제를 왜곡하는 표현을 사용함으로써 반응의 질이 기이하고 특이해지는 경우 DV를 포함한 DR 반응은 DR만 채점함 1. 부적절한 구(Inappropriate Phrases): 매우 부적절하거나 아무런 상관이 없는 구를 사용하고 앞뒤가 연결되지 않는 방식으로 반응한 경우[예: "개처럼 보이네요. 우리 아버지는 개를 기르지 못하게 했어요."(DR1) "이것은 박쥐네요. 나는 나비가 보고 싶었어요."(DR2)] 2. 우원적 반응(Circumstantial Response): 과제를 무시한 채 부적절하게 정교화하는 반응으로, 말이 주제에서 벗어나면서 산만하게 흘러가는 경우[예: "두 마리 뱀 같아요. 나는 항상 뱀을 싫어했는데, 형은 뱀을 무서워한다고 나를 놀리곤 했어요."(DR1) "아일랜드 지도 같아요. 어쩌면 아일랜드가 아니라 다른 곳일 수도 있어요. 그러나 아일랜드일 것 같아요. 나는 아일랜드에 대해 잘 모르지만 멕시코에 대해서는 잘 알아요."(DR2)]
부적절한 반응결합 (Inappropriate Combination)	INCOM	조화되지 않은 결합(Incongruous Combination) 단일 대상에서 부적절하거나 불가능한 하나 이상의 특징이나 활동이 나타나는 반응[예: "박쥐인데, 여기에 날개와 몸, 손이 있다."(INCOM1) "두 개의 머리를 가진 사람."(INCOM2)]

	FABCOM	우화적 합성(Fabulized Combination) 둘 이상의 대상이 있을 수 없거나 불가능한 방식으로 관계를 맺고 있는 것으로 지각한 반응[예: "두 마리 개가 농구를 하고 있어요."(FABCOM1) "두 여자가 잠수함을 공격하고 있어요."(FABCOM2)]
	CONTAM	오염(Contamination) 부적절한 결합 중 가장 기괴한 반응으로, 둘 이상의 인상이 확실히 현실을 위반하면서 하나의 반응으로 융합되는 경우(예: "이것은 피로도 보이고 섬으로도 보여요. 이것은 확실히 피 흘리는 섬이에요.")
부적절한 논리 (Inappropriate Logic)	ALOG	부적절한 논리 검사자가 아무런 개입도 하지 않았는데 수검자가 부자연스럽고 틀을 벗어나는 추론을 하여 자신의 반응을 정당화하려는 경우(예: "이것은 북극이네요. 왜냐하면 카드 위쪽에 있으니까요.")
보속반응 (Perseveration)	PSV	보속반응 동일한 반응이 반복되는 것으로, 인지적 경직성, 인지적 기능장애, 뚜렷한 심리적 몰두와 관련이 있다. 보속반응에는 세 가지 유형이 있으나 모두 PSV로 채점된다. 1. 카드 내 보속반응: 한 카드에서 반응영역, 발달질, 결정인, 형태질, 내용 및 Z점수가 동일한 반응이 연달아 나타나는 경우[예: 카드 I ① '박쥐'(Wo Fo A P 1.0), ② '새'(Wo Fo A P 1.0 PSV)] 2. 내용 보속: 한 카드에서 말한 내용이 다음 카드에서 동일하게 반복되는 경우로, 이전에 본 것과 동일한 대상으로 지각한 반응(예: 한 카드에서 두 사람이 싸우고 있다고 본 후, 다음 카드에서 "아까 그 사람들인데, 이제는 싸우지 않네요.") 3. 기계적 반복: 동일한 대상을 기계적으로 반복해서 보고하는 경우로 지적 · 신경학적 결함이 있는 수검자에게 가장 흔히 나타난다(예: 카드 I '박쥐', 카드 II '박쥐', 카드 III '박쥐' 등)
특수 내용 (Special Content)	AB	추상적 내용(Abstract Content): 두 가지 유형이 있다. 1. 인간의 정서나 감각을 나타내는 Hx 반응(예: "이 전체가 우울을 의미해요. 온통 검고 음울해 보여요.") 2. 명확하고 구체적인 상징적 표상을 언급한 반응(예: "이 두 사람이 사랑에 빠졌어요. 서로를 간절히 원하고 있어요. 여기 가운데 붉은 부분이 사랑과 갈망을 나타내는 거예요.")
	AG	공격적 운동(Aggressive Movement) 공격적인 내용이 포함된 운동반응(M, FM, m)으로, 반드시 공격이 일어나고 있어야 한다(예: "남자의 얼굴인데, 뭔가에 격노해 있어요." 또는 "주먹으로 벽을 치고 있는 것처럼 보여요"). 대상이 공격을 받았을 경우 또는 폭발 자체는 AG로 채점하지 않지만, 폭발로 인해 뭔가 파괴된 경우에는 AG로 채점한다.

	COP	협조적 운동(Cooperative Movement) 둘 이상의 대상이 긍정적 또는 협조적 상호작용을 하는 운동반응 (M, FM, m)으로, 긍정적이거나 협조적인 상호작용이 분명할 때 채점한다(예: "두 사람이 춤을 추고 있다." "두 사람이 서로 기대 어 비밀을 속삭이고 있다").
	MOR	병적인 내용(Morbid Content) 두 가지 중 한 가지 특징을 가지고 있을 때 채점한다. 1. 대상을 죽은, 파괴된, 폐허가 된, 망가진, 손상된, 상처 입은, 　또는 부서진 것으로 지각한 경우(예: '깨진 거울' '죽은 개' '상 　처 입은 곰' '상처' '구멍 난 코트' '썩은 나뭇잎' '아메바의 실험 　실 슬라이드' '땅 위로 뜯겨져 나온 뿌리') 2. 대상에 대해 우울한 감정이나 특징을 부여한 경우(예: '음울한 　저택' '슬픈 나무' '불행한 사람' '울고 있는 사람' '우울증')
인간표상 반응 (Human Representation Response)	GHR 또는 PHR	인간표상 반응(Good/Poor Human Representation) 타인을 지각하거나 상호작용하는 방식과 관련된 인간표상에 대 한 것으로, 다음 세 가지 기준 중 어느 하나를 충족시키는 반응에 대해 좋은(good) 또는 나쁜(poor) 반응으로 채점한다. 1. 인간 내용 기호를 포함한 반응: H, (H), Hd, (Hd), Hx 2. 결정인 M을 포함한 반응 3. 특수점수 COP 또는 AG를 포함한 FM 반응 [인간표상 반응 결정기준] • 좋은 인간표상(Good Human Representation: GHR): 인간에 　대한 긍정적 표상을 담고 있고 형태질이 u 이상일 때 • 나쁜 인간표상(Poor Human Representation: PHR): 반응 내 　용 면에서 전체 인간표상이 아니고(Hd), 공격적이거나(AG), 　여타 부정적인 내용(An, MOR)을 담고 있거나, 특수점수 　FABCOM, INCOM, ALOG, CONTAM, DR로 채점될 만큼 표상 　과정에 분열적 성향을 보이거나 형태질이 -인 반응
개인적 반응 (Personalized Answer)	PER	개인적 반응(Personal) 자신의 반응을 정당화하고 명료화하기 위해서 개인적 지식이나 경험을 언급한 반응(예: "예전에 아버지가 나에게 이런 것을 보 여 줬어요." "TV에서 그런 것을 본 적이 있어요.")
특수한 색채현상 (Special Color Phenomena)	CP	색채투사(Color Projection) 무채색 반점을 유채색으로 지각한 반응(예: 카드 Ⅴ에서 "아름다 운 자주색 나비예요.")

출처: Exner (2003).

Ⅳ. 구조적 요약

　　로르샤흐 반응을 기호로 바꾸어 채점한 다음, 각 기호의 빈도, 백분율, 비율, 특수점수를 산출하여 이들을 체계적으로 요약하고 해석을 시도하는데 이를 구조적 요약이라고 한다. 구조적 요약을 위해서 반응에 대한 채점 기호를 〈표 9-11〉과 같은 점수계열(Sequence of Scores) 기록지에 옮겨 적는다. 점수계열 기록지는 카드 번호, 반응 번호, 반응영역 및 발달질, 반응영역 번호, 결정인 및 형태질, 쌍반응, 내용, 평범반응, 조직화 점수, 그리고 특수점수의 순으로 반응 기호를 기록하도록 되어 있다. 이를 기초로 각 변인의 빈도를 계산하고 여러 가지 비율과 백분율, 산출점수 등을 기록함으로써 구조적 요약을 작성한다(〈표 9-12〉 참조).

〈표 9-11〉 점수계열 기록지

카드 번호	반응 번호	반응영역 발달질	반응영역 번호	결정인 및 형태질	(2)	반응 내용	평범 반응	Z점수	특수 점수
	1								
	2								
	3								
	4								
	5								
	6								
	7								
	8								
	9								
	10								
	11								
	12								
	13								
	14								
	15								

출처: Exner (2003).

〈표 9-12〉 구조적 요약

반응영역		결정인		반응 내용		접근
		혼합	단일			

반응영역	결정인 (혼합/단일)	반응 내용	접근
	M =	H =	I
Zf =	FM =	(H) =	II
Zsum =	m =	Hd =	III
Zest =	FC =	(Hd) =	IV
	CF =	Hx =	V
W =	C =	A =	VI
D =	Cn =	(A) =	VII
W+D =	FC' =	Ad =	VIII
Dd =	C'F =	(Ad) =	IX
S =	C' =	An =	X
발달질	FT =	Art =	
+ =	TF =	Ay =	**특수점수**
o =	T =	Bl =	
v/+ =	FV =	Bt =	Lv1 Lv2
v =	VF =	Cg =	DV = ×1 ×2
	V =	Cl =	INCOM = ×2 ×4
	FY =	Ex =	DR = ×3 ×6
	YF =	Fd =	FABCOM = ×4 ×7
	Y =	Fi =	ALOG = ×5
형태질	Fr =	Ge =	CONTAM = ×7
FQx MQual W+D	rF =	Hh =	Raw Sum6 =
+ = = =	FD =	Ls =	WSum6 =
o = = =	F =	Na =	
u = = =	(2) =	Sc =	AB = GHR =
- = = =		Sx =	AG = PHR =
none = = =		Xy =	COP = MOR =
		Id =	CP = PER =
			PSV =

비율, 백분율, 산출 점수

R =	L =	FC : CF+C = :	COP =		AG =
		Pure C =	GHR:PHR =	:	
EB = :	EA =	EBPer = SumC' : WSumC = :	a : p =	:	
eb = :	es =	D = Afr =	Food =		
	Adj es =	AdjD = S =	SumT =		
		Blends : R = :	Human Cont =		
FM =	Sum C' =	Sum T = CP =	PureH =		
m=	Sum V =	Sum Y =	PER =		
			Isol Index =		

a : p = :	Sum6 =	XA% =	Zf =	3r+(2)/R =	
Ma : Mp = :	Lv2 =	WDA% =	W : D : Dd = : :	Fr+rF =	
2AB+Art+Ay =	Wsum6 =	X-% =	W : M = :	SumV =	
M- =	M- =	S- =	Zd =	FD =	
	Mnone =	P =	PSV =	An+Xy =	
		X+% =	DQ+ =	MOR =	
		Xu% =	DQv =	H : (H)+Hd+(Hd) = :	

PTI=	DEPI=	CDI =	S-CON=	HVI=	OBS=

출처: Exner (2003).

체스 프로그램(http://www.chessss.org/)은 Exner 방식으로 채점한 기호를 입력하여 구조적 요약표나 특수 지표를 손쉽게 얻을 수 있는 엑셀 기반의 무료 소프트웨어로서 이를 활용하면 계산이 간편하다.

구조적 요약은 두 부분으로 구성되어 있는데, 상단부에는 주로 각 변인의 빈도를 기록하고, 하단부에 비율, 백분율, 산출점수 및 특수지표 점수를 기록한다. 이 지표들을 근거로 수검자의 심리적 특성과 기능에 대해 해석적 가치가 있는 여러 가지 가설을 설정한다. 실제 해석에서는 규준과 비교하여 이 수치를 평가하고, 수검자가 보이는 기능 양상과 이러한 수치를 함께 검토한다. 구조적 요약과 해석에 대해 설명하면 다음과 같다.

1 구조적 요약 상단부: 빈도 산출

1) 반응영역 특성
조직화 활동, 반응영역 기호 및 발달질과 관련된 항목들이 포함된다.

2) 결정인
각 결정인의 빈도를 기록하는데, 이때 혼합반응에 포함된 결정인은 기록하지 않는다. 혼합반응은 별도의 난에 기록한다.

3) 형태질
형태질은 세 가지로 구분하여 산출한다. 첫째, FQx(Form Quality Extended)에는 모든 반응에 대한 형태질 빈도, 둘째, MQual(Human Movement FQ)에는 인간 운동 반응에서 형태질의 분포, 마지막으로 W+D(Common Area FQ)에는 반점 영역에서 W와 D로 채점된 반응에 대한 형태질 빈도를 기록한다.

4) 반응 내용
27개의 내용 범주 각각의 빈도를 산출하며, 이때 일차 반응 내용과 이차 반응 내용을 모두 포함한다.

5) 접근 요약

수검자가 사용한 반점 영역에 대한 접근을 기록한다. 접근 요약은 수검자가 각 카드에서 어떤 순서로 반점 영역을 선택했는지에 관한 정보를 제공한다.

6) 특수점수

15개 특수점수의 빈도가 포함되며, 이를 기초로 2개의 수치가 계산된다.

(1) Raw Sum6

6개 특수점수의 빈도를 모두 합산한 값으로, 이때 DV, INCOM, DR, FABCOM에서는 수준 1과 수준 2를 구분하지 않는다.

$$Raw\ Sum6 = DV + INCOM + DR + FABCOM + ALOG + CONTAM$$

(2) WSum6

6개 특수점수에 가중치를 부여하여 산출한 값으로, 그 공식은 다음과 같다.

$$WSum6 = (1) \times DV + (2) \times DV2 + (2) \times INCOM + (4) \times INCOM2 + (3) \times DR + (6) \times DR2 + (4) \times FABCOM + (7) \times FABCOM2 + (5) \times ALOG + (7) \times CONTAM$$

❷ 구조적 요약 하단부

구조적 요약의 하단부는 자료 영역과 특수지표 부분으로 구성된다. 자료 영역은 핵심 영역, 관념 영역, 정서 영역, 중재 영역, 처리 영역, 대인관계 영역 및 자기지각 영역 등 총 7개이다.

1) 핵심 영역

핵심 영역(Core Section)에는 총 16개의 항목이 포함되는데, 7개의 빈도 자료와 9개의 비율 및 그 파생물로 구성되어 있다.

- 빈도 자료: R(전체 반응 수), FM, m, SumC, SumT, SumV, SumY
- 람다(Lambda: L): 순수 형태(F) 반응의 비율로, 경제적인 자원 사용의 지표이다.

$$L = \frac{F}{R-F}$$

(R: 전체 반응 수, F: 순수형태 반응의 수)

- 경험형(Erlebnistypus: EB): 두 가지 주요 변인, 인간 운동과 가중치를 부여한 색채 결정인의 비

$$EB = SumM : WSumC$$
$$WSumC = (0.5)\times FC+(1.0)\times CF+(1.5)\times C$$

- 경험 실제(Experience Actual: EA): EB에서 두 항의 합으로, 가용 자원의 지표이다.

$$EA = SumM+WSumC$$

- EB 지배성(EB Pervasive: EBPer): 의사결정 활동에서 EB 유형 중 어느 것이 우세한가에 관한 지표로, EB 유형이 뚜렷하지 않을 경우 N/A(not applicable)로 기록하고, EB 유형이 뚜렷할 경우에만 계산한다. 즉, ① EA 값이 4.0 이상이어야 하고, ② L(Lambda)가 1.0 미만이어야 하며, ③ EA 값이 4.0~10.0일 경우, 최소한 2점, EA 값이 10.0을 초과할 경우에는 최소한 2.5점보다 큰 차이가 나야 한다.

- 경험 기초(Experience Base: eb): 모든 비인간 운동 결정인(FM, m)과 음영 및 무채색 결정인의 비율로, 수검자가 경험한 자극 요구에 관한 정보를 제공한다.

$$eb = SumFM+m : SumC'+SumT+SumY+SumV$$

• 경험 자극(Experience Stimulation: es): eb에서 산출된 것으로, 현재의 자극 요구와 관련이 있다.

$$es = SumFM+m+SumC'+SumT+SumY+SumV$$

• D 점수(D Score: D): EA와 es의 관계에 관한 정보를 제공하며, 스트레스 내성 및 통제의 요소와 관계가 있다. (EA-es)의 차이 값이 -2.5~+2.5일 경우 D는 0이며, D는 차이 값이 2.5씩 증가할 때마다 +1씩 증가, 2.5씩 감소할 때마다 -1씩 감소한다.

$$D= (EA-es)를 \ 표준편차에 \ 기초한 \ 척도화된 \ 차이 \ 점수로 \ 전환한 \ 값$$

• 조정 es(Adjusted es: Adj es): es에서 상황적 요인을 제거한 값으로, D점수가 상황적 요소의 영향을 받는지 파악하는 데 중요하다.

$$Adj \ es = es-[(m-1)+(SumY-1)]$$

• 조정 D 점수(Adjusted D score: Adj D): 상황적 요인을 제거했을 때 스트레스 내성 및 통제와 관계가 있다.

$$Adj \ D = (EA-Adj \ es)를 \ 척도화된 \ 차이점수로 \ 전환한 \ 값$$

2) 관념 영역

관념 영역(Ideation Section)에는 5개의 빈도 자료를 포함하여 총 9개의 항목이 해당된다.

• 빈도 자료: MOR, Raw Sum6, 수준 2의 특수점수, M-, Mnone
• WSum6: 구조적 요약 상단에서 이미 계산
• 능동 운동과 수동 운동의 비율(Active-Passive Ratio; a : p): 관념과 태도의 유연

성을 나타낸다. 능동과 수동 운동을 모두 포함한 반응(예: M^{a-p})의 경우, 능동과 수동 운동에 각각 하나씩 추가한다.

$$a : p = M^a + FM^a + m^a : M^p + FM^p + m^p$$

- 능동 인간 운동과 수동 인간 운동의 비율(M Active: Passive Ratio; $M^a : M^p$): 사고의 특징과 관련이 있다. 능동과 수동 운동을 모두 포함한 인간 운동 반응(M^{a-p})의 경우, 능동과 수동 운동에 각각 하나씩 추가한다.
- 주지화 지표(Intellectualization Index): 방어 전략으로서 주지화를 사용하는 정도를 나타낸다.

$$INTELL = 2AB + (Art + Ay)$$

3) 정서 영역

정서 영역(Affect Section)은 3개의 빈도 자료를 포함하여 총 7개의 항목이 해당된다.

- 빈도 자료: Pure C, S, CP
- 형태-색채 비율(Form-Color Ratio: FC : CF+C): 정서 조절과 관련이 있다.

$$\text{Form-Color Ratio} = FC : CF + C + Cn$$

- 억제 비율(Constriction Ratio: SumC : WSumC): 정서의 지나친 내재화와 관련이 있다.

$$\text{Constriction Ratio} = Sum\ C' : WSumC$$

- 정서비(Affective Ratio: Afr): 정서적 자극에 대한 관심을 나타낸다.

$$Afr = \frac{\text{카드 VIII, IX, X의 총 반응 수}}{\text{카드 I, II, III, IV, V, VI, VII의 총 반응 수}}$$

- 복합 비율(Complexity Ratio): 혼합반응의 수와 총 반응 수의 비율이다.

$$\text{Complexity Ratio} = \text{Blends} : \text{R}$$

4) 중재 영역

중재 영역(Mediation Section)은 2개의 빈도 자료를 포함하여 총 7개의 항목이 해당된다.

- 빈도 자료: 평범반응(P), S-
- 적절한 형태, 확장형(Form Appropriate Extended: XA+%): 형태 특성을 적절히 사용한 반응의 비율

$$\text{XA+\%} = \frac{\text{FQ가 +, o, u인 반응의 합}}{\text{R}}$$

- 적절한 형태, 일반 영역(Form Appropriate Common Areas: WDA%): W와 D 영역을 사용한 반응들 중에서 형태 특성을 적절히 사용한 반응의 비율

$$\text{WDA+\%} = \frac{\text{W+D반응 중 FQ가 +, o, u인 반응의 합}}{\text{W+D 반응의 합}}$$

- 왜곡된 형태(Distorted Form: X-%): 반점의 특징과 맞지 않게 형태를 사용한 비율

$$\text{X-\%} = \frac{\text{SumFQx-}}{\text{R}}$$

- 관습적 형태 사용(Conventional Form Use: X+%): 일상적인 대상을 지각한 반응 중 형태 특징을 적절하게 사용한 비율

$$\text{X+\%} = \frac{\text{SumFQx+와 o}}{\text{R}}$$

- 드문 형태 사용(Unusual Form Use: Xu%): 윤곽을 적절히 사용했지만 비관습적으로 사용한 반응의 비율

$$Xu\% = \frac{SumFQxu}{R}$$

5) 처리 영역

처리 영역(Processing Section)은 4개의 빈도 자료를 포함하여 총 7개의 항목을 포함한다.

- 빈도 자료: Zf, PSV, DQ+, DQv
- 경제성 지표(Economy Index): W, D, Dd 반응 수의 비율이다.

$$Economy\ Index = W : D : Dd$$

- 포부 비율(Aspirational Ratio): W와 M 반응 수의 비율이다.

$$Aspirational\ Ratio = W : M$$

- 처리효율성(Processing Efficiency: Zd)

$$Zd = Zsum - Zest$$

6) 대인관계 영역

대인관계 영역(Interpersonal Section)은 5개의 빈도 자료를 포함하여 총 10개의 항목이 해당된다.

- 빈도 자료: COP, AG, Food, Pure H, PER
- GHR : PHR
- SumT

- a : p
- 대인관계 관심(Interpersonal Interest: Human Cont): 인간에 대한 관심을 나타내는 지표로, Hx는 포함되지 않는다.

$$\text{Human Cont} = \text{SumH} + (H) + Hd + (Hd)$$

- 소외 지표(Isolation Index: Isolate/R): 사회적 고립과 관련되어 있으며, 구름과 자연 범주는 2배로 계산한다.

$$\text{Isolate/R} = \frac{Bt + 2Cl + Ge + Ls + 2Na}{R}$$

7) 자기지각 영역

자기지각 영역(Self-Perception Section)은 4개의 빈도 자료를 포함하여 7개의 항목이 해당된다.

- 빈도 자료: Fr+rF, PD, MOR, An+Xy
- SumV
- H: (H)+Hd+(Hd)
- 자아중심성 지표[Egocentricity Index: 3r+(2)/R]

$$3r+(2)/R = \frac{3 \times (Fr+rF) + \text{Sum}(2)}{R}$$

8) 특수지표

구조적 요약의 가장 하단에는 6개의 특수지표(Special Indices)가 있는데, 이들은 지각 및 사고 지표, 우울증 지표, 대응손상 지표, 자살 지표, 과민성 지표, 강박성 지표이다. 특수지표의 채점기준은 〈표 9-13〉에 제시되어 있다.

〈표 9-13〉 특수지표 채점기준

자살 지표(S-Con)	지각 및 사고 지표(PTI)
☐ 8개 이상 해당될 경우 체크할 것 * 주의: 14세 이상의 수검자에게만 적용	☐ XA% < .70 and WDA% <.75 ☐ X-% > .29
☐ FV+VF+V+FD > 2 ☐ Color-Shading Blends > 0 ☐ 3r+(2)/R < .31 또는 > .44 ☐ MOR > 3 ☐ Zd > +3.5 또는 ZD < -3.5 ☐ es > EA ☐ CF+C > FC ☐ X+% < .70	☐ Sum Level 2 > 2 그리고 FAB 2 >0 * ☐ R <17 그리고 WSum6 >12 또는 　　R >16 그리고 WSum6 >16 ☐ M->1 또는 X-% >.40 _____ *13세 이하인 경우 WSum의 값 R > 16:5~7=20, 8~10=19, 11~13=18 R < 17:5~7=16, 8~10=15, 11~13=14
☐ S > 3 ☐ P < 3 또는 P > 8 ☐ Pure H < 2 ☐ R < 17	PTI 만족 항목 수 _____
우울증 지표(DEPI)	대응손상 지표(CDI)
☐ 5개 이상 해당될 경우 체크할 것	☐ 4개 또는 5개 이상이면 체크할 것
☐ (FV+VF+V > 0) 또는 (FD > 2) ☐ (Col-Shd Blends > 0) 또는 (S > 2) * ☐ (3r+(2)/R > .44 그리고 Fr+rF=0) 　또는 (3r+(2)/R < .33) * ☐ (Afr < .46) 또는 (Blends < 4) ☐ (Sum Shading > FM+m) 또는 (Sum C'> 2) ☐ (MOR > 2) 또는 (2AB+Art+Ay > 3) ☐ (COP < 2) 또는 　([Bt+2xC'+Ge+Ls+2xNa]/R > .24)	☐ (EA < 6) 또는 (AdjD < 0) ☐ (COP < 2) 그리고 (AG < 2) ☐ (Weighted Sum C < .25) 또는* (Afr < .46) ☐ (Passive > Active+1) 또는 (Pure H < 2) ☐ (Sum T > 1) 　OR (Isolate/R > .24) 　OR (Food > 0)
과민성 지표(HVI)	강박성 지표(OBS)
☐ 1번을 만족시키고 아래 7개 중 최소한 4개 가 해당될 경우 체크할 것	☐ (1) Dd > 3 ☐ (2) Zf > 12 ☐ (3) Zd > +3.0 ☐ (4) Populars > 7 ☐ (5) FQ+ > 1
☐ (1) FT+TF+T=0 ☐ (2) Zf > 12 ☐ (3) Zd > +3.5 ☐ (4) S > 3 ☐ (5) H+(H)+Hd+(Hd) > 6 ☐ (6) (H)+(A)+(Hd)+(Ad) > 3 ☐ (7) H+A: Hd+Ad < 4: 1 ☐ (8) Cg > 3	아래 항목 중 1개 이상일 때 체크할 것
	☐ (1)부터 (5)까지 모두 해당 ☐ (1)부터 (4)까지 2개 이상 만족하고 　FQ+ > 3 ☐ (1)부터 (5)까지 항목 중 3개 이상 만족하고 　X+% > .89 ☐ FQ+ > 3 그리고 X+% > .89

* 표시: 아동 · 청소년의 경우 교정 점수를 사용해야 함.

출처: Exner (2003).

(1) 지각 및 사고 지표(PTI)

지각 및 사고 지표(Perceptual-Thinking Index: PTI)는 조현병 지표(Schizophrenia Index: SCZI)를 개정한 것으로, 점수 범위는 0~5점이다. PTI는 조현병과 같은 특정 진단을 결정하기 위한 지표가 아니며, 연속 변인으로 간주된다. PTI 점수가 높을수록 지각 및 사고의 혼란을 경험할 가능성이 높을 것을 의미한다.

(2) 우울증 지표(DEPI)

우울증 지표(Depression Index: DEPI)는 우울증의 다양한 양상을 측정하는 지표로, 점수 범위는 0~7점이다. DEPI 점수가 4점 이상일 때 약간의 우울증상을 경험하고 있다는 것을 나타내며, 점수가 높을수록 정서장애의 가능성이 높아진다. DEPI는 14개의 변인으로 구성되어 있다. 14개의 변인 중 5개는 정서와 관련이 있고(SumV>0, Col-Shad Bl>0, S>2, Sum Shad>Sum FM+m, SumC′>2), 다른 6개는 인지적 특성과 관련 있다(FD>2, 3r+(2)/R>.44 그리고 Fr+rF=0, 3r+(2)/R<.33, Afr<.46, MOR>2, 2AB+Art+Ay>3). 나머지는 대인관계(COP<2, Isolate/R>.24) 및 심리적 복잡성(Blends<4)과 관련되어 있다.

(3) 대응손상 지표(CDI)

대응손상 지표(Coping Deficit Index: CDI) 점수의 범위는 0~5점이며 4점이나 5점일 때 유의하게 해석한다. 유의한 CDI는 사회적 기술이 제한적이고 환경과 상호작용할 때, 특히 대인관계 영역에서 빈번하게 어려움을 겪을 가능성을 시사한다. CDI는 11개의 변인으로 구성되어 있다. 그중 6개는 대인 지각 또는 행동과 주로 관련이 있으며(COP<2, AG<2, p>a+1, Pure H<2, Isolate/R>.24, Fd>0), 3개는 정서와 관련이 있다(WSumC<2.5, Afr<.46 그리고 SumT>1). 나머지 2개는 자원과 통제에 관한 변인이다(EA<6.0, AdjD<0).

(4) 자살 지표(S-CON)

자살 지표(Suicide Constellation: S-CON)는 로르샤흐 검사를 받은 후 60일 이내에 자살을 한 사람들의 프로토콜을 토대로 개발되었으며(Exner, Martin, & Mason, 1984; Exner & Wylie, 1977), 해석할 때 가장 먼저 검토해야 할 변인이다. 수검자가 S-CON

에 포함된 12개의 변인 중 8개 이상 해당된다면 로르샤흐 검사를 받은 후 비교적 짧은 기간 이내에 자살한 사람들과 많은 특징을 공유하고 있다는 것을 의미하므로 주의가 필요하다. 유의한 S-CON은 수검자가 자기파괴적인 사고와 행동에 몰두할 가능성이 있으므로 이에 대한 추가 탐색이 필요하다는 경고로 간주해야 한다.

(5) 과민성 지표(HVI)

과민성 지표(Hypervigilance Index: HVI)는 다른 환자와 편집형 환자를 감별하기 위해 개발되었으나 편집증 자체보다는 편집형에서 보이는 과경계 양상과 관련이 있는 것으로 밝혀졌다. 유의한 HVI는 지속적인 준비 상태를 유지하는 데 상당한 에너지를 사용하고 있다는 것을 의미한다. 이러한 예견 또는 경계하는 상태는 환경에 대한 불신 또는 부정적인 태도와 관련이 있고, 오랜 기간 그들의 행동에 대한 중요한 타인의 반응, 특히 정서적 행동을 정확하게 예측하기 어려웠던 경험이 축적되어 형성된다. 이것은 불안전하고 취약한 느낌과 더불어 행동을 수행할 때 더욱더 신중해지는 경향을 초래한다.

(6) 강박성 지표(OBS)

강박성 지표(Obsessive Style Index: OBS)는 강박성 성격장애와 강박행동을 보이는 환자를 다른 집단과 구분하는 변인들을 기초로 개발되었다. 유의한 OBS는 정확성을 추구하고 우유부단하며 세부적인 사항에 집착하고 완벽주의적 성향이 있으며 정서 표현에 어려움을 나타낸다. 강박적인 스타일은 필요 이상의 관념적 시도와 활동을 하는데, 이는 비효율적으로 간주된다.

V. 로르샤흐 검사의 해석

해석에 앞서 검사의 실시와 채점, 반응계열의 기록, 구조적 요약에 이르는 전 과정을 정확하게 수행하는 것이 매우 중요하다. 해석과정은 세 가지 일반적 범주의 자료인 구조적 자료, 점수계열, 언어 표현을 모두 고려해야 한다. 구조적 자료는 심리측정적 맥락에서 견고한 자료(hard data)로 간주되며, 기본적인 해석적 가설을 형성하는 데 가장 유용하다. 그렇지만 구조적 자료에만 의존하여 해석하면 오류의 가능성이 있으므로, 점수계열이나 언어 표현도 함께 종합적으로 검토해야 한다.

제일 먼저, 양적인 측면에서 산출된 지표가 규준으로부터 이탈된 정도에 근거하여 가설을 설정한다. Exner(1995)의 로르샤흐 해석집에 아동과 청소년, 그리고 성인 규준집단에 대해 제시된 각 지표의 평균치, 이탈을 판단할 절단점 등의 자료들에 근거하여 수검자의 반응에서 이탈된 지표를 추출해서 정신병리와 적응에 대한 가설을 설정한다.

그런데 군집분석 이전에 먼저 고려해야 할 것은 R(전체반응 수)과 자살 지표(S-CON) 및 군집분석에서 제외된 변인들이다. R은 해석과정에서 매우 중요한데, 반응 수가 14개 미만인 경우는 '짧은 기록'으로 간주하고 타당하지 않기 때문에 해석하지 않는 것이 일반적이다. 그러나 여기에도 예외가 있고 짧은 반응 기록이 모두 의미 없는 것은 아니다. 짧은 기록은 일반적으로 방어적인 수검 태도에서 비롯되므로 높은 Lambda, 많은 평범반응, 높은 X+%, D반응 증가, 혼합반응 결여, 내용 유목 범위의 협소화 및 언어반응의 최소화와 같이 방어적 태도의 전형적인 특성을 나타낸다. 짧은 기록에서도 수검자의 기능에 대해 신뢰성 있는 정보를 제공해 줄 수 있는 경우, 예를 들면 수검자의 전체 반응 수가 12개인데도 PTI가 3 이상인 경우, 수검자의 전반적인 성격에 대해 기술하는 데는 한계가 있으나, 수검자가 조현병일 가능성이 매우 높다는 것을 시사한다. 또 다른 예로, 짧은 기록 중 절반이 Morbid 반응인 경우, 비관적 사고나 부정적인 신체 이미지를 갖고 있을 가능성이 높다. 이와 같이 종합체계에서 핵심 변인의 탐색을 시작하기 전에 기록이 타당하다는 것을 입증하는 필수조건인 '최소한 14개 이상의 반응'이라는 준거에 충족되는지 검토하고, 타당하지 않더라도 수검자의 기능에 대한 신뢰할 수 있는 정보는 활용한다.

로르샤흐 기록을 해석할 때 제일 먼저 R을 검토한 다음, 두 번째 단계에서 자살 지표를 검토하고 유의하게 높은 경우 주의를 기울여야 한다. 또한 피(blood), 폭발(explosion), 가구(집기, household), 인간경험(human experience), 과학(science) 및 성(sex) 반응은 군집 유목에 포함되지는 않으나, 이러한 반응에 운동반응, 형태왜곡, 색채투사 반응이 나타날 경우 신중히 고려한다.

다음으로 Exner(1991)는 점수계열을 검토할 때 검사 자료를 군집으로 분류하여 해석할 것을 제안하였다. 그런 다음 군집화된 변인들의 검토 순서를 제시해 주는 계열적 탐색 전략을 구축하게 된다. 이와 같은 해석 전략에 대해 설명하면 다음과 같다.

1 변인들의 군집화

변인들의 군집화란 성격 기능을 측정하는 구조적 변인들 간에 공통점이 있다는 연구 결과에 기초하였다. 예를 들면, 수검자의 정서 기능을 평가할 때 FC : CF+C와 같이 색채에 대한 반응을 나타내는 변인과 정서비(Afr)를 함께 고려해 온 것처럼 군집분석을 통해 상호 관련성이 높은 변인들 간의 관계가 확인되었다.

〈표 9-14〉와 같이 정보처리 군집, 인지적 중재, 관념, 통제와 스트레스 내성, 정서적 속성, 자기지각, 대인관계 지각 등 7개 군집은 성격 기능의 일곱 가지 핵심 측면과 관련된 구조적·주제적 자료 모두를 포함하고 있다. 8번째 군집은 상황 관련 스트레스로서, 스트레스로 인한 심각한 문제가 있는 수검자의 해석에 주의를 기울여야 하는 변인들이다. 이 집단에 포함된 변인들은 서로 상관관계가 유의하지 않기 때문에 하나의 독립 군집으로 볼 수는 없으나, 상황 관련 스트레스와 관련된 요인들로 구성되어 있다. 이 때문에 스트레스로 인한 심각한 문제가 있는 사람의 프로토콜을 해석할 때 주의를 기울여야 하는 변인들이다.

〈표 9-14〉 변인 군집의 명칭과 내용

군집의 종류	나타내는 영역
1. 정보처리 군집	자신의 세계에 주의를 기울이는 방식
2. 인지적 중재	주의를 기울이는 대상을 지각하는 방식
3. 관념	지각한 것에 대해 생각하는 방식
4. 통제와 스트레스 내성	요구에 대처해 나가고 스트레스를 관리하는 데 유용한 적응자원
5. 정서적 속성	정서 상황을 다루는 방식과 느낌을 경험하고 표현하는 방식
6. 자기지각	자기 자신에 대한 관점
7. 대인관계 지각	다른 사람에 대한 관점과 관계를 맺는 방식
8. 상황 관련 스트레스	스트레스로 인한 심각한 문제가 있는 수검자의 반응

Exner(1991)는 각 군집에 해당하는 변인 및 탐색 순서를 제시하였는데 군집의 해석 단계 및 변인들은 〈표 9-15〉에 제시되어 있다. 7개의 종합체계 군집은 성격 기능의 일곱 가지 핵심 측면과 관련된 구조적 · 주제적 자료 모두를 포함하고 있다. 해석과정에서는 하나의 군집 내에 포함된 변인들을 모두 철저하게 탐색한 다음, 다른 군집을 분석해야 한다.

〈표 9-15〉 군집의 해석 단계 및 변인

정보처리

단계 1	*Lambda*	단계 5	*DQ*
단계 2	*OBS & HVI*	단계 6	*Zd*
단계 3	*ZF,W : D : Dd,W : M*	단계 7	*PSV*
단계 4	*Location Sequencing*		

인지적 중재

단계 1	*Lambda*	단계 7	*Xu%*
단계 2	*OBS*	단계 8	*X-%, S-%*
단계 3	평범반응	단계 9	*Sequence of minus*
단계 4	*FQx+*	단계 10	-의 동질성
단계 5	*X+%*	단계 11	-의 왜곡 수준
단계 6	*FQnone*		

관념

단계 1	*EB*	단계 8	MOR 빈도
단계 2	*EBPer*	단계 9	*Sum6 Spec Score*
단계 3	*eb*의 좌항	단계 10	*WSum6*
단계 4	*HVI & OBS*	단계 11	*Quality 6 Spec Score*
단계 5	*a : p*	단계 12	*M*형태질
단계 6	*ma : mp*	단계 13	*M*-의 왜곡 수준
단계 7	주지화 지표	단계 14	*M*반응의 질

통제와 스트레스 내성

단계 1	*AJD & CDI*	단계 4	*es & Adjes*
단계 2	*EA*	단계 5	*eb*
단계 3	*EB & Lambda*		

정서적 속성

단계 1	*DEPI*	단계 9	순수 *C*
단계 2	*EB*	단계 10	공간반응
단계 3	*EBPer*	단계 11	혼합
단계 4	eb의 우항	단계 12	*m & Y*혼합
단계 5	*SumC′ : WSumC*	단계 13	혼합반응의 복잡성(*Blend complexity*)
단계 6	정서비	단계 14	색채음영 혼합
단계 7	색채투사	단계 15	음영 혼합
단계 8	*FC : CF+C*		

자기지각

단계 1	반사	단계 7	*Sum MOR*
단계 2	*Egocentricity Index*	단계 8	*MOR*의 내용
단계 3	*HVI & OBS*	단계 9	−반응의 내용
단계 4	*FD & Vista(review history)*	단계 10	*M*반응의 내용
단계 5	*H:Hd+(H)+(Hd)*	단계 11	*FM & m*반응의 내용
단계 6	*An+Xy*	단계 12	윤색반응의 내용

대인관계 지각

단계 1	*CDI*	단계 8	*PER*
단계 2	*HVI*	단계 9	*COP & AG*
단계 3	*a:p*비율	단계 10	*Isolation Index*
단계 4	음식반응	단계 11	*M response with pairs*
단계 5	*Sum T*	단계 12	*FM responses with pairs*
단계 6	*Sum Human Content*	단계 13	인간반응 내용
단계 7	*Sum pure H*		

상황 관련 스트레스

단계 1	*D in relation to es & Adjes*	단계 4	*V in relation to Egocentricity Index and history*
단계 2	*D in relation to Adjes*	단계 5	혼합
단계 3	*T(also review history), m, & Y*	단계 6	색채음영 혼합

출처: Exner (1991).

② 군집화된 변인들의 검토 순서: 계열적 탐색 전략

수검자의 프로토콜을 정보처리 군집에서부터 대인관계 지각 군집으로 해석하든 대인관계 지각 군집에서부터 정보처리 군집 순으로 해석하든 간에 그 결과는 동일하겠지만, 좀 더 효율적으로 탐색하려면 탐색 순서를 결정하는 것이 중요하다. 그 방법은 수검자의 성격 기능에 관해 가장 중요한 기술을 할 수 있는 군집 변인부터 해석을 해 나가는 것이다.

Exner(1991)는 핵심 변인들에 근거한 계열적 탐색 전략을 제시하였다. 핵심 변인은 경험적 자료에 기초하여 특정 군집과 관련성이 높은 변인들을 묶은 것인데, 예를 들면 관념 군집과 가장 관련성이 높은 것은 조현병 지표의 상승(PTI>3)이므로

〈표 9-16〉 종합체계 탐색 전략: 핵심 변인과 군집계열

지각적 사고 지표가 3 이상(PTI > 3)
　　정보처리 > 중재 > 관념 > 통제> 정서 > 자기지각 > 대인관계 지각
우울증 지표가 5 이상(DEPI > 5)
　　정서 > 통제> 자기지각 > 대인관계 지각> 정보처리 > 중재 > 관념
D 점수가 조정된 D점수보다 작음(D < AdjD)
　　통제 > 상황 관련 스트레스> (다음으로 해당하는 핵심 변인에 따라 이후 탐색계열 결정)
대응손상 지표가 3 이상(CDI > 3)
　　통제> 정서 > 자기지각 > 대인관계 지각 > 정보처리 > 중재> 관념
조정된 D점수가 0보다 작음(AdjD < 0)
　　통제> (다음으로 해당하는 핵심 변인에 따라 이후 탐색계열 결정)
Lambda가 .99보다 큼(Lambda > .99)
　　정보처리 > 중재 > 관념 > 통제> 정서 > 자기지각 > 대인관계 지각
반사반응 있음(Fr+rF > 0)
　　자기지각 > 대인관계 지각 > 통제 > (다음으로 해당하는 핵심 변인이나 제3변인의 목록에 따라 이후 탐색계열 결정)
내향적 EB
　　관념 > 정보처리 > 중재 > 통제> 정서 > 자기지각 > 대인관계 지각
외향적 EB
　　정서 > 자기지각 > 대인관계 지각 > 통제> 정보처리> 중재> 관념
수동적 운동이 능동적 운동보다 1 이상 많음(p > a+1)
　　관념 > 정보처리 > 중재 > 통제> 자기지각 > 대인관계 지각> 정서
과민성 지표 해당(HVI)
　　관념 > 정보처리 > 중재 > 통제> 자기지각 > 대인관계 지각> 정서

출처: Exner (1991).

이것이 관념 군집의 핵심 변인이며, PTI가 4점이라면 관념 군집 변인부터 검토하는 것이 가장 바람직하다. 정서적 속성 군집에서는 우울증 지표(DEPI)가 5 이상인 경우 핵심 변인으로 보았다.

이상에 해당되지 않는 경우에 대비하여 부가적인 핵심 변인도 설정되어 있다. 관념 군집과 부가적으로 관련성이 높은 핵심 변인은 내향적인 EB이다. 따라서 내향적 EB는 PTI>3과 함께 관념 군집부터 해석해야 한다. 이러한 절차를 통해 〈표 9-16〉과 같이 11개 핵심 변인을 구성했는데, R과 S-CON을 검토한 후 로르샤흐 프로토콜을 해석할 때 우선적으로 다루어야 하는 군집을 알려 주고 있다. 첫 번째 군집은 수검자와 관련된 해석적 정보를 가장 많이 제공해 주고 나머지 6개의 군집은 탐색 순서대로 제공하는 정보의 양이 점차 줄어들 것으로 예상할 수 있다. 즉, 로르샤흐 검사결과 자체에 따라 해석 순서가 결정된다.

핵심 변인이 하나 이상 나타날 경우는 임상적 중요성에 기초하여 분석하는 순서를 결정하게 된다. 〈표 9-16〉과 같이 핵심 변인이 우선순위에 따라 제시되어 있고,

〈표 9-17〉 종합체계 탐색 전략: 제3변인과 군집계열

강박성 지표 해당(OBS)

　　　정보처리 > 중재 > 관념 > 통제 > 정서 > 자기지각 > 대인관계 지각

우울증 지표 5(DEPI=5)

　　　정서 > 통제 > 자기지각 > 대인관계 지각 > 정보처리 > 중재 > 관념

경험 실제가 12 이상(EA > 12)

　　　통제 > 관념 > 정보처리 > 중재 > 정서 > 자기지각 > 대인관계 지각

M- > 0 또는 Mp > Ma 또는 Sum6 Spec Sc > 5

　　　관념 > 중재 > 정보처리 > 통제 > 정서 > 자기지각 > 대인관계 지각

Sum Shading > FM+m 또는 CF+C > FC+1 또는 Afr < .46

　　　정서 > 통제 > 자기지각 > 대인관계 지각 > 정보처리 > 중재 > 관념

X-% > 20% 또는 Zd > +3.0 또는 < -3.0

　　　정보처리 > 중재 > 관념 > 통제 > 정서 > 자기지각 > 대인관계 지각

자아중심성 지표가 .33보다 작음(3r+(2)/R < .33)

　　　자기지각 > 대인관계 지각 > 정서 > 통제 > 정보처리 > 중재 > 관념

OR > 2 또는 AG > 2

　　　자기지각 > 대인관계 지각 > 통제 > 관념 > 정보처리 > 중재 > 정서

재질반응 하나 또는 그 이상(T=1, T > 1)

　　　자기지각 > 대인관계 지각 > 정서 > 통제 > 정보처리 > 중재 > 관념

출처: Exner (1991).

해당하는 핵심 변인이 있을 때 적용해야 하는 계열들이 제시되어 있다. 예를 들면, PTI나 DEPI 중 어떤 것도 상승하지 않았다면 D와 AdjD 점수 간 관계에 근거해서 세 번째 핵심 변인을 확인한다.

때로는 어떤 핵심 변인에도 해당하지 않는 경우도 있는데, 이런 경우에 대비하여 Exner(1991)는 부가적인 9개의 '제3변인'을 제시하였다. 〈표 9-17〉에 제시되어 있는 제3변인들은 핵심 변인과 동일한 방법으로 사용할 수 있는데, 해당하는 변인을 발견할 때까지 목록을 차례로 점검하여 제3변인에 맞게 탐색 순서를 적용한다.

❸ 구조 변인의 해석

Weiner(1998)가 제시한 바와 같이 환경에 주의를 기울이고 이를 지각하는 방식, 자신의 경험에 대해 생각하고 사고하는 방식, 정서를 조절하는 방식, 스트레스를 조절하는 방식, 자기 자신에 대해 생각하는 방식, 다른 사람과 관계를 맺는 방식의 여섯 가지 영역으로 나누어 각 영역과 관련이 높은 구조 변인들을 설명하면 다음과 같다.

1) 환경에 주의를 기울이고 이를 지각하는 방식

Lambda 주변 상황에 관심을 기울이는 정도와 관심의 폭을 평가해 준다. 정상 범위는 .30~.99이다. Lambda>.99인 사람은 관심의 폭이 좁고 폐쇄적이며 융통성이 부족하다. 다른 사람들의 요구에 둔감한 편이다. 대체로 익숙한 환경이나 익숙한 사람을 선호한다. 장점으로는 일을 할 때 한눈을 팔지 않고 한 가지에만 집중할 수 있다. Lambda<.30인 경우 다양한 경험을 좋아하고 모험을 즐기며, 폭넓은 대인관계 맺기를 좋아한다. 상대적으로 산만한 면을 보일 수 있으며, 한 가지 일을 지속적으로 해 나가는 데 어려움을 보인다.

Zd 정보를 효율적으로 조직화하는 능력을 측정한다. 정상 범위는 +3.0~-.30이다. 이 범위에 속하는 개인은 적절한 수준의 정보를 수집할 줄 알고, 이를 통해 효율적으로 문제를 해결한다. Zd>+3.0인 경우 필요 이상으로 많은 정보를 수집하는 경향이 있다. 충분한 시간이 주어지는 경우 이러한 면은 장점으로 작용할 수 있으나, 빠른 의사결정이 필요한 과제에서는 효율성이 떨어진다. Zd>+3.0은 강박성 지표(OBS)에 포함되고, Zd>+3.5는 과민성 지표(HVI)에 포함된다. Zd<-.30인 사람은 제대로 정보를 모으지 않은 채 의사결정하는 경향이 있다. 빨리 의사결정을 하고 과제를 신속히 끝낼 수는 있으나, 주요한 측면을 간과할 가능성이 있으며, 이로 인해 자신의 능력을 충분히 발휘하지 못하게 된다.

X-% 현실을 지각할 때 왜곡되어 있는 정도를 평가한다. X-%<.15인 경우 현실을 객관적으로 지각할 수 있다. 반면, X-%가 .15보다 클수록 현실을 정확하게 지각하지 못하고 있으며, 이에 기초하여 상황을 잘못 판단하고 잘못된 행동을 할 가능성이 높다.

W : D : Dd 정상 성인의 경우 반응 중 1/2은 보통 부분 반응(D)이고, 1/2~1/3은 전체 반응(W)이며, 나머지는 1/6 혹은 그보다 적은 비율에서 드문 부분 반응(Dd)을 보인다. 이와 같은 비율로 반응하면 주변 상황을 적절히 인식하는 것이 가능하고, 어떤 것이 보편적인지 알고 있다. D반응이 지나치게 많으면 주변 상황을 보편적인 방식으로만 보려는 경향이 있다. 높은 Lambda를 보인 사람처럼 D가 높은 사람 역시 지나치게 관습적이어서 단순하고 반복적인 일상적 일만 처리하는 것을 선호하는 경향이 있다. D에 비해 W나 Dd 반응이 더 많다면 평범하거나 일상적인 것보다는 자극의 독특한 특성에 주의를 기울이는 성향을 시사한다. 이들은 융통성이 있고, 개성이 존중되며, 권위적이지 않은 상황에서 좀 더 잘 적응할 수 있다.

Xu% 성인의 Xu%의 평균은 약 15%이다. 10~20% 범위에 속하는 사람은 주변 상황을 정확하게 지각할 수 있고, 잘 적응하는 사람이다. Xu%가 10% 미만인 사람은 관습적으로 지각하는 사람이다. Xu%가 20%를 넘는 사람은 주변 상황을 지각하는 방식이 독특하며, 관습적인 일보다는 모험적인 일을 선호한다.

P 성인의 평범반응 수는 4~7개의 범위이다. 5~12세 아동·청소년도 4.66~6.46개로 유사한 범위이다. P<4는 독특한 면이 있는 것을 나타내는 반면, P>7은 지나치게 순응적인 것을 나타낸다. 로르샤흐 검사에서 P반응 수가 평균 또는 평균

이상인 것은 수검자가 관습적으로 지각하는 것이 가능하다는 것을 보여 주며, Xu%가 높아지는 것은 선택의 자유가 주어졌을 때 자기만의 독특한 방식을 고집하려는 성향이 있다는 것을 나타낸다. P<4이면서 동시에 X-%가 상승되었다면 관습적이지 않은 정도를 넘어서 주변 상황을 부정확하게 지각하고 해석할 가능성이 높다. 즉, 현실검증력이 손상되었을 가능성을 의심해 봐야 한다.

2) 자신의 경험에 대해 생각하고 사고하는 방식

WSum6　6개의 결정적 특수점수의 가중치 합으로 점수가 클수록 비논리적이고 혼란된 사고를 시사한다. 성인과 청소년이 WSum6>15이면 논리적이고 합리적인 사고를 하는 데 문제를 보이며, WSum6 값이 커질수록 연상 이완이나 혼란된 사고를 보일 가능성이 높아진다. 대화 도중에도 조리 있게 말을 하지 못하고 앞뒤 순서 없이 중얼거리거나, 자신의 생각을 두서없이 표현하여 다른 사람이 알아들을 수 없게 된다. 성인의 경우 WSum6이 17점 이상이면 지각 및 사고 지표(PTI)의 항목으로 채점된다.

a : p　사고의 융통성을 평가하는 지표이다. 능동과 수동 운동반응이 거의 동일할 경우, 사고의 융통성을 시사한다. 반면, a : p 값의 합이 4 이상이고 한 값이 다른 값의 배가 넘을 경우 인지적으로 경직되어 있는 것을 나타낸다. 이러한 사람은 새로운 정보에 기초하여 자신의 신념을 재평가하고 수정해야 하는 상황에서도 자신의 생각을 바꾸려고 하지 않으며, 따라서 변화에 잘 적응하지 못한다.

Ma : Mp　건설적으로 사고하는 능력을 평가한다. 인간 운동(M)반응은 효과적으로 사고할 수 있는 능력을 나타내는 지표이고, 특히 운동이 능동적인 경우 바람직한 것으로 보고 있다. 하지만 수동 인간 운동(Mp)이 능동 인간 운동(Ma)의 수를 초과할 때는 건설적으로 문제를 해결하기보다는 환상에 몰두할 가능성이 높다. 즉, Mp>Ma인 경우 환상을 남용하는 경향이 있으며, 적극적으로 문제를 해결하기보다 막연히 운명이 해결해 주기를 꿈꾸는 모습을 보인다.

EBPer　EB 유형은 문제해결 방식을 나타내 주는 것으로, 내향적이든 외향적이든 각기 다른 장단점을 지니게 된다. 하지만 관념을 효과적으로 사용하는 능력은 적절한 내향적 EB 유형에서 많이 나타난다. 적절한 내향적 EB 유형이란 M이 WSumC 값보다 1.5배(EA>10일 경우 2.0 이상) 많고 2.5배 이하여야 한다. 이런 사람은 신중하고 심사숙고하면서도 융통성이 있다. 반면, 지나치게 내향적인 경우(M과 WSumC의 비율이 2.5 : 1 이상) 과도하게 신중하고, 융통성이 결여되어 적응적이지 못하다.

INTELL   INTELL을 구성하는 세 반응(Art, Ay, AB)은 현재 직면하는 것과 거리를 두려는 반응들이다. INTELL이 4~5개이면 현재 다루기 어려운 감정을 주지화를 통해 대처하려는 경향이 큰 것을 나타낸다. 이 점수가 상승할수록 자신의 감정을 제대로 다루지 못하는 것을 나타내고, 내면에 있는 고통스러운 정서에 대해 과도한 방어를 나타낸다. 따라서 INTELL은 DEPI 준거 변인에 포함된다.

FM+m   동물 운동(FM)과 무생물 운동(m) 반응은 의식적인 통제가 이뤄지지 않는 침투적인 사고를 나타낸다. FM 수가 많을수록 충족되지 못한 욕구를 끊임없이 반추하는 경향을 나타내며, m은 스스로 자신을 통제할 수 없는 상황에 대해 무기력해진 것을 시사한다. FM은 자각하지 않으려 해도 끊임없이 떠오르는 상념으로, 누구나 이러한 상념에 사로잡힌 경험이 있기 때문에 정상 성인도 3~5개 정도의 FM 반응을 한다. 반대로 FM<3인 성인은 대체로 만족하고 있는 상태를 나타내지만, 때로는 어떠한 욕구도 느끼지 못한 채 무미건조한 생활을 보내는 것을 나타낼 수도 있다. m은 모든 연령에서 1개 정도 나타나며, m이 하나도 없는 수검자는 매사에 무관심하거나 걱정을 하지 않는 성향이 있다. 이들은 입학시험, 취직 등 중요한 결정을 해야 하는 상황에서도 무관심하고 무심한 태도를 보이곤 한다. 반면, m 반응이 증가할수록 자신이 통제할 수 없는 힘에 대한 무력함을 경험하고 이에 대한 염려가 커지는 것을 나타낸다. FM+m이 6개 이하이면 정상 범위이다. 반면, FM+m>6은 마음에서 떨쳐 버리고 싶지만 그렇게 할 수 없는 생각들로 무기력해져 있고, 주의가 산만해져서 업무나 학업에 몰두하는 데 어려움을 경험할 수 있고, 수면장애를 나타낼 수 있다.

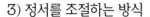

3) 정서를 조절하는 방식

Afr 성인의 평균 Afr은 .69이다. 5세 아동 .88, 6세 .87, 8세 .79로 가장 높고, 16세 청소년까지 연령이 증가할수록 평균 .67 정도로 점차 낮아지는 추세를 보인다. Afr>.49인 경우 정서적 자극을 적절히 처리하는 것을 나타낸다. Afr<.50이면 감정 표현을 잘 하지 않기 때문에 다소 부적응적인 면을 보이며 사회적으로 철수되어 있을 가능성이 높다.

WSumC : SumC' WSumC가 2.5 이상인 경우 정서를 경험하고 표현할 수 있는 기본적인 능력을 시사한다. 반면, WSumC가 2.5 이하이면 감정을 제대로 처리하기 힘든 상태로, 정서를 유발하는 상황 자체를 피하려고 하며, Afr이 함께 낮은 경우가 많다. SumC'는 감정을 표현하기보다는 내재화하는 정도를 나타낸다. SumC'>WSumC에서 불균형을 이루는 사람은 감정을 억누르는 데 지나치게 에너지를 소모한다. 때로는 억눌린 감정을 두통과 위장장애와 같은 신체증상으로 표출한다.

SumC' 성인집단에서 C'의 사용 빈도는 중앙값이 1이다. C'>2는 고통스러운 감정이 내재화되어 있어 적응의 문제를 시사하며 DEPI의 준거 지표이다. SumC'이 상승할 경우 슬픔, 침울, 불행감 및 심리적인 고통을 나타낸다.

Col-Shd Bld 모든 연령의 비환자 집단에서 Col-Shd Bld 빈도의 중앙값은 0이며, 1개의 반응만 있어도 양가감정을 느끼고 있으며 불쾌한 기분을 시사한다. Col-Shd Bld>0인 사람은 스스로 자신의 감정을 잘 파악하지 못하며, 유쾌한 순간에도 다른 좋지 못한 일이 생길 것을 예상한다. Col-Shd Bld>0은 DEPI의 준거 점수이고, SumC'>2와 함께 우울감을 나타내 주는 주요한 두 요소가 된다.

SumShd eb의 오른쪽 항인 이 변인의 경우 성인에서 반응빈도는 중앙값이 1이지만, SumShd가 FM+m을 초과하는 경우는 정서적 스트레스를 경험하는 것을 시사한다. SumShd를 구성하는 네 가지 요소 중 C'는 우울감을 나타낸다. Y(음영)>1은 무력함, 무망감을 나타낸다. T(재질)>1은 자신이 원하는 만큼 다른 사람과 친밀한 관계를 맺지 못하고 있는 것에 대한 우려를 보여 준다. V(차원)>0은 스스로를 비난하는 태도와 관계가 있다. 이 네 변인을 조합하여 SumShd>FM+m이라면 정서적 스트레스가 있다는 신호가 되며, 부적응적인 불쾌한 감정을 경험하고 있다는 증거이다. SumShd>FM+m은 DEPI의 또 다른 준거이기도 하다.

S   잉크 반점 대신 흰 공간을 보고 반응을 한다면, 잉크 반점을 보고 무엇처럼 보이는지 말하도록 하는 검사 지시사항에 반대하는 것이다. 공백 반응의 비율이 지나치게 많다면 반항적인 성향을 반영하며, 내재된 분노나 적개심과도 관련된다. 성인집단은 S 중앙값이 1개로, S>2인 경우는 드물다. 이 경우 상당한 분노와 적개심이 내재되어 있는 것으로, 문제행동을 일으킬 가능성이 높다.

EBPer   적절하게 외향적인 EB 유형은 자신과 다른 사람의 감정을 잘 인식하고 반응할 수 있다. 하지만 WSumC가 M을 초과하는 비율이 2.5 : 1 이상인 경우 지나치게 감정적으로 문제를 해결하려는 성향을 나타낸다. 즉, 의사결정 시 지나치게 직관적이고 심사숙고하지 못하는 성향이 있다.

FC : CF+C   형태-색채 비율의 균형은 자신이 처한 상황에 맞게 정서적 양식을 사용할 수 있는 능력을 나타낸다. FC 반응은 정서를 적절히 조절하고 보유하는 능력을 나타낸다. CF 반응과 C 반응은 감정 조절이 잘 되지 않으며, 감정의 강도는 매우 강하나 피상적인 경향을 낸다. 성인 규준자료에서 FC : CF : C 비율의 중앙값은 외향적인 사람이 5 : 3 : 0, 내향적인 사람은 3 : 2 : 0이다. 외향적인 수검자는 내향적인 수검자에 비해 색채 반응을 더 많이 하지만 평균적으로 두 성인 집단 모두 FC가 CF+C보다는 많다. CF+C>FC+1인 경우 정서적으로 미성숙하며 감정을 극적이고 강렬하게 표현하지만, 감정 자체는 매우 피상적이고 깊이가 없다. 또한 과도하게 흥분하기도 하며, 심각한 대화에는 좀처럼 참여하지 않으려고 한다. FC>CF+C+3인 사람은 감정을 매우 깊고 오랫동안 느끼지만 좀처럼 그러한 감정을 표현하지는 않는다. 차분하고 흥분하거나 화를 내는 일이 드물다. 하지만 어떤 감정이건 일단 느끼면 상당 기간 지속된다. 대인관계는 안정적이고 소수의 사람과만 절친한 관계를 유지한다. 단점으로는 정서 표현을 너무 억제하고, 정서적인 상호작용을 하는 것을 편안해하지 않는다.

CP　검은색과 회색인 잉크 반점이 유채색으로 되어 있다고 주장하는 반응을 색채투사(Color Projection: CP)라고 한다. 즉, 자극의 불쾌한 카드 속성을 밝은 특성으로 바꾸려는 것으로, 대개 '예쁜 꽃' 또는 '화려한 나비'와 같이 즐거운 지각을 하게 된다. CP가 1개 이상인 경우 부인을 통해 자신의 우울한 감정을 방어하려고 노력하지만, 지나치게 인위적인 노력으로서 정서적으로 불안정하며, 방어 노력이 효과적이지 못하다.

4) 스트레스를 조절하는 방식

EA　의사결정을 해야 하고 문제를 해결해야 하는 상황에서 신중하게 전략을 세우고 수행하는 데 필요한 자원이 얼마나 있는가를 반영해 주는 지표로, M과 WSumC의 합으로 나타낸다. EA가 높을수록 적응 능력이 뛰어나고 많은 자산을 가지고 있는 것을 나타낸다. EA가 높으면 잘 적응할 가능성을 높여 주지만, M이나 WSumC 중 어느 하나가 부족하면 과도하게 내향적이거나 외향적인 것을 나타내므로, 편안하고 효과적으로 대처할 수 있는 상황이 제한되어 있다. 내향적이든 외향적이든 적어도 2개의 M 반응과 2.5개의 WSumC는 있어야 한다. EA의 크기와 관계없이 M<2는 그 상황에 대해 사고하고 처리하는 능력이 제한되어 있어 부적응적인 것을 시사한다. WSumC<2.5는 정서를 경험하고 표현하는 능력이 제한되어 있어 부적응적인 것을 나타낸다. M과 WsumC가 모두 적정 수준을 보여 관념적인 면이나 감정적인 면 모두 적절히 처리하는 데 부족하지 않은 경우에만 EA의 상승을 적절한 심리적 자원의 지표로 간주할 수 있다. 성인의 EA 평균 빈도는 8.83이므로, M>1이고 WSumC>2.0이며 최소한 EA가 6은 되어야 넓은 의미의 평균 범위에 속하며 적응 능력이 있는 것을 보여 준다. EA<6인 경우 대처 자원이 제한되어 있어 부적절하고 비효율적인 방식으로 문제를 해결한다.

CDI　대응손상 지표(CDI)는 성격 특성을 나타내는 것으로, 상승되었을 때에만 해석의 의미가 있다. CDI의 상승은 부적응의 지표로, CDI>3인 경우 일상생활에 부적절하고 비효과적인 방식으로 대처하는 것을 나타낸다. 스스로 심리적 자산이 결핍되었다고 느끼며, 만성적인 무력감을 보인다.

D 점수 D 점수는 EA와 경험 자극(es)의 두 가지 구성요소로 이루어져 있다. EA는 문제 상황에서 신중하게 계획하고 대처하는 능력을 나타내 주는 지표이다. 또 다른 구성요소인 경험 자극(es) 변인은 개인에게 부과되는 스트레스의 합을 나타낸다. D가 0인 경우는 EA와 es 간의 차이가 2.5 이하로 정상 범위에 속하며, 적응적인 상태를 나타낸다. D+인 사람은 필요할 때 쓸 수 있는 대처 능력과 자원이 풍부하므로, 스트레스에 대한 내성이 강하고 침착하게 문제를 해결할 수 있다. 그러나 자신의 입장이 너무 견고해서 변화를 쉽게 받아들이지 못한다. D=−1인 경우 주관적인 고통감을 경험하고 있으나, 적응에 심각한 영향을 주는 정도는 아니다. D가 −1이 넘을 경우, 주관적인 불편감이 매우 심하며 혼란감을 느끼고 있는 상태이다.

AdjD 지속적인 스트레스와 상황적인 스트레스를 구별하는 데 사용된다. es를 구성하는 여섯 가지 결정인 중에서 FM, T, C 및 V는 안정적인 반면, 다른 두 결정인 m과 Y는 안정적이지 못하다. 조정 es는 m과 Y의 값 각각에서 1을 뺀 값을 더하여 (각 값이 1보다 큰 경우에만 해당) es에서 뺀 값이고, 조정 es와 EA를 비교하여 AdjD를 계산한다. 이는 상황적인 스트레스로 설명할 수 없는 주관적인 불편감의 정도를 나타낸다. D<AdjD는 상황으로 인한 불편감을 시사하는 지표가 된다. AdjD− 값이 클수록 성격상 취약성이 크다는 것을 시사한다.

EA 유형 경험에 대하여 기본적으로 선호하는 대처 방식(일관성)을 평가함과 동시에 융통성을 평가한다. EBPer 변인은 지나치게 내향적인지 외향적인지를 나타내 주는 변인으로, 어느 쪽이든 지나치면 융통성이 부족하여 부적응적이다. 일관성은 수검자가 EBPer은 아니지만, 내향성이나 외향성의 준거를 충족하기에 충분할 정도(M과 WSumC 간의 차이가 1.5 이상이거나 EA>10이면서 2.0 이상)로 관념(M) 혹은 표현성(WSumC) 양식 중 어느 하나를 선호할 때 나타난다. 내향성이든 외향성이든 선호하는 양식이 없는 경우는 양가적인 EB 유형으로, 이들은 적응해 갈 때 융통성이 결여되어 있고 일관성 역시 결여되어 있어 적응적이지 못하다.

5) 자기 자신에 대해 생각하는 방식

Fr+rF 자기중심적이고, 자신을 지나치게 중요시하고, 다른 사람의 욕구는 무시하는 성향을 나타낸다. 정상 성인의 경우 7%만이 반사반응을 하므로, Fr+rF>0인 경우는 적응의 문제가 있을 가능성이 있다. 이기적이고 자만심이 있고, 자기 권한을 과도하게 주장하며, 책임은 외부로 돌리는 태도를 보여 대인관계를 어렵게 만들 수 있다.

3r+(2)/R 자아중심성 지표는 자기 자신과 다른 사람에게 관심을 기울이는 정도의 균형을 나타낸다. 정상 성인 집단의 3r+(2)/R의 평균은 .40이고 일반적으로 .33~.44 범위에 속한다. 적정한 자아중심성 지표를 보이는 사람은 자신에게 관심을 기울이면서도, 다른 사람에게 무신경한 채 자기 자신에게만 몰두하지는 않는다. 3r+(2)/R<.33인 성인은 자신에 대하여 충분한 주의를 기울이지 않으며, 자신의 가치를 낮게 평가한다. 스스로를 실패자로 생각하고 가치 없는 사람으로 보므로, DEPI 준거 변인에 속하게 된다. 성인이 3r+(2)/R>.44인 경우, 반사반응과 함께 나타나는 경우가 많다. 상승된 자아중심성 지표는 Fr+rF>0이 시사하는 자기애적인 특징을 더욱 강하게 드러낸다. 반면, Fr+rF=0이면서 자아중심성 지표가 높은 경우 자기 자신을 좋아하지 않기 때문에 자아중심성 지표가 낮은 경우와 같은 의미를 가지므로 DEPI의 준거 변인이 된다.

V V>0은 자기 자신을 비난하는 태도를 반영해 주며, V값이 증가할수록 이러한 성향이 더욱 두드러진다. Fr+rF=0이면서 낮거나 높은 자아중심성 지표가 V 반응과 함께 나타난다면 이는 만성적인 자기비난과 지속적인 낮은 자존감, 부정적인 자기관점을 나타낸다. 최근에 좋지 않은 사건이 있었고, Fr+rF>0이며 자아중심성 지표가 상승되었다면, V>0은 상황과 관련된 자기비난 태도를 나타낼 가능성이 높다.

MOR 반응 빈도의 중앙값은 0이다. 5~10세 아동의 중앙값은 0~2개이므로, 모든 연령대에서 MOR>2인 경우는 매우 드물다. 따라서 MOR 반응이 3개 이상이라면 자기관점이 적응에 바람직하지 않고, 이러한 이유는 자신의 신체가 손상되었고 제대로 기능할 수 없다고 지각한 데서 기인할 가능성이 크다.

FD 내성할 수 있는 능력을 나타내는 지표이다. 성인의 79%는 FD 반응을 보인다. 청소년이나 성인이 FD=0이라면 내성하는 능력이 부족하다는 것을 시사한다. FD>2는 지나치게 내성을 하는 것, 즉 자기반성을 하는 것과 관련되어 있다.

H : Hd+(H)+(Hd) H 반응이 2개 이상이면서 H 반응 수가 [Hd+(H)+(Hd)]와 같거나 보다 많다면 적절한 동일시가 이루어졌다는 것을 의미한다. 모든 연령에서 H의 빈도가 얼마든 간에 H<[[Hd+(H)+(Hd)]이라면 정체감이 부족한 상태이다.

6) 다른 사람과 관계를 맺는 방식

SumH 모든 인간 반응의 총합 수(SumH), 즉 전체, 부분, 실제 및 가상 인물에 대한 반응의 총합으로 다른 사람에게 주의를 기울이는 정도를 나타낸다. 성인은 대개 5~6개의 SumH 반응을 하게 되며, SumH<4는 타인에 대한 관심이 제한된 것을 나타낸다.

ISOL 소외 지표는 인간이 배제된 다섯 가지 내용 반응(식물, 구름, 지리, 풍경, 자연) 빈도에 기초하여 대인관계에서 소외된 정도를 나타내 준다. 전체 반응 수에서 ISOL의 비율은 비환자 성인의 경우 평균이 .20이다. 모든 연령에서 ISOL>.33은 사회적 상호작용을 피하고 있거나 대인관계 접촉 기회 자체가 결여된 것을 나타내는 지표로 해석한다.

T 재질(T) 결정인은 누군가에게 다가가고 싶은 욕구를 반영한다. 대부분의 성인은 1개의 재질 반응을 하므로, T=0이나 T>2는 모두 적응상의 문제를 시사한다. T 반응이 없을 경우 다른 사람과 친밀한 애착관계를 형성할 수 있는 능력이 부족하며, 이러한 관계를 맺는 것을 원하지도 않는 경우가 많다. T>2는 현재 자신이 처한 환경에서 충족될 수 있는 것보다 친밀감에 대한 욕구가 더 많다는 것을 시사한다. 즉, 정서적으로 박탈감을 느끼고 있으며, 더욱 친밀한 대인관계를 원하고 있는 상태이다.

HVI 정상 성인이 과민성 지표(HVI)가 +인 경우는 매우 드물다. 이러한 경우 친밀한 대인관계를 불편해하고 경계하며, 다른 사람들과 거리를 유지하고 회피적인 태도를 취한다. 과도하게 경계하는 모습을 보인다.

COP   다른 사람과 협동적인 관계를 맺는 데 관심을 기울이는 정도를 나타낸다. 정상 성인에서 COP의 평균 빈도는 2.07이다. 5~16세 아동·청소년의 경우 1.08~2.4의 범위이다. COP>2는 호감이 가고 외향적인 사람으로 볼 수 있다. COP=0일 경우 협동적이지 않으며, 다른 사람에게 거리감을 두려는 사람이다.

AG   공격적 운동(AG) 반응은 대인관계에서 주장이 강하고 경쟁적인 태도를 나타낸다. AG>2인 경우 지나치게 자기주장이 강하고 때로는 경쟁적인 태도로 인해 과도하게 공격적이고 호전적인 태도를 보일 수 있다. 반면, AG=0인 경우 자기주장을 해야만 하는 상황에서도 그렇게 하지 못할 수 있다.

a : p   수동 운동이 능동 운동보다 2개 이상 많은 경우, 즉 p>a+1인 경우 다른 사람과 관계를 형성하는 데 지나치게 순종적이고 의존적이어서 적응상의 문제를 나타낼 수 있다.

M   사회적 지각의 정확도, 대인관계에서 현실적으로 지각할 수 있는 능력을 평가한다. 정확한 M 반응(M+, Mo, Mu)은 공감 능력이 있다는 것을 나타내는 반면, 지각적으로 왜곡된 M 반응(M-)은 공감 능력의 결함을 나타낸다. 모든 연령집단에서 두 개 이상의 정확한 M 반응을 할 경우 적절한 공감 능력을 시사하는 반면, M->1은 PTI 준거점수이며, 사회적 지각이 손상된 것을 나타낸다.

4 아동·청소년 로르샤흐 검사의 해석

이상의 로르샤흐 검사의 채점과 해석과정은 아동과 청소년을 포함한 성인 집단 전체에 대한 접근으로서 아동·청소년 프로토콜의 해석에도 이와 동일한 절차를 적용하지만 연령 특성을 고려한 접근도 필요하다.

신민섭 등(2007)은 어린 수검자 대상의 로르샤흐 검사 결과를 평가할 때 유의할 점을 다음과 같이 제시하였다. 우선, 로르샤흐 검사 결과의 모든 해석적 특징은 성인과 아동·청소년 모두 똑같이 적용할 수 있으나 내담자의 특정한 문제나 의뢰 문제를 고려하고, 의미를 해석할 때는 수검자의 연령과 지능 수준을 고려하는 것이 매우 중요하다.

유채색 반응을 예로 들면, FC는 잘 조절되고 안정되며 억제적인 정서 경험과 표현의 양식을 나타내는 반면, CF는 좀 더 자발적이고 강력하며 변동이 심한 정서성을 나타낸다. 연령을 고려할 때 일반적인 7세 아동은 억제된 정서적 양식을 주로 사용하지 않기 때문에 7세의 아동인데 FC가 우세한 경우 일반적으로 정서 표현이 억제되어 있고 자발적인 정서 표현을 많이 하지 않는다는 것을 의미한다. 성인의 경우 정서적 성숙을 의미하는 잘 조절된 정서성(FC>CF+C)이 7세 아동의 경우라면 부적응적인 정서적 억제로 파악할 수 있다. 또한 CF의 우세를 보이는 프로토콜은 억제되지 않고 강렬한 정서를 나타내는 것으로, 7세 아동에게는 흔히 기대되는 것이지만 성인의 경우에는 정서적 미성숙성을 나타내는 것으로 해석할 수 있다.

성인의 경우 정신병리를 시사하는 반응도 아동에게는 정상 범위로 간주될 수 있지만, 반대로 아동이 보기 드문 반응을 할 때는 오히려 성인의 경우보다 더 심한 문제를 시사하는 것으로 해석할 수 있다. 예를 들면, 10세 이하의 아동에게는 재질(T)이나 음영(Y)과 같은 미세한 자극 특성에 입각한 반응이 드물기 때문에, 만일 7세 아동이 음영 반응을 했다면 그 연령에서 드물다는 점에서 상당히 이탈된 반응이므로 더 심각한 정서적 문제를 시사하는 것으로 해석한다.

참고문헌

신민섭, 김은정, 김지영(2007). 아동·청소년 로샤의 이론과 실제. 서울: 학지사.

Beck, S. J. (1937). *Introduction to the Rorschach method: A manual of personality study*. New York: American Orthopsychiatric Association Monographs.

Exner J. E., & Wylie, J. (1977). Some Rorschach data concerning suicide. *Journal of Personality Assessment, 41*(4), 339–348.

Exner, J. E. (1974). *The Rorschach: A comprehensive system: El.1*. New York: Wiley.

Exner, J. E. (1991). *The Rorschach: A comprehensive system. Volume 2: Interpretation* (2nd ed.). New York: Wiley.

Exner, J. E. (1993). *The Rorschach: A Comprehensive System: El.1. basic foundations* (3rd ed.). New York: Wiley.

Exner, J. E. (1995). *A Rorschach workbook for the comprehensive system* (4th ed.). Asheville, NC: Rorschach Workshops.

Exner, J. E. (2003). *The Rorschach: A comprehensive system. Vol. 1.* (4th ed.). Basic Foundations, New York: Wiley.

Exner, J. E., Martin, L. S., & Mason, B. (1984). *A* review of the suicide constellation index. Paper presented at the 11th International Rorschach Congress, Barcelona, Spain.

Hertz, M. R. (1936). The method of administration of the Rorschach ink-blot test. *Child Development, 7*(4), 237–254.

Howard, J. C. (1989). The Rorschach test: Standardization and contemporary developments. In S. Wetzler & M. M. Katz (Eds.), *Contemporary approaches to psychological assessment*. New York: Brunner/Mazel Publishers.

Klopfer, B., & Kelley, D. M. (1942). *The Rorschach technique*. Oxford, UK: World Book.

Piotrowski, Z. A. (1950). A Rorschach compendium. *Psychiatric Quarterly, 24*(3), 543–596.

Rapaport, D., Gill, M., & Schafer, R. (1946). *Diagnostic psychological testing: The theory, statistical evaluation, and diagnostic application of a battery of tests: Volume II*. Chicago, IL: Year Book Publishers.

Weiner, I. B. (1998). *Principles of Rorschach interpretation*. NJ: Lawrence Erlbaum Associates.

제10장

주제통각검사와
아동용
주제통각검사

Ⅰ. 주제통각검사

Morgan과 Murray(1935)가 「공상연구의 한 방법(A Method for Investigating Fantasies)」에서 처음 제시한 주제통각검사(Thematic Apperception Test: TAT)는 로르샤흐 검사와 함께 가장 널리 사용되고 있는 투사적 검사이다. TAT 검사 카드는 로르샤흐 검사에 비해서 상대적으로 분명한 상황이 제시되는데, 흑백 도판에 투사된 수검자의 반응 내용을 분석하여 동기, 정서와 정동, 콤플렉스, 갈등, 대인관계 및 성격의 역동을 이해할 수 있다(Bellak, 1959). 다른 투사적 검사와 마찬가지로 기본적으로 정신분석적 입장을 따르고 있으며, 특히 자아와 대상과의 관계를 다루는 자아심리학과 가장 밀접한 관계가 있는 심리검사도구이다. 임상 현장에서는 여러 투사적 검사 가운데 TAT가 단독으로 사용되거나 일차적으로 선택되는 경우보다는 로르샤흐 검사가 먼저 선택된다. 즉, 로르샤흐 검사에서 동기나 성격의 역동, 환자의 주요 갈등 영역 등이 충분히 파악되지 못한 경우에 부가적으로 사용하는 것이 일반적이다.

■1 주제통각검사의 발달 배경

TAT의 원조라고 할 수 있는 것은 Galton(1879)이 실시한 연상 실험이다. 그는 자유 연상 과정에서 반복적으로 일어나는 주제는 개인의 초기 생활과 관련이 있다는 가설을 제시하면서, 연상을 통해 개인의 사고 내용을 알 수 있다고 제안했다. 그 뒤 Brittain(1907)이 그림에 의한 상상력 연구의 중요성을 주장하면서 '상상' '공상'이라는 주제에 대한 관심이 증가했다. 그는 13~20세 남녀 청소년에게 그림을 보여 주고 이야기를 연상하도록 했는데, 이들이 표현한 이야기의 내용에 뚜렷한 성차가 있다는 것을 발견했다. Libby(1908)도 아동 및 청소년에 대한 연상 실험을 통해 연령에 따라 연상의 내용에 차이가 있다는 것을 밝혔다.

Schwartz(1932)가 8장의 그림으로 구성된 '사회적 상황 그림 검사(Social Situation Picture Test)'를 개발하여 주제 분석법에 의한 성격 연구를 시도하였고, 이를 청소년 심리치료의 보조 수단으로 활용한 바 있다. Morgan과 Murray(1935)는 TAT라는 이름으로 정식으로 소개하였고, 원 도판을 3회에 걸쳐 개정하여 1943년 31개의 도판으로 이루어진 TAT 도구를 정식으로 출판하였다. 이 도판은 현재까지 변경 없이 그대로 사용되고 있다.

2 주제통각검사의 이론적 가정

TAT의 기본 가정은 인간이 외부 대상을 인지하는 과정에서 대상의 자극 내용만을 있는 그대로 지각하는 것이 아니라 그것을 자기 나름대로 해석하고 이해하거나 상상하면서 받아들인다는 것이다. 자극의 객관적인 내용에서 어느 정도 벗어난 개인적이고 주관적인 과정이 개입되어 지각하고, 이해하고, 추측하고, 상상하는 과정을 거쳐 대상에 대한 결론을 내리게 된다. 즉, 인간이 대상을 인지할 때 대상의 비교적 공통적인 자극 특성에만 의존하지 않고 순수한 개인의 선행 경험에 의존하기도 한다는 것이다. 이 두 가지가 결합하여 작용하고, 이해, 추측, 상상이라는 심리적 작용이 이루어지는데, 이것이 바로 통각(apperception)의 내용이다. 통각 내용은 개인의 상황에 의존하므로 개인의 정신을 반영하며, 통각 내용의 분석을 통해 성격의 여러 측면을 파악할 수 있다. 한편, '주제'라는 용어에는 실생활에서 생긴 일이라는 의미가 포함되어 있다. Murray(1963)의 이론을 통해서 보면 '주제', 즉 개인의 공상 내용은 개인의 내적 욕구와 환경적 압력의 결합이고, 개인과 환경의 통일이며, 실생활에서 생기는 일에 대한 역동적 구조이다.

Murray(1963)는 모호한 상황을 대할 때 자신의 과거 경험과 현재의 욕구에 따라 해석하는 경향과 이야기를 표현하면서 자신의 기분과 욕구를 의식적, 무의식적으로 표현하는 경향으로 인해 TAT를 통해 개인의 주요한 성격 측면이 드러난다고 보았다. Bellak(1959)도 이와 같은 입장으로, TAT 반응은 개인의 선행 경험에 의해 지각이 왜곡되고 공상적 체험이 혼합되는 통각적 과정이라고 보았다.

3 검사도구와 실시방법

1) 검사도구

TAT 카드는 흑백그림으로 된 30장의 도판과 백지로 된 1장의 도판 등 모두 31장으로 구성되어 있다. 각 도판 뒷면에 일련번호와 함께 도판을 선정할 때 고려할 남자(M), 여자(F), 소년(B), 소녀(G) 등의 구분이 있어 수검자에 따라 선택할 수 있다. 예를 들면, 숫자로만 된 도판은 모든 수검자에게 공통으로 사용하고, GF는 소녀와 성인 여자, BM은 소년과 성인 남자, MF는 성인 남녀에게 실시한다. 실시대상에 따른 도판을 제시하면 다음과 같다.

- 공용도판: 1, 2, 4, 5, 10, 11, 14, 15, 16, 19, 20 (11매)
- 남자 공용도판: 3BM, 6BM, 7BM, 8BM, 9BM, 17BM, 18BM (7매)
- 여자 공용도판: 3GF, 6GF, 7GF, 8GF, 9GF, 17GF, 18GH (7매)
- 성인 공용도판: 13MF (1매)
- 미성인 공용도판: 12BG (1매)
- 성인 남자 전용도판: 12M (1매)
- 성인 여자 전용도판: 12F (1매)
- 소년 전용도판: 13B (1매)
- 소녀 전용도판: 13G (1매)

2) 실시방법

다른 심리검사와 마찬가지로 이 검사의 반응이 의미 있는 자료가 되려면 검사자와 수검자 사이의 라포 형성이 최대로 이루어져야 하고, 검사 실시 동안 자유롭게 상상하고, 공상을 언어로 표현하려면 수검자가 편안하게 느낄 수 있어야 한다.

검사 실시는 성, 연령을 고려하여 선정된 20개 도판을 2회에 걸쳐 실시한다. 즉, 1회에 10개, 2회에 10개 도판을 선정하여 실시한다. 1회 시행시간은 대략 30분~1시간 정도 소요된다. 보통 수검자의 임상 증상과 특성에 따라 검사자가 9~12장 정도의 도판을 선별하여 1회에 진행하는 단축 검사를 주로 실시한다.

검사 지시는 1회와 2회에 차이가 있고 수검자의 연령과 지능 수준에 따라서도 차이가 있다. 표준 절차로 다음과 같은 지시 내용을 검사자가 읽어 준다.

(1) 지시 내용

① 청소년이나 평균 지능 이상의 성인을 위한 지시문

"지금부터 당신에게 몇 장의 그림을 한번에 한 장씩 보여 주겠습니다. 그림을 보면서 극적인 이야기를 만들어 보십시오. 그림에 나타난 장면이 있기까지 어떤 일이 있었는지, 현재 무슨 일이 일어나고 있는지, 사람들은 무엇을 느끼고 있고 무엇을 생각하고 있는지를 이야기해 주십시오. 그리고 그 결과에 대해서도 이야기하시기 바랍니다. 생각이 떠오르는 대로 자유롭게 이야기를 해 주십시오. 어떻게 하는 것인지 이해하셨습니까? 각 카드마다 약 5분 정도 이야기할 수 있습니다. 자, 여기 첫 번째 그림이 있습니다."

② 아동, 교육 수준이 낮은 성인, 조현병 환자를 위한 지시문

"이것은 이야기를 만드는 검사입니다. 여기 몇 장의 그림이 있는데 이것을 당신에게 보여 주겠습니다. 각 그림을 보고 당신이 이야기를 꾸며 보도록 하십시오. 이 그림을 보면서 과거에는 무슨 일이 일어났는지, 그리고 현재는 어떤 일이 일어나고 있는지, 이 사람들이 무엇을 느끼고 있고 무슨 생각을 하고 있는지를 이야기하고, 앞으로는 어떻게 될 것인지를 이야기해 주십시오. 어떤 이야기이든지 자유롭게 만들 수 있습니다. 자, 어떻게 하는 것인지 이해하셨습니까? 그러면 여기에 첫 번째 그림이 있습니다. 그림 한 장에 5분 정도 시간을 쓸 수 있습니다. 그러면 당신이 할 수 있는지를 보기로 합시다."

③ 백지도판: 16번 카드에 특별한 지시문이 따른다.

"이 카드에서 무엇을 볼 수 있는지 한번 봅시다. 이 백지에서 어떤 그림을 상상해 보고 자세하게 이야기해 주세요." 만일 수검자가 그렇게 잘 하지 못한다면 "자 눈을 감아 보세요. 그리고 무언가를 상상해 보세요."라고 말한다. 수검자가 충분히 상상하면 "자, 그럼 이제 그것에 관해 이야기를 만들어 주세요."라고 말한다.

3) 도판의 특성과 전형적 주제

각 도판의 자극 특성과 전형적 주제를 설명하면 다음과 같다.

→ TAT 도판 중 가장 중요하게 해석되며 만약 하나만을 선택해야 한다면 전체 성격에 대해 말해 줄 수 있는 이 도판을 선택한다. 이 도판에서 수검자는 소년과 자신을 쉽게 동일시하고 부모상에 대한 관계를 표현한다. 흔히 자율과 권위에 대한 순응 간의 갈등에 관한 주제를 얻을 수 있다. 그러므로 이 도판은 청소년에게 특히 효과적이다. 이 도판에서 자주 나타내는 또 다른 욕구로는 성취가 있다. 여기에서는 공상 수준이나 현실 수준에서 성공이 어떻게 성취되었다고 보는가가 특히 중요하다.

도판 2

시골 풍경: 전경은 한 젊은 여인이 손에 책을 들고 있고, 배경은 한 남자가 들판에서 일을 하고 있다. 나이 든 여인은 어떤 곳을 쳐다보고 있다.

→ 이 도판은 수검자의 가족관계에 대한 뛰어난 지표를 제공한다. 가족으로부터 자유와 보수적인 순응의 주제가 나타나고 이러한 주제는 수검자와 가족 간의 불일치 유형을 보여 준다. 오이디푸스적 주제와 형제간의 경쟁도 드러날 수 있다. 수검자가 나무에 기대어 있는 임신한 것으로도 볼 수 있는 여자를 어떻게 다루는지를 통해 유용한 해석을 할 수 있다.

도판 3BM

한 소년이(또는 한 소녀가) 머리는 오른팔에 묻고 소파에 기대어 앉아 있고 그 옆에는 권총이 놓여 있다.

→ 이 도판은 공격성, 우울, 자살과 관련된 이야기가 많이 나온다. 왼쪽에 있는 대상을 어떻게 지각했는가는 공격성과 관련한 정보를 제공하는데, 이 대상을 총으로 재인했을 때 공격성의 처리 방법을 관찰하는 것이 중요하다. 결국에는 자살을 하게 되는 우울 패턴으로 이끈 단서를 찾는 것이 필요하고, 신체상이 나타날 수 있는데 불구이거나 심한 병에 걸렸다고 말할 수도 있다. 여성에게도 3BM을 사용하면 유용한 정보를 얻을 수 있다.

도판 3GF

젊은 여인이 오른손으로 얼굴을 가리고 머리를 수그린 채 왼손으로 나무로 된 문에 기대어 있다.

→ 이 도판은 주인공의 실망감, 우울, 억울한 심리 상태가 자주 언급된다. 남자친구, 남편, 가족과의 갈등이 자주 반영되고 갈등과 관련된 이유와 이를 어떻게 해결하고 다루는지가 드러난다.

도판 4

한 여인이 남자의 어깨를 붙들고 있고 남자는 벗어나려는 듯 몸과 얼굴을 돌리고 있다.

→ 이 도판은 남녀 관계에 대한 매우 다양한 욕구와 감정을 보여 줄 수 있다. 부정에 대한 주제가 자주 나타나고, 여성의 역할에 대한 남성의 태도가 나타날 수 있다. 여자는 나쁜 생각을 하고 있는 남자를 막는 보호자가 되거나 남자의 사악한 목적을 막으려고 할 수도 있다. 배경에 있는 반나체의 그림의 지각을 통해 성적 문제에 대한 단서로 활용할 수 있다.

도판 5

한 중년 여인이 문을 반쯤 열고 방을 들여다보고 있다.

→ 어떤 행동을 지켜보는 어머니로 자주 해석된다. 자위행위가 관찰되고 있다는 두려움을 상징하는 이야기, 자녀에게 관심을 보이는 자애로운 어머니에 대한 이야기, 혹은 수검자가 늦게 일어난 것에 대해 꾸짖는 것으로 보일 수도 있다. 정신분석적 관점에서 여성 수검자의 경우 애착에 대한 두려움이 강도 이야기로 반영되거나 남자의 경우 '구원 환상'을 보인다.

도판 6BM

작고 나이가 든 여인과 크고 젊은 남자가
서 있다. 남자는 여자의 등 뒤에서 어쩔 줄
모르는 표정으로 밑을 내려다보고 있다.

→ 남자에게는 필수적인 도판이다. 모자간의 갈등과 부인이나 다른 여성과 관련
된 문제를 반영하며 오이디푸스적인 주제가 빈번하다.

도판 6GF

소파 끝에 앉아 있는 한 젊은 여인이 뒤에
서 파이프를 물고 이야기를 건네는 남자를
돌아보고 있다.

→ 이것은 남녀 관계를 반영하는 6BM의 쌍이다. 그러나 비교적 나이 차가 적기
때문에 아버지보다는 동년배로 지각하며 공격하는 사람이나 유혹하는 사람, 결혼
신청을 하는 사람 등으로 여겨진다. 여기서는 남성에 대한 태도, 여성의 역할, 이성
관계에 대한 문제가 잘 드러난다.

도판 7BM

회색 머리의 남자가 부루퉁하게 어딘가
를 응시하고 있는 젊은 남자를 쳐다보고
있다.

→ 젊은 남자가 늙은 남자에게 조언을 구하거나 공동의 관심사에 대해 논의하고
있는 것으로 표현된다. 이 두 사람은 흔히 부자 관계로 묘사되는데 여기에서 아버
지나 성인 남자에 대한 수검자의 태도와 권위에 대한 반응이 잘 나타난다. 또는 음
모를 꾸미거나 비밀스러운 거래를 하고 있다는 내용에서 반사회적 경향이나 편집
증적 경향이 드러나기도 한다.

도판 7GF

소파에 앉아 있는 나이 든 여인이 소녀 옆
에서 말을 하고 있거나 책을 읽어 주고 있
다. 소녀는 무릎에 인형을 놓고 다른 곳을
바라보고 있다.

→ 여성에게 어머니와 딸의 관계를 보여 준다. 어머니가 동화를 들려준다는 주제
가 빈번하며, 모녀 관계에 대한 중요한 정보, 어머니에 대한 태도, 자기 자신에 대한
태도가 드러난다. 소녀가 어머니가 아닌 먼 곳을 응시하고 있다는 것은 어머니에 대
한 부정적인 생각을 자극하는 것으로 보인다.

도판 8BM

한 청년이 앞쪽을 바라보고 있으며 한쪽에
는 엽총이 보이고 배경에는 환상과 같은 수
술 장면이 보인다.

→ 이 도판은 매우 유용하다. 남자 수검자들은 보통 앞에 있는 소년과 동일시하
는데, 공격성이나 야망에 대한 이야기가 나올 수 있다. 공격성은 어떤 사람이 총을
맞고 수술을 받고 있다는 이야기로 나타나고, 야망은 의사가 되려는 소년의 꿈으로
나타날 수 있다. 왼쪽의 엽총은 3BM의 권총과 비슷한 맥락에서 본다. 그림을 아버
지 상으로 본다면 오이디푸스적 관계에 대한 단서를 제공하기도 한다. 무기에 대한
언급을 회피하거나 왜곡하는 것은 잠재되어 있는 심각한 적대감과 억압을 의미할
수 있다.

도판 8GF

젊은 여자가 턱을 괴고 앉아 어딘가를 응시
하고 있다.

→ 여자는 주부나 다른 어떤 직업을 가진 것으로 묘사될 수 있다. 보통 일을 하다
가 휴식을 취하며 자신의 현재 생활을 생각하거나 미래에 대한 상상을 하고 있는
것으로 묘사된다. 미래에 대한 태도나 현실의 어떤 어려움 등이 나타나기도 한다.

도판 9BM

네 명의 남자가 풀밭에 누워 휴식을 취하
고 있다.

→ 이 도판은 동년배의 일대일 관계를 드러내 주는 중요한 그림이다. 이는 사회
적 관계의 일반적인 지표를 제공할 수 있는데 수검자는 그림의 인물과 동일시할 수
있다. 수검자는 이 집단을 못마땅하게 보는 외부 사람과 동일시할 수도 있고 집단
의 중심이나 부분일 수도 있다.

도판 9GF

잡지와 지갑을 들고 있는 한 젊은 여인이
나무 뒤에서 파티 드레스를 입고 해변을
달리고 있는 또 다른 여인을 보고 있다.

→ 여성들 간의 감정에 관한 정보를 얻는 데 매우 중요한 그림으로, 특히 자매간
의 경쟁이나 모녀간의 적대감이 잘 드러난다. 우울과 자살성향이 의심되는 사람에
게도 매우 중요한데 이 경우 아래쪽의 소녀는 공황 상태에서 해변을 달리는 것으로
묘사된다. 다른 사람을 어떻게 악의적으로 보고 있는지를 논의해 보면 의심에 대한
주제가 나타나기도 한다. 이것은 편집증 요인으로 고려된다.

→ 남자와 여자의 관계에 대한 수검자의 상을 파악할 수 있다. 남성 수검자에게
이것이 남자 간의 포옹으로 해석된다면 이는 잠재적인 동성애에 대한 강력한 단서
나 이와 관련한 성격 문제가 명백해진다. 남자와 여자로 묘사된다면 이것이 끝나는
이야기인지 시작하는 이야기인지에 대해 관심을 가져야 한다.

→ 이 도판은 위장되어 나타나 있으며 많은 사람의 방어가 약화될 수 있다는 점
에서 유용하다. 여기에는 많은 유아적 또는 원시적 공포가 나타나는데 동물에게 이
러한 정서가 투사된다. 공격에 대한 공포가 표현되는데, 예를 들면 용을 남근 상징
으로 보는 것이다. 구강 공격에 관한 이야기도 빈번하다.

도판 12M

한 젊은 남자가 눈을 감고 의자에 누워 있다. 그를 향해 몸을 구부리고 있는 남자는 수척한 모습의 나이 든 남자로 손을 얼굴 위로 뻗치고 있다.

→ 이것은 젊은 남자와 노인 간의 관계의 질에 대한 암시가 나타나는 중요한 도판이다. 특히 이것은 수동적인 동성애적 두려움과 지배의 두려움과 관련된다. 이 도판에 대한 이야기는 수동성이 자아 동조적인지 두려움에 의한 것인지를 나타낼 수 있다. 수검자가 가지고 있는 수동적인 의존성이나 치료에 대한 태도가 드러나기도 한다.

도판 12F

한 젊은 여인의 초상이다. 배경에는 머리에 숄을 두르고 이상하게 생긴 나이 든 여인이 얼굴을 찡그리고 있다.

→ 이 도판을 통해 어머니상에 대한 개념이 나타날 수 있지만 모두 그런 것은 아니다. 사악한 어머니상은 이야기에서 시어머니로 위장하여 나올 수 있다. 이러한 경향은 시어머니가 자신의 어머니에게 느끼는 부정적인 정서를 대신 받는다고 이

해해야 한다. 수검자는 어머니에 대해서 긍정적인 감정만을 인식하고 부정적인 것들은 시어머니에게 투사할 수 있다.

도판 12BG

숲속의 시냇가에 배가 떠 있다. 그림에는 어떤 사람의 형상도 없다.

→ 이 도판은 사람이 없는 것이 특징이다. 여기서는 흔히 자살, 죽음, 우울의 경향이 잘 나타나고 은둔적 경향이 드러나기도 한다.

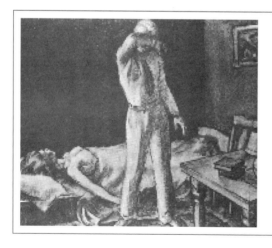

도판 13MF

한 젊은 남자가 팔을 머리에 묻고 서 있다. 그 뒤에는 침대에 누워 있는 여성이 보인다.

→ 이것은 남성과 여성 모두에게 성적 갈등을 보여 주는 도판으로 활용된다. 억압이 심한 수검자는 여기에서 '성적 충격'을 받고 그 충격이 이야기에서 표현될 것이다. 여성의 경우 남자에 의한 성폭행, 공격, 성적 학대에 대한 두려움이 나타날 수 있고, 남성의 경우 성행위에 대한 죄책감을 드러내며 동성애에 대한 혐오를 보여 준다.

도판 13B

작은 소년이 통나무집 문턱에 앉아 있다.

→ 어린 시절의 이야기를 자극하는 도판으로 바이올린의 그림과 유사하여 어린 소년의 이야기가 주요 주제로 떠오르거나 혹은 집을 비운 부모가 돌아오기를 기다리는 내용이 언급된다. 외로움이나 부모에 대한 애정의 욕구가 나타나기도 한다.

도판 13G

작은 소녀가 구불구불한 층계를 오르고 있다.

→ 혼자 어떤 일을 하는 것에 대한 느낌(외로움이나 지지 욕구 또는 독립심 등)이 나타나거나 미지의 장소, 미지의 시간에 대한 태도가 드러날 수 있다.

도판 14

남자(혹은 여자)의 실루엣이 밝은 창문 반대에 보
인다. 그림의 나머지는 완전히 까맣다.

→ 먼저, 성적 정체성에 주의를 기울이게 한다. 또한 어둠과 관련한 아동기의 공
포를 나타낸다. 자살 성향이 의심되는 사람에게는 절대적인 도판이며 창문 밖으로
뛰어내리는 이야기로 표현된다. 때때로 심미적인 관심이 나타날 수 있고 소망으로
가득 찬 이야기가 나올 수 있다.

도판 15

음산한 남자가 손을 꽉 잡고 묘비 사이에 서 있다.

→ 무덤 주변의 상을 보여 주는 이 그림은 특히 수검자가 최근에 가족의 죽음을
경험했을 때 중요하며 검사자는 죽음과 관련된 감정을 발견해야 한다. 이는 또한
모든 수검자들에게 있어 죽음에 대한 공포와 관념을 노출하는 데 매우 유용하다.
우울 경향도 명백하게 나타난다.

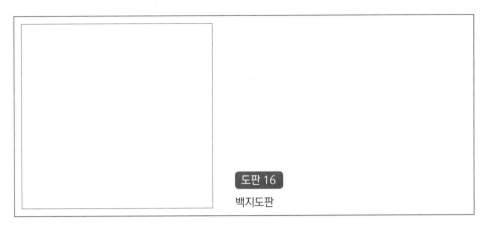

도판 16

백지도판

→ 이 백지도판은 언어적으로 뛰어난 수검자들에게 매우 유용하다. 이러한 수검자들은 아주 자유롭게 투사한다. 그러나 수검자가 공상을 표현하는 데 어려움이 있다면 이 도판은 유용성이 제한된다. 일반적으로 수검자가 가장 고민하고 있는 문제나 현재 상태, 느낌 등을 이야기하며 검사자나 치료자에 대한 태도가 표현되기도 한다. 특히 조현병이나 양극성 장애 환자의 경우 비현실적인 공상이나 망상의 내용이 활발하게 표현되는 특징이 있다.

도판 17BM

벌거벗은 남자가 줄에 매달려 위로 올라가거나 아래로 내려가는 듯한 동작을 하고 있다.

→ 물리적 외상으로부터 도망가는 이야기를 통해 공포감이 나타날 수 있다. 남성으로부터 도망가는 이야기는 종종 오이디푸스적 공포를 이끌어 내고, 특히 아동에게 이 그림은 왕이나 왕자로부터 벗어나려는 것으로 보일 수 있다. 세부 묘사에 의해서 동성애적 감정들이 쉽게 나타난다. 운동 경기나 그와 유사한 것으로 묘사하여 경쟁적인 성격의 이야기를 만드는 것도 흔하다. 남자들은 종종 신체상을 암시할 수 있다.

도판 17GF

물 위에 다리가 있고 여자의 형상이 난간에 기대어 있다. 배경에는 큰 빌딩과 작은 형상의 남자들이 있다.

→ 여자가 사랑하는 사람이 돌아오기를 기다리고 있거나 골똘하게 자기 생각에 빠져 있다고 이야기될 수 있다. 흔히 우울과 불행에 대한 감정이 나타나며 여자가 자살하기 위해 다리를 내려가고 있다는 내용에서 자살 경향이나 자포자기한 태도를 드러내기도 한다.

도판 18BM

한 남자가 세 개의 손에 의해 붙잡혀 있는데 상대방의 모습은 보이지 않는다.

→ 이것은 남자들의 불안을 알아내고 확인하는 데 매우 중요한 도판이다. 공격의 두려움, 특히 동성애적 성격이 가장 명백하다. 수검자에게 조금이라도 불안이 있다면 반드시 나타난다. 반대로 취한 남자가 친구들에 의해 집으로 돌아왔다는 지지적 이야기와 같이 해가 없는 것이 될 수도 있다. 나머지 손들을 어떻게 다루는가는 수검자의 사고 과정과 관련된다.

도판 18GF

한 여인이 계단 난간 뒤로 쓰러질 듯한 다른 여자의 목을 쥐고 있다.

→ 이 도판은 여성이 공격성을 어떻게 다루는가에 대한 훌륭한 암시를 준다. 공격적 행동이 일어난다는 것을 부정함으로써 빠져나갈 수도 있다. 때로 한 여인이 또 다른 여인을 어떻게 도와 부축하는지에 관한 이야기는 공격적 암시를 피하려는 의도를 말해 준다. 모녀 갈등이 강조되기도 한다.

도판 19

눈 덮인 오두막집 위로 구름으로 이루어진 것들이 나와 있는 이상한 그림이다.

→ 다른 그림에 비해 모호하고 기이한 방식으로 그려져 있기 때문에 이야기 전개가 어려우며 수검자가 가지고 있는 불안이나 불안정성이 표현될 수 있다. 자주 이야기되는 주제는 오두막집이 눈에 갇혀 있지만 그 안에 살고 있는 사람들은 편안하다는 것이다. 오두막집에 사는 사람들의 환경조건이나 어려움에 대처해 나가는 가운데 가지는 희망이 표현되면 이런 이야기는 안전에 대한 욕구, 환경의 어려움을 극복해 나가는 방식에 대한 정보를 제공해 준다.

도판 20

어둠 속에서 가로등에 기대어 있는 남자(혹은 여자)의 희미한 모습

→ 가로등에 기대어 있는 인물은 보통 연인을 기다리고 있거나 마음속에 떠오르는 여러 가지 문제들을 반추하고 있는 것으로 나타난다. 또는 희생자를 공격하기 위해 기다리고 있는 사람으로 묘사되기도 한다. 흔히 수검자가 몰두하고 있는 문제가 나타날 수 있는데 이성 관계에 대한 문제나 태도, 공격적 성향 등이 표현된다. 어두움이나 불확실함에 대한 두려움, 외로움 등을 나타내는 수검자도 있다.

4 주제통각검사의 해석

TAT는 투사적 검사이므로 해석의 근거는 로르샤흐 검사나 집-나무-사람 검사와 같은 다른 투사적 검사와 비슷하다. 해석의 기본 가정은 수검자가 만들어 낸 이야기의 구성요소란 그 사람의 내면적인 역동에서 파생된 결과이며 따라서 표면적으로 드러난 이야기 내용이나 구조를 살펴보면 심리 내적 상태를 알 수 있다는 것이다. 해석을 할 때 성별, 나이, 부모의 생존 여부, 형제의 나이와 성별, 결혼 여부와 같은 수검자에 대한 기본적인 신상 정보와 TAT 반응을 통합하여 해석한다. 또한 TAT를 통해 개인의 성격에 작용하는 지배적인 요인과 이러한 요인들이 상호작용하는 방식을 밝히는 것이 중요하며, 단순히 진단을 명명하기 위해 사용하는 것이 아니라는 점을 인식해야 한다.

1943년에 TAT가 만들어진 이래 다양한 채점 및 해석 체계가 발달하였다. 현재까지 제시된 TAT의 해석 방법에는 정신분석에 기초한 직관적 해석법(Bellak, 1971, 1993), 주인공 중심 분석 방법인 욕구-압력 분석법(Murray, 1943; Pine, 1960), 표준화법(Hartman, 1949; Sargent, 1945), 대인관계법(Arnold, 1949), 그리고 지각법 (Rapaport, 1943) 등이 있다. 이 가운데 현재 정신분석에 기초한 직관적 해석법과 주 인공 중심 분석 방법인 욕구-압력 분석법이 주로 사용되는데 이 방법들을 설명하 면 다음과 같다.

1) 정신분석에 기초한 직관적 해석법

정신분석에 기초한 직관적 해석법은 반응 내용 기저의 무의식적 내용을 자유 연 상을 이용하여 해석하는 방법이다. 해석에는 〈표 10-1〉의 TAT 분석 용지를 활용 하는데, 이것은 포괄적이고 채점이 용이하며 내담자의 이야기를 여러 영역에서 평 가할 수 있고 수량화할 수도 있다. TAT 분석 용지를 활용한 해석 방법은 다음과 같다.

(1) 주요 주제

이 부분에서는 수검자가 말한 이야기의 주요 요소를 재진술한다. 주요 주제를 기 술하면 추론의 수준에서 다양한 이야기가 펼쳐질 수 있다. 이야기의 주요 주제를 재진술할 때는 가급적 수검자가 사용한 단어를 사용해서 수검자의 경험에 가깝게 이야기를 기술해야 한다. 또한 수검자의 이야기를 설명적 수준, 해석적 수준, 진단 적 수준으로 다시 바꿔야 한다. 필요하다면 수검자로 하여금 이야기에 들어 있는 어떤 요소와 관련된 자유 연상을 하게 해서 정교화한다. 주요 주제, 즉 핵심 주제는 이야기의 함축된 의미를 잘 반영할 수 있을 만큼 간결한 것이 좋다.

(2) 주인공

주인공은 수검자가 말한 이야기에서 가장 자주 언급되는 사람이며, 경우에 따라 1명 이상일 수도 있다. 주인공이 불확실할 경우 내담자의 나이, 성별 등 주인공과 유사한 인물을 통해 추측할 수 있다. 분석 용지에 주인공의 나이, 성별, 직업, 능력, 관심, 특성, 신체상 등을 적는다. 또한 주인공이 사회적, 감정적, 도덕적, 지적으로 수용할 수 있는 방식으로 일을 완수하는 능력이 있는지 평가할 수 있다. 신체상은 몸 또는 그에 대한 표상이 묘사되는 스타일과 특성을 보여 준다.

(3) 주인공의 주요 욕구와 충동

행동 욕구는 TAT 이야기에서 내담자의 기본 욕구를 나타낸다. 애정, 공격성, 성취 등의 욕구가 어떤 행동을 통해 드러날 수 있다. 이 부분에서는 주인공의 가장 분명하고 강력한 욕구를 기술하고 그것이 수검자에게 실제 어떤 의미가 있는지 추론한다. 행동 욕구는 공상의 형태로 나타나기도 하는데, 어떤 욕구가 실제적이고 보다 의식적인 것이라면, 또 다른 욕구는 겉으로는 알기 어렵게 위장되고 잠재된 욕구일 수 있다. 검사자는 가장 강력하고 분명한 욕구를 기술해야 하고, 이러한 욕구의 실제적인 의미가 무엇인지 추론할 수 있다.

이야기에 포함되거나 생략된 대상, 인물, 상황도 주목해야 한다. 예를 들면, 무기, 음식, 돈 등이 계속 반복된다면 각각 공격성, 양육, 금전적인 성공에 대한 높은 욕구를 표현했다고 볼 수 있다.

(4) 환경에 대한 개념

검사자는 내담자의 환경에서 가장 중요하고 강력한 개념을 요약한다. 적대적인, 위험한, 보호하고 돌보는 등의 단어를 통해 주변 환경에 대한 개념을 엿볼 수 있다. 환경에 대한 개념을 요약하면 주인공이 환경에 대해 가지고 있는 전반적인 의미, 즉 세상이 안정적인 곳이라고 지각하는지, 기회가 충분한 곳이라고 지각하고 있는지, 지나치게 요구적이고 복잡하다고 지각하고 있는지 등을 파악할 수 있다.

(5) 대상 인물 및 관계

TAT 이야기의 주요한 특징 중의 하나는 사회적 관계의 통각적 왜곡과 그 기저에 있는 역동적인 요인들이다. 내담자가 이야기에서 다른 사람을 어떻게 묘사하고 있는지를 살펴보면 대상 인물에 대한 생각, 즉 대상 표상을 알 수 있다. 이런 대상 표상을 통해 주인공이 부모, 동년배, 아랫사람에 대해 가지고 있는 태도와 행동이 드러난다. 주변 사람들을 대하는 태도가 주장적인지, 적대적인지, 회피적인지, 협조적인지 등의 태도가 나타난다. 같은 성에 대한 공격성이나 양가감정이 나타날 수도 있고 부모상이나 권위상에 대한 불편한 감정이 드러날 수도 있다.

(6) 주요 갈등

주인공의 주요 갈등은 수검자의 현재 감정이나 행동을 검토하고 주인공과 수검자가 얼마나 일치하는지 살펴보면 단서를 얻을 수 있다. 검사자는 특히 내담자의 실제 감정과 겉으로 드러나는 감정의 차이를 구분할 필요가 있다. 어떤 내담자는 실제로는 힘들어하면서도 겉으로는 그렇지 않은 척하는 경우가 많은데 이런 개인은 실제 내면의 진솔한 감정을 인식하고 교류하는 것을 어려워한다. 또한 적대감을 느끼면서도 친교를 원하는 것으로 욕구를 표현할 수도 있다. 그러므로 진정한 내면의 욕구를 파악하는 것이 중요하다.

(7) 불안의 본질

주인공이 느끼는 불안의 본질과 강도를 평가한다. 주인공의 불안이 신체적 위해, 처벌, 거절, 애정 결핍, 상실, 질병/부상, 유기, 박탈, 무기력, 삼켜질 것 같은 느낌에서 오는 불안인지 평가한다.

(8) 갈등과 공포에 대한 방어

각각의 이야기에서 불안과 갈등 여부와 그 강도를 평가하면 수검자의 성격 구조를 알 수 있다. 방어의 강도는 각 이야기에 들어 있거나 여러 이야기에 전반적으로 들어 있는 반복적인 내용을 보면 알 수 있다. 이야기에서 특정 방어가 빈번하게 나온다면 우선 방어적 특성이 강한 것으로 간주하고 그 내용에 주의를 기울여 해석한다.

(9) 잘못된 행동에 대한 처벌과 초자아 적절성

잠정적으로 잘못된 행동 이후에 행위의 결과를 처리하는 방식을 검토하면 초자아의 적절성, 일관성, 엄격함 정도를 파악할 수 있다. 처벌받을 만한 행동의 심각성과 처벌의 강도/유형을 비교하여 기록한다. 예를 들면, 사소한 위반에 대해 사형을 언급한다면 가혹한 초자아를 가지고 있다고 해석할 수 있고, 심각한 죄에 대해 처벌을 하지 않는 것으로 이야기를 묘사한다면 초자아가 약하다고 볼 수 있다.

(10) 자아의 통합

자아 통합 능력은 이야기에 나온 주인공이 여러 가지 갈등 상황을 해결하는 과

〈표 10-1〉 Bellak의 TAT 분석 용지

1. 주요 주제 _____
2. 주인공: 나이 _____ 성별 _____ 직업 _____ 능력 _____
3. 주인공의 욕구와 충동
   a) 주인공의 행동적 욕구:
   b) 등장인물, 대상, 환경:
   c) 생략된 인물, 대상, 환경:
4. 환경(세상)에 대한 개념 _____
5. 대상 인물 및 관계
   a) 부모 인물 (남 _____ 여 _____):
      수검자의 반응:
   b) 동년배 인물(남 _____ 여 _____):
      수검자의 반응:
   c) 형제자매 (남 _____ 여 _____):
      수검자의 반응:
6. 주요 갈등 _____
7. 불안의 본질
   신체적 위해 또는 처벌 _____   인정받지 못함 _____
   애정 결핍(상실) _____   질병, 부상 _____
   버려짐 _____   박탈 _____
   과잉 통제를 받거나 무기력 _____   외로움 _____
   집어삼켜짐 _____   기타 _____
8. 갈등과 공포에 대한 주요 방어
   억압 _____   반동형성 _____   분열 _____
   퇴행 _____   부인 _____   내사화 _____
   고립 _____   취소 _____   합리화 _____
   기타 _____
9. '잘못된 행동'에 대한 처벌로 표현된 초자아의 적절성
   적절함 _____   부적절함 _____
   가혹함(또는 즉각 처벌) _____   일관되지 않음 _____
   관대함 _____   초기 반응의 지연 정도 _____
   말더듬 _____   기타 초자아의 간섭 _____
10. 자아의 통합
    주인공: 적합 _____   부적합 _____
    결과: 행복 _____   불행 _____
    현실적 _____   비현실적 _____
    충동 통제 _____
11. 이야기에서 나타난 사고 과정
    전형적 _____   독창적 _____   적절 _____
    완성적 _____   미완성 _____   부적절 _____
    혼합적 _____   구체적 _____   오염된 _____
12. 지능 _____
13. 성숙 수준 _____
14. 기질적 징후 _____

정 혹은 특성을 보면 알 수 있다. 이는 주요 인물이 대인관계 기술을 얼마나 효과적으로 다루고 있는가를 반영한다. 문제해결의 적절성, 성질, 효과성, 유연성, 스타일 등을 파악한다.

Bellak(1971)은 내담자의 지능을 평정하는 범주도 제공하고 있다. 전통적인 분류 기준인 최우수, 우수, 평균상 등이 사용된다. 추가적인 부분으로 내담자의 전반적인 성숙도도 평정한다.

이와 같은 분석 용지에 따른 분석에 덧붙여 Bellak과 Abrams(1997)는 세 가지 TAT 해석 수준을 제시했다. 첫 번째는 기술적 수준으로 분석 용지에 수검자의 이야기를 짧은 형태로 반복하는 것이다. 두 번째 해석적 수준에서는 1번 도판에서 "만일 소년이 바이올린 연습을 한다면 그의 실력은 향상될 것입니다."와 같이 x를 한다면 y의 결과가 생길 것이라는 식으로 그 의미를 해석하는 것이다. 세 번째 진단적 수준은 수검자에 대한 추론을 하는 것으로, 예를 들면 1번 도판에서 "높은 자기효능감을 가진 수검자로서 높은 성취 욕구를 가지고 있다."와 같은 것이다. TAT 점수가 수검자의 성격 특성과 항상 일치하지는 않으며, 해석 시 내담자의 현재 생활 상황과 검사 당시의 감정 상태와 관련지어 해석한다.

2) 욕구-압력 분석법

Murray(1943)의 해석 체계인 욕구-압력 분석법에서는 개인의 욕구와 환경의 압력 사이의 상호작용 결과를 분석하여 개인의 심리적 상황을 평가한다. 반응 내용을 해석하는 기본 과정은 다음과 같다.

- 주인공을 찾는다.
- 환경 자극의 요구와 압력을 분석한다.
- 주인공의 반응에서 드러나는 욕구를 분석한다.
- 대상에 대한 주인공의 감정을 분석한다.
- 주인공의 내적 심리 상태를 분석한다.
- 주인공의 행동이 표현되는 방식을 분석한다.
- 이야기의 결말을 분석한다.

　　Murray(1943)가 제시한 이 방법은 주인공이 누구인지, 주인공을 둘러싼 환경 자극의 특징은 어떠한지, 주인공의 주된 욕구는 무엇인지, 주요 대상에 대해 주인공이 느끼는 감정은 무엇인지, 감정이 부정적인지 긍정적인지, 욕구와 환경의 압력 관계에서 주인공의 내적인 심적 상태는 어떤지, 그리고 행동은 어떻게 표현되고 욕구-압력 관계가 어떤 결말로 이어질지를 종합해 보는 과정이다.

　　현재 임상가들은 TAT를 실시하고 해석할 때 위에 설명한 Bellak(1971)이나 Murray(1943)의 실시 요강을 따르기도 하지만 이야기의 내용 중심으로 직관적으로 해석하는 경우가 많다. 이때에도 TAT 결과만을 가지고 해석하거나 진단하지 않으며 다른 심리검사 결과와 통합적으로 해석을 해야 한다. 초심자나 수련 단계에서는 Bellak(1971)의 기록지를 활용하여 각 도판의 반응을 심도 있게 분석하는 훈련이 필요하다.

II. 아동용 주제통각검사

　　아동용 주제통각검사(Children's Apperception Test: CAT)는 투사적 검사 혹은 주관적 검사의 하나로 아동의 주요한 욕구와 갈등을 가족관계 중심으로 이해하고자 할 때 유용한 검사이다. 10세 이전의 어린 아동을 대상으로 이들의 어머니, 아버지와의 관계, 형제자매 관계에서 가지고 있는 환상이나 역동성을 파악하기 위해 사람이 아닌 동물이 주인공으로 등장한다. 만일 수검자가 10세 이상이면 아동용 주제통각검사(CAT)보다는 사람이 주인공으로 등장하는 검사인 주제통각검사(TAT)를 사용하는 것이 적절하다. 왜냐하면 10세 이상의 아동은 동물 그림을 유치하게 여기기도 하고 사람에 대해 상상하는 것이 구체적인 실생활에 가깝고, 더 현실성 있게 이야기를 만들 수 있기 때문이다.

1 아동용 주제통각검사의 발달 배경

　　아동용 주제통각검사(CAT)의 원판은 Bellak & Bellak(1949)이 3~10세의 아동들에게 실시하기 위해서 제작한 아동용 투사적 성격검사이다. 성인용 TAT는 자극 장면이 성인에게 맞춘 그림들로서 아동에게 적합하지 않다. Bellak(1949)은 도판의 자극 장면을 유아기와 아동기에 주로 나타나는 여러 심리적 문제들이 투사될 수 있는 그림으로 바꾸고 등장하는 주인공도 동물로 바꾸어 아동용 검사인 CAT를 만들었다.

Bellak(1949)이 동물을 자극으로 사용한 이론적 가정은 아동은 사람보다 동물에 대해 더 잘 동일시되며, 따라서 인간 자극보다 동물 자극에 대해서 더 많은 아동 특유의 심리적 내용이 투사된다는 것이다. 동물은 의식수준에서는 아동의 친구로서, 꿈에서는 동일시의 대상으로서 중요한 역할을 한다. 또한 동물 자극은 인간 자극보다 문화적 영향을 덜 받으며 성과 연령도 분명치 않으며 검사 목적을 더 잘 위장할 수 있기 때문에 유용하게 쓰인다.

2 검사도구와 실시방법

1) 실시방법

CAT는 복잡한 검사로 경험이 많고 숙련된 검사자가 시행해야 한다. 또한 축약된 형태로 사용한다 해도 상당한 시간이 소요되며 시행과 해석에 있어 노력이 요구된다. 집단이나 혼자서도 검사를 시행할 수 있지만 체계적인 해석은 각 기록마다 최소한 30분 또는 그 이상이 소요된다.

다른 모든 검사에서처럼 수검자는 편안하고, 검사자와 적절한 라포가 형성되어야 한다. 검사자가 쓰는 지시문은 기본적으로 비슷하다.

> "이 검사는 여러 검사 중의 하나인 그림을 보고 상상해서 이야기하는 검사예요. 자유롭게 이야기하세요."

그리고 수검자가 물을지도 모르는 어떠한 질문에도 비지시적으로 답해야 하며 가능하면 검사 도중에 아무 말도 하지 않는 것이 좋다.

2) 도판의 특성과 전형적 주제

아동용 주제통각검사는 9장의 도판과 9장의 보충 도판으로 구성되어 있다. 각 도판과 전형적 주제는 다음과 같다.

도판 1

음식이 담긴 큰 사발이 있는 탁자 주위에 병아리들이 앉아 있다. 한쪽에는 희미한 형태의 큰 닭이 떨어져 있다.

* 도판 1～보충도판 9: 김태현 외(1993).

→ 이 도판의 답은 먹는 것과 부모로부터 충분히 먹을 것을 공급받았는지와 관련된다. 누가 더 많이 먹었는가와 누가 양보를 하고 누가 더 착한가와 같은 형제간 경쟁의 주제도 나타난다. 음식은 보상으로 볼 수도 있으나 반대로 그것을 못 먹게 할 때는 벌이라고 할 수 있다. 구강기의 일반적인 문제인 만족이나 좌절, 식이 문제와 같은 것이 파악될 수 있다.

도판 2

한쪽에서는 한 마리 곰이 줄을 잡아당기고 다른 한쪽에서는 다른 곰이 아기 곰과 함께 줄을 잡아당기고 있다.

→ 이 도판에서는 아기 곰이 협력하고 있는 대상이 아버지인지 어머니인지 관찰해 볼 수 있다. 또한 공격적이고 심각한 싸움으로 봐서 두려움을 갖는다거나 아동의 공격성이나 자율성에 대한 만족으로 볼 수도 있다. 혹은 단순한 놀이로 볼 수도 있다. 협력의 대상은 수검자가 부모 중 자신을 동일시하는 인물이 되며 줄다리기의 성격은 공격이나 공포 혹은 수검자의 공격성에 대한 정보를 준다.

때때로 줄 자체가 관심의 대상이 되는데 줄이 끊어지는 것은 뒤따르는 처벌에 대한 공포이며, 줄이 끊어지는 것과 함께 거세 공포로 대변되는 자위에 대한 상징적인 반응일 수도 있다.

도판 3

담뱃대와 지팡이를 가진 사자가 의자에 앉아 있고
오른쪽 구석의 구멍에는 작은 쥐가 보인다.

→ 사자는 일반적으로 담뱃대와 지팡이라는 상징들을 가지고 있는 아버지상으로
보인다. 사자가 아버지상으로 표현될 경우 지팡이는 공격의 도구로 보이거나 반면
에 무서워할 필요가 없는 무기력한 존재를 보여 주는 것이기도 하다. 따라서 사자
를 아버지로 보았을 때는 사자가 인자한지 혹은 위험한지에 대한 정보를 파악하는
것이 중요하다. 아동들은 보통 쥐를 자신과 동일시하는데 이러한 경우 잔꾀나 상황
에 의해 사자보다 힘이 센 존재로 상황을 뒤바꾸게 된다. 때로는 사자와 자신을 동
일시하거나 역할을 뒤바꾸는 경우가 있는데 이는 순종과 자율 사이에서 자신의 역
할에 대한 혼란의 증거나 갈등을 나타낸다.

도판 4

어두운 방에 이불이 깔려 있고 어린 토끼가 혼자 앉
아 있다.

→ 이 도판에서는 어둠에 대한 공포와 혼자 남겨지는 것, 부모에게 버려지는 것,
다른 방에서는 무슨 일이 일어날까 하는 호기심 등의 반응이 일반적이다. 다른 이
불에서 부모의 동침을 상상할 수도 있는데 이것은 성기기의 오이디푸스 콤플렉스
를 상징할 수도 있다.

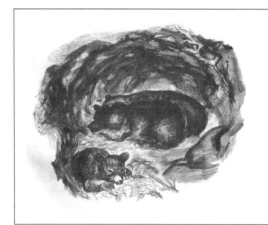

도판 5

어두운 동굴에 희미하게 보이는 곰 두 마리가 있고 그 앞에 작은 곰이 엎드려 있다.

→ 이 도판에서는 부모의 동침 장면에 대한 반응이 나타날 수 있다. 그러므로 도판 4의 내용을 확장하거나 미처 하지 못했던 반응까지 투사될 수 있다. 삼각관계에서 일어나는 일반적인 질투가 나타날 수 있고 잠자리에서의 자위행동 문제를 보일 수도 있다.

도판 6

이빨과 발톱을 가진 호랑이가 원숭이에게 덤벼들고 있다.

→ 공격성에 대한 두려움이나 이것을 다루는 아동의 방식이 나타나게 된다. 대부분 불안의 정도가 명확한데 가끔은 그 정도가 너무 커서 도판 보는 것을 거부하거나 전혀 무섭지 않은 다른 이야기로 바꿔 버리기도 한다. 동물의 꼬리에 관심을 보이는 것은 거세에 대한 공포의 투사로 볼 수 있다.

도판 7
두 마리 어른 원숭이들은 소파에 앉아 차
를 마시고 한 마리 다른 원숭이는 그 앞
에 앉아 아기 원숭이에게 이야기를 하고
있다.

→ 이 도판에서는 가족 구성에서 아동이 생각하는 자신의 역할을 보여 준다. 앞에서 이야기를 하는 원숭이는 부모 중에서 아동이 해석하는 인물과 동일시된다. 그러므로 큰 원숭이의 행동이 아기 원숭이를 혼내는 것인지 아니면 친절히 무엇인가를 말해 주는 것인지에 대한 이야기로 아버지와 어머니 중 누가 자상하며 혹은 지배적인지에 대한 정보를 얻을 수 있다. 차를 마시는 일에 관심을 갖는다면 구강기의 주제가 나오는 것이다.

도판 8
강아지가 개의 무릎에 얹혀 있다.

→ 이 도판은 잘못과 그에 대한 체벌에 관한 것으로 도덕적 개념을 보여 준다. 대소변 훈련과 자위행위에 관한 이야기가 자주 등장하며 다른 도판에 비해 뚜렷한 퇴행 현상도 나타난다.

도판 9

과일 가게 앞에 하마가 서 있고 다람쥐 두 마리가 과일을 손에 들고 달아나고 있다.

→ 이 도판은 도덕 관념에 관한 것으로 도벽과 벌에 대한 아동의 생각을 알 수 있게 한다. 특히 사회적 상황에서의 도덕 관념을 다루게 된다. 야단을 치는 하마를 사과를 나누어 주는 인자한 모습으로 지각하는 것은 권위에 대한 아동의 긍정적인 사고를 나타낸다고 할 수 있다.

보충도판 1

이 그림은 미끄럼틀에 있는 네 마리 다람쥐를 보여 주고 있다. 한 마리는 막 내려오고 있고 또 한 마리는 내려오려고 하고 있으며, 나머지 두 마리는 사다리를 올라가고 있다. 첫 번째와 세 번째는 수컷이고 두 번째와 네 번째는 암컷을 암시한다.

→ 놀이 상황은 신체적 활동이나 상해에 대한 두려움 또는 또래(특히 이성)와의 사회적 활동에서 생길 수 있는 문제를 보여 준다. 아동은 이 장면에서 행복하거나 두렵거나 싸우는 장면 등으로 반응할 수 있다.

보충도판 2

세 마리 원숭이가 교실에 있다. 두 마리는 책상에 앉아 있고 한 마리는 손에 책을 들고 서 있다. 세 번째 원숭이는 꼬리를 잡고 있다.

→ 이 도판은 교사와 학교 친구 혹은 교실 상황에서 여러 가지 문제를 투사할 수 있다. 특히, 그림에서는 보이지 않는 교사의 특징이나 자신의 지식에 대해 보여 주고 싶은 욕망, 무대 공포 등에 대한 내용이 나타나기도 한다. 꼬리를 잡고 있는 원숭이는 자위행위에 대한 이야기를 끄집어낼 수 있다.

보충도판 3

소꿉놀이 장면으로 엄마 쥐가 큰 안경을 낀 아빠 쥐에게 차를 따라 주고 있다. 장난감과 인형이 흩어져 있다.

→ 이 도판에서 아동들은 어른이 되는 것에 대한 환상과 그들에게 적절하다고 여겨지거나 혹은 금지된 일에 관해 말할 수 있다. 이 도판은 성인에 대한 특정한 동일시를 자극하기 때문에 생활전기적인 측면의 자료보다는 소망적인 환상을 보여 주는 경향이 있다. 그러므로 가능하면 환상 수준의 이야기를 끌어내야 한다.

보충도판 4

큰 곰 한 마리가 두 마리의 아기 곰을 품고 있는 그림이다.

→ 이 도판에서는 구강기 욕구와 어린 동생에 대한 적대감, 퇴행 경향 등의 주제가 나타난다. 엄마 곰에 대한 설명은 아동의 독립성과 의존성 간의 갈등과 일반적인 부모 관계에 대한 정보를 제공한다.

보충도판 5

엄마로 보이는 토끼가 어린 토끼를 학교(유치원) 문 앞에서 선생님 토끼에게 데려다주려고 하고 있다. 운동장에서는 많은 동물이 놀고 있다.

→ 이 도판에서는 처음으로 학교나 유치원에 다니는 아동의 문제에 대한 정보를 얻을 수 있다. 유치원에 대한 태도와 교사에 대해 가지고 있는 생각을 밝히고 부모로부터 얼마나 독립적인지도 이 도판을 통해 나타난다. 가끔은 신체적 활동에 대한 자신감이나 두려움을 찾아내기도 한다.

> **보충도판 6**
> 캥거루가 꼬리와 다리에 붕대를 감고 목발을 짚고
> 서 있다.

→ 이 그림은 상해나 기세에 대한 공포를 자극한다. 신체적 결함이나 부적절감에 대한 아동의 느낌과 신체상에 대한 정보도 제공한다. 신체적 결함에 대한 사회적인 저항의 정도도 나타난다.

> **보충도판 7**
> 고양이 한 마리가 거울 앞에 서서 자신을 비춰 보고
> 있다.

→ 이 도판은 신체상에 대한 아동의 생각을 알 수 있게 해 주는 그림으로 용모에 대한 자부심이나 열등감으로 나타난다. 특히 꼬리는 성기의 중요성으로 해석된다. 성기와 노출에 대한 생각도 나타난다.

보충도판 8

토끼 의사가 아기 토끼를 청진기로 진찰하고 있다.
뒤에 약병이 보인다.

→ 이 도판에서는 질병, 수술, 의사, 병원에 대한 아동의 공포가 나타난다. 자신
에게 임박했거나 이미 겪은 수술이나 질병의 충격, 개인적인 의미에 대한 정보를
얻을 수 있다.

보충도판 9

목욕탕에서 큰 고양이가 몸을 씻고 있
고 작은 고양이는 문 틈으로 이를 지
켜보고 있다.

→ 이 도판에서는 성차, 나체, 관음증, 가족, 목욕 습관에 대한 정보를 얻을 수 있
다. 이러한 내용이 가져다주는 자극의 강도에 상관없이 아동은 자신의 불편감을 다
루게 된다.

⒊ 아동용 주제통각검사의 해석

1) 인적사항의 기록

수검자의 개인의 신상에 관한 정보를 묻는 것이 기분을 상하게 할 수도 있으므로 수검자가 저항을 느끼거나 지나치게 긴장하고 있다고 판단될 때는 검사가 끝나고 기입한다.

2) '임상용 기록 및 분석 용지'의 기록

(1) 진술 내용

수검자가 말한 이야기 내용을 그대로 적는다. 녹음기를 사용해도 좋으나 수검자가 불안해하지 않도록 유의한다.

(2) 주제

아동이 각 도판에서 무엇을 떠올렸는지, 왜 그러한 이야기(해석)를 하는지, 또 이러한 해석이나 이야기가 내적 세계에서 어떤 의미를 갖는 것인지를 파악하는 데 역점을 둔다. 즉, 이 항목은 '진술'란에 기록된 이야기 내용에서 추려지는 공통적인 요점을 적는 진단적 수준으로 나누어 기술한다.

다음의 예시는 김태련, 서봉연, 이은화와 홍숙기(1993)의 『아동용 회화 통각 검사 지침서』를 인용하였다. '도판 7'에서 어느 날 원숭이가 파티를 열어 사람들을 많이 초대했다. 그런데 밤이 늦었으므로 어린아이는 가서 자야 했다. 그러나 어린아이는 자러 가고 싶지 않아서 "나도 늦게까지 파티에 있고 싶어요." 하고 말했다. 그 원숭이는 자기 방에 가지 않고 앉아 귀를 기울이고 있었다. 그들이 춤추러 갔을 때, 그는 아이스크림을 조금 훔쳐 먹었는데, 아버지가 알아채고 어머니에게 들어오라고 했다. 그러나 원숭이는 자지 않고 자는 척 했다. 아버지가 그를 흔들어 깨웠다. 손님들 때문에 그를 때리지 않았지만 다음 날 때렸다. 이것은 다음과 같이 요약하여 기록할 수 있다.

기술적 수준	해석적 수준	진단적 수준
부모가 손님들을 초대했다. 아이는 참석하고 싶고 아이스크림을 먹고 싶다. 아버지가 먹지 말라고 했는데 아버지는 이를 발견하고 그를 남몰래 때렸다.	어른들이 하는 일을 하고 싶어 하고 구강적 욕심을 채우면 아버지에게 발견되어 남모르게 벌을 받는다.	어른들과의 경쟁, 구강적 소유에 대한 욕구, 죄악감, 초자아, 아버지를 분별 있고 엄하게 본다.

(3) 주인공의 동일시

아동용 주제통각검사의 이론적 기본 가정은 수검자가 도판 중에 어떤 대상에 자기를 동일시하게 된다는 것이다. 그러나 직접적으로 드러내지는 않으므로 검사자가 해석 시에 이것을 찾아내는 것은 분석상 매우 중요하다. Stein(1955)은 주인공을 찾아내기 위한 단서를 다음과 같이 언급한 바 있다.

- 이야기의 중심이 되고 있는 인물
- 수검자가 처음부터 이야기를 시작하는 인물
- 이야기 속에서 수검자의 주의의 초점이 되고 있는 인물
- 중요한 행동을 하는 데 주동적 위치에 있는 인물
- 다른 인물들이 모두 그 사람을 향해 말하거나 그 사람을 중심으로 상황이 진행되고 있는 인물

이러한 점들을 고려하여 주인공을 기록하고 그의 연령, 성별, 직업, 능력과 기타 특징들을 간단히 적는다. 그러나 특별한 경우에는 주인공이 하나 이상이거나 동일시대상이 바뀌기도 한다. 이 경우에는 특별한 주의가 요망되며 이야기의 중요성으로 보아 2차적으로 동일시한 대상의 특징에 한층 더 깊이 억압된 무의식적 태도를 반영하는 경우도 종종 있다.

(4) 주인공의 주요 욕구

수검자의 욕구는 이야기 가운데 나타나는 주인공의 행동 안에 투사될 때가 많다. 그리고 도판에 없는 대상이나 상황을 만들어서 이야기하거나 도판에 분명히 그려

진 어떤 부분이나 대상을 빠뜨리고 이야기한다면 주인공의 주요 욕구가 반영되어 있을 수 있다. 그러므로 '주인공의 주요 욕구'란에 다음과 같이 세분해서 기입한다.

- 주인공의 행동적 욕구

  여기에는 수검자가 동일시하는 주인공의 행동을 자세히 읽고 분석해서 그에 반영된 욕구를 적어 넣는다.

- 도입된 대상과 내포된 욕구

  이 항목은 이야기 내용을 자세히 읽고서 도판에 없는 인물이나 상황을 찾아내고 그것이 실제적으로는 어떤 의미를 갖고 있으며 상징적인 의미는 무엇인지 파악한다.

- 빠진 대상과 내포된 욕구

  여기에서는 도판에 있는 인물이나 사물 중에서 무엇이 빠졌는지를 보고 그 의미를 찾는 것이 중요하다. 어떤 대상을 빠뜨렸다면 흔히 그 대상이 없었으면 하는 바람이거나 적대감의 표현일 수가 있고 반대로 그 대상이 자기에게 이로운 존재이기 때문에 심한 갈등을 야기시키는 것일 수도 있다.

- 세부사항에 대한 지각과 내포된 욕구

  일반적으로 간과하기 쉬운 세부사항을 어떤 수검자는 특히 강조해서 이야기하는 경우가 있다. 이것은 수검자의 특정한 욕구를 반영하기도 한다. 그러므로 수검자가 어떤 세부사항을 강조하는지를 분석하는 것은 흥미 있고도 시사적이다.

(5) 주변 인물에 대한 지각

아동이 도판의 등장인물들을 자기 주위의 어떤 인물들과 동일시하고 그들을 어떻게 지각하는가를 알아보는 것은 아동의 주변 사람들에 대한 심리적 역동을 이해하는 데 중요한 참고자료가 된다. 예를 들면, 어떤 대상을 아버지로 보고, 어떤 대상을 어머니로 보느냐는 아동에게 매우 중요한 의미를 갖는다. 그 대상에 대한 행동이 어떠한지는 부모에 대한 심리적 친근감이나 거리감을 반영한다. 그러므로 여기에서도, 첫째, 부모에 대한 지각, 둘째, 또래에 대한 지각, 셋째, 연장자에 대한 지각, 넷째, 어린 대상에 대한 지각의 네 가지 범주로 나누어 주위 인물들에 대한 지각을 분석하여 기록한다.

(6) 주요 갈등

이 항목은 수검자가 이러한 갈등을 가지고 있는지 그 갈등의 특성과 강도를 파악하는 동시에 그러한 갈등으로 인해서 일어나는 불안에 대해 수검자가 어떠한 방어기제를 사용하는가를 평가하게 된다.

(7) 불안의 특성

아동의 주된 불안이 무엇인지를 파악하는 것이 매우 중요하다. 신체적 상해, 처벌, 사랑의 결여나 상실에 대한 공포, 혼자 남게 되는 일에 대한 공포 등이 아동의 주요한 불안이다. 어떤 갈등과 불안은 정상적인 성장과정에서 보이는 보편적인 것일 수도 있고, 어떤 것은 정신병리적인 것도 있다. 진단에서는 보편적인 것인지 병리적인 수준인지를 구별해야 한다. 이를 위해서는 수검자의 생활사 자료와 규범적인 사례의 자료를 비교 검토할 필요가 있다.

(8) 주요 방어기제

주인공의 욕구, 갈등, 불안에 대한 방어기제는 수검자의 역동적 이해에 도움이 될 뿐만 아니라 수검자의 성격 구조를 깊이 있게 탐색하게 해 준다.

아동의 주된 방어기제가 무엇인지를 파악하는 것 외에 이야기 속에서 숨겨져 있는 방어기제를 파악하는 것도 도움이 된다. 이야기 내용이 여러 개의 주제로 구성되어 있고 주인공의 욕구도 다양하여 방어기제도 다양하게 나타날 수가 있다. 방어기제가 여러 가지로 나타나는 경우에 나중에 나오는 방어기제는 점점 더 해롭지 않는 것으로 바뀌면서 더욱더 방어적으로 되는 것이 일반적이다.

(9) 초자아의 적절성

주인공의 범죄행위나 실수 및 과오에 대한 처벌이 그가 저지른 잘못의 특성이나 정도에 비추어 볼 때 타당하고 적절한가 하는 것은 주인공의 초자아의 엄격성을 보여 준다. 이런 초자아의 적절성 여부는 수검자의 성격 구조를 이해하는 데 유용한 정보를 제공해 준다.

(10) 자아의 강도

내적 충동이나 현실로부터 오는 욕구와 초자아의 명령을 어떻게 타협하고 조절하는지 검토한다. 그뿐만 아니라 주인공이 외부 자극에 대해서 얼마나 민감하며 어떠한 자극에 더 집착하는지 파악할 수도 있다. 주인공이 자기 자신의 욕구에 너무 집착한 나머지 현실적 요구 또는 초자아의 명령을 감지하지 못하는 수도 있다. 그러므로 주인공이 그의 욕구와 현실 및 사회 규범 내지 도덕적인 행동 간의 갈등을 처리하는 방식의 적절성을 파악하는 것이 매우 중요하다.

(11) 임상적 특징

이 항목의 기록은 각 도판에 나타난 반응 분석 전체를 요약 종합해서 기록하거나, 진단적 단서, 즉 그 한 가지 진술만으로는 단정을 내릴 수 없지만 검사자가 주관적으로 보기에 의문시되는 점을 지적해 둔다.

〈표 10-2〉 CAT 임상용 기록 및 분석 용지

임상용 기록 및 분석 용지

[도판]

1. 진술 내용			
2. 주제	① 기술적 수준	② 해석적 수준	③ 진단적 수준
3. 주인공의 동일시			

4. 주인공의 주요 욕구	① 주인공의 행동적 욕구	
	② 도입된 대상과 내포된 욕구	
	③ 빠진 대상과 내포된 욕구	
	④ 세부에 대한 지각과 내포된 욕구	

5. 주변 인물에 대한 지각	① 부모에 대한 지각	
	② 또래에 대한 지각	
	③ 연장자에 대한 지각	
	④ 어린 대상에 대한 지각	

6. 주요 갈등	
7. 불안의 특성	
8. 주요 방어기제	
9. 초자아의 적절성	
10. 자아의 강도	
11. 임상적 특징	

참고문헌

김태련, 서봉연, 이은화, 홍숙기(1993). 아동용 회화 통각 검사. 경기: 한국가이던스.

Arnold, M. B. (1949). A demonstration analysis of the TAT in a clinical setting. *The Journal of Abnormal and Social Psychology, 44*(1), 97-111.

Bellak, L. (1959). *The Thematic Apperception Test in Clinical Use.* In L. E Abt., & L. Bellak (Eds.). New York: Alfred A. Knopf.

Bellak, L. (1971). *The TAT and CAT in clinical use.* New York: Grune & Stratton.

Bellak, L. (1993). *Psychoanalysis as a science.* Bioston: Allyn & Bacon.

Bellak, L., & Abrams, D. M. (1997). *The Thematic Apperception Test, the Children's Apperception Test, and the Senior Apperception Technique in clinical use* (6th ed.). Allyn & Bacon.

Bellak, L., & Bellak, S. S. (1949). Children's Apperception Test.

Brittain, H. L. (1907). A study in imagination. *The Pedagogical Seminary, 14*(2), 137-207.

Galton, F. (1879). Psychometric experiments. *Brain, 2*(2), 149-162.

Hartman, A. A. (1949). An experimental examination of the Thematic Apperception Technique in clinical diagnosis. *Psychological Monographs, 30*(3), 1-47.

Libby, W. (1908). The imagination of adolescents. *The American Journal of Psychology, 19*(2), 249-252.

Morgan, C. D., & Murray, H. A. (1935). A method for investigating fantasies: The Thematic Apperception Test. *Archives of Neurology & Psychiatry, 34*(2), 289-306.

Murray, H. A. (1943). *Thematic Apperception Test manual.* Boston: Harvard College Fellows.

Murray, H. A. (1963). Studies of stressful interpersonal disputations. *American Psychologist, 18*(1), 28-36.

Pine, F. (1960). Amanual rating drive content in TAT. *Journal of Projective Techniques, 24,* 32-45.

Rapaport, D. (1943). The clinical application of the Thematic Apperception Test. *Bulletin of the Menninger Clinic, 7,* 106-113.

Sargent, H. (1945). Projective methods: Their origins, theory, and application in personality research. *Psychological Bulletin, 42*(5), 257-293.

Schwartz, L. A. (1932). Social-situation pictures in the psychiatric interview. *American Journal of Orthopsychiatry, 2*(2), 124-136.

Stein, M. I. (1955). *Thematic Apperception Test: An introductory manual for its clinical use with adults* (2nd ed.). Reading, MA: Addison-Wesley.

제11장

집-나무-사람 검사와
운동성 가족화 검사

Ⅰ. 집-나무-사람 검사

　그림은 개인 스스로 알지 못하는 마음, 즉 '무의식'을 표현할 수 있는 유용한 수단이다. '언어'가 개인의 생각과 느낌을 그대로 담아내지 못하고 왜곡하여 표현할 수 있는 반면, 그림검사는 개인의 무의식에 접근하여 풍부한 정보를 제공해 줄 수 있다는 장점이 있다. 집-나무-사람(House-Tree-Person: HTP) 검사는 임상 현장에서 가장 많이 사용되는 투사적 그림검사 중 하나이다. 집-나무-사람 검사의 세 주제는 수검자가 어린 시절부터 가까이 접해 온 대상들로 친숙하고 쉽게 그려질 수 있기 때문에 검사에 대한 방어가 적고 비언어적으로 수검자의 무의식과 억제된 정서 및 성격 측면들을 자유롭게 드러낼 수 있다. 검사자는 그림의 주관적인 해석의 오류와 어려움을 최소화하기 위해 그림의 전반적인 특성, 세부적인 특징 및 상징들과 사후 질문과정(Post Drawing Inquiry: PDI)을 기준으로 그림을 종합적이고 전체적으로 평가한다. 이 장에서는 HTP 검사의 발달 배경, 실시방법, 해석 및 검사의 사례를 소개할 것이다.

1 집-나무-사람 검사의 발달 배경

　그림이 개인의 내적 상태와 주관적 경험을 나타낸다는 주장이 대두되면서 여러 학자들 사이에서 투사적 그림검사가 발전하게 되었다(Buck, 1948b, 1966; Hammer, 1958; Machover, 1949). HTP 검사는 Buck(1948a, 1966)이 지능검사의 보조수단으로 활용하기 위해 만들어졌으나 지능뿐만 아니라 성격을 측정하는 검사로 점차 발전하여 현재 가장 많이 활용되는 투사적 그림검사로 알려져 있다. 집, 나무, 사람이라는 주제는 모든 연령층에 친숙하며 어렵지 않게 그릴 수 있으며 다양한 세부석 상싱 능을 통해 무의식을 드러내기 때문에 연상 작용을 활성화한다는 점에서 Buck(1948a, 1966)은 이 세 가지 주제를 채택하였다. 집, 나무, 사람이라는 주제는 비교적 솔직하고 자유롭게 이야기하는 것이 가능하고, 특히 아동들에게 자유롭게 그리도록 한 결과, 사람 그림이 제일 많았고 다음으로 집, 나무, 꽃의 순으로 선호하였다.

HTP 검사를 발달적 측면과 투사적 측면을 함께 고려하여 평가도구로 더 정교하게 발전시킨 Hammer(1958)는 사람들이 무언가를 바라볼 때 자신의 이미지로 의인화시켜 바라보는데 이러한 의인적인 관점에는 투사(projection) 기제가 존재한다고 하였다. 투사는 개인이 자신의 감정, 성격 태도와 갈등을 현실 속의 대상에 귀인시키는 심리적 역동으로 정의할 수 있다. 또한 방어적인 측면에서 투사가 이루어질 때 그림에서 왜곡되어 반영된다고 보았다.

Machover(1949)는 사람 그림은 개인이 스스로를 어떻게 지각하는가에 대한 표상이라고 보았고, 종이는 환경에 해당되며 사람 그림은 그 사람 자신에 해당한다고 가정하였다. 개인은 성장과정에서 각기 다르게 신체와 관련된 여러 감각이나 지각, 감정을 경험하고 이에 따른 신체상이 발달하며 그림에 이러한 신체상이 투사되어 자신의 내적 갈등, 부적절감, 불안감 및 보상적 욕구가 드러난다고 하였다. 수검자들은 자신에게 가장 익숙한 것과 친숙한 것을 표현한다. 아무리 어린 수검자라도 집-나무-사람을 그릴 때는 자신이 접해 왔던 것, 자신과 연관된 상징적이고 의미 있는 것들을 그리기 마련이다. 수검자가 그린 나무가 현저하게 큰 나무인지, 작은 나무인지, 죽어 있는지, 늘어진 버드나무인지, 가지가 꺾인 채 손상된 나무인지에 따라 자신이 지각하는 스스로의 내적 상태를 추론해 볼 수 있다.

또한 사람의 경우 표정이 없는 얼굴인지, 눈, 코, 입이 생략된 얼굴인지, 웅크리고 있는 모습인지, 상징적인 물건을 들고 있는지 등은 수검자의 의미 있는 정보를 말해 준다고 할 수 있다. 즉, 집-나무-사람이 개인의 성격, 현실, 심리적 태도를 나타낸다고 볼 수 있다. 이와 같이 HTP 검사는 로르샤흐 검사, TAT와 유사하게 수검자의 현재 모습뿐 아니라 내면의 세계와 개인적 욕구가 투사되므로 투사적 검사에 포함된다.

2 집-나무-사람 검사의 실시방법

투사적 그림검사라는 특성상 HTP 검사는 표준화된 방법으로 실시해야 한다. 동일한 재료가 제공되고, 일정한 지시와 절차에 의해 진행되며, 수검자가 그림을 그리고 난 후 제시되는 사후 질문에는 특정한 내용들이 포함되어야 한다.

1) 준비물

A4용지, 연필, 지우개

2) 시행 절차

검사자는 A4용지 네 장과 연필과 지우개를 준비한다. 집-나무-사람 순으로 그림을 그리게 하며 그림을 그리는 방법에 대해서는 수검자가 '그리고 싶은 대로 그리도록' 한다. 사람 그림은 두 명을 그리게 되는데, 수검자가 먼저 그린 성(性)과 반대되는 성(性)을 한 명 더 그리게 한다.

첫 번째 지시는 "집을 그리세요."이다. 그림의 모양이나 크기, 위치, 방법 등에 대해서는 어떠한 단서도 제공하지 않도록 주의해야 한다. 두 번째 지시는 "나무를 그리세요."이다. 세 번째 지시는 "사람을 그리세요."이다. 이때 사람의 경우 막대기 모양이 아닌 완전한 사람을 그리도록 안내한다. 마지막으로 네 번째 지시는 "방금 그린 사람과 반대되는 성을 그리세요."이다. 집을 그릴 때는 종이를 수평으로 제시하며, 나무와 사람을 그릴 때는 수직으로 제시한다. 이때 수검자가 종이를 반대로 돌려 그림을 그리는 경우 원래 방향대로 그리도록 수정을 하고 그 후에도 계속 반대 방향을 고집하면 그대로 둔다. 이 반응 태도는 검사에 대한 거부, 저항 및 신경학적 문제의 가능성을 검토할 수 있다.

만약 수검자가 "지우개를 써도 되느냐?" "하나 이상 그려도 되느냐?"고 질문을 한다면 검사자는 "원하는 대로 하면 돼요."라고 답하여 모호성을 유지하면서 무엇인가를 암시하는 듯한 응답은 절대로 피해야 한다. 검사자는 수검자가 그림을 그리는 동안, 혼자 중얼거리는 것, 반복적으로 지우는 행동, 특정 부분에서 머뭇거리는 것과 같은 특정한 행동들을 보이면 이를 잘 관찰하고 그림을 완성한 시간과 함께 기록한다.

3) 질문 단계

집, 나무, 사람을 다 그린 후 다음과 같은 질문을 통해 그림의 내용과 관련된 정보를 풍부하게 얻어 해석에 활용하도록 한다.

(1) 집 그림

- 누구의 집인가?
- 누가 살고 있는가?
- 이 집의 분위기가 어떠한가?
- 이 집이 있는 곳의 날씨와 계절이 어떠한가?
- 이 집은 무엇으로 만들어졌는가?
- 이 집을 보니 어떤 생각이 드는가?
- 이 집에 필요한 게 무엇인가?
- 나중에 이 집이 어떻게 될 것 같은가?

(2) 나무 그림

- 이 나무는 어떤 종류의 나무인가?
- 이 나무의 나이는 몇 살인가?
- 이 나무는 어디에 있나?
- 이 나무가 있는 곳의 날씨, 계절은 어떠한가?
- 이 나무가 죽었는가, 살았는가?
- 이 나무의 건강은 어떠한가?
- 이 나무 주변에는 어떤 것들이 있는가?
- 이 나무의 소원은 무엇인가?
- 나중에 이 나무는 어떻게 될 것인가?
- 이 나무를 그리면서 생각나는 사람이 누구인가?

(3) 사람 그림

- 이 사람은 누구인가?
- 이 사람은 몇 살인가?
- 이 사람이 있는 곳의 날씨, 계절은 어떠한가?
- 이 사람은 무엇을 하고 있는가?
- 이 사람은 어떤 생각을 하고 있는가?
- 이 사람의 기분은 어떠한가?

• 이 사람의 소원이 있다면 무엇일까?

• 나중에 이 사람은 어떻게 될 것인가?

3 집-나무-사람 검사의 해석

1) 형식적 해석

형식적 해석은 구조적 분석이라고도 부르며 수검자가 무엇을 그렸느냐 하는 내용에 대한 분석이 아니고 그림을 어떻게 그렸는가를 분석하여 그림을 해석하는 것을 말한다. 그림을 그린 위치, 그림의 크기, 필압, 획, 지우기, 세부묘사, 왜곡 및 생략, 대칭성과 투명성을 고려하여 해석한다.

(1) 위치

종이의 어느 위치에 그림을 그렸는지를 통해서도 여러 단서를 추측해 볼 수 있는데 정상적이고 안정된 수검자의 경우 대부분 종이의 가운데에 그리는 경우가 많다. 수검자가 가운데 그리려고 지나치게 애쓰는 모습이 관찰된다면 이는 불안정감과 완고함을 나타낼 수 있다. 종이 윗부분에 그리는 경우는 높은 수준의 기대치나 현실세계보다는 공상에서 자신의 욕구를 충족시키려는 경향이 있을 수 있다. 종종 목표가 다소 허황되거나 기대치가 높은 상태 또는 적합하지 않은 낙관주의를 나타내기도 한다. 종이의 아랫부분에 그리는 경우는 내적인 부적절감, 우울감, 불안정감과 관련되는데, 소심하거나 활동성이 떨어진 상태를 의미할 수 있다. [그림11-1]에서 용지 하단에 위치한 잘려 죽은 나무는 수검자의 내적 부적절감, 낮은 에너지 수준 및 불안정감을 나타낸다.

[그림 11-1] 12세 여아의 나무 그림

우울감을 호소하는 12세 여아의 나무 그림. 아동은 우울증상 및 심리적 위축으로 인해 학업 영역과 또래 관계에서 어려움을 보이고 있으며 자신을 죽은 나무로 표현하여 부정적인 자기상이 반영됨.

(2) 크기

그림의 크기는 수검자의 자기에 대한 평가와 관련되며 공격성, 충동성과 과장된 경향성이나 부적절한 감정, 열등감, 무기력한 감정 등을 시사할 수 있다. 또한 그림에서 그려진 대상의 크기는 수검자의 심리적인 중요도나 강조점 혹은 팽창되거나 위축된 자아를 대변하기도 한다. 보통 종이 크기의 2/3 정도가 적당하며 종이에 꽉 차게 그리거나 종이를 넘어갈 정도로 큰 그림은 한정된 공간에서 예측하여 그릴 수 있는 자기 조절 능력을 상실하여 과대평가, 과잉활동성, 공격성 및 충동 조절의 문제를 나타낼 수 있다. 간혹 그림이 너무 크게 그려지다 못해 용지를 벗어나기도 하는데, 수검자의 충동적이거나 공격적인 성향, 내면의 분노가 조절되지 않은 형태로 표현되는 경우이다. 또는 내면의 위축된 무기력감과 열등감이 있으나 이를 보상하고자 현저히 큰 그림을 그려 욕구를 충족하려는 시도를 반영할 수 있다. 작은 그림은 수검자의 자아구조가 약하고 자아강도가 낮다는 것이나, 내면의 열등감이나 부적절감, 자신 없음이나 위축, 자기효능감의 부족을 의미할 수 있다. 또는 수줍음이나 사회적 불안감, 지나치게 억제하는 것이나 스스로를 통제해야 한다는 생각, 혹은 압박감을 느끼고 있을 수 있다. 때때로 타인에게 드러내거나 공개하고 싶지 않은 것을 그리는 경우 크기가 작게 표현되기도 한다. 앞의 [그림 11-1]에서 나무가 매우 작게 그려졌는데, 수검자의 낮은 자아강도와 부적절감 및 심리적 위축을 반영한다. 반면, [그림 11-2]에서 종이 지면을 넘어간 집 그림은 아동의 충동성과 주의집중 및 조절의 어려움을 반영한다.

[그림 11-2] 11세 남아의 집 그림

ADHD로 진단 받은 11세 남아의 집 그림. 아동은 일상생활에서 충동성과 과잉행동으로 인해 학습 영역 및 관계에서 어려움을 보이고 있음. 자신이 50층 아파트의 꼭대기 부분을 그렸기 때문에 문을 그리지 못했다고 하며 종이 지면을 꽉 차게 그렸음. 아동은 창문 그리는 것을 지속하지 못하고 원으로 표현하며 충동성 및 주의집중의 어려움을 드러냄.

(3) 필압

필압은 그림을 그릴 때 어느 정도의 힘으로 눌러서 그리는지를 평가하는 요소이며 수검자의 자신감과 긴장 정도 및 에너지 수준을 나타낸다. 강한 필압은 대개 자신감을 나타내지만 지나치면 상당한 긴장감을 시사하며 공격적이고 충동적인 경향성을 나타내기도 한다. 또한 수검자의 고양된 기분상태, 반항적인 청소년과 스트레스가 높은 수검자의 그림에서 나타난다. 반면, 형태를 알아볼 수 없을 정도의 약한 필압은 부적응적인 측면과 자신감 없음, 우유부단함이나 두려움 및 불안정감을 나타낸다. 때때로 수검자가 불안을 통제하기 위해 강한 필압을 사용하기도 한다. [그림 11-3]에서는 수검자가 검사 시 매우 불안해하였는데, 손떨림과 높은 불안을 통제하기 위해 강한 필압을 사용하였다.

[그림 11-3] 12세 여아의 사람 그림

모-자녀 애착문제와 불안감을 보이는 12세 여아의 사람 그림. 아동은 불안정 애착으로 인해 불안감을 호소하였음. 불안을 통제하기 위해 강한 필압을 나타냄.

(4) 획

획(stroke)은 선의 길이와 연결성 정도를 확인하는 요소이다. 획을 길게 그리는 경우 자신의 행동을 통제하려는 경향이나 과도하게 억제하려는 경향을 나타내며, 짧고 뚝뚝 끊어진 획으로 그릴 경우는 강한 충동성이나 과도하게 흥분하는 경향성을 나타낸다. 검사 시 과하게 긴장한 경우에도 긴장을 통제하기 위해 끊어진 획을 사용하기도 한다. 매우 불규칙적이고 연결이 되지 않은 선은 뇌의 기질적인 손상을 의미하기도 한다. 곡선으로 그려진 그림은 의존성, 불안감, 수줍음이나 순종적인 경향을 나타내며 딱딱한 선을 강조하면 완고하거나 공격적 경향성을 시사한다. [그림 11-4]에서 아동이 불안과 긴장을 통제하기 위해 끊어진 획을 사용했다고 볼 수

있고, 불규칙적이고 연결되지 않은 획은 경계선 지능 아동의 지적 수준을 반영하는
것으로 해석된다.

[그림 11-4] 9세 남아의 사람 그림

9세 경계선 지능 남아의 사람 그림. 아동은 학업뿐만 아니라 또래관계에서 어려움을 보이고 있으며 평
소 긴장 수준이 높고 자주 위축되는 특성을 보임. 아동이 검사 수행 시 긴장을 통제하기 위해 끊어진 획
을 사용함.

(5) 지우기

그림을 그리다가 자주 지우거나 특정 부분만을 지웠을 경우에 수검자에게 특별
한 의미를 갖는 내적 갈등이 있다는 것을 추측할 수 있다. 지나치게 여러 번 지우는
경우 내면의 불확실감, 내적 갈등으로 인한 우유부단함, 불안감과 초조감, 자기 불
만족을 나타낸다. 지우고 나서 다시 그린 그림의 향상 여부도 중요한데 향상이 된
다면 적응적 상태이지만 더 나빠지면 대상이나 상징 대상에 강한 정서적 갈등이 있
다는 것을 시사한다.

(6) 세부묘사

집, 나무, 사람의 기본적 요소들 외에 세부묘사에도 주의를 기울여야 한다. 부적

절한 세부묘사를 한다면 내적 불안감, 위축감, 불안정감을 시사하며, 필요한 세부묘사를 지나치게 생략한 경우에도 사회적 위축, 공허감, 에너지 수준 저하 등 우울증 특성을 고려한다. 또한 과도하고 자세한 세부묘사는 강박적 경향성, 과도한 억제, 내적 불안감을 방어하기 위해 스스로 엄격하게 질서정연하고 구조화된 세계를 창조해 내기 위한 태도로 해석한다. 그러나 세부 특징은 미술 발달 단계를 고려하여, 사실적인 그림을 그리려고 하는 아동에게 나타나는 자연스러운 표현방식으로도 해석할 수 있다. [그림 11-5]에서 수검자는 지붕과 울타리의 세부묘사를 지나치게 강조하였는데, 이는 수검자의 강박적 경향성과 내적 불안감을 방어하기 위해 세부묘사를 강조하였다고 해석할 수 있다.

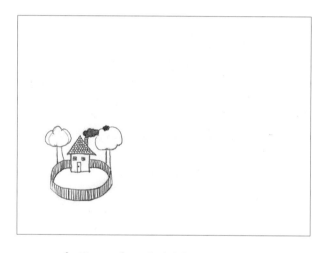

[그림 11-5] 14세 여자 청소년의 집 그림

강박증상 및 우울증상을 보이는 여자 청소년의 집 그림. 타인과 관계 맺는 것에 불편감을 느끼고 조심성이 높은 이 수검자는 울타리를 강조하였고 울타리와 지붕의 세부묘사를 강조함.

(7) 왜곡 및 생략

그림에서 어느 특정 부분이 왜곡되거나 당연히 있어야 할 것이 없다면 왜곡과 생략은 의미 있는 것으로 보아야 한다. 검사자는 이 부분과 관련된 수검자의 내적인 갈등과 불안을 유추해 볼 수 있다. [그림11-6]에서 수검자는 손과 발을 생략하였는데, 또래와 비교하여 매우 퇴행적인 행동을 보이는 아동은 스스로 외부 세계와 접촉하고 대처하는 능력이 부족한 특성을 보이고 있다.

[그림 11-6] 12세 여아의 사람 그림

심리적 미성숙과 의존적인 성향의 12세 여아의 사람 그림. 평소 또래보다 미숙하고 퇴행적인 행동을 보이는 수검자의 그림에서 손과 발이 그려지지 않은 것이 특징적인데, 이는 아동의 의존성을 반영함.

(8) 대칭성

그림에서 대칭성이 어느 정도 유지되는 것이 적당하다. 그런데 대칭성이 매우 부족하면 정신병적 상태나 뇌 기능의 장애를 시사한다. 대칭성을 지나치게 강조하여 그린 경우 성격적으로 과도한 경직성, 융통성 부족, 지나친 억압이나 주지화, 강박적 경향으로 감정을 통제하는 태도 등으로 해석한다. 불안감이 높거나 정서적으로 메마른 수검자의 그림에서도 대칭이 두드러지는 특징으로 나타난다. [그림 11-7]의 집 그림에서 불안하고 강박적인 성향의 아동은 그림에서 대칭을 강조하려고 애쓰는 모습이 관찰되었으며, 집 그림도 정서적으로 메마르게 표현되었다.

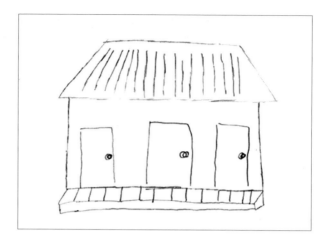

[그림 11-7] 12세 여아의 집 그림

모-자녀 애착문제와 불안감을 보이는 12세 여아의 집 그림. 아동은 불안정 애착으로 인해 불안감을 호소하였음. 불안으로 인한 강박적인 성향을 보이는 아동이 그림에서 대칭을 맞추어 그림.

(9) 투명성

집 내부가 다 보이게 그리거나, 사람의 내장을 그리거나, 옷 위로 신체 부위를 그리는 경우 판단력의 결함이나 현실검증력의 문제, 혹은 성적인 갈등이나 정신증적 문제를 나타낼 수 있다. [그림 11-8]의 나무 그림에서 나무의 뿌리가 훤히 다 들여다보이는데, 이는 현실에서는 있을 수 없는 상황으로서 판단력의 문제와 현실검증

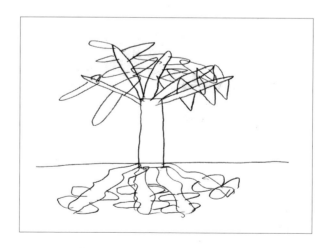

[그림 11-8] 13세 남아의 나무 그림

아스퍼거 장애로 진단된 13세 남아의 나무 그림. 뿌리가 훤히 들여다보이는 그림으로 현실적인 판단력이 상당히 부족한 상태를 보여 준다.

력의 문제를 시사한다.

2) 내용적 분석

내용적 분석에서는 수검자가 그린 그림의 내용을 토대로 그림에서 무엇이 그려졌는가를 분석하는데, 그림에서 강조되거나 생략된 부분과 더불어 왜곡되어 그려진 특징을 고려하여 해석한다. 또한 내용 분석에서는 사후 질문과정을 통해 수검자에게 직접 확인한 내용들을 토대로 분석한다. 그림 자체에 두드러지는 특징이 없는 경우에도 사후 질문과정에서 얻게 된 내용으로 수검자에 대한 이해를 높일 수 있다.

(1) 집

집은 수검자의 가정 상황을 보여 주며 그가 가지고 있는 가정에 대한 내적 표상, 욕구, 감정, 태도를 반영한다. 어린 아동의 경우 집에서 갖는 가족 구성원과의 상호작용과 역동을 연관 지어 볼 수 있다. 성인은 현재 배우자와 자녀와 살고 있는 가정 상황을 표현하기도 하고 자신의 원가족과의 관계를 그리기도 하는데 후자의 경우 퇴행적인 경향이 있거나 그 시절에 고착된 상태인 경우 이를 나타내기도 한다.

① 지붕

지붕은 공상적인 사고 혹은 자신의 생각이나 관념 기억과도 같은 인지 기능과 관련되어 있다. 지붕의 크기가 적절하고 균형 있다면 그만큼 사고활동과 현실검증력이 적절하다고 볼 수 있다. 지나치게 크거나 강조된 지붕은 공상의 세계에 빠져 있는데 조현병과 같은 자폐적 공상이거나, 우울하거나 위축된 수검자가 보이는 소망이 공상적으로 표현된 것일 수 있다.

반면, 지나치게 작은 지붕의 크기는 내적 인지과정이 활발하지 않거나 이를 회피하고 억압하는 경향을 반영한다. 지붕을 그물무늬로 강조하거나 음영처리하였다면, 수검자에게 강한 의식과 수반된 죄의식 또는 공상에 대한 과잉통제가 있는지 고려한다.

② 벽

벽은 수검자의 자아강도 및 자아통제력과 관련되어 있다. 튼튼하게 그려진 벽은 외부와 내부를 분리시켜 외부로부터 집의 내부를 보호한다. 벽은 위협적인 환경과 정신증으로 자아가 붕괴되는 것으로부터 자신을 보호하는 역할을 한다. 얇고 약한 벽은 손상받기 쉬운 자아를 나타내거나 자아통제력이 약화되었다는 것을 시사한다. [그림 11-9]에서 집 그림의 곧지 않은 벽의 형태는 경도 지적장애 아동의 낮은 자아통제력을 반영한다.

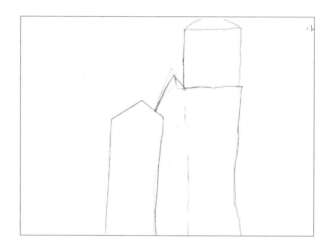

[그림 11-9] 10세 남아의 집 그림

경도 지적장애 10세 남아의 집 그림. 아동이 평소 부모와 또래관계에서 부정적인 평가를 받아 왔고 학업 및 적응의 어려움을 보이는 점이 반영됨.

③ 문

문은 외부 환경과 접촉하는 통로이다. 이는 수검자가 대인관계에서 타인과 어느 정도로 접촉을 허용하는지, 사회적인 관계 형성에 얼마만큼 열려 있는지를 나타낸다. 작은 문은 수검자가 타인과의 관계 욕구가 있지만 이에 대한 불편감과 조심스러움을 반영한 것일 수도 있으며 대인관계 능력이나 기술이 부족한 것을 나타낼 수도 있다. 반면, 지나치게 큰 문은 사회적 접촉을 선호하는 것을 의미하거나 과도한 의존성을 나타내는데, 인정 욕구나 수용에 지나치게 예민하거나 타인과의 친밀감에 큰 의미를 부여한다는 것을 반영한다. 앞의 [그림11-9]의 그림에서 문이 그려지지 않았는데, 대인관계의 어려움을 보이는 경도 지적장애 아동이 경험하고 있는 관계에 대한 심리적 불편감을 나타낸다고 볼 수 있다.

그림에서 열린 문은 타인의 애정과 관심을 갈망하고 있다는 것을, 잠겨 있는 문은 대인관계에서 회피적인 경향이나 편집증적으로 예민한 것을 의미한다. 문을 그리지 않은 경우는 타인이 자신의 삶의 영역에 들어오는 것에 대한 불안감과 저항감을 의미한다. 반쯤 열린 문은 타인으로부터의 인정이나 애정에 대한 욕구를 반영한다. 때때로 문에 자물쇠를 강조해서 그리는 경우가 있는데, 외부로부터 자신을 과하게 보호하기 원하는 경우 혹은 타인에 대한 피해의식이나 의심이 많은 경우이다.

④ 창문

내부와 외부에서 안과 밖을 들여다볼 수 있는 창문은 문과 마찬가지로 대인관계 및 환경과의 접촉을 의미한다. 문은 좀 더 직접적인 외부와의 교류를 상징하고 창문은 간접적인 교류를 상징한다. 창문을 안 그렸을 경우 타인과의 관계에 대한 불편감을 시사하고, 개수를 너무 많이 그린 창문이나 활짝 열려진 창문은 수검자의 과도한 자기개방, 타인과 가까워지고 싶은 소망과 인정받고 드러내고 싶은 내적 소망을 나타낸다. 반면, 커튼이나 블라인드로 가려진 창문은 타인과의 관계에서 경계적이고 접촉을 꺼리는 태도를 반영한다. 창문이 지나치게 크게 그려졌다면 접촉에 대한 높은 욕구를 나타내며, 매우 작게 그려진 창문은 부끄러움이나 수치심을 의미하기도 한다.

[그림 11-10] 8세 여아의 집 그림

타인에 대한 애정 욕구가 높은 8세 여아의 집 그림. 아동은 평소 낯선 타인에게 쉽게 다가가고 가족 구성원과의 관계보다 타인과의 관계에서 더 친밀함을 보이는 특성을 보임. 이 그림은 평소 자신이 지각하는 가정생활과 가족관계에 대한 표상을 반영함.

앞의 [그림 11-9]를 보면 아동은 창문을 전혀 그리지 않았는데, 이는 자신이 경험하고 있는 대인관계에 대한 주관적인 불편감과 관련이 있으며, 아동이 평소 외부 세계에서 적응하고 타인과 접촉하는 데 심리적 불편감이 있다는 것을 시사한다. 반면, [그림 11-10]은 집 그림의 크기와 비례해 볼 때 창문이 매우 많이 그려졌는데, 이는 타인과의 관계에 있어 과도하게 자신을 개방하고 다가가며 관계 맺기를 원하는 아동의 욕구와 특성을 반영하고 있다. 또한 타인에게 돌봄, 관심과 인정을 받고 싶은 아동의 내적 소망을 나타낸다.

⑤ 조망

위에서 아래를 내려다보는 그림(bird eye view)은 가정 상황에 대한 불안감이나 가정의 전통적 가치 규준에 대한 반감과 거부적인 태도를 반영한다. 아래에서 위를 올려다보는 관점(worm's eye view)은 가정에 대해 열등감을 갖거나 거리감을 느끼는 수검자에게서 나타나는데 이에 따른 좌절감, 낮은 자아존중감과 부적절감을 시사한다. 멀리 떨어져 있는 집 그림은 집과 멀리 떨어지고 싶은 내적 소망과 관련되어 집의 상황을 스스로 대처하거나 대응할 수 없다고 지각하는 사람이라는 것을 나타낸다. [그림 11-11]은 멀리 떨어져 있는 집 그림으로 위에서 아래를 내려다보는 그림이다. 집 그림은 수검자의 가족에 대한 심리적 불편감과 거리감을 나타내고 있다.

[그림 11-11] 16세 여자 청소년의 집 그림

가족관계의 갈등으로 우울증상을 보이는 16세 여자 청소년의 멀리 떨어져 있는 집 그림. 이 그림은 멀리 떨어져 있는 집 그림으로 위에서 아래를 내려다보는 조망의 그림임.

⑥ 기타

집 주변에 울타리나 나무, 꽃, 숲을 그리기도 하는데 부수적인 사물은 수검자의 특징적인 부분을 반영하므로 상징하는 의미를 파악해 볼 필요가 있다. 울타리가 쳐진 집은 방어적인 태도로 타인에게 자기노출과 자기개방을 불편해한다거나 타인의 접촉에서 보호받고 싶은 욕구를 반영한다. 집 그림에 울타리가 높게 그려진 경우, 수검자가 매우 조심성이 높거나 안전을 추구하거나 드러내고 싶지 않은 비밀이 있을 수 있다. [그림 11-12]에서 수검자는 울타리를 강조하였고 집이 하늘에 떠 있는 듯한 모습으로, 타인과의 관계에서 심리적 불편감을 느끼고 현실과 동떨어져 있는 수검자의 성향을 반영한다.

숲과 나무, 꽃 등은 불안전한 느낌이 내재할 때 그리는 경우가 많은데 산책 길을 그린 사람은 타인과의 상호작용에 시간이 걸리고 경계를 하는 태도를 드러내며, 커다란 태양은 부모와 같은 자기대상 존재의 갈망을 반영하거나 강한 애정 욕구 및 이에 대한 좌절감을 시사한다.

[그림 11-12] 13세 여자 청소년의 집 그림

히끼선 성격 양상을 보이는 13세 여자 청소년의 집 그림. 울타리를 매우 강조하였고 집이 하늘에 떠 있는 듯한 모습으로 타인과의 관계에서 심리적 불편감을 느끼고 현실과 동떨어져 있는 수검자의 성향을 반영함.

(2) 나무

나무 그림에는 '자기상' '신체상' '자기개념'과 같은 성격 특성이 나타나며, 사람 그림에 비해 좀 더 무의식적인 측면에서 이와 관련된 감정들이 자유롭게 드러난다. Buck(1948a, 1948b)은 나무가 수검자가 가지고 있는 기본적인 내적인 힘과 자존감 및 이와 관련된 주관적인 느낌을 나타내며, 나뭇가지는 환경적으로 자기의 욕구나 만족을 충족시키려고 외부 세계와 접촉하는 능력을 나타낸다고 하였다. 또한 나무 의 전체적인 모습과 조직화는 내면적인 성격의 구조와 균형감을 드러낸다고 설명 했다.

① 기둥

나무 기둥은 수검자의 성격 구조의 강도와 자아강도에 대한 주관적인 느낌을 반 영하며 집 그림에서 벽에 해당하는 요소이다. 기둥이 과도하게 크고 넓거나 높게 그려진 그림은 약한 자아강도와 성격 구조에 따른 불안감을 보상하려는 시도로 해 석한다. 반대로 너무 좁고 약한 기둥은 위축되고 무기력하며 낮은 자아강도를 의미 한다. 나무 기둥을 한쪽으로 휘거나 기울어지게 그린 경우는 자신의 내적인 힘이 외부 요인에 의해서 손상되었다는 것을 의미하며 기둥의 끝이 땅으로 휘어지게 그 려진 경우 우울감을 나타낼 수 있다. [그림 11-13]에서 아동은 매우 높고 긴 나무를 그렸지만 상대적으로 나무 기둥은 매우 얇고 곧지 않게 표현되었다. 높은 나무는 실제 내적 성격 구조가 약하고 자아강도가 부족하면서도, 이로 인한 불안감과 위축 되는 자기 모습에 대해 과잉보상하려는 의미를 시사한다.

또한 기둥에 옹이구멍을 그려 넣은 경우에는 성장과정에서 경험한 외상적 사건 이나 손상된 자아를 의미한다. 옹이구멍 안에 동물이 그려진 경우는 안전하고 보호 받는 장소에 숨고자 하는 소망을 의미하며, 수검자가 구멍 안의 동물과 자신을 동 일시한다고 볼 수 있다. 그런데 우선 질문 단계에서 수검자가 그림을 배우는 과정 에서 이런 대상들을 그리도록 교육을 받지는 않았는지 확인해 볼 필요가 있다. 또 한 나무를 그릴 때 장식적인 의미로서 옹이구멍이 그려지기도 하기 때문에 이를 고 려해서 해석한다. [그림 11-14]의 이 나무에는 옹이구멍이 그려졌는데 실제 아동이 6세 때 경험한 심리적 외상 경험을 반영한다.

[그림 11-13] 8세 남아의 나무 그림

학업과 또래관계의 어려움을 보이는 경계선 지능의 8세 남아의 나무 그림. 아동의 낮은 자아강도와 부정적인 자기표상을 반영함.

[그림 11-14] 8세 여아의 나무 그림

부모로부터 방임되는 외상 경험이 있는 8세 여아의 나무 그림. 이 옹이구멍은 아동이 성장과정에서 경험한 자아의 상처와 같은 외상 사건을 의미함.

② 뿌리

뿌리는 나무를 지탱하는 부분으로 수검자가 내적으로 느끼는 자기 자신에 대한 안정감과 자기 자신의 근본적인 모습에 대한 이해와 관련된다. 뿌리가 나무를 잘 지탱하고 있고 튼튼하게 그려졌다면 수검자가 현실 세계에 잘 적응하는 것으로 볼 수 있다. 뿌리를 지나치게 강조하여 그린 경우 수검자는 현실을 유지하려고 무척 애쓰며 불안감에 대해 과도하게 보상하고자 하는 시도로 볼 수 있다. 반면, 뿌리를 그리지 않은 경우 현실 속에서 자신에 대한 불안정감과 위축된 내적 상태를 의미한다.

뿌리는 그리지 않았지만 땅은 그린 경우 내적 자기와 단절감을 느끼기는 하지만 안정감은 있다는 것을 반영한다. 또한 나무를 지면에서 붕 뜨게 그린 경우 현실검증력이 약하거나 내적으로 불안정한 상태를 추측해 볼 수 있다. 앞의 [그림 11-13]에서 아동은 나무의 기둥과 뿌리를 그릴 때 지우기를 반복하였지만 나무의 뿌리가 기둥에 연결되지 못한 상태로 그려졌는데, 이는 아동의 낮은 지능 수준과 심리적 불안정성을 반영한다. 반면, [그림 11-14]에서 아동은 뿌리를 그리지 않고 종이 밑

[그림 11-15] 16세 여자 청소년의 나무 그림

일상생활에서의 무기력함과 대인관계에서 회피적인 성향을 보이는 여자 청소년의 그림. 뿌리와 가지가 없고 작은 크기에 옅은 필압이 특징적인 그림으로 수검자의 낮은 에너지 수준과 관계에서의 어려움 및 심리적 불안정감을 반영함.

면까지 그렸는데, 자신의 내적 자원을 통해 안정감을 얻지 못하고 외적인 자원으로부터 안정감을 얻고자 하는 아동의 욕구를 반영한다. 또한 [그림 11-15]에서는 나뭇가지와 뿌리가 그려지지 않은 것이 특징적인데, 뿌리가 그려지지 않은 것은 현실 세계에서 이 청소년이 느끼는 내적인 불안정감을 나타낸다고 볼 수 있다.

③ 가지

가지는 수검자가 현실 세계에서 자신의 욕구를 충족할 수 있는 자원을 위해 외부와 타인에게 접촉할 수 있는 능력, 상황 대처 능력과 스스로 성취를 위해 노력하는 태도를 반영한다. 가지는 인물화에서 팔이나 손에 해당하며, 수검자가 외부 환경과의 상호작용을 어떻게 하는지, 자신이 속한 환경에 얼마만큼 적응하고 만족하고 있는지 정도를 나타낸다. 가지가 없는 경우 세상과의 상호작용이 단절되거나 억제됨을 의미한다. 대인관계에서 심하게 위축된 것이나 이로 인한 우울감과 불안감을 반영하기도 한다. 지나치게 크게 그려진 가지는 성취 욕구가 매우 높은 것이나 외부와의 상호작용에서 두렵지만 이를 과잉보상하려는 시도를 나타낸다. 반대로 너무 작게 그려진 가지는 대처 과정에서 수동적인 태도와 억제된 상호작용을 의미한다. 앞의 [그림 11-15]에서는 가지와 뿌리가 그려지지 않은 것이 특징적인데, 가지가 그려지지 않은 것은 실제 수검자가 일상생활에서 친밀한 관계를 맺지 못하고 타인과 상호작용을 하는 데 어려움이 있다는 것을 반영한다. 길고 좁은 가지가 높게 그려진 경우 수검자가 환경으로부터 만족을 얻고자 하지만 두려워하는 공상적인 경향성을 나타낸다.

또한 가지가 땅에 닿을 정도로 심하게 휘어진 경우 심한 우울감과 무력함을 나타내며 외부세계와의 접촉 능력이 억제되거나 위축된 것을 의미한다. 때때로 나뭇잎이나 열매를 그리기도 하는데, 이들이 땅으로 떨어지고 있거나 떨어진 경우에는 상징적으로 자신이 경험한 상호작용의 좌절을 나타내며 이에 따른 좌절감과 열등감 및 내면의 부적절감을 의미할 수 있다. 잎이나 열매가 지나치게 많이 그려진 경우에는 강한 의존적 욕구와 불안을 보상하려는 욕구를 나타낸다.

④ 기타

나무 그림에 새, 열매, 꽃, 둥지 등을 그려 넣은 경우에는 외부 세계와의 접촉에 대한 불안감을 보상하려는 의도로 그려지기도 한다. 과일나무는 성인보다 어린 아동에게서 많이 그려지는 것이 일반적이다. 사랑과 애정에 대한 욕구를 나타내며 엄마와 동일시하기도 한다. 상처 입거나 떨어진 열매는 이에 대한 좌절과 거부감으로 나타난다. 성인 그림에서 나타난 열매는 높은 애정 욕구와 의존 욕구를 상징한다. 앞의 [그림 11-14]에서 아동은 많은 열매와 새 둥지 및 새 등을 그렸는데, 이는 외부 세계와의 상호작용에 대한 불안을 보상하려는 아동의 욕구를 반영하며, 애정에 대한 욕구를 상징적으로 나타낸다.

죽은 나무를 그린 경우 현실에 대한 부적응 상태와 극도로 내성적인 사람, 조현병 환자, 우울한 사람에게서 나타난다. 죽은 나무는 심각한 병리적 상태를 나타내는데 검사자는 죽은 나무를 그리는 원인이 내부적 요인인지 외부적 요인인지를 파악해야 한다. 예를 들면, 자연재해를 입은 경우라면 외부적 외상으로 인한 요인을 반영하지만, 뿌리가 썩거나 부러진 경우라면 자신의 내적 원인을 반영하며 이 경우 더 심각한 병리적 상태를 시사한다.

가지와 잎을 그릴 때 끊이지 않게 하나의 선으로 그린 경우 열쇠구멍과 비슷해

[그림 11-16] 10세 남아의 나무 그림

ADHD로 진단받은 10세 아동의 나무 그림. 주의력 결핍, 과잉행동, 충동성으로 인한 부정적인 피드백을 받아 왔고 자기상이 부정적이고 자신감이 부족함.

'열쇠구멍 나무'라고 부른다. 대개 검사에 저항적이고 검사 태도에 부정적인 수검자들에게서 나타나는데, 이들은 최소한으로 검사에 응한다. 우울하고 위축된 아동이 작은 크기로 열쇠구멍 나무를 그리는 경우도 있다. 또한 가지가 축축 늘어진 버드나무는 우울한 수검자들이 그린 경우가 많다. 나무의 나이로 수검자의 심리적 · 정서적 성숙도를 추론해 볼 수 있다. 즉, 자신의 나이보다 어린 나무를 그린 경우 심리, 정서적으로 미성숙한 사람일 수 있으며, 자신보다 나이가 많은 나무를 그릴 경우 자신의 미성숙에 대한 방어를 의미하거나 과시적으로 그린 것일 수 있다. [그림 11-16]에서 아동은 자신의 나이를 백억 살이라고 표현하였는데, 이는 정서적으로 미숙한 자신에 대한 방어라고 볼 수 있다.

(3) 사람

사람 그림에도 '자기상'이 투사되는데 나무 그림보다는 좀 더 의식적인 수준에서 나타난다. 따라서 수검자들은 사람 그림을 그리는 데 방어가 일어날 수 있으며 어려움과 불편감을 표현하며 검사자에게 감정적 지지를 요구하기도 한다. 사람 그림에는 자기상을 비롯하여 자신이 바라는 이상적인 자기나 자신이 지각하는 주변 인물들에 대한 상 및 이와 관련된 여러 가지 감정들이 투사되어 그려지게 된다.

특히 아동 그림에는 자기개념적 요인과 관련된 감정적 요인뿐만 아니라 발달적 성숙의 측면들이 반영된다. 자기 자신을 그리는 경우도 있지만 부모와 같이 자기에게 의미 있고 중요한 사람을 그리는 경우도 있는데, 이때 중요 인물과 관련된 핵심 감정들이 드러나게 된다.

① 머리

머리는 인지 능력과 공상 활동에 대한 정보를 나타낸다. 머리를 그리지 않는 경우는 드물지만 다른 사물에 의해 가려지거나 그리지 않는 경우 지적 능력이 떨어지는 데에 대한 불안감이나 현실 세계의 회피를 반영한다. 과도하게 크게 그리는 경우도 지적 능력에 대한 불안감을 반영하여 이를 보상하려는 시도이거나, 반대로 과시하고 싶은 욕구를 표현할 수도 있으며 공상 활동을 지나치게 많이 하는 경향을 나타낼 가능성이 있다. 머리를 너무 작게 그리는 경우는 지적 능력에 대한 불안감을 나타내지만 이를 수동적이고 위축된 형태로 표현한 것이며, 머리의 형태가 둥글지 않고 각지거나 왜곡되었을 경우에는 지적 능력의 장애나 사고장애를 시사한다.

② 얼굴

앞을 바라보지 않고 뒤돌아서 있는 얼굴은 외모에 대한 자신감 부족을 암시하며 이와 관련해서 극도로 예민하고 회피적인 상태를 나타내거나 거부적이고 반항적인 태도를 시사한다. 얼굴이 생략된 경우 표면적으로는 그림 실력에 대한 자신감이 없다는 것으로 해석할 수 있지만 심층적으로는 자신의 정체성에 대한 부정적인 평가와 관련될 수 있으며 부적절감이 높다고 볼 수 있다. 옆으로 그려진 얼굴 또한 자신감 부족과 사회적 접촉의 회피를 반영한다. [그림 11-17]에서 수검자는 눈, 코, 입을 생략하였는데, 이목구비를 생략한 것은 대인관계에서의 어려움과 회피 경향성을 나타낸다.

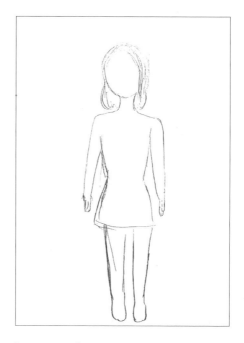

[그림 11-17] 14세 여자 청소년의 사람 그림

또래관계 문제 및 회피적인 성격 특성을 보이는 여자 청소년의 사람 그림. 수검자는 왕따 경험으로 인해 또래관계에서 부적응을 보이고 있음. 사람 그림에서 눈, 코, 입이 생략되어 관계에 있어 불편감을 느끼는 수검자의 갈등을 반영함.

③ 눈

눈은 '세상의 창문'으로 타인 및 외부 세계와 어떤 관계를 맺는지를 드러내며 감정과 기분에 대한 정보를 함께 제공한다. 눈을 그리지 않은 경우는 드물지만 타인과의 정서적 교류에 있어서 상당한 불안감을 나타내는 경우와 사고장애를 시사한다. 가려진 눈 또한 외부 세계와의 소통에 자신감이 없고 회피하고자 하는 감정을 나타낸다.

너무 크게 그려진 눈은 대인관계에서 정서적 교류에 대한 예민함을 나타내고, 너무 작게 그려진 눈은 자신감 부족과 위축된 상태를 반영한다. 눈이 강조된 경우에 감정적 교류에 대한 불편감을 느끼며 타인과의 상호작용에서 방어적이거나 예민한 태도를 갖는다고 볼 수 있다. [그림 11-18]을 보면 남자 그림에서 눈을 그렸으나 선으로만 묘사하고, 여자 그림에서는 눈과 얼굴 표정을 모두 그리지 않아서 정서적 교류에 대한 상당한 불안감을 나타낸다.

[그림 11-18] 9세 학습장애 남아의 사람 그림

남자 그림에서 눈을 그렸으나 선으로만 묘사하고, 여자 그림에서는 눈과 얼굴 표정을 모두 그리지 않아서 정서적 교류에 대한 상당한 불안감을 나타냄.

④ 코

코는 얼굴의 중앙에서 눈 다음으로 눈에 띄기 쉬운 부분이기 때문에 중요하다. 외부 세계에서의 자극을 어떻게 받아들이고 반응하는지와 외모에 대한 관심 정도를 알 수 있다. 코가 그려지지 않은 경우 자신이 어떻게 비춰질지에 대해 예민하고 두려워하는 것을 나타내며 자신감이 없고 회피적일 수 있다. 코를 너무 크게 그린 경우 외부에서 오는 정서적 자극에 예민하거나 외모에 많은 관심이 있다는 것을 나타내고 너무 작게 그렸다면 외모에 대해 위축되고 감정 교류에 대한 회피적인 태도를 반영할 수 있다. 아동은 종종 인물화에서 코를 생략해서 그리기도 한다.

⑤ 입

입은 타인과 의사소통을 하는 부분이며 생존과 심리적 충족과 관련된 감정 및 정서적 상태를 나타낸다. 입을 그리지 않은 경우 애정 교류에 있어 좌절감, 무력감, 위축감을 느끼고 있다는 것을 시사하며, 특히 부모와 같은 중요 대상과의 관계에서 갈등이나 결핍을 의미한다.

입이 강조된 경우 구강기적 특성이나 언어적 문제를 의미하기도 한다. 입을 너무 크게 그린 경우 타인과의 애정 교류에 있어서 불안감을 느끼지만 이를 보상하기 위해 적극적이고 공격적인 태도로 보상하려는 의도를 반영하며, 입을 너무 작게 그린 경우는 애정 교류에 있어 회피적인 태도로 타인에게 받을 수 있는 상처를 미리 방어하려는 의도를 나타낸다. 선 하나로 입을 그린 경우 애정 교류에 냉담하고 관심 없는 태도를 나타내며, 냉소적인 웃음을 띠는 경우는 적대감을 드러낸다고 볼 수 있다. 입이 생략된 경우, 자기표현에 있어서 어려움이 있거나 우울증적 상태로 해석할 수 있다. 또한 치아를 강조하여 그린 경우, 유아적 경향이나 공격적 경향성을 의미한다.

⑥ 목

목은 사고, 인지, 공상과 여러 감정들을 신체 반응과 연결해 주는 역할을 한다. 목 부분이 적절히 통합되면 수검자의 적절한 통제감과 조절 능력을 의미한다. 목을 그리지 않은 경우 인지, 정서적 활동과 신체 반응에 대한 조절이 부족한 상태, 사고 장애나 뇌 기능장애의 가능성을 시사한다.

⑦ 팔과 손

팔은 외부 세계와 직접 접촉하는 부분으로 상호작용 능력과 대처 능력을 반영하며 자신의 욕구와 소망을 충족하는 수단이 된다. 팔을 그리지 않은 경우 혹은 팔이 보이지 않게 그린 경우나 한쪽 팔만을 그린 경우 외부 세계에서의 적응과 대처에 있어 불편감을 느끼고 위축되고 회피하는 경향성을 의미한다. 팔이 너무 길게 그려졌다면 세상과 소통하고 접촉하는 데 있어 스스로 느끼는 무력감이나 부적절감을 보상하려는 시도를 나타내며, 팔이 서로 길이가 다르다면 적응과 대처 능력에 대한 양가감정 혹은 신경학적 장애나 지적장애의 가능성을 시사한다. 손은 팔과 같은 맥락에서 환경에 대한 자신의 통제 능력을 보다 자세히 알 수 있다. 손을 원 모양으로만 그린 경우는 적응과 대처 능력에 있어서 무력감을 나타낼 수 있으며, 뾰족하게 그려진 손은 다소 공격적이고 적대적인 상태를 시사한다. 같은 맥락에서 주먹을 쥔 손은 분노감과 반항심을 의미할 수 있다. 손이 생략되었다면, 자신에 대해 스스로가 낮게 평가하거나 부적절감을 가지고 있거나 자신감이 없는 상태를 나타낸다. 스

[그림 11-19] 10세 여아의 사람 그림

갑작스러운 사고로 인해 손가락을 절단하게 된 직후 선택적 함묵증을 보이는 10세 여아의 사람 그림. 손과 발을 그리지 않고 종이 하단에 위치한 이 그림은 현실 세계에서 적응할 수 없는 수검자의 심리적인 현실을 반영함.

스로가 잘하지 못하는 것에 대한 두려움이 크거나 자신이 없는 경우에도 손을 그리지 않는다.

[그림 11-19]에서 그려지지 않은 손과 발은 실제 현실 세계에서 스스로 대처할 수 있는 능력의 부족과 수검자의 의존성을 반영한다. [그림 11-20]에서는 손이 그려진 모양과 손의 방향이 특징적인데, 아동의 관계 및 애정 욕구를 나타낸다고 볼 수 있다.

[그림 11-20] 8세 여아의 사람 그림

타인에 대한 애정 욕구가 매우 높은 8세 여아의 사람 그림. 이 그림에서 오른쪽 하단에 매우 작게 동생을 그리면서 수검자가 갖는 애정 및 관계에 대한 내적 소망을 반영함.

⑧ 다리와 발

다리는 스스로 능동적으로 목표 지점을 향해 위치를 움직이고 외부의 위험으로부터 도망칠 수 있는 현실에서의 적응 및 대처 능력을 나타내는 부분이다. 다리를 그리지 않거나 한쪽 다리만 그릴 경우 외부 세계에서 스스로 설 수 있는 적응 능력의 부족, 자신감 부족과 심리적 위축을 나타낸다. 다리가 너무 크고 길면 자신이 보다 큰 위치에서 세상을 통제함으로써 심리적 부적절감과 불편감을 보상하고자 하는 것을 반영하거나 안전감에 대한 욕구가 큰 상태라고 볼 수 있다.

반대로 짧고 가는 경우 불안전감, 자신감 부족과 수동적인 태도 및 억제하려는 상태를 나타낸다. 발은 땅의 지면과 맞닿는 부분이며 신체의 균형을 맞추고 움직일 수 있게 해 주며 다리와 마찬가지로 능동적으로 성취와 충족을 향해 나아가는 부분이다. 발을 그리지 않은 경우 수검자가 스스로 외부 세계에서의 적응 및 대처 능력에 대해 양가적인 감정을 느낀다는 것을 의미한다. 또한 발의 생략은 불안전감과 의존성 및 위축감을 나타낸다.

앞의 [그림 11-19]에서 그려지지 않은 발은 실제 현실 세계에서 대처할 수 있는 능력이 부족한 아동의 상태와 자신이 통제할 수 없는 현실에 대한 불안감과 부적절감을 반영한다. 큰 발은 자율성을 과하게 강조함으로써 불편감과 두려움을 과잉보상하려 하고, 작은 발은 이에 대한 위축과 자신감 없는 상태를 반영한다. 동그랗게 그려진 발은 자율성이 성숙하지 않은 상태임을 나타내고 뾰족하게 그려진 발은 자율성 성취와 관련되어 적대감과 분노를 느끼는 상태를 의미한다.

⑨ 기타

발달적인 측면에서 볼 때 시각-운동 협응 능력이 미성숙한 단계의 아동은 단추를 채우는 데 타인의 도움을 필요로 한다. 따라서 단추는 자신의 내적 힘이 제한되어 있고, 안정감을 얻기 위해 타인에게 의존하고 있음을 나타내기도 하며, 자신을 세상에 드러내 보이기 위해 자기대상의 도움을 받고자 하는 욕구를 나타낼 수 있다. 남자와 여자 그림을 그린 순서, 두 그림의 키 차이를 살펴봄으로써 성 정체성에 대한 정보를 얻을 수 있다. 일반적으로 동성의 인물을 먼저 그리지만 7세 이하의 아동들은 대상관계에서 중요한 사람이 어머니이므로 대개 여자를 먼저 그린다.

II. 운동성 가족화 검사

운동성 가족화 검사(Kinetic Family Drawing: KFD)는 가족화 검사(Family Drawing Test: FDT)에 가족 구성원의 움직임을 더한 투사화이다. 일반적으로 가족화 검사(FDT)는 가족 구성원을 일렬로 세워서 그리는 경우가 많기 때문에 가족 안의 역동성을 파악하기 어렵다. 반면, 가족 구성원이 '무엇인가 하고 있는' 모습이라는 역동성이 포함되면 가족 구성원 간의 관계, 심리적인 거리, 실제 가족 내의 역할 등을 확인할 수 있다. 이 검사는 수검자의 주관적 판단에 근거하여 가족 구성원의 일상 생활이나 감정 및 역동성을 자연스럽게 이끌어 낼 수 있으며 거부감 없이 가족 안에서 수검자 자신의 위치나 역할을 어떻게 인식하고 있는지를 드러내는 장점을 가진 투사적 검사이다.

KFD는 비언어적인 방법으로 수검자에게 그림을 그리도록 하여 보다 자유롭게 자신의 눈에 비친 가족 구성원의 모습과 감정을 표현하게 한다. 또한 가족 구성원과 자신의 위치, 크기, 움직임, 표정, 분위기 및 그림의 조화를 통해 가족의 역동성을 자연스럽게 파악할 수 있다는 장점을 가진다. 가족 구성원의 움직임뿐만 아니라 수검자가 그림으로 표현한 상징들은 그림을 해석하는 데 중요한 단서가 되므로 사후 질문과정을 통해 많은 정보들과 종합하여 평가하도록 한다.

1 운동성 가족화 검사의 발달 배경

정신분석학을 기초로 하여 그림에 무의식적 측면을 반영하는 상징성이 풍부한 집-나무-사람(HTP) 검사의 개발 이후 다양한 투사적 그림검사들이 개발되었다. Machover(1949)는 지능뿐 아니라 개인적이며 정서적인 요소도 포함하는 인물화(Draw-A-Person: DAP) 검사를 개발하였으며 그 후 Hulse(1951)가 DAP, HTP보다 더 확장되고 수정된 FDT를 개발하였다. 이 검사는 아동에게 사람 한 명을 그리는 대신 자신의 가족 구성원을 그리게 하여 아동의 가족에 대한 지각, 부모와 형제 및 자매에 대한 지각, 자신에 대한 지각 및 가족 내에서 자신의 위치나 역할에 대한 중요한 정보를 얻어 내는 검사이다.

FDT를 해석하기 전에 인물의 상대적 크기, 여러 인물들 간의 거리, 그림의 위치를 고려하였으며, 인물의 확대, 가족 구성원의 생략, 지우기, 음영 등을 보인 인물이 중요한 정서적 지표가 된다고 보았다. 또한 대인관계의 변화를 측정하기 위해 치료 초기 단계에 그린 그림과 치료 몇 개월 후에 그린 그림의 변화를 비교할 수도 있다. 이 검사는 1960년대에 대중적인 인기가 늘어났으며, 1970년대에는 가족치료에 적용하기 시작하면서 더욱 발달되기에 이르렀다.

Hulse(1951)의 FDT는 이러한 장점이 있지만 그림이 마치 가족 초상화처럼 가족 구성원들이 보는 사람을 앞으로 향해 일렬로 나열되어 있는 비교적 정지된 그림 이었다. 이러한 난점을 극복하기 위하여 Burns와 Kaufman(1970)은 Hulse(1951)의 FDT에 움직임을 첨가하여 운동성 가족화(Kinetic Family Drawing: KFD) 검사를 개 발하였다.

KFD는 자기 자신을 포함한 가족 구성원 모두가 무엇인가를 하고 있는 장면을 그 리도록 하여 각 인물들에게 움직임을 도입했다. 가족 구성원이 가만히 서 있는 것 이 아닌 어떠한 활동을 하고 있는 그림을 그리게 하여 수검자의 자아개념과 관련된 영역과 가족관계의 측면에서 수검자의 감정을 표출하도록 하는 데 도움을 줄 수 있 을 것이라고 가정하였다. 수검자는 가족화에서 자신이 지각하는 가족에 대해 드러 내는데, 가족 구성원 중 자신에게 심리적으로 부정적인 영향을 미치는 사람, 가장 가까운 애착 대상이 반영된다. 게다가 움직임을 첨가한 운동성 가족화 검사는 활동 과 움직임이 그림에 반영되므로 가족 간의 친밀감이나 단절감 혹은 갈등과 같은 가 족 내의 정서적 역동성이 반영된다는 점이 특징이다.

Hulse(1951)는 운동성 가족화를 그린 수검자에게 자유롭게 그림에 대한 이야기 를 하게 하여 자신이 가족 내에서 겪는 심리적 어려움이나 갈등은 무엇인지, 부모- 자녀 관계 및 형제자매 관계는 어떠한지, 가족 내에서의 심리적 위치에 대한 지각 등을 알아볼 수 있다고 하였다. 이와 같은 특성으로 인해 운동성 가족화 검사는 의 식적·무의식적 투사기법이라 할 수 있으며, 수검자가 자신의 가족에 대해 어떻 게 느껴 왔는지에 대한 주관적인 경험과 판단을 반영해 주기 때문에 수검자의 심리 적 문제를 진단하고 치료하는 데 중요한 임상적 의미를 제공하는 검사로 인정받고 있다.

2 운동성 가족화 검사의 실시방법

1) 준비물
A4용지, 연필, 지우개

2) 시행 절차
KFD 검사는 HTP 검사와 동일하게 표준화된 방법으로 실시해야 한다. 동일한 재료가 제공되고, 일정한 지시와 절차에 의해 진행되며, 수검자가 그림을 그리고 난 후 제시되는 사후 질문에는 정해진 범위의 내용들이 포함되어야 한다.

검사자는 A4용지 한 장과 연필과 지우개를 준비하고 종이는 가로로 제시한다. 수검자에게 "자신을 포함하여 가족 구성원이 무엇인가 하고 있는 그림을 그려 보세요. 막대기 모양 사람이 아니고 완전한 사람을 그려 주세요."라고 지시한다. HTP 검사와 마찬가지로 수검자가 그림과 관련한 질문을 할 경우 "원하는 대로 그리면 됩니다."라고 답하며 무언가를 암시하는 듯한 응답은 피한다. 시간제한은 없으나 대개 10~20분 정도 소요되는데, 종료 후 수검자가 그림을 그릴 때 걸린 시간을 측정하여 기록한다.

그림을 그린 후 그려진 인물의 순서, 생략된 사람의 여부, 하고 있는 활동과 가족 외에 추가된 사람이나 지우고 다시 그린 사람 등을 기록한다.

3) 질문 단계

수검자가 그린 인물에 대해 자신과의 관계, 나이 및 해석에 필요한 질문들을 하는데, 질문의 내용은 다음과 같다.

- 이 사람은 지금 무엇을 하고 있는가?
- 이 사람의 좋은 점은 무엇인가?
- 이 사람의 나쁜 점은 무엇인가?
- 이 그림을 보면서 무슨 생각을 했는가?
- 이 그림을 보면 무슨 생각이 드는가?
- 이 그림에 그려진 상황 바로 전에는 어떤 일이 있었을 것 같은가?
- 앞으로 이 가족은 어떻게 될 것 같은가?
- 만일 이 그림에서 무언가를 바꿀 수 있다면 무엇을 바꾸고 싶은가?

3 운동성 가족화 검사의 해석

KFD의 해석은 5개의 영역으로 나누어지는데, '인물의 활동(action)' '가족화의 양식(style)' '상징(symbols)' '역동성(dynamics)' 및 '인물의 특징(figure characteristics)'이

다. 각각의 영역은 여러 가지 임상적 의미를 제공하며 수검자가 무의식적으로 드러내는 가족 구성원 간의 역동과 가족관계를 파악할 수 있다. 수검자가 그림을 그릴 때 각각의 인물을 어떻게 그렸는지가 가장 먼저 해석에서 고려되는데 특정 인물을 그릴 때 자주 지웠는지, 그리지 못하고 머뭇거렸는지, 생략된 인물이 있는지, 혹은 신체부위가 생략되었는지 가족 구성원이 아닌 다른 인물을 그렸는지 등을 사후 질문과정에서 확인하여 종합적으로 해석한다.

1) 인물의 활동

먼저, 수검자의 그림 속 인물이 어떤 활동을 하고 있는지 확인한다. KFD에서 드러난 가족 구성원의 행동은 가족의 역동성과 크게 관련이 있으며 검사에 있어 여러 가지 임상적 의미를 세공해 준다. 인물의 활동은 크게 두 가지 관점에서 평가할 수 있다. 첫째, 그림을 그리는 수검자의 활동이 다른 가족 구성원과 어떤 상호작용을 하고 있는지, 누구와 친밀한 상호작용을 하는지, 또는 누구와는 상호작용이 없는지를 고려해 수검자가 지각하는 가족 구성원과의 관계 및 전체적인 역동성을 파악할 수 있다. 둘째, 인물의 활동으로 가족 내에서의 각각의 역할 유형을 알 수 있다. Burns와 Kaufman(1972)은 각 인물의 행위를 아버지상, 어머니상, 그리고 자기상의 중심으로 분석하였다. 대체로 아버지상은 텔레비전 보기, 신문 보기, 잠을 자는 모습 등으로 그려지고, 어머니상은 대개 집안일을 하는 모습으로, 자기상은 공부를 하거나 텔레비전을 보거나 놀고 있는 모습 등으로 그려진다. 인물의 활동을 확인할 때, 가족 구성원의 행위에서 상호작용이 나타나는지, 협동성이 나타나는지 또는 경쟁심이나 공격성이 나타나는지 등을 함께 확인하여 해석한다.

2) 가족화의 양식

가족화의 양식은 수검자가 가족 구성원에 대한 감정과 역동 및 신뢰감 등을 자신만의 방식으로 포장하여 드러내는 형태로 나타난다. 수검자가 가족을 주어진 용지 안에 어떻게 구성하는지를 평가하는 해석체계이다. 일반적인 양식에서는 자신과 친밀한 대상은 거리감이 없고 상호작용이 일어나며 이들 사이에 장애물이나 벽이 없이 그려진다. 반면, 수검자와 거리가 멀거나 이들 사이에 장애물이나 방해물이 있을 경우 의미 있는 임상적 단서로 해석할 수 있다. 그림의 양식은 다양하게 나타나지만 그 특징에 따라 일반적 양식, 구획화, 포위, 가장자리, 인물하 선, 상부의 선, 하부의 선, 종이접기 등으로 분류된다.

(1) 일반적 양식

대개 수검자는 우호적이고 긍정적인 상호작용을 하고 있는 가족 구성원을 그린다. 이들 간에 거리감이 느껴지지 않고 이들을 구분하는 장애물이나 벽이 존재하지 않으며 한 공간 안에 함께 있는 모습으로 그린다. [그림 11-21]은 일반적 양식의 운동성 가족화 검사 결과이다. 가족들이 거실에서 다과를 나누며 TV를 보고 있는 그림으로 가족 구성원들이 서로 즐거운 감정을 공유하며 서로 간의 긍정적인 상호작용이 나타나고 있다.

[그림 11-21] 17세 여자 청소년의 KFD

(2) 구획화

가족 구성원이 직선이나 곡선으로 분리되어 의도적으로 구분된 경우다. 가족 내의 긍정적인 상호작용과 정서 교류가 이루어지지 않고 내적으로 감정이 단절된 경우 구획화가 나타난다. 자신과 가족 구성원들을 분리함으로써 자신의 감정을 철회하고 회피하려는 욕구를 나타내는 것으로 해석되기도 하며 가정뿐만 아니라 사회적으로 고립되고 철회된 내성적인 수검자에게서 나타난다. [그림 11-22]에서 사용된 양식은 전형적인 '구획화' 양식이다. 아동은 그림을 완성한 후 가족 구성원을 모두 선으로 분리하였는데, 아동이 느끼는 가족 구성원들과의 심리적 거리감 및 단절감을 나타낸다.

[그림 11-22] 8세 남아의 KFD

가족관계 문제 및 학교 적응 문제를 보이는 8세 남아의 운동성 가족화. 아동은 형제 간 갈등과 부모-자녀 관계의 어려움으로 우울증상과 낮은 자존감을 보이고 있음.

(3) 포위

포위는 그려진 인물을 한 명 또는 그 이상 선이나 어떤 사물로 둘러싸이게 그리는 경우인데, 인물과 인물 사이에 사물이 있어서 인물이 직접 연결되지 않는다. 이는 자신에게 공포감을 주는 위협적인 인물로부터 자신을 보호하고 분리시키려는 욕구로 표현되기도 하며 포위한 대상과 정서적으로 단절되어 긍정적인 감정 교류가 없을 때 그려지기도 한다. 강한 공포나 불안의 표현으로 소파, 책상, 줄넘기 등을 그려 넣어 외부로부터 자신을 단절시키려는 시도로 해석되기도 한다. 두 인물을 같이 포위하는 경우도 있는데 이 경우 수검자가 포위된 두 사람을 동일시하는 경향으로 해석할 수 있다. [그림 11-23]은 '포위' 양식으로 그려졌다. 그림 속의 어머니는 뒷모습으로 설거지를 하고 있지만 식탁으로 신체가 둘러싸여 있고 수검자는 컴퓨터와 책상으로 둘러싸여 있다. 이 그림은 비록 선으로 분명히 구분된 것은 아니지만 인물이 각자의 영역에 자리 잡고 있으며 특정 물건에 둘러싸여서 인물로부터 떨어져 있으며 가족 간 상호작용이 거의 없이 각자의 공간에서 서로 다른 일을 하고 있다.

[그림 11-23] 14세 남자 청소년의 KFD

우울증상과 모-자녀 관계의 어려움을 보이는 한부모 가정 남자 청소년의 운동성 가족화. 동일한 상황에서 다른 행동을 하며 인물 간의 상호작용이 거의 없고 뒷모습을 그려 표정을 알아볼 수 없음. 그림의 포위 양식은 어머니와의 심리적 거리감을 반영함.

(4) 가장자리

용지의 가장자리 주변에 나열하여 그려진 가족들은 방어적인 방식으로 가정 내의 갈등을 회피하고자 하는 수검자의 욕구를 드러내기도 하며, 가족 구성원과의 친밀한 정서적 교류와 상호작용에 대한 거부와 강한 불안감을 나타내기도 한다. 때때로 검사에 방어적인 수검자가 가장자리 양식으로 가족을 그리는데, 이 경우 검사에 대한 저항으로 해석할 수 있다. [그림 11-24]에서 수검자는 가족 구성원을 모두 가장자리에 위치하게 그려 부모 및 형제 관계에서 친밀감에 대한 거부와 심리적 불안정성을 반영하고 있다.

[그림 11-24] 13세 여아의 KFD

심리적 위축 및 우울증상을 호소하는 13세 여아의 운동성 가족화. 아동은 평소 통제적인 부모와의 관계
에서 심리적 갈등과 정서적 거리감을 보여 왔으며, 형제간 갈등과 어머니로부터 소외감을 호소하였음.

(5) 인물하 선

인물 아래 선을 긋는 경우는 중요한 부분에 밑줄을 긋는 것과 마찬가지로 특정
가족 구성원에 대해 불안감이 높을 때 이에 대한 감정을 표현한 것이다. 자신에게
공포감과 위협이 되는 대상의 아래에 선을 긋는 것으로 대상 인물에 대한 강한 감
정을 표현하기도 한다.

(6) 상부의 선

상부의 선은 가정 내에서 수검자가 느끼는 공포, 걱정, 불안감이 존재함을 의미
한다. 용지 상부에 전체적으로 그려지거나 특정 인물 위에 부분적으로 그려진 경
우도 있다. 앞의 [그림 11-23]에서 어머니의 위쪽에 선이 그어져 있는데, 이는 가정
내에서 수검자가 느끼는 어머니에 대한 걱정과 심리적 불안감을 반영한다. 한부모
가정의 수검자는 평소 우울감을 보이는 어머니에 대한 걱정과 염려로 우울증상을
보이고 있다.

(7) 하부의 선

하부의 선은 수검자가 가정 내에서 현재 강한 스트레스를 받고 있으며 이에 대해 자신이 안정감을 필요로 하며 구조받고 싶은 욕구가 있다는 것을 보여 준다. 하부의 선은 붕괴 직전의 가정이나 위기에 처한 가정에서도 나타나는데, 기저선과 같이 용지 전반에 그려진 한 개 이상의 선은 정서적 지지가 결핍되거나 불안정감에 휩싸인 수검자의 안정 욕구를 의미한다.

(8) 종이접기

용지를 접어 사각형의 형태로 만들고 그 안에 가족 구성원을 그리는 방식으로 구획화의 극단적인 양식이다. 수검자가 가정 내에서 느끼는 강한 불안감이나 공포를 반영한다고 해석할 수 있다.

3) 상징

KFD에 나타난 사물에 대해 모든 수검자에게 동일한 임상적 의미를 부여할 경우 주관적 해석의 오류를 초래할 수 있다. 따라서 사후 질문과정(PDI)을 통해 얻은 많은 정보들을 기준으로 통합적인 관점에서 해석해야 한다. 하나의 상징이 모든 수검자에게 같은 의미를 가진다고 볼 수는 없으나 KFD에서 보편적으로 발견되는 사물과 인간이 느끼는 공통된 상징물들을 고려하여 임상적 의미를 부여할 수 있으며, 〈표 11-1〉과 같이 영역별로 분류할 수 있다.

〈표 11-1〉 KFD 검사의 상징 해석

상징 해석	표현된 내용
공격성, 경쟁심	공, 축구공, 그 외 던질 수 있는 사물, 빗자루, 먼지떨이 등
애정, 양육, 희망	태양, 전등, 난로 등과 적당한 양의 열과 빛(빛이나 열이 강력하고 파괴적일 때는 애정이나 양육의 욕구, 증오심을 나타내기도 함), 다리미(다림질을 하고 있는 어머니의 행위에 수반해서 그려짐), 요리하는 어머니 ＊아동의 그림에서 태양이 나타나는 경우가 많으므로 특별한 의미가 없을 수도 있다.
분노, 거부, 적개심	칼, 총, 방망이, 날카로운 물체, 불, 폭발물 등
힘의 과시	자전거, 오토바이, 차, 기차, 비행기 등(자전거를 제외하고 모두 의존적 요소에 의한 힘의 과시)
우울감	물과 관계되는 모든 것, 비, 바다, 호수, 강 등

4) 역동성

(1) 인물 묘사의 순서

KFD에서 가족 구성원을 그린 순서는 수검자가 지각하는 가족의 서열을 반영하거나 자신에게 정서적으로 중요한 대상의 순서를 나타내기도 한다. 예를 들면, 어머니가 아버지보다 먼저 그려진 경우 가정 내에서 어머니의 위치가 아버지의 위치보다 지배적이며 수검자에게 더 중요한 대상인 것을 보여 준다. 한편, 수검자가 자신을 제일 먼저 그릴 경우 자기중심적 경향이 있다는 것을 시사한다. 또한 가족 이외의 인물을 가장 먼저 그렸을 경우 수검자가 가정 내에서의 소속감 및 응집력을 느끼지 못할 가능성이 있고 가정 내 문제에 대한 단서를 제공해 주기도 한다. 앞의 [그림 11-22]에서 구획화 그림이 그려진 순서를 보면, 어머니를 가장 먼저 그리고 자신, 동생, 아버지 순으로 그렸다. 아동에게는 가족 구성원 중 어머니가 가장 정서적으로 중요한 대상이었고 평소 자신을 자주 혼내는 아버지는 처벌을 상징하는 매를 들고 있는 모습으로 마지막에 그렸다.

(2) 인물의 위치

용지에 배치된 인물의 위치에 따라 임상적인 의미가 있다. 예를 들면, 용지의 상단에 그려진 인물은 가족 내에서 가족을 이끌어 가는 주도적이고 지배적인 인물일 가능성이 높다. 반면, 용지 하단에 그려진 인물은 우울하거나 활력이 부족하고 지배를 받는 입장의 인물일 수 있으며, 중앙에 그려진 인물은 실제로 가족의 중심인물인 경우가 많다. 또한 우측에 그려진 인물은 활동적이고 적극적인 성향을, 좌측에 그려진 인물은 소극적·자폐적·침체적 성향을 지닌 것으로 해석될 수 있다. 수검자가 자신을 중앙에 그렸다면 자기중심성이 강하거나 미성숙함을 반영하기도 한다. 앞의 [그림 11-24]에서 가족 구성원이 모두 용지 하단에 그려져 우울하고 낮은 에너지 수준의 가족 구성원들의 특징을 반영하고 있다. [그림 11-25]에서 수검자는 자신에게 가장 많이 영향을 미치고 있는 지배적인 어머니상을 용지 상단에 그리기 시작하다가 검사 중 불안감이 높아지면서 가족 구성원들을 퇴행된 인물로 나열하여 그렸다.

[그림 11-25] 12세 여아의 KFD

애착 문제와 불안감을 보이는 12세 여아의 운동성 가족화. 아동은 불안정 애착으로 인해 불안감을 호소
하였음. 검사 시 높은 불안감으로 인해 퇴행된 인물을 나열함.

(3) 인물의 크기

인물의 크기는 가족 구성원의 실제 키를 반영할 수도 있고 수검자가 각 가족 구
성원에 대해 지니고 있는 감정과 태도를 나타내며 그 사람이 얼마만큼 힘이 있고
중요한지를 반영한다. 크게 그려진 인물은 존경받는 대상이거나 권위적인 대상으
로 가정에서 중심적 위치에 있을 가능성이 높고, 작게 그려진 인물은 가족들에게
무시당하는 위치에 있거나 중요도가 떨어지는 대상일 가능성이 높다.

(4) 인물의 거리

인물 간의 거리는 수검자가 지각하고 있는 구성원 간 친밀성의 정도나 심리적 거
리를 나타내는 것으로 거리가 좁을수록 가까운 사이라고 해석할 수 있다. 만일 인
물 간에 서로 사물이나 방해물이 있고 거리가 멀리 그려졌다면 이 둘이 실제 가정
내에서 정서적인 거리감이 존재하거나 친밀한 상호작용이나 의사소통이 소원한 경
우가 많다. 간혹 거리감 없이 가까이 그려진 인물 간에도 심리적 거리감이 존재하
는 경우가 있는데, 이 경우 이를 보상하기 위한 표현일 수 있다. 앞의 [그림 11-24]

에서 아동은 자신을 왼쪽 하단에 그리고 어머니와 동생을 가운데, 아버지를 용지의 하단 오른쪽에 그렸다. 평소 수검자가 부모와의 관계에서 경험하는 심리적 거리가 그림에서도 반영된 것으로 볼 수 있다.

(5) 인물의 방향

인물이 그려진 방향에 따라 임상적 의미를 부여한다. 그려진 인물이 '정면'일 경우 수검자가 긍정적인 감정으로 지각하는 대상이며, '측면'일 경우 반긍정·반부정적인 양가적 감정을 반영한다고 볼 수 있다. 또한 '뒷면'으로 그려진 인물에 대해서는 부정적인 태도와 억압적 분노감을 느끼고 있을 가능성을 고려할 수 있다. 앞서 포위를 나타낸 [그림 11-23]에서 인물이 모두 뒷면으로 그려졌는데, 수검자가 자신과 어머니에 대해 갖는 부정적인 감정과 어머니에 대한 억압된 분노 감정을 반영한다.

(6) 인물의 생략

수검자가 가족 구성원 중 특정 인물을 그리지 않았거나 그렸다 지웠을 경우 자신이 대상 인물에 대해 부정적인 감정이 있거나 양가감정을 느끼고 있거나 두 인물 간에 갈등이 있다는 것을 반영한다. 가족원의 일부를 용지의 뒷면에 그리는 경우도 드물게 있는데, 이 역시 뒷면에 그린 가족 구성원에게 수검자가 직접적인 갈등을 느끼거나 양가감정을 느끼고 있다는 것을 시사한다. [그림 11-26]에서 가족원 중 어머니가 생략되어 있다. 자신이 아버지와 게임하고 있는 상황을 그렸고 어머니는 게임하는 것을 싫어해서 그림에서 생략되어 있다고 하였는데, 이 그림에서 아동이 가족원 중 어머니에게 느끼는 심리적 거리감과 양가감정을 나타내고 있다. [그림 11-27]에서 가족원 중 자신을 생략하였는데, 가족들과 함께하고 싶지 않은 수검자의 마음과 부모에 대한 적대감 및 심리적 거리감을 반영하였다.

[그림 11-26] 11세 남아의 KFD

불안 및 강박증상을 보이는 11세 남아의 운동성 가족화. 아버지와 게임을 하고 있는 상황을 표현하였는데, 어머니는 생략되어 있음.

[그림 11-27] 15세 남자 청소년의 KFD

가족관계에서 갈등을 겪고 있는 15세 남자 청소년의 운동성 가족화. 권위주의적인 부모와의 관계에서 가족갈등을 겪고 있는 수검자는 자신을 생략하고 동생은 부모와 약간 떨어지게 그림. 평소 수검자가 지각하는 부모의 표정이 강조됨.

(7) 타인의 묘사

가족 구성원 이외의 인물을 그리는 경우 주로 수검자의 친척이나 친구와 같이 정서적으로 친밀감을 느끼거나 가장 신뢰하는 대상일 수 있다. 수검자가 초기 기본적인 애착을 형성했던 이모나 할머니를 그리는 경우가 많다. 또한 이 경우 현재 수검자가 가정 내에서 누구와도 정서적 교류와 긍정적인 상호작용을 할 수 없는 상태라는 것을 추측해 볼 수 있다.

5) 인물의 특징

각 인물에 대한 묘사의 특성은 인물화 검사에서 자세하게 설명되어 있으므로 KFD에서 특히 눈여겨보아야 할 인물의 특성은 다음과 같다.

(1) 음영

어떤 인물의 신체 한 부분에 음영이 그려질 경우 그 신체 부분에 대한 몰두, 고착, 불안을 반영하기도 하며, 음영이 표시된 인물에 대한 억압된 분노감이나 적개심 등의 표현일 가능성도 있다. 앞의 [그림 11-25]에서 인물의 머리에 짙은 음영처리가 된 것을 볼 수 있다. 인물의 신체 부분에 짙은 음영처리가 될 경우, 수검자의 불안을 반영하기도 한다.

(2) 얼굴 표정

얼굴 표정은 직접적인 정서적 반응과 감정을 나타내 준다. 그림에서 드러나는 인물의 표정은 수검자가 실제 가족 내에서 지각하는 정서적 반응일 수도 있고 수검자자신이 가족 구성원에게 느끼는 직접적인 감정일 수도 있다. 얼굴 표정을 생략한 경우는 가족 내에서 느끼는 갈등이나 정서적 어려움이 있지만 이를 회피하거나 거리감을 두려는 시도로 해석할 수 있다. 앞에 설명한 [그림 11-27]에서 부모의 어두운 표정이 강조되었는데, 평소 수검자가 지각하는 부모에 대한 부정적인 감정을 반영하고 있다.

(3) 회전된 인물

특정 가족 구성원만 다른 방향으로 그린 경우, 그 구성원에 대한 거리감, 거부감,

또는 불편감 등을 나타낸다. 이때 다른 방향으로 돌려 그린 인물이 어떤 행동을 하고 있는지 질문할 필요가 있다. 경우에 따라서 수검자가 그림 표현력이 부족하여 인물을 다른 방향으로 그릴 수 있기 때문이다. [그림 11-28]에서는 모든 가족 구성원들이 뒤돌아서 있는 모습이 그려졌다. 정면이 아닌 뒤돌아서 있는 인물로 가족 내에서 느끼는 정서적 어려움을 회피하려는 시도로 해석해 볼 수 있다.

[그림 11-28] 17세 여자 청소년의 KFD

자기표현 및 대인관계에서 어려움을 보이는 17세 여자 청소년의 운동성 가족화. 가족이 동일한 상황에서 동일한 행동을 하고 있지만 인물 간의 상호작용이 없고 인물이 모두 동일하게 뒤로 돌아앉아 나열된 형태로 그림을 그림. 인물보다 TV가 가장 먼저 그려졌고 인물과는 다르게 고양이는 정면으로 묘사됨.

(4) 막대기 모양 인물

지적장애나 다른 뇌 손상이 없는 수검자가 막대기가 아닌 사람을 그리라는 지시에도 막대기 모양으로 그린 것은 가족 간에 정서적 유대감이 부족하며 부정적인 감정과 갈등을 나타내는 대상에 대한 강한 저항의 표시일 수 있다. 또한 검사 상황이나 검사자에 대한 저항의 표현으로 막대기 모양으로 사람을 그릴 수 있다.

[그림 11-29]를 보면 검사자가 막대기 모양 사람을 그리지 않도록 안내했으나 모든 가족 구성원들을 막대기 형태로 표현하고 있다. 이는 가족관계의 어려움을 보이는 수검자가 갖는 가족에 대한 부정적 감정뿐만 아니라 검사와 검사자에 대한 수검자의 강한 저항으로 해석할 수 있다.

[그림 11-29] 11세 남아의 KFD

가족관계 및 또래관계에서 어려움을 보이는 11세 남아의 운동성 가족화. 인물을 모두 막대기 모양으로
그려 가족 구성원에 대한 부정적 감정과 검사자에 대한 저항을 나타냄.

참고문헌

김갑숙, 이미옥, 전영숙, 기정희(2019). 그림을 통한 심리진단 및 평가. 서울: 학지사.

김동연, 공마리아, 최외선(2006). HTP와 KHTP 심리진단법. 대구: 동아문화사.

신민섭, 김수경, 김용희, 김주현, 김향숙, 김진영, 류명근, 박혜근, 서승연, 이순희, 이혜란, 전선영, 한수정(2003). 그림을 통한 아동의 진단과 이해: HTP와 KFD를 중심으로. 서울: 학지사.

주리애(2015). 미술심리진단 및 평가. 서울: 학지사.

Buck, J. (1948a). The House-Tree-Person Technique. A qualitative and quantitative scoring manual. *Journal of Clinical Psychology, 4,* 397–405.

Buck, J. (1948b). *The House-Tree-Person technique.* Los Angles: Western Psychological Services.

Buck, J. (1966). *The House-Tree-Person Technique: Revised manual.* Los Angles: Western Psychological Services.

Burns, R. C., & Kaufman, S. H. (1970). *Kinetic Family Drawing (K-F-D): An introduction to understanding children trough kinetic drawing.* New York: Brunner/Maze.

Burns, R. C., & Kaufman, S. H. (1972). *Action, styles, and symbols in Kinetic Family Drawing (K-F-D).* An Interpretative Manual. New York: Brunner/Maze.

Hammer, E. (1958). *The clinical application of projective drawings.* Spiringfield, IL: Charles C. Thomas.

Hammer, E. (1969). Hierarchical organization of personality and the H-T-P, achromatic and chromatic. In Buck J. N., & Hammer, E. F. (Eds.), *Advances in House-Tree-Person Techniques: Variation and Applications.* Los Angels: Western Psychological Services, 1–35.

Hulse, W. C. (1951). Childhood conflict expressed family drawings. *Journal of Projective Techniques and Personality Assessment, 16,* 66–79.

Machover, K. (1949). *Personality projection in the drawing of human figure.* Springfield, IL: Charles C. Thomas.

제12장

문장완성검사

Ⅰ. 문장완성검사의 개관

　문장완성검사(Sentence Completion Test)는 투사적 검사 중에서도 가장 간편하면
서도 매우 유용한 검사로 미완성된 문장을 완성하도록 하는 것이다. 문장완성검사
는 검사의 종류에 따라 문항 수가 다르지만 대체로 수행시간은 20~30분 정도이며,
자기보고식 검사이기 때문에 혼자서 수행할 수도 있고 집단을 대상으로 할 수도 있
다. 간단한 지시문만 제시하고 수검자는 몇 개의 단어로 시작하는 불완전한 문장의
뒷부분을 이어서 채우면 된다.

　문장완성검사의 종류에 따라 구체적인 내용은 다르지만 앞부분에 미리 제시된
불완전한 문장은 대체로 수검자 내면의 동기와 갈등, 중요한 인물들에 대한 정서적
태도, 가치관 등이 투사될 수 있는 단서가 포함되어 있다. 대부분의 문장완성검사
는 성인용의 경우 4~15가지 주제를 담고 40~100문항 정도로 구성되며, 아동용의
경우 국내에서 주로 사용되는 것은 33문항으로 구성되어 있다.

Ⅱ. 문장완성검사의 발달 배경과 특징

　문장완성검사는 Galton에 의해 자유 연상법(free association test)이 연구되면서
발달되었다. Cattell과 Bryant(1889)는 이를 단어 연상법(word association test)으로
발전시켰으며, Jung(1916)은 임상적 연구를 통해 문장완성검사의 토대를 구축하였
다. 그 후 Rapaport 등(1968)이 투사법으로서 성격 진단에 유용한 방법으로 확립시
켜 문장완성검사로 더욱 발전하게 되었다.

　문장완성검사를 현재와 같은 방식의 성격검사로 처음 사용한 것은 Payne(1928,
1930)이며 이후 Tendler(1930)는 문장완성검사를 성격 영역에서 활용하며 사고 반
응과 정서 반응의 진단을 구별하였다. 그는 정서 영역을 평가하기 위한 검사의 경
우 정서 반응을 직접 유발하면서 자유로운 반응이 허용되고 수검자의 판단이나 선
택을 피할 수 있어야 한다고 보았는데, 문장완성검사가 이런 조건을 충족할 수 있
다고 제안하였다.

또한 Rohde(1946, 1957)는 청년기 문제를 다루거나 내담자의 욕구, 내적 갈등, 환상, 감정, 태도, 야망, 적응상의 어려움 등을 파악하는 데 문장완성검사가 적절하게 이용될 수 있다고 하였다. 미완성 문장의 완성을 통해 인식하거나 표현할 수 없는, 또는 표현하기 꺼려지는 잠재된 욕구, 감정, 태도, 야망 등이 보다 잘 드러날 수 있기 때문이다. 또한 문장완성검사는 본질적으로 자유 연상을 이용한 투사적 검사이기 때문에 자기의 대답이 갖는 의미를 예상할 수 없으므로 의식하지 않고 진짜 자기 모습을 드러내게 된다고 주장하였다.

제2차 세계대전이 시작되면서 대규모의 군인을 대상으로 부적합자를 선별하기 위한 실제적인 목적으로 문장완성검사가 사용되었다. 제2차 세계대전이 끝난 이후 문장완성검사는 심리검사의 한 배터리에 포함되었고, 연구의 목적을 위해서 각 연구자마다 그 목적에 걸맞은 다양한 문장완성검사를 제작하여 사용하기도 하였다.

Ⅲ. 문장완성검사의 종류

1 색스의 문장완성검사

색스의 문장완성검사(Sacks Sentence Completion Test: SSCT)는 Sacks와 Levy(1950)에 의해 개발되었다. Sacks와 Levy(1950)는 20명의 심리치료자에게 적응에 있어 중요한 '가족' '성' '자기개념' '대인관계'의 4개 영역에 관한 수검자의 중요한 태도 및 임상적 자료를 이끌어 낼 수 있는 미완성 문장 3개씩을 만들도록 하였다. 여기에는 문장완성검사에 관한 기존의 문헌에서 얻은 문항들도 포함되었는데, 이러한 방식으로 280개의 문항들을 얻은 후 이것을 다시 20명의 심리학자들에게 각 범주에서 가장 유의미하다고 생각되는 문항을 4개씩 선택하도록 하였다. 가장 많이 선택된 60개의 문항들이 최종 검사 문항으로 결정되었고, 현재는 이 중 내용이 반복되는 것을 제외한 50개의 문항들이 많이 사용되고 있다.

Sacks와 Levy(1950)는 4개 영역을 각각 세분화하여 최종적으로 총 15개의 영역으로 분류하였고, 각 영역에 대해서 수검자가 보이는 손상의 정도에 따라 3점 척도로 평가하도록 하였다. 우선, 확인이 불가능하고 불충분한 응답인 경우 X로 평가하고,

의미 있는 손상이 발견되지 않으면 0점, 약간의 정서적 갈등은 있으나 치료는 필요 없는 정도이면 경미한 손상으로 보고 1점, 그리고 정서적 갈등이 지적되고 치료적 도움이 필요하면 심한 손상으로 보고 2점으로 평가하여 그 수치를 통해 수검자에 대한 최종 평가를 하도록 해석체계를 구성하였다. 각 영역별 문항은 다음과 같다.

1) 가족(12문항)

이 영역은 어머니, 아버지, 가족에 대한 태도를 담고 있는 문항으로 구성되어 있다. 각각 4개 문항씩의 어머니와 아버지, 그리고 가족 전체에 대한 태도를 나타내는 문장으로 구성되어 있으며, 수검자가 경계적이고 회피적인 경향이 있더라도 4개의 문항들 중 최소 1개에서라도 유의미한 정보가 드러나게 된다.

나의 아버지는 좀처럼 _____

나는 어머니를 좋아했지만 _____

대부분의 다른 가족에 비해서 나의 가족은 _____

---

2) 성(8문항)

이 영역은 이성 관계에 대한 것으로 남성, 여성, 결혼, 성생활에 관한 태도를 표현할 수 있는 문항으로 구성되어 있다. 이 문항들은 사회적인 개인으로서의 여성과 남성, 결혼, 성적 관계의 측면에서 자신을 나타내도록 한다.

내가 생각하기에 대부분의 여자들은 _____

남녀가 함께 있는 것을 볼 때면 _____

나의 성생활은 _____

---

3) 대인관계(16문항)

이 영역은 친구, 지인, 직장동료, 직장상사에 대한 태도를 포함한다. 각 문항들은 가족 외의 사람들에 대한 감정이나 자신에 대해 타인이 어떻게 느끼는지에 관한 수검자의 생각을 표현하게 한다.

> 내 생각에 진정한 친구란 _____
> 윗사람이 오는 것을 보면 _____
> 내가 함께 일하는 사람들은 _____

4) 자기개념(24문항)

이 영역에는 자신의 두려움, 죄의식, 목표, 능력, 과거와 미래에 대한 태도가 포함된다. 이 영역에서 표현되는 태도들은 현재, 과거, 미래의 자기개념과 그가 바라는 미래의 자기상과 실제로 자기가 될 것 같다고 생각하는 모습에 대한 정보를 제공해 준다. 즉, 이런 표현을 통해서 검사자는 수검자가 자신을 어떻게 생각하고 있는지 알 수 있다.

> 어리석게도 내가 두려워하는 것은 _____
> 나의 가장 큰 실수는 _____
> 행운이 나를 외면할 때는 _____
> 내가 어렸을 때는 _____
> 언젠가 나는 _____
> 내 인생에서 가장 원하는 것은 _____

2 로터의 문장완성검사

로터의 문장완성검사(Rotter Incomplete Sentence Blank: RISB)는 원래 미국 공군 병원에서 진단 초기에 부적합자를 걸러 내기 위해 사용되었고, 총 40문항으로 구성되어 있다(Rotter, 1951; Rotter, Lah, & Rafferty, 1992). 이와 같이 RISB는 초창기 진단 과정의 일부로 사용된 것으로, '적응점수(adjustment score)'를 산출하여 수검자의 전반적인 적응 정도를 파악할 수 있다. 이 검사에서 각 반응을 '갈등 혹은 불건강한 반응' '긍정적 혹은 건강한 반응' '중립 반응'의 세 가지 범주로 채점한다. 갈등 반응에는 그 강도에 따라 +1~+3점이 부여되고, 중립 반응에는 0점, 긍정적 반응에는 −1~−3점이 부여된다. 이 각각의 점수를 합산하여 점수가 높을수록 부적응의 정도가 큰 것으로 판단한다.

반응을 분류하고 채점하는 기준과 예를 보면 다음과 같다.

---

1. 누락 반응: 반응이 없거나 의미를 추론하기 어려울 정도로 간단한 반응
2. 갈등 반응: 적대감이나 불행한 감정을 시사하는 반응
   (예) 나는 <u>온 세상을 미워한다.</u>
3. 긍정적 반응: 긍정적이고 희망적인 태도를 나타내는 반응
   (예) 가장 좋은 것은 <u>이미 내가 가지고 있다.</u>
4. 중립 반응: 긍정적 혹은 부정적 정서가 담기지 않은 단순 기술 반응
   (예) 대부분의 소녀들은 <u>여자다.</u>

적응점수를 통해 부적응 상태에 있는 사람을 선별할 수 있는가에 대한 연구 결과, 정상 청소년 중 73%를 정상으로 평가할 수 있었고, 비행청소년의 60%를 정확히 판별할 수 있었다(Fuller, Parmelee, & Carroll, 1982). 또한 심각한 약물중독자 중 80~100%를 판별할 수 있었다(Gardner, 1967). 그러나 이처럼 단일 적응점수를 사용하면 개인의 일상생활 적응의 기능을 빨리 파악할 수 있다는 장점이 있기는 하지만, 개인의 성격 기능의 차이를 비교할 수 없다. 또한 다른 자기보고식 검사들과 동일한 제한점으로서 수검자가 검사에서 자신을 드러내고 싶은 것에만 반응한다는 단점이 있다(Goldberg, 1965).

3 로드의 문장완성검사

로드의 문장완성검사(Rohde Sentence Completion Method: RSCM)는 다른 문장완성검사에 비해서 제시되는 문장이 모호하고, 개방형 질문을 포함하는 65개의 문항으로 구성되어 있다(Rohde, 1957). 지시문은 "다음의 문장을 가능하면 빨리 완성시키십시오." "당신의 진정한 느낌과 견해를 표현할 수 있도록 노력해 주십시오."와 같이 제시되는데, 이 지시문을 통해 가능한 한 빨리 응답하게 함으로써 의식적 조절이 개입되지 않으면서도 중요한 느낌들이 노출될 수 있도록 유도한다.

미래는 _____

나는 _____ 을 기억한다.

대부분의 사람들은 _____

나는 _____ 을 느낀다.

나의 가장 나쁜 _____

4 아동용 문장완성검사

아동의 욕구 상태와 부모 및 교사, 동성 및 이성 친구에 대한 태도를 파악하기 위해 실시되며 성격 역동에 대한 심리 진단 정보를 얻고 전반적인 심리적 적응을 판단하는 데 사용된다. 이 검사는 다음과 같은 네 가지 영역으로 구성되어 있다.

1) 가족

이 영역은 어머니, 아버지, 가족에 대한 태도를 담고 있는 문항으로 구성되며 가족에 대한 지각, 정서적 관계 등을 파악할 수 있다.

우리 엄마는 _____

우리 아빠는 _____

우리 엄마 아빠는 _____

2) 사회

또래와의 상호작용, 일반적인 대인관계 등에 대해 파악할 수 있다.

나는 친구가 _____

다른 사람들은 나를 _____

대부분의 아이들은 _____

내가 가장 좋아하는 사람은 _____

내가 가장 싫어하는 사람은 _____

3) 학교

학교에 대한 지각, 성취와 욕구에 대한 지각 등을 파악할 수 있다.

선생님들은 _____

나는 공부가 _____

---

4) 자기

미래 지향, 소원, 일반적인 정신건강 등의 개인 내적 기능을 파악할 수 있다.

내가 가장 행복한 때는 _____

나에게 가장 좋았던 일은 _____

내가 가장 좋아하는 놀이는 _____

나의 좋은 점은 _____

나의 나쁜 점은 _____

내가 만일 동물로 변할 수 있다면 _____

내 소원이 마음대로 이루어진다면 _____

Ⅳ. 문장완성검사의 실시방법

　문장완성검사는 개인과 집단 모두에게 실시될 수 있고, 검사지에 예문을 두어서는 안 된다. 검사에는 30개의 자극어가 주어지고, 검사 시간은 약 30~40분 정도면 충분하다.

　검사자는 지시문을 읽어 주고 다음과 같은 점을 강조해야 한다.

---

1. 답에는 정답, 오답이 없다. 생각나는 대로 써야 한다.

2. 글씨 쓰기, 글짓기 시험이 아니므로 글씨나 문장의 좋고 나쁨을 걱정하지 않아도 된다.

3. 주어진 어구를 보고 제일 먼저 생각나는 것을 쓴다.

4. 주어진 어구를 보고도 생각이 안 나는 경우에는 번호에 표시를 해 놓고 다음 문장으로 넘어가고 마지막에 완성한다.

---

5. 시간에 제한은 없으나 너무 오래 걸리지 않도록 빨리 쓴다.

6. 볼펜이나 연필로 쓰되, 지울 때는 두 줄로 긋고 다음 빈 공간에 쓴다.

수검자들이 흔히 하는 질문에는 "천천히 좋은 대답을 생각하면 안 되나요?"라는 것이 있는데, 이런 경우에는 "각 문항들을 읽고 맨 먼저 떠오르는 것을 쓰며, 논리적인 구성을 위해 지체할 필요는 없습니다."라고 강조해야 한다. 또 다른 흔한 질문으로는 "한 단어만 적어도 되나요?"라는 것이 있는데, 이에 대해서는 "한 단어든 여러 문장이든 상관이 없고 단지 문장을 읽고 떠오른 생각이면 됩니다."라고 말해 준다. 경우에 따라서는 문장 속에 들어 있는 단어의 의미를 물어보기도 하는데, 이때 예를 들면 '드물게'라는 단어의 뜻을 "좀처럼 일어나지 않는 것"이라고 말해 주는 정도는 괜찮다. 그러나 수검자가 전체 문장의 뜻을 설명해 달라고 하면, "수검자에게는 어떤 뜻으로 생각되는지" 물어보고 "그렇게 생각한 대로 하면 됩니다."라고 말해 준다.

검사자는 수검자가 검사를 시작한 시간과 끝낸 시간을 기록하고, 수검자가 검사를 완성한 후 가능하면 질문 단계를 실시하도록 한다. 즉, 수검자의 반응에서 중요하거나 숨겨진 의도가 있다고 보이는 문항들에 대해서 "이것에 대해 좀 더 이야기해 주십시오."라고 지시하는 것이다. 강박증, 사고의 왜곡 등 임상적 증상과 관련된 내용에 대해서는 자세한 질문을 통해 확인한다. 이런 단계는 말하기 힘든 문제에 대해서 이야기할 수 있는 계기를 제공하기도 한다. 또한 표준적인 실시방법에서는 수검자가 직접 문장을 읽고 반응을 써야 하지만, 심하게 불안한 수검자에게는 문항을 읽어 주고 수검자가 대답한 것을 검사자가 받아 적는 것이 도움이 되기도 한다. 이러한 구술 시행은 반응시간, 얼굴 붉어짐, 표정 변화, 목소리 변화, 전반적인 행동 등을 관찰함으로써 수검자가 어떤 문항에서 막히는지 구체적으로 알 수 있게 해 준다.

V. 문장완성검사의 해석

1 색스의 문장완성검사의 해석

여러 문장완성검사 중 대표적인 SSCT의 채점 방법 및 해석을 설명하면 다음과 같다. SSCT에는 각각의 영역(가족, 성, 대인관계, 자기개념)이 있는데, 이에 대한 해석을 위해 검사자는 각 영역에 대하여 수검자가 어느 정도의 혼란과 부적응을 겪고 있는지 평정하게 된다. 예를 들면, 다음과 같은 형식으로 되어 있다.

아버지에 대한 태도

2. 내 생각에 가끔 아버지는 거의 일을 한 적이 없다.

19. 대개 아버지들이란 좀 더 나았으면 좋겠다.

31. 내가 바라기에 아버지는 죽었으면 좋겠다.

46. 아버지와 나는 좋은 점이라곤 하나도 없다.

밑줄 친 문장이 수검자의 반응들이다. 이 네 개의 반응들을 통합적으로 고려하고 이 영역에서 드러나는 수검자의 태도에 대한 임상적인 인상을 구체화해 해석적 요약이 이루어진다. 이 경우 해석적 요약은 "아버지에 대한 죽이고 싶을 정도로 심한 적대감과 분노감을 나타냄"으로 기술될 수 있다.

그다음 단계인 평점은 다음의 척도에 따라 이루어지는데, 이를 통해서 해당 영역에서의 손상 정도를 평가한다.

X: 확인이 불가능하고 불충분한 응답

0: 해당 영역에 있어서 의미 있는 손상이 발견되지 않음

1: 경미한 손상. 약간의 정서적 갈등은 있으나 치료적 도움 없이 이를 다룰 수 있는 정도임

2: 심한 손상. 이 영역에서 보이는 정서적 갈등을 다루기 위해 치료적 도움이 필요할 것으로 보임

이런 과정을 통해서 가장 많이 손상된 태도를 보이는 영역에 대한 기술과 반응 내용에서 드러나는 태도들 간의 상호 관련성이나 모순 등에 대한 기술이 가능해진다. 전자는 수검자의 현재 상태에 대한 정보를, 후자는 역동적인 면에 대한 정보를 제공해 준다. 한편, SSCT 자체의 반응을 분석한 자료와 다른 투사적 검사에서 얻어진 자료와의 비교 및 통합을 통해서 수검자에 대한 더욱 풍부한 이해를 얻을 수 있다. 투사적 검사에서는 자극의 구조화 정도에 따라 투사되는 의식 수준에 차이가 나타난다. 즉, 로르샤흐 검사는 성격의 기본 구조와 원초적 욕구에 대하여 많은 것을 파악할 수 있으며, TAT는 문제의 역동적인 측면과 관련된 자료를 이끌어 낸다. 반면, 문장완성검사는 의식적, 전의식적, 또는 무의식적인 생각과 감정을 드러내 준다. 예를 들면, 한 수검자가 로르샤흐 검사 반응에서 상당한 적대감을 나타내면서, Ⅷ번 카드에서는 두 마리의 동물들이 "먹이를 두고 피가 터지도록 싸우고 있다."고 하였고, Ⅹ번 카드에서도 '살인' '투쟁' 등의 표현을 하였다. TAT에서도 폭력, 투쟁, 살인의 주제가 반복적으로 나타났으나, 문장완성검사에서는 과장된 이타주의와 이상주의를 반영하는 반응들을 보였다(예: 언젠가 나는 "사회에 이익금을 환원하고 봉사할 것이다", 나의 야망은 "모든 사람들이 행복하도록 돕고 싶다"). 이러한 경우 이 수검자가 자신의 폭력적인 무의식적 공격 충동을 의식적으로는 반동형성(reaction formation)의 방어기제를 통해 통제하고 있다는 해석적 가설을 세워 볼 수 있을 것이다.

이와 같은 방식으로 문장완성검사를 기초로 성격 구조에 대한 추론을 하고 다른 검사결과와 이 추론을 비교 및 통합하여 종합적인 해석을 하게 된다.

② 아동용 문장완성검사의 해석 사례

[그림 12-1]의 ADHD로 진단된 초등학교 3학년 남자 아동의 문장완성검사 사례를 통해 아동용 문장완성검사의 해석 절차를 설명하면 다음과 같다.

먼저 5, 9번과 같이 무응답인 경우 ADHD의 주요 증상인 부주의로 인해 주요 내용을 무시하고 넘어간 것일 수 있고, 구체적 내용을 볼 때 '우리 엄마' '대부분의 아이들'과 같이 대인관계 영역에서의 많은 갈등을 경험하여 표현하기를 꺼려 한 것일 수도 있으므로 추가 면담에서 다시 한 번 반응하도록 격려한 후 그 내용을 중심으로 해석을 시도한다. 굵게 체크한 1, 4, 7번 문항에서 주로 '때린다'는 주제가 반복되고 있는데 가장 행복한 때는 "엄마가 안 때릴 때"라는 표현을 통해서 자신의 과잉행동이나 부주의 증상과 관련하여 체벌을 많이 받고 있을 가능성을 검토해야 한다. 이와 관련하여 4번의 다른 사람들은 나를 "안 때린다", 7번 나에게 가장 좋았던 일은 "친구가 안 때릴 때"와 같은 표현의 반복을 통해 수검아동에게 이와 같은 체벌로 인한 고통이나 갈등이 심각하여 '부인'의 방어를 시도하고 있는 상태임을 추정할 수 있다.

13번의 우리 아빠는 "무섭다"는 표현에서는 아버지와의 정서적 거리감, 나아가 위압감을 표현하는 것으로 해석할 수 있다.

20, 27, 31번 문항에서 수검아동의 학업 수행에 대한 태도를 파악할 수 있는데 "공부할 거다" "하고 싶다. 하기 싫을 때도 있다" "4학년 때까지 글씨를 깨우치는 것"이라는 표현에서 의식 수준에서는 공부를 열심히 해야 한다고 표현하지만 공부 자체에 흥미를 많이 느끼지 못하고, 학업 수행에 어려움이 많은 상태이며, 주변에서의 학습에 대한 압력 및 성취 압력에 따라 마지못해 공부를 하지만 무의식적으로는 이에 대해 회피하고 싶은 마음이 나타나 있다. 19번의 나의 좋은 점은 "없다"와 같은 표현에서 앞에서 언급한 대인관계 문제, 학업 수행의 문제 등에 따른 수검아동의 좌절감이 나타나며, 특히 부정적 자아상이 심화되고 있는 점에 주목해야 한다.

아동용 문장완성검사

이름 : __김___ ㊱ 여   생 일 : ____ 년 ___ 월 ___ 일

학교 : ___초등 2학년___ 반   검사일 : ____ 년 ___ 월 ___ 일

> 이제부터 여러분에게 간단한 작문을 부탁합니다.
> 다음의 낱말로 시작되는 문장을 완성시켜 보십시오.
> 반드시 자기의 솔직한 마음을 그대로 말해야 하며
> 하나도 빠뜨리지 말고 모두 써 넣으십시오.

V 내가 가장 행복한 때는 __엄마가 안 때릴 때__

2. 내가 좀 더 어렸다면 __놀고 싶다.__

3. 나는 친구가 __나는 이준희를 때리고 싶다.__

V 어른 사람들은 나를 __안 때린다.__

5. 우리 엄마는 ____

6. 나는 __안 한다__   공상을 잘 한다.

7. 나에게 가장 좋았던 일은 __친구가 안 때릴 때__

8. 내가 제일 걱정하는 것은 __없다.__

9. 대부분의 아이들은 __G__

10. 내가 좀 더 나이가 많다면 ____

11. 내가 가장 좋아하는 사람(은) __엄마 아빠 누나__

12. 내가 가장 싫어하는 사람(은) __이 ○○ 친구__

V 우리 아빠는 __무섭다.__

14. 내가 가장 무서워 하는 것은 __귀신__

15. 내가 가장 좋아하는 놀이는 __축구 달리기__

16. 내가 가지고 있는 것 중에서 제일 아끼는 것은 __TV, 컴퓨터__

뒷면에 지속→

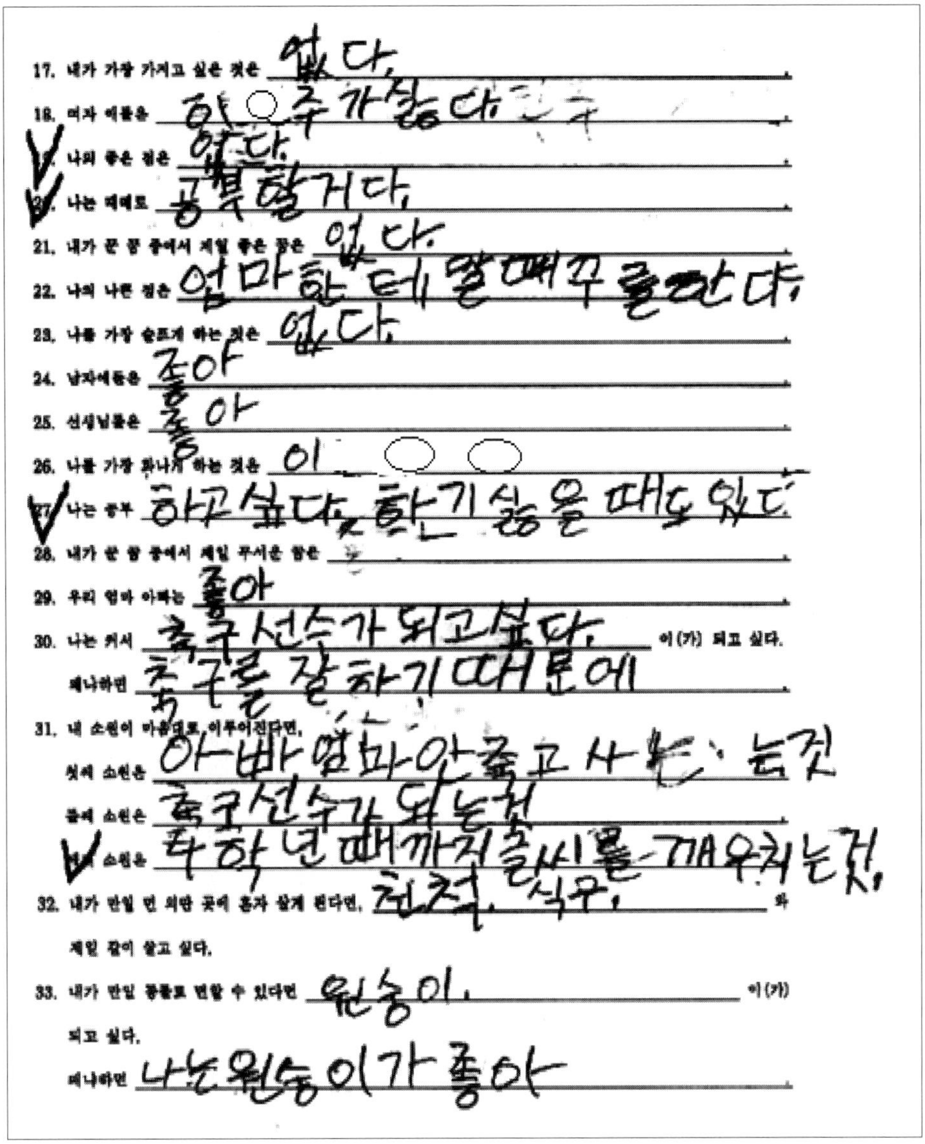

17. 내가 가장 가지고 싶은 것은 __없다.__
18. 여자 아이들은 __하ⓞ주가싫다.ㅡㅜ__
19. 나의 좋은 점은 __없다.__
20. 나는 때때로 __공부할거다.__
21. 내가 푼 꿈 중에서 제일 좋은 꿈은 __없다.__
22. 나의 나쁜 점은 __엄마한테 떼쟁때꾸를안다.__
23. 나를 가장 슬프게 하는 것은 __없다.__
24. 남자아이들은 __좋아__
25. 선생님들은 __좋아__
26. 나를 가장 화나게 하는 것은 __이 ⓞ ⓞ__
27. 나는 공부 __하고싶다, 한기싫을 때도 있ㄷ__
28. 내가 푼 꿈 중에서 제일 무서운 꿈은 ____
29. 우리 엄마 아빠는 __좋아__
30. 나는 커서 __축구선수가 되고싶다.__ 이(가) 되고 싶다.
    왜냐하면 __축구를 잘 하기 때문에__
31. 내 소원이 마음대로 이루어진다면,
    첫째 소원은 __아빠 엄마 안죽고 사는ㆍ눈것__
    둘째 소원은 __축구선수가 되는걸__
    셋째 소원은 __우학년 때까지글씨를 기ㅏ우치는것.__
32. 내가 만일 먼 외딴 곳에 혼자 살게 된다면, __쳐쳐, 식구,__ 와
    제일 같이 살고 싶다.
33. 내가 만일 동물로 변할 수 있다면 __원숭이.__ 이(가)
    되고 싶다.
    왜냐하면 __나는원숭이가 좋아__

[그림 12-1] 아동용 문장완성검사 사례

참고문헌

Cattell, J. M., & Bryant, S. (1889). Mental association investigated by experiment. *Mind*, *14*(54), 230-250.

Fuller, G. B., Parmelee, W. M., & Carroll, J. L. (1982). Performance of delinquent and nondelinquent high schools boys on the Rotter Incomplete Sentence Blank. *Journal of Personality Assessment, 46*(5), 506-510.

Gardner, J. M. (1967). The adjustment of drug addicts as measured by the sentence completion test. *Journal of Projective Techniques and Personality Assessment*, *31*(3), 28-29.

Goldberg, P. A. (1965). A review of sentence completion methods in personality assessment. *Journal of Projective Techniques and Personality Assessment, 29*(1), 12-45.

Jung, C. G. (1916). The association method. *American Journal of Psychology, 21*, 219-269.

Payne, A. F. (1928). *Sentence completions*. New York, NY: New York Guidance Clinic.

Payne, A. F. (1930). Experiment in human engineering at the College of the City of New York. *School and Society, 32*, 292-294.

Rapaport, D., Gill, M., & Schafer, R. (1968). *Diagnostic psychological testing* (Rev. ed.). New York, NY: International Universities Press. (Original work published 1946).

Rohde, A. R. (1946). Explorations in personality by the sentence completion method. *Journal of Applied Psychology, 30*, 169-181.

Rohde, A. R. (1957). *The sentence completion method*. New York, NY: Ronald Press.

Rotter, J. B. (1951). Word association and sentence completion methods. In H. H. Anderson & G. L. Anderson (Eds.), *An introduction to projective techniques* (pp. 279-311). Englewood Cliffs, NJ: Prentice Hall.

Rotter, J. B., Lah, M. I., & Rafferty, J. E. (1992). *Rotter Incomplete Sentences Blank* (2nd ed.). Orlando, FL: Psychological Corporation.

Sacks, J. M., & Levy, S. (1950). The Sentence Completion Test. In L. E. Abt & L. Bellak (Eds.), *Projective psychology: Clinical approaches to the total personality* (pp. 357-402). New York, NY: Knopf.

Tendler, A. D. (1930). A preliminary report on a test for emotional insight. *Journal of Applied Psychology, 14*, 122-136.

제4부

심리평가 보고서

제13장

심리평가 보고서의 작성

　　심리평가 보고서는 수검자에게 도움을 주기 위해 수집된 다양한 자료를 통합하여 임상적 결정을 내리는 심리평가의 최종 결과물이자 의사소통의 중요한 방법 중 하나이다. 심리평가 보고서에는 심리평가 결과의 해석과 임상적 진단 등 임상적 가설 검증과 치료 및 개입 계획을 위한 중요한 근거가 담겨 있다. 수검자와 관련 집단에게 정확한 평가 정보를 제공할 뿐만 아니라 개입 프로그램의 평가와 연구에서 중요한 자료가 된다. 최근 들어 심리평가의 필요성과 활용 가능성이 점차 커지는 가운데 정신건강의학과나 심리치료센터에서 환자 또는 내담자의 정신병리와 심리적 문제를 진단하기 위한 목적뿐만 아니라 교육 현장, 산업 현장, 법적 판단이 필요한 상황에서도 심리평가 보고서가 활용된다.

　　심리평가 보고서를 작성하는 방식이나 보고서의 형식, 보고서에 포함되어야 할 내용에 대해 획일적 기준을 제시할 수는 없다. 평가의 목적과 평가가 이루어지는 상황이 다양하기 때문이다. 가장 바람직한 보고서는 평가 목적에 맞게 필요로 하는 정보를 충분하고 정확하게 기술하고 전달할 수 있는 방식으로 작성된 보고서라고 할 수 있다. 이 장에서는 평가의 다양한 상황이나 특수한 목적과 상관없이 현재 대부분의 기관에서 사용되는 보편적인 보고서 형식과 일반적인 지침에 대해 설명할 것이다.

I. 심리평가 보고서의 형식과 내용

　　심리평가 보고서는 의뢰원, 수검자와 가족, 기타 평가 상황과 직접 관련된 전문가에게 평가 결과를 전달하고 의사소통하기 위한 목적으로 작성한다. 이와 같은 목적에 부합할 수 있는 핵심 정보와 평가 결과가 반드시 포함되어야 한다. 일반적으로 심리평가 보고서에 포함되는 공통적인 사항들이 〈표 13-1〉에 요약되어 있다.

〈표 13-1〉 심리평가 보고서의 일반적 형식

구분	내용	구체적 예
1. 제목	• 공식 명칭	• '심리평가 보고서' '심리학적 평가 보고서'
2. 수검자 정보와 실시일	• 수검자 인적사항 • 심리평가 실시일	• 등록번호, 이름, 성별, 연령, 교육 수준, 결혼상태, 입원일, 검사 실시일 • 신경심리학적 평가 보고서의 경우 우세손 등
3. 실시된 검사	• 수행한 검사 나열	• BGT, 한국 아동용 웩슬러 지능검사 IV판(K-WISC-IV), 정밀주의력 검사(ATA), 로르샤흐 검사, 문장완성검사(SCT), 다면적 인성검사 청소년용(MMPI-A), 아동용 주제통각검사(CAT) 등
4. 의뢰 사유	• 의뢰원이 제시한 문제 또는 평가를 실시하게 된 일반적 이유	• '주의력 문제와 학습 문제에 따른 학교 부적응, ADHD 가능성' • '교통사고 후 뇌 손상에 따른 인지 기능의 저하 정도 평가' • '특수학교 진학과 장애등급 판정을 위한 지적 기능 평가' • '감별 진단: ADHD와 불안장애'
5. 배경 정보와 현 병력	• 검사 결과 해석과 관련된 발달사와 정보원 • 주 문제	• '현재 초등학교 2학년 아동으로 부모 보고에 따르면 물건을 자주 잃어버리고, 수업 시간이나 공부할 때 잠시도 집중이 어렵고, 계속 몸을 움직이고 뛰어다니며, 친구들의 물건을 훔치는 일도 있었다고 한다. 담임교사가 이와 같은 문제에 대해 여러 번 지적하고 부모 상담을 통해 전문적 도움을 받을 것을 권하여 내원하였다.'
6. 행동관찰 및 수검 태도	• 검사 결과 해석과 관련된 행동과 수검 태도 • 특이한 행동	• '목소리가 작아서 잘 들리지 않았고 검사 도중 책상 밑으로 기어들어가거나 의자에 드러눕고 회전의자에 올라가 빙글빙글 도는 등 착석 유지가 어려웠다. 과제가 어렵거나 검사가 장시간 지속되자 화를 내며 힘들어하였다. 문제를 한번에 알아듣지 못하여 자주 되물었고, 문제를 불러 주는 동안 다른 곳을 쳐다보거나 옷소매를 만지작거리기도 하였다.'
7. 검사 결과 기술 및 해석	• 객관적 검사 지수 • 투사적 검사 반응과 통합적 해석 • 영역별 결과 해석	• 인지 영역, 신경심리학적 영역 • 정서 영역 • 성격 및 대인관계 영역
8. 요약 및 제언, 임상적 진단	• 전체 결과의 통합 • 임상적 진단	• '이상의 검사결과를 종합할 때 주의집중력, 과잉행동 및 충동 통제의 어려움이 심하고, 물건 훔치기, 신체 폭력 등 품행 문제도 확인되었다.' • '주의력결핍 과잉행동장애와 품행장애가 시사된다.'
9. 평가 결과 요약	• 전체 결과의 압축적 정보	• 객관적 검사의 점수 요약 표, 그래프, 투사적 검사의 요약
10. 평가자 정보	• 평가자 소속, 자격 • 작성일자	• '○○병원 임상심리전문가 제 호 성명 ○○○' • 작성일

1 제목

심리평가는 심리검사와 함께 면담, 행동관찰을 통합하여 전문적인 판단을 내리는 과정이다. 즉, 임상가는 단순히 검사를 실시하고 채점하여 점수를 보고하는 역할만을 하는 검사 기술자가 아니고, 통합적인 평가 과정을 진행하고 전문적 의사결정을 한다. 그러므로 '심리검사 보고서'보다는 '심리평가 보고서' '심리학적 평가 보고서'가 가장 적절한 제목이다. 이것은 단일 검사만을 실시한 경우에도 동일하게 적용된다.

2 수검자 정보와 실시일

수검자의 주 문제와 의뢰 목적을 이해하는 데 반드시 참고해야만 할 기본적인 신상정보를 기록한다. 지나치게 자세한 신상정보까지 기록할 필요는 없으나 일반적으로 이름, 성별, 연령, 교육 수준, 직업, 결혼상태 등은 가장 기본적으로 포함되어야 하는 정보들이다. 해당하는 경우 이전의 심리평가 여부와 간단한 결과도 기록한다.

3 실시된 검사

수검자에게 실시한 검사의 명칭을 기록한다. 심리평가 보고서가 수검자 본인이나 보호자에게도 전달될 가능성이 있고, 의뢰자가 정신건강의학 종사자나 임상가가 아닐 가능성도 있다. 그러므로 K-WISC-IV, MMPI-A 등 검사명의 약어보다는 한글 명칭과 영문 명칭을 병행하여 기록하여, 읽는 사람이 어떤 검사도구를 사용하였는지 이해할 수 있도록 기술한다.

4 의뢰 사유

평가를 실시한 목적을 간략하게 기술한다. 평가자 입장에서 의뢰 목적이 분명할 때 초점 있는 평가 보고서를 작성할 수 있고, 보고서를 읽는 입장에서는 의뢰 목적이 분명하고 적절하게 기술되어 있어야 그 보고서의 신뢰성을 확인할 수 있고, 보고서 내용과 방향성을 미리 파악할 수 있다.

의뢰 사유를 분명하고 간결하게 기술하기 위해서는 추상적인 표현보다 수검자의 구체적 문제를 중심으로 기술하는 것이 좋다. '아동의 적응 수준을 파악하기 위한 평가'처럼 너무 광범위한 의뢰 사유보다는 '주의력 문제와 학습 문제에 따른 학교 부적응, ADHD 가능성'이 더 적절하다.

5 배경 정보와 현 병력

의뢰 사유만으로 파악하기 어려운 보다 상세한 정보를 제공하기 위해 수검자의 현재 문제와 관련된 배경 정보 및 현재의 문제가 인지되고 경과된 과정에서 중요한 정보들을 요약해서 기술한다. 이러한 정보를 누구를 통해 얻었는지 정보의 원천도 기술한다. 관련 정보를 너무 자세히 기록할 필요는 없고 현재의 주 문제를 중심으로 수검자의 가족 배경, 초기부터 현재까지의 발달사, 현재의 문제가 나타난 시점과 전개 양상 등 관련 정보를 압축적으로 기술한다.

6 행동관찰 및 수검 태도

행동관찰 자료는 검사 결과 및 면담 결과와 함께 통합하여 해석하는 데 있어서 풍부한 정보의 원천이 된다. 제4장 '관찰 및 행동평가'에서 설명한 바와 같이 면담과 심리검사 실시 동안 수검자의 태도와 행동을 세밀하게 관찰하고, 구체적인 행동평가 기법들도 활용한다. 행동적 접근을 통해 특정 문제행동이 주로 발생하는 상황과 빈도, 강도를 확인하고 선행사건과 그 결과를 파악할 수 있다면 결과 해석과 제언에 많은 도움이 된다. 행동관찰 결과는 해당 수검자에게만 독특한 것일수록 좋고, 평균적인 수준의 협조, 기민함, 불안 수준 등은 굳이 기록할 필요가 없다. 또한 전체 결과 해석에 적절한 것이어야 하며, 보통 한 단락 내지 두 단락 등 가급적 간결하게 기술한다.

의사소통에서 중요한 반응은 언어보다는 외양, 차림새, 행동 양상, 임상가나 검사에 대한 특징적인 태도 등 비언어적 반응을 통해 드러나고 전달되므로 주의를 기울인다. 검사 상황과 상호작용하는 수검자의 특징적 양상으로는 특정한 언어 표현이나 사용하는 어휘, 표현된 언어와 표정 및 행동 간의 불일치, 문제해결 방식, 개별 검사 상황에서의 반응의 차이나 태도의 변화, 표현되는 정서 표현 수준이나 강도, 우세한 정동 등이 있다.

행동관찰 결과를 기술할 때 주의할 점은 평가자의 주관적 판단을 개입시키거나 처음부터 추상적 수준에서 개념화하려고 하면 해석의 폭이 제한된다는 점이다. 예를 들면, '수검자는 매우 불안해하였다.'는 식의 추상적인 기술보다는 '수검자는 검사도구를 만질 때 손을 자주 떨었고, 입술을 깨물기도 했으며, 자신이 잘하고 있는지 반복하여 질문하였다.'와 같이 구체적인 행동 양상을 기술하는 것이 좋다. 평가 보고서를 읽으면서 수검자의 태도나 행동이 생생하게 그려지도록 기술하는 것이 좋다. 검사 중에 가능한 구체적인 행동적 용어를 사용하여 기록해야 검사 후 채점 결과 및 배경 정보, 면담 결과와 통합하여 일치하는 점과 불일치하는 점을 찾아내면서 임상적 가설 검증 과정을 거쳐 보다 통합적인 의사결정을 내릴 수 있다.

7 검사 결과 기술 및 해석

심리평가 보고서 중 핵심적인 부분으로서, 실시된 검사 결과를 간략하게 제시하고, 평가 과정에서 얻은 다양한 원천의 정보들을 포함하여 부분적인 가설들을 종합하고 그 결과에 대한 통합적인 해석을 기술한다.

이 과정에 대해 김재환 등(2006)은 귀납적-연역적 방향을 왕래하며 최선의 가설을 도출해 내는 고도의 임상적 추론과 판단을 요구하는 과정이라고 하였다. 먼저, 귀납적 방향이란 아래에서 위로 추론해 나간다. 즉, 평가 과정에서 얻은 가장 구체적이고 행동적인 관찰 결과들, 그리고 타당성이 높다고 판단되는 양적 자료들을 늘어놓고 표를 그리듯 일치하는 정보와 불일치하는 정보를 분석하여, 자료들이 수렴될 수 있는 최적의 가설이 무엇인지 탐색하는 방향이다. 다음으로, 연역적 방향은 위에서 아래로 추론해 나간다. 일단 임상가의 직관이나 통찰에 의해 귀납적 과정에 의하지 않고 어떤 가설을 먼저 세웠거나 아니면 귀납적 과정에 의해 어떤 잠정적인 하나의 가설을 세웠다면 그 가설에 부합하는 정보와 부합하지 않는 정보를 분류하면서 가설의 타당성을 확인한다. 이 과정을 통해 처음에 생각한 가설이 유지되기 어렵다고 판단되면, 연역적으로 대안 가설을 세우거나 귀납적으로 자료를 종합하여 대안 가설을 설정한 후 그 대안 가설의 타당성을 다시 점검한다. 이러한 과정의 반복을 통해 더 이상의 적절한 대안 가설이 탐색되기 어렵다고 판단되면, 최종적으로 그 가설에 따라서 평가 결과를 해석하고 결과를 기술한다.

검사 결과의 해석 및 기술 방식은 각 검사별 결과를 기술하는 방식과 주요 심리 영역별로 기술하는 방식 등 두 가지로 구분할 수 있다. 각 검사별로 기술하는 방식은 여러 가지 검사를 실시했을 경우 검사 결과가 산만하게 나열되기 쉬우므로 통합적이고 초점 있는 보고서를 작성하기 어렵다. 이에 따라 주요 심리 영역별로 나누어 제시하는 방식이 일반적이다. 주요 심리 영역은 크게 인지 영역, 주의력 평가 등 신경심리학적 영역, 정서 영역, 성격 및 대인관계 영역 등이다. 이처럼 구분한다 해도 보고서의 큰 틀은 의뢰된 문제와 관련하여 수검자의 핵심 문제를 중심으로 조직화해야 한다. 또한 인간은 이런 영역들이 통합되어 기능하는 유기체라는 관점에서 각 영역의 결과가 유기적으로 연결될 수 있도록 기술해야 한다.

1) 인지 영역, 신경심리학적 영역

실시한 인지 기능 검사에 대한 양적인 결과와 이에 대한 질적 해석 결과를 제시한다. K-WISC-IV와 같이 전반적인 지적 능력을 평가하는 검사를 실시한 경우, 수검자의 현재 전반적인 지적 능력 및 병전 기능 수준, 이러한 두 기능 수준의 차이와 그 의미를 기술한다. 전반적인 지적 능력과 학업 및 현실에서의 적응 수준 간의 차이 여부와 관련 요인에 대해 기술한다.

만일 진로 문제나 적성을 평가하기 위한 경우라면, 인지적인 측면에서 보이는 수검자의 강점과 약점을 균형 있게 기술하고, 그러한 강점, 약점이 수검자의 향후 진로나 현실 적응에 도움되는 부분과 부적응 요인의 가능성 등을 기술한다.

진단적 평가가 목적이라면 인지 기능 검사를 통해 드러난 언어이해, 지각추론, 작업기억, 처리속도 등 지표점수의 수준과 분산 정도를 분석한다. 소검사 차이와 강점, 약점 등의 분석을 통해 수검자의 인지 기능 특성을 세밀하게 분석하여 기술한다. 또한 사고 기능장애나 비효율성의 정도, 현실검증력의 손상 정도, 인지적 왜곡이나 비합리적 신념, 주된 문제해결 양식 등 특정 정신장애의 특징적 양상과 연결될 수 있는지 기술한다.

신경심리검사를 실시한 경우 인지 영역에 통합하여 기술하거나 수검자에게 임상적으로 중요한 영역인 경우 따로 분리해서 기술한다. 아동·청소년 심리평가에서 몇 가지 주의력 검사를 체계적으로 실시하는 경우가 많은데, 이때 주의력 영역을 분리해서 기술하는 것도 흔한 방법이다. 주의집중력, 충동성 등의 수준에 대한 임상적 판단을 제시하고, 주로 전두엽 기능을 평가하기 위한 신경심리검사 결과도 임상적 증상과 관련지어 통합적으로 기술한다.

2) 정서 영역

기분과 정동 상태에 대해 구분하여 기술한다. 수검자가 현재 드러내는 주요한 정서와 강도, 그리고 구체적인 내용을 기술한다. 또한 정동 상태는 수검자의 표면적으로 비춰진 정서의 범위로서 현재 수검자의 생활환경과 관련되어 상황적(혹은 일시적)인 것인지, 아니면 상황과는 무관하게 지속적으로 수검자가 반응하는 하나의 성격 특성과 관련이 있는지 등을 기술한다. 또한 상충되는 정서 간에 갈등의 요소를 내포하고 있는지, 전반적인 정서 조절 능력은 어떠한지, 정서 조절의 비효율성 정도와 관련된 요인들을 기술한다.

우울증상이나 불안증상, 분노 폭발 등 병리적 정서에 대해서는 임상적 진단과 관련지어 체계적으로 기술한다.

3) 성격 및 대인관계 영역

성격은 인지적·정서적 측면을 포괄하는 폭넓은 구인이므로, 앞서 수검자에 대해 언급한 인지적·정서적 측면에서의 특징들의 연장선상에서 성격적 측면을 기술한다.

연령이 어릴수록 성격 및 대인관계 영역에 대한 기술의 비중이 적을 수밖에 없고 가족관계에 대한 비중이 크며, 대인관계라는 용어보다는 또래관계라는 표현을 주로 쓴다. 어린 연령의 경우 안정적인 성격 특성으로 기술할 수 있는 영역도 제한적이다.

성격 특성을 기술하는 형용사는 자칫 너무 추상적인 경우가 많기 때문에, 성격 특성을 뒷받침할 만한 구체적인 근거와 함께 기술하는 것이 좋다. 그 근거는 양적 혹은 질적 검사 결과 자료, 행동관찰 자료, 배경 정보 등이 될 수 있고, 그러한 성격 특성이 수검자의 구체적인 생활환경 내에서 어떤 방식으로 표출되는지 수검자만의 독특한 측면에 초점을 맞추어 기술한다.

성격 특성은 특히 또래관계 및 대인관계 상황에서 가장 분명하고 구체적으로 표현될 수 있다. 아동·청소년의 경우 형제자매, 부모와의 관계에 대한 기술이 매우 중요한 비중을 차지한다. 가족 간의 갈등, 부모의 언어폭력, 신체폭력 등 병리적 관계 경험과 이에 대한 수검자의 대처에 대한 기술도 중요하다. 수검자의 일반적인 또래관계, 관계를 맺는 방식, 자신과 타인을 지각하는 방식, 또래관계에서 주로 유발될 수 있는 갈등구조 및 그 갈등을 해결해 나가는 수검자의 방식 등의 적절성 정도를 기술한다.

8 요약 및 제언, 임상적 진단

심리평가 보고서의 핵심 사항을 요약 정리한다. 평가 과정에서 발견된 주요 결과를 간결하게 다시 기술하고, 의뢰 사유와 평가 목적에 비추어 볼 때 어떤 결론을 내릴 수 있는지 분명하게 제시한다. 초점이 확실한 보고서는 반드시 의뢰 사유에 대한 답변이 포함되어야 하고, 검사 결과 기술 및 해석에서 작성한 내용에 따라 자연스럽게 도출된 결론을 되도록 논리적이고 분명하게 기술한다.

적극적 제언은 심리평가 보고서의 최종 목적이라고 강조할 수 있다. 평가 자체가 목적인 평가는 있을 수 없고, 임상적 진단도 최종 목적이 될 수 없다. 평가 사유가 무엇이든 궁극적으로는 심리평가를 통해 특정 문제를 호소한 수검자의 문제해결에 도움이 될 해결책을 제시하고 제언하려는 목적이 있기 때문이다. 따라서 제언은 분명하고, 실천 가능하고, 의뢰자나 의뢰자가 속한 기관이 제공할 수 있는 서비스와 여건을 고려하여 매우 실제적으로 기술한다.

형식적이거나 추상적인 제언만이 언급된다면 수검자에게 초점을 맞춘 제언이 될 수 없고, 실제적인 유용성이 부족하다. 막연히 '심리치료가 필요하다'는 표현은 너무 모호하다. 심리평가 결과를 토대로 필요한 치료적 접근, 추가 조치나 배치, 환경적 개선 등에 대한 임상적 판단이 필요하고 이를 구체적으로 기술한다. 이를 위해서는 수검자의 문제 특성과 현재 수검자가 놓인 상황에 대한 분명한 이해와 법률적·제도적 측면에 대한 이해를 통해 종합적 판단을 할 수 있어야 한다. 이 때문에 적절한 제언은 임상가의 경험과 고도의 전문성이 요구되는 영역이라고 할 수 있다.

〈표 13-2〉 치료적 제언 유형

제언 유형	예시
처치	심리치료, 인지행동치료, 놀이치료, 약물치료, 사회기술 훈련, 부모 교육
배치	특수교육, 낮 병원, 입원 보호
추가 평가	현재 검사의 일부를 재검사, 신경심리학적 검사, 학습기능 검사
환경 변화	등하교 조정, 전학, 부모 상담
자조 기술	자조 안내서, 동영상, 웹사이트, 지지 집단, 컴퓨터-지원 개입 방안
기타 사항	일시 보호시설, 모자 보호시설

〈표 13-2〉에 Groth-Marnat과 Wright(2015)가 제안한 치료적 제언의 유형을 소개하고, 구체적 예를 제시하였다.

평가 목적이 임상적 진단이나 변별 진단을 위한 것이라면 분명한 임상적 진단을 언급할 필요가 있다. 만일 심리평가 보고서가 의뢰자인 정신건강의학과 의사에게만 전달될 것이라면, DSM-5나 ICD-10과 같은 공식적인 진단체계에 따른 진단명이나 용어를 사용하여 기술한다. 그러나 의료기관이라 하더라도 수검자가 요구하면 언제든 평가 보고서를 열람할 수 있기 때문에 전문적인 용어가 수검자에게 부정적인 '낙인효과'를 주거나 오해를 불러일으킬 수 있다. 이런 가능성이 있는 경우 진단적 인상에 대해 특정 진단군의 핵심 특징을 다시 한 번 기술하거나 변별 진단이 요구되는 두 진단 간 핵심적인 진단기준의 차이에 초점을 맞추어 기술적으로 언급하는 방법도 있다.

9 평가 결과 요약

검사 점수는 심리평가 보고서의 본문 중 일부로 인용하여 기술할 수도 있고, 보고서의 마지막에 결과표를 따로 요약하여 다시 한 번 제시되기도 한다. 검사 점수를 모두 제시하기보다 임상 범위, 경계선 수준, 정상 범위 등 판정 결과를 간략히 제시하기도 한다.

요약 부분에 불필요하게 많은 점수를 나열하는 것은 결과의 초점을 산만하게 만들 수 있으므로 세부적인 검사 점수를 어느 정도로 제시할 것인지 여부는 의뢰 사

유나 평가 목적에 맞추어 조절한다. 예를 들면, 정신장애나 지적장애에 대한 감정
평가가 목적이거나 기타 법적인 용도로 사용될 경우라면 검사 점수를 구체적으로
제시할 필요가 있다.

의뢰의 주 목적이 구체적 임상 진단이나 감별진단이었다면 임상적 진단명도 요
약에서 제시한다.

10 평가자 정보

심리평가 보고서는 정신건강의학과나 심리치료센터 내부의 공식 문서일 뿐 아니
라 공문서로 활용될 수 있기 때문에 평가자의 소속과 성명, 자격정보를 명시하며,
심리평가가 실시된 날짜도 기록한다.

Ⅱ. 심리평가 보고서 작성의 일반적 지침

어떤 심리평가 보고서가 좋은 보고서인지 한마디로 정의하기는 어렵다. 그러나
평가 보고서가 사용될 맥락과 목적에 가장 잘 부합되는 방식으로 작성된 것이 좋은
평가 보고서라고 할 수 있다. 좋은 심리평가 보고서를 작성하기 위해 고려해야 할
점을 설명하면 다음과 같다.

1 심리평가 보고서의 길이

심리평가의 목적, 의뢰 질문, 평가가 이루어지는 맥락 등에 따라 보고서의 길이
는 달라진다. 보통 병원 장면에서 사용되는 보고서는 대략 A4용지 2~3쪽의 내용
으로 간략하게 기술한다. 그러나 교육 현장이나 기업체, 개인 상담기관 등에서 사
용하는 보고서의 길이는 수검자나 가족에게 직접 전달할 것을 염두에 두고 쉬운 용
어를 사용하고 이해를 돕기 위한 표와 그래프 및 그에 대한 설명을 포함하기 때문
에 분량이 더 길어진다. 또한 법적인 목적으로 작성되는 보고서는 일반적으로 훨씬
긴 편인데, 의뢰 질문들이 다양한 측면에 걸쳐 있고 복잡한 경우가 많으며, 결과에

대해 분명한 근거를 제시해야 하기 때문이다.

2 간결하고 명확한 글쓰기

문체나 표현 방법은 평가자의 개인적인 특성이 반영되므로, 일정한 지침을 설명하기가 어렵다. 그럼에도 가장 기본적인 원칙은 보고서를 읽는 사람이 쉽고 명확하게 이해할 수 있는 방식으로, 그리고 읽는 사람에게 도움을 줄 수 있는 최선의 방식으로 작성해야 한다는 점이다.

Ownby(1997)는 다음과 같은 '전문가 양식(professional style)'의 심리평가 보고서 작성법을 추천하였다.

- 정확하게 의미를 전달할 수 있도록 관용적인 표현을 짧고 간결하게 사용할 것
- 문법적으로 정확한 표현을 사용할 것
- 다양하고 풍부하게 문장을 구성할 것
- 여러 단락에 걸쳐 비슷한 개념이나 내용을 반복하지 말 것
- 한 단락은 중요한 단일한 개념에 초점을 맞춰 짧게 기술할 것
- 비슷한 개념은 서로 비슷한 영역에 배치할 것

심리평가 보고서는 수필이나 문학작품이 아닌 공식 문서이므로 간결한 문장이 심리평가의 중요한 시사점을 전하는 데 보다 효과적이다. 간명하게 전달될 수 있는 보고서를 쓰기 위해서는 다음과 같은 점을 유의해야 한다.

- 중언부언, 중복된 말의 사용, 장황한 표현을 하지 않는다.
- 문장의 길이의 균형을 맞춘다. 지나치게 길고 복잡하면 전반적인 내용을 따라가기가 어렵다. 단편적인 내용의 단문 형태를 계속 나열하는 것도 읽는 흐름을 방해할 수 있다. 반복적인 단어와 구문, 불필요한 수식어를 피하면서 문장의 핵심적인 내용을 연결하여 작성한다.
- 문단의 길이도 중요한데, 한 문단이 지나치게 길면 핵심 내용을 이해하기 어렵다. 일반적으로 한 문단이 해당 페이지의 1/4 이상이면 읽는 사람의 주의 폭을

넘어서기 때문에 주제의 파악이 힘들어진다.

명확하고 정확한 글쓰기도 중요하다. 누구에게나 적용 가능한 모호하고 광범위한 표현이나 추상적 설명은 불필요하다. 누구에게나 해당되는 보편적인 기술은 '수검자에 대한 잘못된 정보가 아닐 수 있기 때문에 수검자 자신도 어느 정도 타당하게 여길지 모르지만' 개인의 본질적인 독특성을 파악하기 위한 심리평가 보고서에서는 지양해야 한다. 평가자는 수검자의 독특하고 특징적인 특성을 기술하기 위해 노력해야 한다.

3 해석 결과의 기술

해석 결과는 각각의 검사별로 나열할 수도 있고, 앞서 보고서의 형식과 내용 부분에서 언급한 바와 같이 주요 심리 영역별로 나누어 기술할 수도 있다. 실시된 각각의 검사별로 나열하듯 기술하는 것은 영역별 통합능력이 부족한 초심자들의 경우 비교적 쉽게 보고서를 작성할 수 있기 때문에 선호한다. 읽는 사람 역시 어떤 자료에 근거해 그런 결론을 내렸는지 명확하게 파악할 수 있다는 장점이 있다. 그러나 각 검사 자료를 통합하여 기술하지 못함으로써 독자에게 수검자에 대한 일관성 있는 결과를 전달하기 어렵다. 반면에 인지 영역, 정서 영역, 성격 및 대인관계 영역 등 영역별로 나누어 기술하는 방식은 독자들이 더 선호하는 방식으로서, 수검자의 중요한 측면들에 대해 일관성 있는 결과를 전달할 수 있다는 장점이 있다. 그러나 영역별로 잘 분석하여 조직화하고, 초점화하지 못하면 보고서의 내용이 불명확하고 구체적인 내용이 빈약하고 산만하게 작성될 수도 있다

따라서 이 두 가지 측면이 균형 있게 조합된 방식으로 해석 결과를 제시하는 것을 권장한다. 즉, 각 영역별로 기술하면서 보고할 필요가 있는 특성에 대해 심리검사 규준과 비교한 객관적인 결과와 함께 그 개인만이 가지고 있는 독특한 상황적 맥락 및 내용까지 고려하여 기술한다. 예를 들면, 인지 영역에 대해 기술할 때 단순히 K-WISC-IV의 지능지수와 소검사 점수의 보고에서 나아가 지표 점수와 소검사들의 편차를 통해 강점, 약점을 상세히 제시하고 백분위와 같은 상대적인 위치도 자세히 기술한다. 함께 실시된 신경심리검사 결과도 통합하여, 실제 수검자가 호소

하는 주 문제와의 관련성, 학업 수행 능력과의 관련성, 특정 학습 영역 문제와의 관련성, 대화 및 의사표현의 수준 등 실생활의 기능과 적응 정도에 대한 예를 들면서 인지 기능에 대한 종합적인 해석을 제시한다.

4 심리평가 결과의 피드백

심리치료 센터에서 실시된 심리평가의 경우 심리평가 결과에 대해 설명하는 회기를 갖기도 하지만, 정신건강의학과에서 의뢰된 심리평가의 경우 임상가가 개별적으로 피드백을 하는 경우는 거의 없다. 그런데 최근 들어 소비자 권리가 향상되면서 수검자에게 심리평가 결과에 대한 명확한 피드백을 제공해야 하는 경우가 늘고 있다. 심리평가와 관련된 대부분의 윤리 강령에도 특별한 경우를 제외하고는 수검자에게 심리평가 결과를 설명해 주도록 규정하고 있다. 실제 수검자가 자신에 대한 이해를 돕기 위해 심리평가 받기를 자발적으로 원하는 경우도 있고, 심리치료 장면에서는 수검자에게 심리평가 결과를 설명해 줌으로써 수검자 자신의 문제나 특성을 더 잘 이해할 수 있으며, 치료 효과도 높일 수 있다. 아동·청소년의 심리평가 결과는 부모나 주 양육자에게 설명하는 경우가 많다.

수검자에게 심리평가 결과를 전달하는 경우, 임상가는 모든 결과를 다 열거하기보다 수검자에게 가장 중요하고 핵심적인 정보를 선택하여 설명하는 것이 적절하다. 이 정보들은 개인의 삶이라는 전체적인 맥락에서 조심스럽게 통합되어야 하고, 피드백을 받은 수검자가 정보의 정확성과 타당성을 평가할 수 있어야 한다. 수검자에게 피드백을 할 때도 전문 용어나 상투적인 용어보다는 수검자가 분명히 이해할 수 있는 일상적인 언어로 표현해야 한다. 직접적이고 단언적인 표현보다는 간접적이고 우회적이면서 부드러운 말로 설명해야 한다. 지나치게 예민하거나 편집증적 경향이 있는 수검자나 보호자에게는 보고서의 용어를 순화해서 표현할 필요가 있다.

평가자는 심리평가 보고서를 작성하는 단계에서부터 수검자와의 의사소통을 목적으로 심리평가 결과와 해석을 기술한다는 입장을 취하는 것이 도움이 된다. 심리평가 결과를 중립적으로 전달하는 데에 그치기보다 수검자에게 향후 변화와 적응에 관련한 새로운 관점과 대안을 제공하고, 수검자 자신의 문제해결을 도울 수 있는 임상적 개입으로 연결해 주어야 한다. 이런 측면에서 제언을 전문적으로 작성하고, 이를 잘 전달하기 위한 노력을 게을리하지 말아야 한다.

Ⅲ. 심리평가의 윤리

심리평가 과정과 심리평가 보고서의 작성, 심리평가 결과에 대한 피드백의 전 과정에서 임상가는 윤리적 문제를 반드시 고려해야 한다. 심리평가는 인간을 대상으로 하며, 심리평가에 관한 전문성을 인정받은 전문가에 의해 수행되고 있기 때문이다. 평가자와 수검자 관계에서 벌어지는 모든 일은 윤리적 측면이 반드시 포함될 수밖에 없고, 전문가의 행위는 윤리적 책임에서 자유로울 수 없기 때문이다. 이 장의 마지막에 〈부록〉으로 '한국임상심리학회 윤리규정' 중 심리평가와 관련된 영역의 규정만을 따로 첨부하였으므로 자세히 읽어 보기를 권한다.

윤리적 측면에서 특히 강조할 내용을 설명하면 다음과 같다.

1 심리검사 사용에 대한 영역

임상가는 자신이 사용하려는 평가 도구, 기법, 절차, 결과 제시, 전달, 해석 방향 등이 평가의 목적에 얼마나 적합한 것인지를 항상 고려해야 한다. 이를 위해서는 사용하려는 도구의 속성과 적용 범위, 도구의 강점과 약점에 대해 잘 알고 능숙하게 사용할 수 있도록 훈련이 되어야 한다. 이와 같은 준비가 되어 있지 않은 상태에서 익숙하지 못한 도구를 사용하여 평가한다면 의도하지 않았어도 수검자가 제대로 된 평가를 받지 못하게 되어 수검자에게 피해를 주는 결과를 초래한다.

다양한 심리검사도구들이 출시되고 있고 전통적으로 사용되는 심리검사들의 수는 제한되어 있는 상황에서 어떤 심리검사를 선택할 것인지에 대해 명확한 판단 기준을 이해해야 한다. 이를 토대로 가장 적은 시간과 비용, 노력을 들여 수검자를 가장 신뢰할 수 있고 타당하게 평가할 수 있는 도구를 선택함으로써 수검자에게 가장 도움이 되는 결과를 도출해야 한다.

검사도구를 사용할 수 있는 능력은 검사자의 자격, 심리검사에 필요한 지식과 경험, 훈련 정도가 명시되어 있으므로 이를 준수한다. 일부 검사의 경우 구매부터 일정한 자격 수준이나 검사에 대한 연수 경험을 요구한다. 이와 같은 규정에도 충실히 따라야 한다.

❷ 검사도구의 보안 유지

능력검사 문항이 노출되면 심리검사로서의 가치가 사라지며, 투사적 검사 역시 사전 노출에 의해 수행에 영향을 받을 수 있다. 결국 심리검사 결과를 타당하게 해석할 수 없게 된다. 심리검사의 문항, 검사 자극, 검사 요강 등이 노출될 경우 대중적인 오해가 생길 수도 있고 때로는 악용되거나 남용될 수도 있다. 자신이 사용하는 검사도구를 잘 관리하여 사전 노출 가능성을 차단하는 것은 검사를 구매하고 사용하는 임상가의 윤리적 책임이다.

❸ 비밀 유지 및 사전 동의

평가 및 진단을 위해서는 내담자로부터 평가 동의를 받아야 한다. 기록이나 녹음 및 녹화에 대해서도 동의를 받아야 한다. 평가 동의를 구할 때는 평가의 본질과 목적, 비용, 비밀 유지의 한계에 대해 알려야 한다.

심리검사 결과 및 그 결과를 바탕으로 작성된 평가 보고서는 그 검사를 받은 수검자의 입장에서는 누구에게도 쉽게 공개하기 어려운 개인적인 정보를 담고 있다. 따라서 임상가는 비밀 유지를 위해 노력해야 한다. 임상가는 검사 결과 및 평가 보고서를 타인에게 노출되지 않는 안전한 장소에 보관해야 한다. 직장의 이동 등으로 그 결과를 후임자에게 인계할 때도 안전하게 보관해야 하고, 폐기할 경우 타인에게 노출되지 않도록 완전히 폐기해야 한다.

❹ 심리평가 결과의 설명과 전달

심리평가 보고서는 그 보고서를 읽게 될 사람이 누구인지 고려하여 작성해야 한다. 현재 심리평가 보고서는 대부분 수검자가 그 보호자의 요구에 의해 언제든 열람이 가능하기 때문에 비전문가나 일반인들이 이해할 수 있도록 쉬운 용어와 표현으로 작성되어야 한다.

문서 형식의 보고서는 구두로 상세히 설명하는 것에 비해 오해의 소지가 많다. 따라서 평가 결과를 전달할 때 가능한 구두로 자세한 배경 설명을 해 주는 것이 좋다. 전문가들 사이에 당연한 용어가 일반인들에게 상당히 부정적인 내용으로 이해될 수 있기 때문에 일반인의 입장에서 쉽게 설명해야 한다.

수검자의 사전 동의에 의해 검사 결과를 제공할 수 있는 사람을 제외하면, 수검자의 검사 결과는 제삼자에게 전달하거나 사용되어서는 안 된다. 따라서 어떠한 경우에 검사 결과가 다른 사람에게 전달될 수 있으며 비밀 유지의 원칙이 깨질 수 있는지 사전에 수검자의 동의를 받은 후에 평가를 시작해야 한다. 수검자가 아동인 경우, 법적 강제에 의해 평가를 받게 된 경우 등 예외적인 상황에 대해서는 가급적 사전에 수검자와 보호자의 동의를 받거나 그렇지 못한 경우에도 수검자에게 해가 되지 않고 타당하게 사용될 수 있도록 주의해야 한다. 예를 들면, 아동의 부모에게 구두 혹은 문서로 평가 결과를 설명하는 경우, 그 결과를 부모가 오해하게 되어 이후 부모와 아동 간의 관계에 악영향을 미칠 수 있는 경우까지도 사전에 점검하여 오해의 소지가 없도록 세심하게 전달해야 한다.

참고문헌

김재환, 오상우, 홍창희, 김지혜, 황순택, 문혜신, 정승아, 이장한, 정은경(2006). 임상심리검사의 이해. 서울: 학지사.

한국임상심리학회(2003). 한국임상심리학회 윤리규정. http://www.kcp.or.kr/user/sub01_4_2.asp에서 2021년 2월 3일 검색.

Groth-Marnat, G., & Wright, A. J. (2015). *Handbook of psychological assessment* (6th ed.). New York: John Wiley & Sons.

Ownby, R. L. (1997). *Psychological reports: A guide to report writing in professional psychology* (3rd ed.). John Wiley & Sons.

<부록>

한국임상심리학회 윤리규정
(2003년 8월 제정, 2004년 8월 수정)

제5장 평가 관련 윤리

■ 제47조 평가의 기초

1. 법정 증언을 포함한 추천서, 보고서, 진단서, 평가서에 의견을 기술할 때, 심리학자는 자신의 의견을 입증할 만한 객관적 정보 또는 기법에 근거하여야 한다.

2. 개인의 심리 특성에 대한 의견을 진술할 때, 심리학자는 자신의 진술을 지지하기 위한 면밀한 검사과정을 거쳐야 한다. 그러한 노력에도 불구하고 검사가 실제적이지 못할 경우, 심리학자는 자신이 기울인 노력의 과정과 결과를 문서화하고, 불충분한 정보가 자신의 견해의 신뢰도와 타당도에 영향을 미칠 수 있음을 밝히고, 결론이나 권고 사항의 본질과 범위를 제한한다.

3. 개인에 대한 개별검사가 보장되지 않는 상황에서 자료를 검토, 자문, 지도 감독해야 할 경우에, 심리학자는 자신의 견해가 개별검사에 기초하지 않았다는 사실을 밝히고 자신의 견해를 뒷받침하는 근거 정보를 제시한다.

■ 제48조 평가의 사용

1. 심리학자는 검사도구, 면접, 평가기법을 목적에 맞게 실시하고, 번안하고, 채점하고, 해석하고, 사용하여야 한다.

2. 심리학자는 타당도와 신뢰도가 검증된 평가도구를 사용하여야 한다. 그렇지 못한 경우에는 검사결과 및 해석의 장점과 제한점을 기술한다.

3. 심리학자는 평가서 작성 및 이용에 있어서, 객관적이고 학문적으로 근거가 있어야 하고 세심하고 양심적이어야 한다.

■ **제49조 검사 및 평가기법 개발**

검사 및 기타 평가기법을 개발하는 심리학자는 표준화, 타당화, 편파의 축소와 제거를 위해
적합한 심리측정 절차와 전문적 지식을 사용해야 한다.

■ **제50조 검사의 보안 유지**

1. 심리검사의 대중적 노출이 검사의 타당도를 손상시킬 가능성을 고려하여 검사의 보안을
위해 노력하여야 한다.

2. 능력검사(지능검사, 신경심리검사, 적성검사 등)와 투사적 검사의 요강, 도구, 자극, 또는
문항이 대중매체, 인터넷 등을 통해 대중적으로 노출되지 않도록 해야 한다. 또한 이러한
검사에서의 특정한 반응에 대한 구체적인 해석이 대중적으로 노출되지 않도록 해야 한다.

3. 검사의 보안을 위한 노력의 의무는 심리검사에 관한 내용이 포함되는 서적에도 적용된다.
단, 심리학 전공자들이 심리검사를 연구하고 사용하는 데 도움을 주기 위해 제작되는 검사
요강, 핸드북, 해설서, 사례집, 워크북 등의 서적에 대해서는 특별한 제한을 두지 않는다.

4. 심리검사를 제작하여 판매하려는 심리학자는 그 검사의 특징을 감안하여 검사 구입자의
자격 범위를 규정하고, 그러한 자격을 갖추지 못한 사람에게 판매되지 않도록 해야 한다.

■ **제51조 평가에 대한 동의**

1. 평가 및 진단을 하기 위해서는 내담자로부터 평가 동의를 받아야 한다. 평가 동의를 구할
때에는 평가의 본질과 목적, 비용, 비밀유지의 한계에 대해 알려야 한다. 그러나 다음의 경
우는 평가 동의를 받지 않아도 된다. (1) 법률에 의해 검사가 위임된 경우 (2) 검사가 일상적
인 교육적, 제도적 활동 또는 기관의 활동(예, 취업 시 검사)으로 실시되는 경우

2. 동의할 능력이 없는 개인과, 법률에 의해 검사가 위임된 사람에게도 평가의 본질과 목적에
대해 알려 주어야 한다.

3. 검사결과를 해석해 주는 자동화된 해석 서비스를 사용하는 심리학자는 이에 대해 내담자/
환자로부터 동의를 얻어야 하며, 검사결과의 기밀성과 검사 안정성이 유지되도록 해야 하
며, 법정증언을 포함하여, 추천서, 보고서, 진단적, 평가적 진술서에서 수집된 자료의 제한
성에 대해 기술해야 한다.

■ 제52조 평가 결과의 해석

1. 평가 결과를 해석할 때, 심리학자는 해석의 정확성을 감소시킬 수 있는 다양한 검사 요인들, 예를 들어 수검자의 검사받는 능력과 검사에 영향을 미칠 수 있는 상황이나 개인적, 언어적, 문화적 차이 등을 고려해야 한다.
2. 평가 결과의 해석은 내담자/환자에게 내용적으로 이해 가능해야 한다.

■ 제53조 무자격자에 의한 평가

심리학자는 무자격자가 심리평가 기법을 사용하도록 허용해서는 안 된다. 단, 적절한 감독하에 수련 목적으로 사용하는 경우는 예외로 하며 다음과 같은 사항에 주의한다. 수련생의 교육, 수련 및 경험에 비추어 수행할 수 있는 평가 기법들에 한정해 주어야 하며 수련생이 그 일을 유능하게 수행할 수 있는지 지속적으로 감독해야 한다.

■ 제54조 사용되지 않는 검사와 오래된 검사결과

1. 심리학자는 실시한 지 시간이 많이 경과된 검사결과에 기초하여 평가, 중재 결정, 중재 권고를 하지 않아야 한다.
2. 심리학자는 현재 사용되고 있지 않거나 현재의 목적에 유용하지 않은, 제작된 지 오래된 검사나 척도에 기초하여 평가, 중재 결정, 중재 권고를 하지 않아야 한다.

■ 제55조 검사 채점 및 해석 서비스

1. 다른 심리학자에게 검사 또는 채점 서비스를 제공하는 심리학자는 절차의 목적, 규준, 타당도, 신뢰도 및 절차의 적용, 그리고 사용할 수 있는 자격에 대해 정확하게 기술해야 한다.
2. 심리학자는 프로그램과 절차의 타당도에 대한 증거에 기초하여 채점 및 해석 서비스를 선택해야 한다.
3. 심리학자가 직접 검사를 실시, 채점, 해석하거나, 자동화된 서비스 또는 기타 서비스를 사용하더라도, 평가도구의 적절한 적용, 해석 및 사용에 대해 책임을 져야 한다.

■ 제56조 평가 결과 설명

검사의 채점 및 해석과 관련하여, 심리학자는 검사를 받은 개인이나 검사집단의 대표자에게 결과를 설명해 주어야 한다. 그러나 관계의 특성에 따라서는 결과를 설명해 주지 않아도 되는 경우도 있다(예, 조직에 대한 자문, 사전고용, 보안심사, 법정에서의 평가 등). 이러한 사실은 평가받을 개인에게 사전에 분명하게 알려 주어야 한다.

■ 제57조 평가서, 검사 보고서 열람

1. 평가서의 의뢰인과 수검자가 동일하지 않을 경우에, 평가서와 검사보고서는 의뢰인이 동의할 때 수검자에게 열람될 수 있다.
2. 건강에 피해를 줄 수 있다고 판단되지 않는 한, 수검자가 원할 때는 평가서와 검사보고서를 볼 수 있도록 도와야 한다.
3. 평가서를 보여 주어서 안 되는 경우, 사전에 수검자에게 이 사실을 인지시켜 주어야 한다.

■ 제58조 검사자료 양도

내담자/환자를 다른 서비스 기관으로 의뢰할 경우, 심리학자는 내담자/환자 또는 의뢰기관에 명시된 다른 전문가에게 검사자료를 제공할 수 있다. 그러나 검사자료가 오용되거나 잘못 이해되는 것으로부터 내담자/환자를 보호하기 위해 검사자료를 양도하지 않을 수도 있다. 여기에서 검사자료란 원점수와 환산점수, 검사 질문이나 자극에 대한 내담자/환자의 반응, 그리고 검사하는 동안의 내담자/환자의 진술과 행동을 지칭한다.

출처: 한국임상심리학회 홈페이지(www.kcp.or.kr)

찾아보기

인명

내용

저자 소개 ─────────────

하은혜(Ha, Eun Hye)

연세대학교 심리학과 졸업
연세대학교 대학원 심리학과 석사 및 박사 졸업(임상심리학 전공)
정신건강 임상심리사 1급, 임상심리전문가, 인지행동치료전문가
신촌세브란스병원 정신과 임상심리전문가 수련
국민건강보험공단 일산병원 임상심리전문가
미국 University of California, Berkeley 방문교수
현 숙명여자대학교 아동복지학부 교수

〈저서〉
현대 심리평가의 이해와 활용(공저, 학지사, 2019)
최신 심리평가: 아동 · 청소년 · 성인 대상(공저, 하나의학사, 2010)

〈검사도구〉
CBCL 6-18 아동 · 청소년 행동평가척도: 부모용(휴노, 2010)
YSR 청소년 행동평가척도 자기보고용(휴노, 2010)

아동 · 청소년 심리평가

Psychological Assessment of Children and Adolescents

2021년 6월 25일 1판 1쇄 발행
2023년 3월 20일 1판 3쇄 발행

지은이 • 하 은 혜
펴낸이 • 김 진 환
펴낸곳 • (주) **학지사**

04031 서울특별시 마포구 양화로 15길 20 마인드월드빌딩 5층

대표전화 • 02) 330-5114   팩스 • 02) 324-2345

등록번호 • 제313-2006-000265호

홈페이지 • http://www.hakjisa.co.kr
페이스북 • https://www.facebook.com/hakjisabook

ISBN 978-89-997-2449-7 93180

정가 25,000원

출판미디어기업 **학지사**

간호보건의학출판 **학지사메디컬** www.hakjisamd.co.kr
심리검사연구소 **인싸이트** www.inpsyt.co.kr
학술논문서비스 **뉴논문** www.newnonmun.com
원격교육연수원 **카운피아** www.counpia.com